## Abschiede                                                245

    Im Krieg und danach                250
    70. Bühnenjubiläum                257
    Rekordjubiläen                      261
    Der Vorhang fällt                  271

## Was blieb                                                275

    Die Nachfahren                      281
    Die verschwundenen Theater        290
    Der Hamur – Carl Blasel in der Anekdote   296

## Nachwort                                                 305

*****

## Genealogie der Familie Blasel                           310

## Literaturverzeichnis                                    313

## Digitale Archive / Datenbanken                          321

## Analoge Archive                                         324

## Namensregister                                          326

## Filmprogramm „Der Unbekannte"                          336

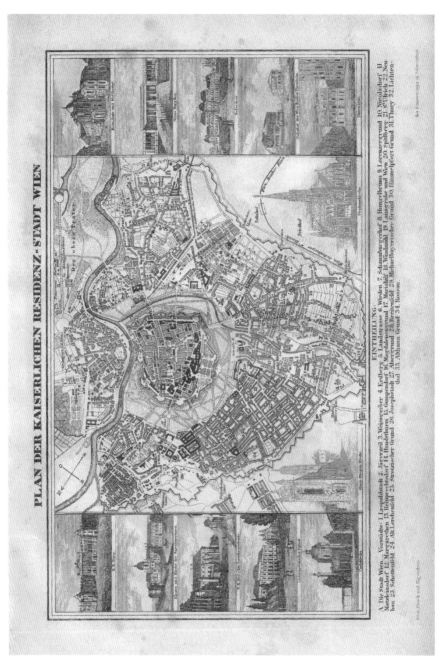

Aus: Album der Haupt- und Residenzstädte Europa's, I. Section. III. Lieferung. Wien
Hrsg. Ludwig Bechstein und V. Kleinknecht. Schweinfurt, 1843
Privatbesitz C. Möderler

# Auftritt in Zeiten der Cholera

Seit dem 14. September des Jahres 1831 grassiert die Cholera in Wien. Die ersten fünf Wochen ihrer Ausbreitung sind gleichzeitig der absolute Höhepunkt der Epidemie. Die gesamte Bevölkerung der Kaiserstadt erstarrt in Angst vor dieser neuen Seuche. Vor kurzem erst hat sie ihren Weg aus Asien über Russland nach Mitteleuropa gefunden. Sie verursacht krampfartige Durchfälle mit schwerem Erbrechen und führt bei zahllosen Betroffenen zum schnellen Tod. Die Nachrichten in den Zeitungen machen wenig Mut:

> *„Alles, was wir bisher von dieser Seuche hörten und lasen, war nur größtentheils geeignet, uns mit Angst und Schrecken vor dieser Würgerinn des menschlichen Geschlechtes zu erfüllen. Kein Wunder also, wenn sie in dem Augenblicke, als sie erkannt in unsere Mitte trat, durch ihren Basiliskenblick mitunter auch die Herzhaftesten darniederschmetterte. (...) "*(Populäre Oesterreichische Gesundheits-Zeitung; zur Warnung für Nichtkranke und zum Troste für Leidende. 81. Wien, Samstag den 8. October 1831. Anm.: Basilisk=Fabelwesen mit Hahnenkopf und Schlangenkörper, dessen Blick versteinert.)

Wie groß die Ansteckungsgefahr ist und wie schlimm der Verlauf der Erkrankung, hängt dabei maßgeblich vom Wohnort und den Lebensumständen der Infizierten ab. Kleine, schmutzige, überbelegte Quartiere, schlechte Luft und unsauberes Wasser leisten der Krankheit heftigen Vorschub. Höher gelegene, gut durchlüftete Adressen, geräumige Wohnungen und gute Wasserqualität erhöhen die Chance, verschont zu bleiben.

So hat der Knabe, der in der Nacht vom 16. auf den 17. Oktober 1831 in der Lederergasse zur Welt kommt, noch halbwegs günstige Aussichten. Auch wenn der Zeitpunkt der Geburt auf dem Höhepunkt einer Cholera-Epidemie der denkbar schlechteste ist. Die Lederergasse gehört zur Vorstadt „Josephstadt", einem Bezirk, der damals noch nicht in das dicht bebaute Stadtgebiet Wiens eingemeindet ist. Ein zeitgenössischer Autor, der Mediziner Joseph Johann Knolz, beschreibt die Gegend wie folgt:

> *„Die Josephstadt zeichnet sich durch ihre schöne, hohe und gesunde Lage, ihre Anmuth und Regelmäßigkeit vor den meisten Vorstädten aus. Mitten durch dieselbe führt die 2,310 Schritte lange Kaiserstraße, von welcher zu beyden Seiten regelmäßige Quergassen auslaufen, die sämmtlich gut gepflastert, mit guter Beleuchtung und mit Unraths-Canälen versehen sind. In allen Gassen befinden sich schöne Gebäude, besonders am Glacis und in der neuangelegten Herrengasse. Die Einwohner gehören größtentheils den mittleren Ständen an, besonders aber wohnen viele Beamte hier. (...)"* (Knolz, Joseph Johann, Darstellung der Brechruhr-Epidemie in der k. k. Haupt- und Residenzstadt Wien, wie auch auf dem flachen Lande in Oesterreich unter der Enns 1831/1832, Wien 1834)

Der Vater des Neugeborenen, der 41-jährige Johann Blasel, ist kein Beamter. Er ist „Perlmuttergraveur". So steht es im Taufregister der Kirche Maria Treu, der Wohnung der Familie Blasel genau gegenüber. Dort lässt Vater Johann am 16. Oktober 1831 die Geburt seines jüngsten Sohnes eintragen. Der neue Erdenbürger bekommt den Namen „Carl".

Seine berufliche Heimat zu finden, fällt jenem Johann Blasel offenbar nicht leicht. Die Kirchenbücher der Zeit verraten einiges über seinen kurvenreichen Lebenslauf: Sein Geburtseintrag ist zwar verschollen. Doch gemäß seinem Trauregister-Eintrag, auf dem seine Herkunft ebenfalls vermerkt ist, kommt Johann um das Jahr 1790 herum im Braunhirschengrund bei Wien zur Welt. In der Gegenwart gehört dieses Gebiet zum Bezirk Rudolfsheim-Fünfhaus. Johanns Vater ist der Bandmachermeister Leopold Blasel, seine Mutter heißt Theresia und ist eine geborene Bertl. Bereits die Trauung ist ungewöhnlich: Sowohl Johann als auch seine Braut müssen ausdrückliche Genehmigungen dazu vorlegen. Johann ist 21 Jahre alt, seine Braut erst 18. Somit sind beide nach damals geltendem Gesetz noch minderjährig.

In jenem Trauungs-Eintrag aus dem Jahr 1811 wird Johann Blasel als „Uhrschlißelmacher" geführt. Ein Jahr später, auf dem Geburtseintrag seines ersten Sohnes Joseph, als „Büchsenschäfter", also als Büchsen- und Gewehrmacher. Im Jahr 1814, im Geburtsregister-Eintrag seines Sohnes Ignatius, genannt „Ignaz", firmiert Vater Johann als Uhrmachergeselle. Der Geburtseintrag seines Sohnes Jacob anno 1816 führt ihn als „Holzschreiber", somit als Mitarbeiter bei Holzverkäufen. Diesen Beruf hat er auch noch im Taufregister-Eintrag eines tot zur Welt gekommenen Sohnes vom Jahr 1817 und dem seiner Tochter Maria Anna vom Jahr 1818. Im Taufregister-Eintrag seiner Tochter Katharina im Jahr 1820 trägt Johann plötzlich die Berufsbezeichnung „Gelbgießergeselle". Demnach hätte er zu jener Zeit kleine Gegenstände aus Messing gefertigt. Die Geburtseinträge seiner Kinder Franz-Seraph und Helene in den Jahren 1823 und 1825 bezeichnen Vater Johann wieder als Uhrschlüsselmacher. Bei der Geburt seines Sohnes Clement anno 1828 führt Vater Johann im Taufregister schließlich die Berufsbezeichnung „Perlmuttergraveur". Diese trägt er auch noch bei der Geburt seines jüngsten Sohnes Carl im Jahr 1831. Amtliche Aufzeichnungen zu weiteren Blasel-Kindern sind nicht aufzufinden. Die letzte Spur des Familienoberhaupts Johann Blasel findet sich anno 1860 im Taufregister-Eintrag des fünften unehelichen Kindes seiner Tochter Katharina. Dort ist Johann als Vater der ledigen Mutter eingetragen und sein Beruf mit „Holzhändler" angegeben.

Ebenso häufig wie seinen Beruf wechselt Johann Blasel seinen Wohnsitz. In jedem Taufregister-Eintrag seiner Kinder ist er unter einer anderen Adresse vermerkt. In der Ledergasse wohnt die Familie offenbar erst seit der Geburt des Sohnes Clement im Jahr 1828. Zunächst sind sie Mieter des Parfumeurs Franz Kroy in Haus Nr. 150. Bei der Geburt des jüngsten Sohnes Carl bewohnt die Blasel-Familie dann das Haus Nr. 148, damals im Besitz des k. k. Rates und Hoftaxators Johann Baptist Kallinger. Eine historische Adresse. Das Haus stammt aus dem Jahr 1705 und ist eines der ältesten der Straße. Mehr noch: Es gibt ihr sogar den Namen. Denn das Haus

Nr. 148 hat einst ein „Lederer", ein Gerber, erbaut. (Anm.: Das Geburtshaus Carl Blasels trägt ab 1863 die Hausnummer 5. Im Jahr 1891 wird das alte Gebäude durch ein Neo-Renaissance-Wohnpalais ersetzt, das auch in der Gegenwart noch steht) Um die Auffindbarkeit zu erleichtern, heißt es in der ersten Zeit, als es noch keine Hausnummern gibt, „Zur großen Haut". Der kaiserliche Rat Kallinger, der Vermieter der Blasels, ist ein Nachfahre jener Lederer, die damals dort ihre Häute bearbeiten. Einem späteren Bericht zufolge ist Johann Blasel als Perlmuttergraveur immerhin arriviert genug, um in diesem traditionsreichen Handwerkerhaus eine große Werkstatt zu besitzen. (siehe Loewy, Siegfried, Altwiener Familien, Wien 1925)

Geschliffenes Perlmutt ist ein gesuchter Werkstoff im 19. Jahrhundert. Der Beruf des Perlmuttergraveurs wird in Fachkreisen sogar eher den Künsten zugerechnet als dem Handwerk. Für kunstvolle Möbel-Intarsien wird das geheimnisvoll schimmernde Material ebenso benötigt wie für zierliche Einlegearbeiten auf den Griffen teurer Damenschirme oder eleganter Gehstöcke. Kostbare Rosenkränze mit zarten Perlchen und fein gearbeiteten Kreuzen nicht zu vergessen. Das Gewerbe des Kindsvaters ist somit ein ehrenwertes und nicht zuletzt ein kreatives. Vielleicht ist ja er es, der ausgeprägte künstlerische Neigungen an gleich drei seiner Kinder weitergibt. Sein neugeborener Sohn wird eines davon sein.

Die Mutter des neuen Erdenbürgers, Magdalena, ist 38 Jahre alt und stammt aus Güssing in Ungarn. (Anm.: In der Gegenwart Burgenland, Österreich) Gemäß dem Trauregister-Eintrag ist sie die Tochter des „fürstlichen Postilions" Friedrich Mayer. (Anm.: „Postillon" = Postkutscher) Auch dieser Beruf genießt im biedermeierlichen Europa hohes Ansehen. Die Herkunft des kleinen Carl ist, wenn vielleicht auch nicht großbürgerlich-nobel, so doch zumindest ordentlich. Fast achtzig Jahre später äußert sich der Täufling von damals über die ersten Tage seines Lebens. Seine Einlassung ist zwar ausgesprochen launig, möglicherweise aber auch seinem grandiosen komödiantischen Talent geschuldet, das dereinst seinen Lebensweg bestimmen wird. Somit vielleicht ein ganz klein wenig theatralisch übertrieben:

*„(...) Als elftes Kind einer armen Familie – ich kann mir die Laune denken, mit welcher meine Mutter mich unter dem Herzen getragen – kam ich am 16. Oktober 1831 in der Josefstadt, Lederergasse, natürlich in Wien, zur Welt. Die Hausnummer konnte ich nicht lesen, denn es war bereits stockfinstere Nacht, als ich das Licht der Welt erblickte. Lebhaft stelle ich mir auch die Freude meiner sieben Geschwister vor, noch einen Partner bei dem nicht vorhandenen lukullischen Mahle zu bekommen, aber ich soll mit einem so fürchterlichen Geplärre erschienen sein, welches jeden Einwand auf das Entschiedenste zurückwies. Singe, wem Gesang gegeben! Ich habe also meine Gesangsstudien sofort begonnen, indem ich nach Aussage meiner Geschwister ein volles Jahr schrie, zur Freude aller jener, welche mich herumtragen mußten... (...)"* (Angeblich eigene Aussage von Carl Blasel, zitiert im Aufsatz „Carl Blasel" von Ludwig Klinenberger, Bühne und Welt, XII. Jahrgang, I. Halbjahr, Oktober 1909 – März 1910, Band XXIII der gesamten Reihe, Berlin, Leipzig, Wien, 1909, S. 207 ff)

Die außergewöhnliche Arithmetik in dem kurzen Text - „elftes Kind", aber „sieben Geschwister" - ist einer eigenen Betrachtung wert: Neun Geschwister Carl Blasels, also insgesamt zehn Blasel-Kinder, sind zweifelsfrei durch Kirchenbuch-Einträge nachweisbar. Eines davon kommt bereits tot zur Welt, der Bruder Ignaz stirbt anno 1818 im Alter von nur vier Jahren. Beides lange vor Carls Geburt. Die verbliebenen Kinder sind somit wohl die „sieben Geschwister", von denen Carl Blasel in seiner kleinen Selbstbeschreibung berichtet. Ob es tatsächlich noch ein weiteres Geschwisterchen gibt, das Carl zum „elften" Kind machen würde, aber in den Taufregistern nicht auffindbar ist, oder ob eines der unehelichen Kinder der bereits erwachsenen Schwestern – alle drei werden Mütter, ohne jemals verheiratet zu sein – später einfach dem Blasel-Haushalt zugerechnet wird; die ganz exakte Mitgliederzahl und der präzise Verwandtschaftsgrad der Josefstädter Blasel-Großfamilie lässt sich nicht mehr zuverlässig rekonstruieren. Bewohner gibt es auf jeden Fall genug in der Lederergasse 148. Denn auch die verwitwete Theresia Blasel, Mutter des Johann Blasel - Carls Großmutter - lebt bis zu ihrem Tod im Jahr 1834 mit im Haushalt.

Carl, der Jüngste, ist ein Sonntagskind. In jeder Hinsicht: Zum einen, weil sein Geburtstag, der 16. Oktober 1831, auf genau diesen Wochentag fällt. Zum anderen, weil er nicht nur – trotz Cholera und bescheidenen Lebensverhältnissen – sein erstes Lebensjahr gut übersteht, sondern auch ein für die damalige Zeit nahezu unvorstellbar hohes Alter von über 90 Jahren erreichen wird. Ebenfalls nahezu unvorstellbare 80 Jahre davon wird er als erfolgreicher Künstler auf der Bühne verbringen und seiner Heimatstadt Wien mit seinem einzigartigen Talent für das Heitere einen bleibenden Stempel aufdrücken.

Die Epoche, in der Carl Blasels Leben beginnt, bekommt später den Namen „Biedermeier". Beethoven ist erst vor kurzem verstorben. Die Erwachsenen erinnern sich noch an die napoleonischen Kriege. Die Wiener vor allem erinnern sich daran, dass ihr Kaiser Franz II., getrieben von eben jenem französischen Eroberer, auf den jahrhundertealten Thron des Heiligen Römischen Reiches Deutscher Nation verzichtet. Seither ist er „nur" noch Franz I., Kaiser von Österreich. In diesem Österreich praktiziert k. u. k. Haus- Hof- und Staatskanzler Clemens von Metternich mit harter Hand die Restauration. Aufruhr war gestern. Bürgerliche Beschaulichkeit und heimelige Gemütlichkeit sind jetzt das offizielle Ideal der Zeit. Getanzt wird zierlich und gesittet zu den Melodien eines Franz Schubert oder eines Josef Lanner. Wer Licht braucht, macht Feuer oder entzündet Kerzen. Wer reisen will, geht zu Fuß, reitet zu Pferde oder fährt in der Kutsche. Wer kommunizieren will, schreibt Briefe und übergibt sie dem Postkutscher. Nutzbare Eisenbahnverbindungen liegen noch in weiter Ferne. Das Hofburgtheater in Wien zeigt Grillparzers „Des Meeres und der Liebe Wellen", in Weimar schreibt Goethe am zweiten Teil seines „Faust". Das große Massenmedium der Zeit ist das Theater - noch bedeutender als das zweite Massenmedium, die Zeitung. Das kulturelle Zentrum der Welt zu jener Zeit ist Europa. Wien ist sein Mittelpunkt.

Am Ende von Carl Blasels Leben haben die Revolution von 1848 und mehrere Einigungskriege Europa durchgeschüttelt. Der Erste Weltkrieg schließlich wird den Kontinent verwüsten. Sämtliche alten Ordnungen werden über den Haufen geworfen sein. Kaiser gibt es nicht mehr, Österreich ist eine Republik. Die Welt ist elektrifiziert. Maschinen bestimmen das Tempo der Arbeit. Beschleunigung ist das Motto der Zeit. Das Telefon verbindet in Echtzeit die Menschen auf den Kontinenten. Das neue Verkehrsmittel ist das Flugzeug. Wer auf dem Boden bleibt, fährt im Automobil. Die neuen Massenmedien sind Schallplatte und Film. Der neue Rhythmus ist der Jazz. Globaler Schrittmacher für Kultur und Wirtschaft ist Amerika.

All diese fundamentalen Wandlungen wird Carl Blasel überstehen. Mehr als das: In jeder Phase seiner Lebenszeit ist er mit dem, was er tut, auf der Höhe der Zeit. Angst vor Veränderung und Scheu vor Neuem scheint er nicht zu kennen. Trotzdem bleibt er sich, seinem Stil und seiner Persönlichkeit immer treu. Möglicherweise legt Vater Johann mit seinen vielen Berufs- und Wohnungswechseln den Grundstein zu dieser Flexibilität. Seine ersten Gehversuche auf der Bühne macht Carl Blasel in Stücken des Alt-Wiener Volkstheaters. Bald darauf überzeugt er in der damals von Jacques Offenbach völlig neu kreierten Singspiel-Form, der „Operette". Um die Jahrhundertwende scheut er als Direktor eines Varietés selbst vor Jahrmarkts-Attraktionen wie Catcherinnen nicht zurück, um ein immer sensationsgierigeres Publikum zu befriedigen. Er verewigt seine Stimme auf frühen Schallplatten und spielt in zwei Werken aus der Experimentalzeit des Films. Auch Ausflüge in eine völlig andere Branche traut er sich zu: Seinem Sohn Leopold Maria kauft er im Jahr 1908 ein Wirtshaus im Prater. In seinen späten Lebensjahren wird der berühmte Schauspieler Carl Blasel dort zum Entzücken der Gäste hin und wieder als Kellner aushelfen. Die Biographie jenes Sohnes Leopold Maria reicht an Buntheit dabei nahezu an den Lebenslauf von Carl Blasels Vater Johann heran. Lust am Unkonventionellen und Experimentierfreude werden in der Familie Blasel offensichtlich weitergegeben.

Dennoch gibt es Konstanten in Carl Blasels Leben. Eine davon ist die unverbrüchliche Treue und Anhänglichkeit zu seiner ersten und einzigen Ehefrau. Über fünfzig Jahre wird er mit seiner Schauspielerkollegin Johanna, geborene Pape, Künstlername „Johanna Wellen", verheiratet sein. Bis der Tod sie ihm mehr als zehn Jahre vor seinem eigenen Ende nimmt. Gerade in Künstlerkreisen sind derart stabile Partnerschaften keinesfalls selbstverständlich. Die zweite Konstante im Leben des Carl Blasel ist seine innige Verbundenheit zu seiner Heimatstadt Wien. Fast 80 Jahre seines knapp 91 Jahre währenden Lebens wird er hier verbringen. Wahrscheinlich leistet diese Stadt mit ihrer speziellen Atmosphäre ihren eigenen Beitrag zu Carl Blasels später so unwiderstehlichen Art, Heiteres zu präsentieren. Der bereits zitierte Mediziner Joseph Johann Knolz, der über die Cholera-Epidemie zur Zeit von Carl Blasels Geburt seinerzeit eine ausführliche Abhandlung verfasst, liefert eine detailreiche Beschreibung der Stadt Wien im Allgemeinen und ihrer Bewohner im Speziellen. Wir lesen hier:

> *„Den Character der Bewohner Wiens im Allgemeinen zeichnet Frohsinn, Witz und Herzensgüte, zugleich aber Leichtsinn und entschiedener Hang zum Genuße aus. (...)"* (Knolz, Joseph Johann, Darstellung der Brechruhr-Epidemie in der k. k. Haupt- und Residenzstadt Wien, wie auch auf dem flachen Lande in Oesterreich unter der Enns 1831/1832, Wien 1834)

Bis auf den Leichtsinn, der in seinem Lebenslauf vielmehr durch Wagemut ersetzt ist, hätte Carl Blasel dieser Charakterisierung vermutlich zugestimmt. Denn auch eine ihm persönlich zugeschriebene Schilderung der frühen Jahre seines Lebens ist ausgesprochen reich an Witz:

> *„(...) Später kam ich in die Volksschule, in meiner Faust fühlte ich bald eine Armee und setzte meine Mitschüler in schauderndes Staunen, denn ich wurde ein gefürchteter Raufer und wegen meiner Stärke weit und breit nur Goliath genannt. So habe ich mich durch einige Klassen*

*durchgeschlagen, da entdeckte ein musikalischer Schatzgräber das Gold in meiner Kehle, und er beschloß, dies edle Metall zu heben. Ich besuchte eine Gesangs- und Violinschule, der Dirigent, der Chormeister der Sängerknaben am Hofoperntheater, Weinkopf, prüfte meine Stimme, und ich wurde sofort in der Hofoper als Sängerknabe engagiert. Mein erstes Auftreten erfolgte in der 'Zauberflöte'. Ich war ein Affe, der zu der Flöte des Tamino tanzen mußte. Aber schon ein Jahr später teilte man mir in derselben Oper eine lohnendere Aufgabe zu. Ich lernte ein Jahr Generalbaß und Klavierspielen, wobei ich meine nächsten Angehörigen und die Nachbarschaft auf drei, vier Häuser weit zur Verzweiflung trieb. Im Frühjahr 1849 errichteten die Kameraden in der Josefstädter Gesangsschule des Herrn Huepfel ein Haustheater. Natürlich wurde ich auch gewonnen, und mit vereinten Kräften stellten wir das Theater auf. Die Kosten für Nägel, Farben usw. bestritt ein Mäcen, der täglich im schwarzen Frack unter uns auftauchte. Ich hielt ihn für einen Märchenprinzen, der uns auch sonst wie aus einem Zauberfüllhorn mit Poulardenstückeln versorgte und finanzielle Lücken deckte, denn die andern Buben hatten wohl über enorme Kunstbegeisterung, aber an klingenden Barmitteln nur in kaum sichtbarem Minimum zu verfügen. Bei näherer Bekanntschaft lüftete sich das Inkognito, und der Prinz im schwarzen Frack entpuppte sich als Kellnerjunge – es war Josef Matras (Matras, das spätere Mitglied des berühmten Komiker-Trios Blasel-Matras-Knaack, war damals noch Kellnerjunge bei seinem Onkel Nowak, der eine Gastwirtschaft innehatte). Wir hatten nun allwöchentlich Vorstellungen. Eines Abends erschien die Polizei, weil wir ohne Anzeige und behördliche Erlaubnis gespielt, und wir mußten im Kostüm entfliehen... . Im nächsten Herbst war ich in Laibach als Chorist mit 14 Gulden Gage engagiert. (…)"* (Angeblich eigene Aussage von Carl Blasel, zitert im Aufsatz „Carl Blasel" von Ludwig Klinenberger, Bühne und Welt, XII. Jahrgang, I. Halbjahr, Oktober 1909 – März 1910, Band XXIII der gesamten Reihe, Berlin, Leipzig, Wien, 1909, S. 207 ff)

Seine körperliche Leistungsfähigkeit wird in späteren Jahren ein Markenzeichen des Schauspielers Carl Blasel werden. Raufen wird er nicht mehr, dafür in vielen seiner Rollen tanzen oder turnerische Einlagen zeigen. Die Ausbildung dafür erhält er früh. Josephine Weiß, die Ballettmeisterin des Theaters in der Josefstadt, nicht weit vom Elternhaus in der Ledergasse entfernt, nimmt Carl bereits mit etwa sechs Jahren in ihr Kinderballett auf. Eigentlich eine reine

Mädchentruppe. Aber laut Madame Weiß ist Carl ein „gar so ein schönes Bubi". Somit wird er in ein Kleidchen gesteckt und dem Ensemble der kindlichen Tanz-Elevinnen schlichtweg einverleibt. Obwohl er ein Junge ist. (siehe Wurzbach, Dr. Constant von, Biographisches Lexikon des Kaiserthums Oesterreich, 54. Teil, Artikel „Weiß, Josephine", Wien 1886)

Die Gesangs- und Violinschule, von der Carl Blasel in seinem kleinen autobiographischen Aufsatz spricht, ist vermutlich die „Musik- und Sing-Lehranstalt von Herrn Johann Michael Weinkopf, Im kleinen Michaelerhause, in der Stadt". So ist das Institut eingetragen im Nachschlagewerk „Allgemeiner Handlungs-Gremial. Almanach für den oesterreichischen Kaiserstaat, Jahrgang 1835". Die Herren Johann Michael Weinkopf und sein Sohn Franz Weinkopf sind wichtige Größen im Musikleben Wiens. Beide sind Opernsänger, Johann Michael gibt einst den Don Fernando in der Uraufführung von Beethovens Oper „Fidelio" am Theater an der Wien. Nach Ende seiner Sängerlaufbahn wirkt er als Kapellmeister an der Hofpfarrkirche zu St. Michael und betreibt seine private Musikschule. Sein Sohn Franz arbeitet nach seiner aktiven Laufbahn als Sänger ab 1841 an der Wiener Hofoper als Chordirektor. Carl Blasel hat vermutlich mit beiden zu tun. Was es mit der „Josefstädter Gesangsschule des Herrn Huepfel" auf sich hat, lässt sich aus zeitgenössischen Quellen nicht mehr rekonstruieren. Unbelegbare Gerüchte sagen, jener Herr Huepfel sei im Zuge der Revolution von 1848 aus Wien geflohen. Im „Allgemeinen Handlungs Gremial" von 1835 findet sich nur die Singschule eines Herrn Michael Leitermayer in der Alservorstadt Nr. 124. Diese Adresse wäre zumindest in der Gegend, außerdem wird sie viele Jahrzehnte später in einem Nachruf auf Carl Blasel tatsächlich als seine Ausbildungsstätte genannt (Neues Wiener Journal, Nr. 10.275, Wien, Samstag, 17. Juni 1922, 30. Jahrgang, S. 3, „Aus dem Leben Karl Blasels"). In einem weiteren Nachschlagewerk taucht noch die Musikschule eines Franz Ramesch in der Schmidgasse 4 in der Josefstadt auf – keine Spur von einem Herrn Huepfel. Adressbücher der Stadt Wien mit alphabetischem Einwohnerverzeichnis werden erst ab 1859 aufgelegt, doch auch hier ist ein Herr

Huepfel nicht zu finden. In den Hausbesitzer-Listen der 1840-er Jahre auch nicht. In der Josefstadt hat damals also nirgendwo ein Herr Huepfel eine Immobilie besessen. Einzig ein Chorsänger namens Hypf'l ist im Personenverzeichnis des Kärntnertortheaters (Anm.: Vorläufer der Hofoper und späteren Staatsoper) der Jahre 1840 und 1841 gelistet. Weitere Spuren zu diesem Herrn lassen sich allerdings nirgendwo aufnehmen. Wo genau sich das lustige Haustheater befunden hat, auf dessen Bühne der zukünftige Schauspieler Carl Blasel seine ersten Gehversuche gemacht haben will, bleibt also sein Geheimnis. Sicher ist nur, dass es für den jüngsten Spross der bunten Blasel-Sippe aus der Ledergasse nie einen Zweifel gibt: Seine Welt ist das Theater.

Innenraum des Theaters in der Josephstadt im Biedermeier
Correspondenzkarte von 1924
Privatbesitz C. Möderler

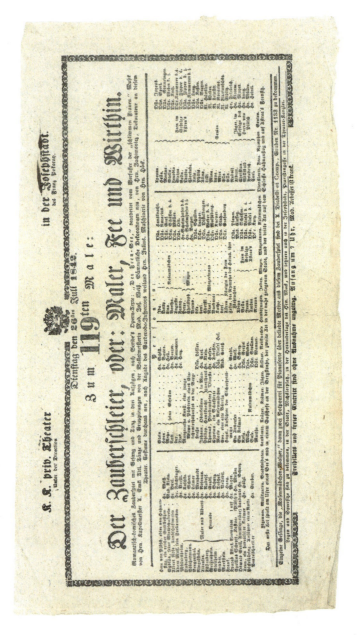

Programmzettel „Der Zauberschleier", 26. Juli 1842, Theater in der Josephstadt.
Katharina und Helene Blasel sind mehrfach namentlich genannt.
Privatbesitz C. Möderler

# Lehrjahre eines Komödianten

Sein erstes echtes Engagement in Laibach, dem heutigen Ljubljana, ist gleich ein sehr interessanter Meilenstein in Carl Blasels Schauspieler-Biographie. Er ist nämlich nicht allein in der slowenischen Stadt nahe der Adria, etwa 400 km südwestlich von Wien. Damals ist das Land ein Teil des Habsburgischen Kaiserreiches. Gemeinsam mit ihm treten auch zwei seiner Schwestern ins dortige Theater-Ensemble ein: Helene, damals 24 Jahre alt, und Katharina, damals 29 Jahre alt. Helene heißt gemäß ihrem Taufregister-Eintrag zwar „Helena", doch alle Theaterprogramme und Zeitungsartikel der Zeit nennen sie immer nur „Helene". Die beiden Schwestern tragen ebenfalls das Blaselsche Künstler-Gen in sich und haben eine Bühnenlaufbahn eingeschlagen. Ihre ersten Jahre als Tänzerinnen und Sängerinnen haben sie in Wien, nahe von Zuhause, am Theater in der Josefstadt absolviert. Danach wirken beide am k. u. k. privilegierten Theater in Wiener Neustadt. (Anm.: Zweitgrößte Stadt Niederösterreichs, ca. 50 km südlich von Wien) Jetzt sind beide frisch in Laibach engagiert. Ihr Bruder Carl, gerade 18 Jahre alt, macht seine ersten Gehversuche als professioneller Schauspieler also unter sicheren Familien-Fittichen. Gut möglich, dass die Schwestern ihre Verpflichtung in Laibach an die Bedingung geknüpft haben, ihren kleinen Bruder mitbringen zu dürfen.

Die Schwestern Blasel verfügen bereits über ein gerüttelt Maß an Lebens- und Bühnenerfahrung. Ihre ersten Engagements als Bühnenkünstlerinnen ergattern sie bereits im Backfischalter. Die erste erhaltene Zeitungsnotiz über die Jüngere, Helene, stammt aus dem Jahr 1838. Damals berichtet die Zeitschrift „Der Humorist" in der Ausgabe vom 02. Juni 1838 über eine Vorstellung am Theater in der Josefstadt. Dort wird zum Vorteile des Schauspielers Joseph Buel ein „Quodlibet mit Gesang und Tanz" gegeben. Also eine Zusammenstellung aus kleinen, heiteren musikalischen Darbietungen.

Zwar trägt der Abend den bezeichnenden Titel „Etwas für Jedermann", der Kritiker der Zeitschrift „Humorist" fühlt sich scheinbar trotzdem nicht angesprochen. Die meisten Darbietungen des Abends werden von ihm in Grund und Boden verrissen. Lediglich die 13-jährige Helene Blasel findet nicht nur Gnade vor den Augen des Publikums, sondern auch vor den Augen des strengen Rezensenten. Er schreibt:

> „(...) *Ein steirisches Pas de deux wurde von den kleinen Mädchen Blasel und Schäffer mit so vieler Virtuosität und Charakteristik getanzt, daß selbe einstimmig dreimal gerufen wurden. (...)* " (Der Humorist, Nro 88. Sonnabend; 2. Juni. Wien, 1838)

Ein Jahr später erscheint der früheste erhaltene Text über einen Auftritt beider Schwestern. Helene ist jetzt vierzehn, Katherina ist 19 Jahre alt. Ein Bericht im „Österreichischen Morgenblatt" fasst damals die Leistungen des Josefstädter Theaters in den Monaten Januar bis Juni 1839 zusammen. Die offensichtlich talentierten Nachwuchs-Künstlerinnen werden dabei ausdrücklich genannt. Wir lesen:

> „(...) *Im Fache der Pantomime verdient Hr. Rainoldi, so wie die Dllen. Mayer, Schäfer und Blasel, auszeichnende Erwähnung. (...)* " (Österreichisches Morgenblatt, Zeitschrift für Vaterland, Natur und Leben. Sonnabend, den 27. Juli 1839. No 89. Vierter Jahrgang.)

Dass zwei so junge Menschen wie die Schwestern Blasel – noch dazu Frauen – damals ohne weiteres eine Bühnenlaufbahn einschlagen dürfen, ist bemerkenswert. Das Theater, trotz seiner enormen Bedeutung im 19. Jahrhundert, gilt seit jeher als etwas anrüchiges Metier. Die Vorurteile oder Urteile über den vermeintlich oder tatsächlich moralfernen Lebenswandel von „Künstlern und Vaganten" halten sich teilweise bis ins 21. Jahrhundert. Im Biedermeier hat ein anständiges Mädchen erst brave Tochter zu sein und danach ordentlich zu heiraten. Visionen von beruflicher - und privater - Selbstverwirklichung, insbesondere für Frauen, sind im damals allgemein gültigen Weltbild nicht vorgesehen. Doch ganz offenbar ist das Elternhaus Blasel aufgeschlossen, liberal und unkonventionell. Die Kinder scheinen tun zu dürfen, was ihnen am besten liegt. Vielleicht verwirklicht Vater Johann den Traum vom Künstler-Sein, der sich für ihn selbst nie erfüllt hat, in seinem begabten Nachwuchs. Vielleicht – die nüchterne Überlegung – sind auch die Einkünfte der Töchter zum Unterhalt des vielköpfigen Blasel-Haushalts nicht unwillkommen.

Die Töchter Blasel strapazieren die biedermeierlichen Moralvorstellungen gleich in zweifacher Hinsicht. Beide sind früh beim Theater und beide werden früh – und unehelich – Mütter. Den Auftakt macht die 20-jährige Katharina. Am 3. September 1841 bringt sie ein Töchterchen zur Welt, das sie Stephania Josephine Franziska nennt. Pate ist ein Franz Told Edler von Doldenburg, Oberlieutnant im II. Regiment der k. u. k. Artillerie. Ist er vielleicht in Wirklichkeit der leibliche Vater des Kindes? Nur vier Monate später trifft die junge Mutter ein Schicksalsschlag: Die kleine Stephania stirbt an der „Gehirnwassersucht", landläufig „Wasserkopf" genannt. Damals wie heute oftmals die Folge einer frühen Hirnhautentzündung.

Trotz des dramatischen Vorbildes folgt die gerade erst 18-jährige Helene dem Beispiel ihrer Schwester Katharina: Am 11. September 1843 bringt auch sie ein Mädchen zur Welt. Es bekommt den Namen Paulina Anna Helena. Im Taufregister als Pate eingetragen ist ein Paul Ztekim (?) (Anm.: Nachname unleserlich), Correspondent in orientalischen Sprachen. Sollte auch er in Wirklichkeit der leibliche Vater des Kindes sein? Doch kaum drei Monate später trifft Helene das gleiche Schicksal wie vor ihr ihre Schwester: Am 29. November stirbt die kleine Paulina laut Eintrag im Kirchenbuch an den „Fraisen". Hinter dem Begriff verbergen sich durch Vitaminmangel ausgelöste Krampfanfälle – damals eine der häufigsten Ursachen für frühen Kindstod. Keine zwei Jahre später wird Helene dennoch wieder schwanger. Am 31. Mai 1845 bringt sie ein Mädchen namens Helena Pauline Antonia zur Welt. Der Pate ist diesmal ein Geyza von Udvarnoky, Lieutnant vom Garderegiment. Ist auch er vielleicht nicht nur der Pate, sondern vielmehr der Vater? Diese persönlichen Details werden das Geheimnis der Beteiligten bleiben. Im Kirchenbuch festgehalten ist dafür, dass sich das traurige Schicksal der beiden ersten Kinder wiederholt: Am 20. September 1845 stirbt auch Helen*a*, das zweite Töchterchen der Helen*e*, mit gerade vier Monaten an den Fraisen. Fast scheint es, als läge in der Blasel-Sippe ein Fluch auf neugeborenen Mädchen. Die Mutter, Helene Blasel, ist jetzt zwanzig Jahre alt. Die Volljährigkeit wird im Habsburger Kaiserreich damals im Alter von 24 Jahren erreicht. Das heißt, die Frau, die bereits seit ihrem 13. Lebensjahr berufstätig ist und zwei Kinder geboren und wieder verloren hat, ist vor dem Gesetz selber noch ein Kind.

Helenes Schwester Katharina ist immerhin schon volljährig, als sie ihr zweites Kind bekommt. Vielleicht auch schon ihr drittes. Denn bereits am 18. Februar 1843 kommt in Altlerchenfeld die uneheliche Tochter einer Katerina Blasel zur Welt. Sie wird auf den Namen „Carolina" getauft. Ob es sich bei der Mutter dabei tatsächlich um Carl und Helene Blasels Schwester handelt, ist allerdings nicht mit letzter Sicherheit auszumachen. Diese, die richtige Schwester Katharina, inzwischen 26 Jahre alt, bringt dafür am 09. August 1846 einen Sohn zur Welt, dem sie die klangvollen Vornamen „Carl Borromäus Heinrich" gibt. Als Taufpatin fungiert die Hebamme – Spuren, selbst mutmaßliche, zu möglichen Vätern gibt es hier also nicht. Anders als Mutter, Onkel und Tante hält Carl Borromäus Heinrich sich zwar später von der Bühne fern, ergreift aber dennoch einen kreativen Beruf: Er wird Steinmetz. Knapp zehn Jahre später bekommt Katharina ihr – mindestens – drittes Kind. Am 29. Juni 1854, Katharina ist dann bereits im Engagement am Theater in Linz, bringt sie ihren Sohn Paul zur Welt. Dieser wiederum wird später den Spuren seiner Mutter folgen: Paul Blasel wird erst Schauspieler, danach Theaterleiter. Seine langjährige Wirkungszeit als Direktor des Salzburger Stadttheaters, ab 1940 heißt es „Salzburger Landestheater", wird in seinen Nachrufen – Paul Blasel stirbt im Jahr 1940 – dereinst als eine der glanzvollsten Perioden dieses Hauses gewürdigt werden. Katharinas Familienvergrößerung geht allerdings noch weiter: Um das Jahr 1858 herum bekommt sie das Töchterchen Therese. Auch sie wird eine Bühnenlaufbahn als Sängerin und Schauspielerin einschlagen. Nach Thereses Tod im Jahr 1911 rühmen ihre Nachrufe sie als besonders liebenswürdige, verlässliche und talentierte Künstlerin des Deutschen Theaters in Prag. Anno 1860 bringt Katharina in Salzburg schließlich noch ihren Sohn Ferdinand Karl zur Welt. Natürlich ohne Vater, wie all ihre Kinder vorher. Ferdinand Karl bleibt wieder vom Theatervirus verschont und erlernt einen bürgerlichen Beruf. Er wird Uhrmacher und Reservist des Habsburgischen Militärs. Auf jeden Fall bekommt Ferdinand Karl eine interessante Patentante: Es ist Mathilde Tomaselli, Gattin des Carlo Tomaselli, Kaffeesieder und Betreiber des bis heute bestehenden Caféhauses Tomaselli in Salzburg. Außerdem ist Carlo Tomaselli der Onkel der späteren Singspiel-Göttin Josefine Gallmeyer. Mit Carl Blasel wird Josefine dereinst – beruflich und privat – eine enge Freundschaft verbinden. Ganz ohne Bühne geht es eben doch nicht bei den Blasels.

Warum die beiden Blasel-Schwestern trotz offenbar inniger Beziehungen zum anderen Geschlecht niemals heiraten, lässt sich nicht mehr feststellen. Möglicherweise sind die Väter ihrer Kinder bereits gebunden, möglicherweise gibt es unüberwindliche Standesunterschiede. Möglicherweise wollen – oder müssen – die beiden jungen Frauen auch einen Weg gehen, der am Theater des frühen 19. Jahrhunderts nicht unüblich ist, der aber eine tragische Dunkelseite des weiblichen Künstlerdaseins darstellt. Das lebenslustige Paris kreiert dafür sogar einen eigenen Begriff: „Les Filles d'Opéra". Junge Künstlerinnen, vorzugsweise Tänzerinnen, nutzen als solche die Bühne nicht nur als Ort der Darstellungskunst, sondern als Präsentationsfläche für ihre körperlichen Reize. Zahlungsfähige Galane aus dem Publikum dürfen sich eingeladen fühlen, als spendable Aufbesserer der schmalen Gagen ins Leben der Schönen zu treten. Für entsprechende persönliche Gegenleistungen. Mit allen denkbaren, hauptsächlich von den Frauen zu tragenden Folgen solch intimer Kurzzeit-Beziehungen. In den meisten Fällen ist dieser in den

Hinterzimmern der Künste stattfindende Selbstverkauf der jungen Künstlerinnen zweifellos der blanken Not geschuldet. Vielleicht trifft das auch auf die Blasel-Schwestern zu. Möglicherweise – das ist die optimistische Auslegung – sind die beiden jungen Frauen aber auch selbstbewusst genug, gar nicht heiraten zu wollen. Vielleicht wollen sie ihren Namen „Blasel" behalten und ganz sie selbst sein, nicht Anhängsel eines Ehemannes. Wir werden ihre Beweggründe nicht mehr herausfinden.

Ballettszene am Theater in der Josefstadt, „Der Todtentanz", 1844.
Möglicherweise sind die Schwestern Blasel mit abgebildet.
Ausschnitt aus: „Illustrirte Zeitung", No. 51. Leipzig, den 15. Juni 1844.
Privatbesitz C. Möderler

An der Seite seiner lebens-, liebes- und bühnenerfahrenen Schwestern beginnt für Carl Blasel in Laibach die professionelle Schauspielerlaufbahn. Das Theater von Laibach ist günstig zu erreichen. Seit dem August des Jahres 1849 ist die Eisenbahnstrecke Wien-Laibach erstmals durchgängig befahrbar. Die Theater-Almanache der Zeit verraten die Aufgaben der drei: Fräulein Helene Blasel ist „erste Local-Sängerin". Fräulein Kathi Blasel (Katharina wird oft mit dieser Abkürzung benannt) ist engagiert als Tänzerin und als Schauspielerin für Nebenrollen. Bruder Carl ist zuständig für zweite und dritte komische Rollen. Ab der nächsten Spielzeit hat er auch noch Chorverpflichtung im Stimmfach Tenor.

Der erste Held und jugendliche Liebhaber des Laibacher Ensembles ist zu jener Zeit ein gewisser Friedrich Strampfer. Er wird ein paar Jahre später noch eine wichtige Rolle in Carl Blasels Leben spielen. Der gebürtige Sachse ist 26 Jahre alt und hat bereits einige Lebenswirren hinter sich. Zwar beginnt er seine Schauspiel-Karriere vielversprechend unter der persönlichen Protektion von Goethes Schwiegertochter Ottilie am Weimarer Hoftheater – seine Eheschließung mit einer adeligen Schauspielerin des Hauses, die noch dazu dem katholischen Glaubensbekenntnis angehört, während Strampfer evangelisch ist, erregt jedoch verschärftes Missfallen des Weimarer Großherzogs. Er löst die Ehe auf und Strampfer muss das Herzogtum verlassen. Jetzt ist er als Schauspieler im Engagement in der habsburgischen Provinz. Doch sein neues Interessengebiet zeichnet sich bereits ab: Er will selbst ein Theater führen. Nach mehreren kleineren Häusern wird er im Jahr 1862 die Leitung des k. u. k. privilegierten Theaters an der Wien übernehmen. Nur ein Jahr später holt Strampfer dann seinen Kollegen Carl Blasel aus Laibach an sein Haus: Im Jahr 1863 wird Carl Blasel mit dem Engagement an das Theater an der Wien nach 14 Jahren der Wanderschaft durch die Provinz den Schritt zurück in seine Heimatstadt tun und ihr bis zu seinem Tod die Treue halten.

Neben Friedrich Strampfer und den Blasel-Geschwistern gehört auch noch ein dreizehnjähriges Mädchen als Kinderdarstellerin zum Ensemble in Laibach. Ob sich damals schon abzeichnet, welch außergewöhnliches Talent sie hat? Die junge Dame wird nämlich schon bald eine phänomenale Karriere in Wien machen. In ihren späteren Jahren wird sie sogar die Neue Welt im Sturm erobern. Der Walzerkönig Johann Strauß wird die Hauptrolle in seinem berühmtesten Bühnenwerk „Die Fledermaus" für sie schreiben. Sie wird Direktorin eines Theaters werden und den Titel „Königin der Operette" tragen. Ihre und Carl Blasels Wege werden sich in Zukunft so häufig kreuzen und sie wird ihm so nahe stehen, dass er und seine Gattin sie dereinst zur Patin und Zweitnamensgeberin ihres Sohnes Leopold Maria machen werden. Der Name des jungen Mädchens: Maria „Marie" Geistinger.

Das kleine Laibach am Südrand des riesigen Habsburgerreiches ist zwar Provinz. Das Theater dort ist aber offenbar eine wahre „Brutstätte" für große Talente. Günstige Vorzeichen also für den Eleven aus der Ledergasse. Zeitgenössische Berichte über Carl Blasels allerersten Auftritt zum Spielzeitbeginn im September 1849 in Laibach sind nicht mehr zu finden. Aussagekräftig, wenn auch kurz, ist dafür die Rezension in der Theater-Zeitschrift „Humorist" zu einem Gastspiel, das das Ensemble von Laibach über die Weihnachtstage 1849 in Klagenfurt gibt. Alle drei Blasel-Geschwister werden hier ausdrücklich gelobt. Es steht zu lesen:

*„(...) Fräulein Helene Blasel erfreut sich in ihren Leistungen als Lokalsängerin ungetheilten Beifalles, sowohl ihres decenten Spieles als trefflichen Gesanges wegen, und wirkt auch im Schauspiele recht verdienstlich mit. Als Tänzerin leistet sie mit ihrer Schwester Katharine Blasel Vorzügliches. (...) Die Herren Blasel, Oswald, Hörrich und Vitz füllen Episoden zur Zufriedenheit aus; Herr Blasel insbesondere hat Talent, und seine Jugend sowie sein Fleiß lassen von der Zukunft die besten Früchte hoffen. (...)"* (Humorist. Wien, No 63./No 64. Donnerstag, den 14. März 1850, Freitag, den 15. März 1850. XIV. Jahrgang)

Carl, der Debütant, fällt also von Anfang an positiv auf. Angeblich hat er sogar bald darauf einen regelrechten Durchbruch: In seinen Nachrufen, fast acht Jahrzehnte später, sprechen die Feuilletonisten von einer winzigen Rolle in einem Stück mit dem Titel „Die Reise nach Graz". Gemeint ist dabei das Stück „Die Reise nach Grätz mit dem Landkutscher", ein lokaler Schwank mit Gesang von Joseph Kilian Schickh. Die Musik stammt von Franz von Suppé. Im Jahr 1847 wird dieses Werk am Theater in der Josefstadt in Wien uraufgeführt und danach in ein paar Städten des Habsburgerreiches kurz gespielt. Allerdings nur so selten, dass das Manuskript nicht einmal gedruckt wird. Eine Rezension der Laibacher Aufführung gibt es nicht. Allerdings soll Carl Blasel, späteren Berichten zufolge, genau in diesem Stück eine besondere Chance wahrgenommen haben. Wir lesen:

*„(...) Am 23. November desselben Jahres* (Anm.: 1849) *– Blasel hatte nichts zu tun, als im zweiten Akte der Posse 'Die Reise nach Graz' mitzusingen – entstand zu Beginn des zweiten Aktes eine Pause, denn der jugendliche Liebhaber, der aufzutreten hatte, war noch in der Garderobe mit seiner Toilette beschäftigt; Blasel sprang sofort ein und führte die Rolle glücklich zu Ende. Nach Schluß der Vorstellung erhöhte Direktor Thomé Blasels Monatsgage auf 18 fl.* (Anm.: „florenus aureus", soviel wie „Florentiner Goldwährung". Offizielle Abkürzung für die Währungseinheit „Gulden") *und engagierte ihn als jugendlichen Liebhaber unter gleichzeitiger Enthebung von der Chorverpflichtung. (...)"* (Illustrierte Kronen-Zeitung, 23. Jahrgang. Nr. 8060. Wien, Samstag, den 17. Juni 1922)

In den zeitgenössischen – und somit primär glaubhaften – Quellen ist zwar nichts über Carls karrierefördernden „Einspringer" in Laibach zu finden; sollte der große Komödiant mit dieser Geschichte in späteren Jahren seine Biographie für neugierige Reporter ein wenig ausgeschmückt haben, hat er sie aber zumindest gut erfunden. In Wirklichkeit bleibt ihm die ungeliebte Chorverpflichtung nämlich noch für eine Weile erhalten. Wenn auch an einem größeren Theater.

Carl Blasel sucht bald schon Veränderung. Die gemeinsame Zeit der Blasel-Geschwister am Theater in Laibach währt nur zwei Spielzeiten lang. Danach trennen sich ihre Wege. Helene übernimmt zunächst ein Engagement in Groß-Becskerek, damals im Königreich Ungarn, heute in Serbien, danach in Temesvar im heutigen Rumänien. Dort verlieren sich Helenes Spuren. Katharina geht zunächst an das Landständische Theater in Linz. Anno 1858 wird sie von Linz nach Salzburg wechseln und dort bis zum Jahr 1861 bleiben. Um das Jahr 1866 herum kehrt sie als Ballettmeisterin zurück nach Linz. Ihre beiden Kinder Paul und Therese treten dort sogar unter Anleitung der Mutter mit kindlichen Tanzeinlagen auf. Spätestens ab 1877 lebt Katharina gemeinsam mit ihrer Tochter Therese in Prag. Mehr als dreißig Jahre lang. Am 21. Dezember 1909 wird Carl Blasels mittlere Schwester in der Hauptstadt Böhmens im Alter von 89 Jahren versterben. Wo Carl Blasels jüngste Schwester Helene ihre letzten Lebensjahre verbringt, bleibt ebenso ein Geheimnis wie Zeitpunkt und Ort ihres Todes. Eines ist dagegen unstrittig: Für ihren kleinen Bruder sind seine großen Künstlerinnen-Schwestern Inspiration. Und sie stehen ihm in einer wichtigen Phase seines Lebens zur Seite.

Carl, den Jüngsten, führt der Weg von Laibach aus nach Nord-Westen. Er wechselt ans k. u. k. Nationaltheater von Innsbruck. Sein Rollenfach hier: Naturbursche. Wieder mit Chorverpflichtung. Doch die Hauptstadt Tirols bringt dem Nachwuchstalent mit zwei Spielzeiten Theater-Erfahrung zunächst gar kein Glück. Im Gegenteil: Es scheint, als ginge die hoffnungsvolle Karriere an diesem Ort – früh, ruhmlos und tragisch – gleich wieder zu Ende. Offenbar hat Carl Blasel kurz nach Spielzeitbeginn im Spätsommer 1851 in Innsbruck einen schweren Unfall. Die „Innsbrucker Zeitung" schreibt:

*„Innsbruck den 19. Nov. Morgen wird zum Vortheile des verunglückten Schauspielers Hrn. Blasel das Preis-Lustspiel von Putlitz: 'Der Salzdirektor' aufgeführt. Der arme Verunglückte und seit beinahe dritthalb Monaten ans Bett Geheftete bedarf einer nachhaltigen Unter-*

*stützung; wir können nebstdem einen vergnügten und genußreichen Abend versprechen und empfehlen daher dem Publikum warme Theilnahme."* (Innsbrucker Zeitung. No 266. Mittwoch, den 19. November 1851.)

Zweieinhalb Monate bettlägrig – die Verletzung, die Carl Blasel sich zuzieht, muss tatsächlich außerordentlich schwer sein. Was genau ihm zugestoßen ist, berichten die zeitgenössischen Medien leider nicht. Glücklicherweise verhält sich das Theater solidarisch und behält den arbeitsunfähigen Neuzugang im Ensemble. Dem gelingt dann auch die vollständige Genesung. In der Spielzeit 1852 steht er wieder als Naturbursche mit Chorverpflichtung auf der Besetzungsliste. Welche Rollen Carl Blasel damals übernimmt, lässt sich nicht mehr feststellen – die Auswahl allerdings ist groß: Allein in der Spielzeit 1852 gibt das Nationaltheater zu Innsbruck 87 verschiedene Stücke. Die meisten davon sind heute vergessen, z. B. Werke mit so sprechenden Titeln wie „Von Sieben die Häßlichste" oder „Ich bleibe ledig". Vieles im Repertoire gehört allerdings auch zum Kanon des Immer-Gültigen. So wird die Oper „Der Wildschütz" von Lortzing ebenso gegeben wie Nestroys „Das Mädel aus der Vorstadt" oder Schillers „Die Räuber". Genug Möglichkeiten also für Carl Blasel, die Facetten seines Könnens zu zeigen.

Für die Spielzeiten 1853 und 1854 wechselt Carl Blasel wieder die Bühne. Von der Hauptstadt Tirols führt sein Weg zurück in die slowenische Provinz. Dafür ist er endgültig die lästige Chorverpflichtung los. In Marburg ist er ausschließlich zuständig für komische Gesangsrollen. Dieses Marburg ist nicht zu verwechseln mit der deutschen Universitätsstadt an der Lahn. Gemeint ist vielmehr Marburg an der Drau, auf halber Strecke zwischen Wien und Triest, heute bekannt als „Maribor". Den nächsten Karriereschritt tut Carl Blasel mit der Spielzeit 1855. Ab jetzt besetzt er das Fach „Erste komische Gesangsrollen". Das Theater von Klagenfurt betraut ihn mit dieser Aufgabe. Offenbar kommt Carl Blasel gut an. Der Korrespondent der „Illustrirten Novellen-Zeitung" aus Wien formuliert knapp:

> *„(...) Herr Blasel ist ein tüchtiger Komiker, sein Koupletvortrag ausgezeichnet. (...)"* (Illustrirte Novellen-Zeitung. Nr. 91. Dritter Jahrgang. Wien, 11. November 1855)

Etwas kritischer äußert sich die Klagenfurter Zeitung:

> *„(...) Herr Blasel hat als Bettler in 'Verrechnet' und als Wiener Freiwilliger Proben einer glücklichen Gestaltungsgabe geliefert. Der Gesang ist eben nicht seine Stärke. (...)"* (Klagenfurter Zeitung. No. 235. Sonnabend, den 13. October. 1855.)

Ja, was denn nun? Der eine findet gerade den Couplet-Vortrag ausgezeichnet, der andere den Gesang dagegen nicht besonders stark. Kunst liegt eben immer im Auge des Betrachters. Die Kritik wird ihn ohnehin nicht weiter bekümmern, denn Carl Blasel hält sich nicht lange in Klagenfurt auf. Schon nach einer Spielzeit wechselt er im Jahr 1856 wieder ans Theater nach Innsbruck, dann im Jahr 1857 im Frühjahr ans Theater von Pesth in Ungarn (Anm.: Hauptstadt d. Königreichs Ungarn, im Jahr 1873 mit der Stadt Ofen am anderen Donauufer vereinigt. Neuer Name danach: Budapest) und im Herbst ans Theater von Brünn in Mähren. Am Samstag, den 20. Juni 1857 meldet das „Pesth-Ofner Localblatt" eine besondere Vorstellung für den Abend: „Das Deutsche Theater in Pesth gibt „Der Komet!!! oder: Heute muß es krachen! Großes astronomisches Ereigniß am theatralischen Horizont mit Gesang und Tanz in 2 Akth. und keinem Vorspiel." (Pesth-Ofner Localblatt. 8. Jahrgang. Nr. 139. Pesth, Samstag den 20. Juni 1857.) Wenn das nicht vielversprechend klingt! Carl Blasel ist in dieser explosiven Veranstaltung gleich in zwei Rollen dabei. Als Bauernbursche Seff im ländlichen Gemälde mit Gesang „Der blöde Seff", außerdem als Semmelschmarrn in der komischen Bagatelle mit Gesang und Tanz „Die drei Grazien". Auf der Ankündigung ausdrücklich erwähnt: Herr Blasel zeigt in diesem Stück den Tanz „El Ole". Seine körperliche Leistungsfähigkeit, die er sich – eigener Aussage nach – schon in seiner Kinderzeit antrainiert hat, bringt er also von Anfang an auf der Bühne zur Geltung. Der „El Ole" ist zu der Zeit nämlich nicht einfach irgendein Tanz, sondern in ganz Europa ein „Hit": Die spanische Tänzerin Pepita de Oliva tourt seit Mitte der 1850er Jahre über den Kontinent und hat enormen Erfolg mit genau dieser von ihr kreierten Nummer. Ob Carl Blasel damals nur die Schritte der schönen Spanierin nachmacht oder vielleicht auch ihr Aussehen? Dann hätte er eine große Perücke gebraucht. Denn Pepita de Oliva ist nicht nur berühmt für ihre feurigen Choreographien, sondern auch für ihre schwarzen, welligen und bodenlangen Haare.

Wie groß die körperliche und geistige Leistung ist, die Carl Blasel als Schauspieler erbringt, erfährt der aufmerksame Betrachter auf eben jener Zeitungsseite, die die Attraktionen des Stückes „Der Komet!!!" so ausführlich auflistet. Etwas weiter unten ist auch noch eine Aufführung mit dem Titel „Die Hammerschmiedin aus Steiermark" angekündigt. Sie wird gezeigt am selben Tag im Pesther Sommertheater. In der Rolle des Beamten Herr v. Klecks: Carl Blasel. Vorstellungsbeginn: 5 Uhr nachmittags. Das heißt: Bevor er abends um halb acht Uhr seinen Auftrittsmarathon mit zwei Rollen in einer Vorstellung plus Tanzeinlage am Deutschen Theater absolviert, hat Carl Blasel bereits im Sommertheater eine komplette Nachmittagsvorstellung mit einem anderen Stück und einer anderen Rolle gespielt. Ein Tag, zwei Theater, zwei Auftritte, drei Rollen mit Gesang und ein Tanz. Vermutlich sind derartige Einsätze zur damaligen Zeit nicht einmal Einzelfälle, sondern eher die Regel – dieses eine Beispiel allein lässt schon erahnen, über welch außergewöhnliche Energie der Bühnenkünstler Carl Blasel verfügt.

Der Wechsel mitten im Jahr von Pesth nach Brünn ist folglich gar kein Problem für den Umtriebigen. Am Sonntag, den 30. August 1857 verbreitet die Brünner Zeitung „Neuigkeiten":

> „*Theater. Heute Sonntag, 98. Vorstellung im Abonnement. Erstes Debut des Herrn Karl Blasel, vom k. städt. Theater zu Pesth. Der Verschwender. Original-Zaubermährchen mit Gesang und Tanz in 3 Abtheilungen, von Ferdinand Raimund. Musik vom Kapellmeister Konradin Kreutzer. Valentin: Karl Blasel*" (Neuigkeiten. Nr. 237. Brünn, Sonntag den 30. August 1857. Jahrg. VII.)

Mit Ur-Wiener Repertoire aus der Feder des neben Nestroy bedeutendsten Vertreters des Alt-Wiener-Volkstheaters, Ferdinand Raimund, beginnt Carl Blasel also seine Verpflichtung am Theater im mährischen Brünn. Hat er Blut geleckt? Sind die vertrauten Wiener Texte der Grund dafür, dass er von Brünn aus den ersten kurzen Abstecher in seine Heimatstadt wagt? Im Sommer 1858 tritt Carl Blasel dort einmal gastspielweise auf. Spielort ist das „Sommertheater in Fünfhaus", auch bekannt als „Braunhirschentheater". In jenem Bezirk, in dem sein Vater Johann einst auf die Welt gekommen ist. Doch der Ausflug in heimische Gefilde bringt Carl Blasel überhaupt kein Glück. Die erste der wenigen wirklich schlechten Kritiken, die er in seiner rekordverdächtig langen Laufbahn als Schauspieler jemals einstecken muss, bekommt er ausgerechnet hier. Der Rezensent der „Morgen-Post" lässt buchstäblich kein gutes Haar an ihm:

> *„Sommertheater in Fünfhaus. Langer's 'Wiener Freiwillige' führte uns vorgestern zwei Gäste vor: Herrn Blasel von Brünn als Franz Rosner (die Rolle Rott's) und Herrn Preising von Kaschau in der früher von Grün gespielten Rolle des 'Knerz'. Was wir mit Herrn Blasel machen sollen, wissen wir, aufrichtig gesprochen, nicht recht. Er wird uns von Brünn aus als Komiker angekündigt und es ist kein komisches Aederchen in ihm zu entdecken; dafür 'überthurybrückelt' er den Thurybrückler Rosner, macht aus der derben Figur eine durch und durch rohe, aus den Gefühlsszenen Weinszenen, aus den Kraftstellen monoton gellende Schreistellen und sucht in den Kouplets durch verzerrtes Grimassiren zu ersetzen, was ihm an wirkendem Vortrage abgeht. Und trotz alledem zuckt mitunter etwas auf, ein Ton, ein Blick, eine Geberde – was sich wie eine Talentäußerung ansieht. Bleiben nur die Fragen: Wie lange brauchte dieses Talent, um zum Durchbruch zu kommen? Würde es überhaupt dazu kommen? Und wäre dann seine Bedeutung groß genug, um für das Zuwarten und Geduldhaben zu entschädigen? (...)"* (Morgen-Post. Nr. 187. Wien, Samstag 10. Juli 1858. 8. Jahrgang.
> Anm.: Die Begriffe 'überthurybrückelt' und 'Thurybrückler Rosner' beziehen sich auf ein Zitat aus dem Stück. Die Rolle des Franz Rosner hat in der zweiten Szene den Text 'Wirth, ich sage Dir's, ich bin am Thury-Brückl geboren, zwing mich nicht, meine noble Erziehung zu vergessen. Hüthe Dich vor mir. Wenn ich stark nieße, fliegst Du über die Abruzzen. (...)' Die

*Thurybrücke verbindet die Wiener Bezirke Alsergrund und Thurygrund; letzterer ist im Biedermeier der Standort großer Ziegeleien und damit ein Synonym für schwer arbeitende, kernige Männer mit körperlicher Durchschlagskraft)*

Leider ist diese Kritik nicht namentlich unterzeichnet. Somit ist nicht herauszufinden, ob der Rezensent Carl Blasels Karriere verfolgt und sich in späteren Jahren nochmals über ihn äußert. Es wäre interessant zu erfahren, ob er sein hartes Urteil später möglicherweise revidiert hat.

Für Carl Blasel steht nach Brünn mitsamt dem erfolglosen Abstecher in die Wiener Vorstadt schon wieder ein Wechsel des Spielortes auf dem Programm. Welchem Muster die vielen frühen Stationen seiner Karriere eigentlich folgen – ob sie überhaupt einem Muster folgen oder ob sie vielmehr ein rein zufälliges Produkt von Angebot und Nachfrage sind, lässt sich im Nachhinein nicht mehr erschließen. Weder ist ihnen ein systematischer Wechsel zu einem jeweils bedeutenderen Haus auszulesen, noch eine systematische Verbesserung der Aufgaben. Über eventuelle Gagen-Verbesserungen fehlen schlichtweg die Unterlagen. Vielleicht geht Carl Blasel einfach immer genau dort hin, wo gerade ein Angebot lockt. Die Hilfe, die andere Schauspielerinnen und Schauspieler in Anspruch nehmen, einen Agenten, der eine Karriere gezielt aufbaut und organisiert, scheint es in seiner gesamten Laufbahn niemals zu geben. Das Vorgehen passt gut in das Bild vom Energiebündel und Tausendsassa Carl Blasel, das er selbst in seinen späteren Jahren mit großer Hingabe pflegt: Ein Mann wie er kann eben alles ganz alleine. Immerhin ist er auf diese Weise ohne einen einzigen Tag der Arbeitslosigkeit achtzig Jahre lang durchgehend beschäftigt. Davon kann so manch anderer nur träumen. Ob mit oder ohne Agenten.

Wie Carl Blasel an sein nächstes Engagement kommt, ist ausnahmsweise verbrieft. Sein vermeintlich erfolgloser Abstecher nach Wien hat nämlich zumindest auf einen Beobachter einen guten Eindruck gemacht: Der Schauspieler Carl Treumann vom Carl-Theater in Wien, einst zusammen mit Johann Nestroy und Wenzel Scholz Teil eines legendären Komödianten-Trios und bestens vernetzt in der Theaterszene, sieht offenbar das Potential seines Namensvetters Carl Blasel. Er erachtet den Kollegen für empfehlenswert und lässt für ihn seine Beziehungen spielen. Das Ergebnis übermittelt Treumann seinem jungen Kollegen per Brief:

> *„Lemberg, den 16 July. Lieber Blasel! Ich habe Herrn Director Glöggl von Ihnen erzählt und derselbe wäre nicht abgeneigt, Sie für das <u>erste komische Gesangsfach</u> zu engagiren. sind Sie noch frei, so senden Sie umgehend Ihre billigst gestellten Bedingungen ein und können einer zustimmenden Antwort sich versichert halten. Ihr Treumann"* (Carl Treumann an Carl Blasel, eigenhändiger Brief, Teilnachlass Carl Blasel, H. I. N.-3258, AC15817305, Wienbibliothek im Rathaus, Wien)

Carl Blasel nimmt das Angebot an. Die Aussicht, künftig das „*erste* komische Gesangsfach" zu besetzen, ist attraktiv und seine Gagenforderung kann Direktor Josef Glöggl offensichtlich gut erfüllen. Carls nächster Weg führt also ans k. k. Gräflich Skarbek'sche Theater in Lemberg in Galizien (Anm.: Heute Lwiw, Ukraine). Weit im Nord-Osten des Reiches. Zwar die viertgrößte Stadt der Habsburgermonarchie, aber immer noch tiefste Provinz. Der entgegenkommende Theaterdirektor, der sich von Carl Treumann so ohne weiteres von den Qualitäten des Carl Blasel überzeugen lässt, wird seinen Neuzugang gar nicht mehr begutachten können. Josef Glöggl stirbt, noch vor Beginn der neuen Herbstspielzeit, im Mai 1858. Über Carl Blasels künstlerische Leistungen in Lemberg haben sich leider keine Originalberichte erhalten. Nur ein einziger winziger Zeitungsschnipsel erzählt etwas über die Ereignisse von damals. Dafür ist die Mitteilung umso bedeutender. Die „Wiener Theater-Zeitung" verrät:

> *„Verheiratet. Am 24. November Frl. Johanna Wellen mit Herrn C. Blasel in Lemberg. Mitglieder des deutschen Theaters daselbst."* (Wiener Theater-Zeitung, Nr. 19. Sonntag, den 11. Dezember 1859. I. Jahrgang.)

Kabinettfoto Johanna Blasel
Rollenportrait, Wien, ca. 1870
Privatbesitz C. Möderler

Carl Blasel, der sich in späteren Jahren mit den Worten zitieren lässt: „Ich war immer ein Damenliebling", (Festschrift zum 50jährigen Schauspieler-Jubiläum des Künstler's Carl Blasel 1849-1899, Wien, 1899) trifft in Lemberg sein Schicksal. Die Frau, die als einzige das Herz des Frauenschwarms gewinnt. Die Frau, mit der er künftig jeden Schritt seines Lebens – beruflich wie privat – gemeinsam tut. Die Frau, die ihm sechs Kinder schenken wird, von denen drei überleben, die Frau, der er später sein gesamtes Vermögen anvertraut, die Frau, die buchstäblich mit ihm durch Dick und Dünn geht und die der einzige Mensch ist, dem sich Carl Blasel bedingungslos unterordnet. 51 Jahre lang. Bis der Tod sie ihm wieder nimmt.

Diese Frau, die sich „Johanna Wellen" nennt, ist erst 18 Jahre alt, als sie am 24. November 1859 mit Carl Blasel vor den Traualtar tritt. In Lemberg hat sie gerade ihr erstes Engagement als Schauspielerin angetreten. Ihr Fach ist das der „Naiven und munteren Liebhaberin". Ihren Kollegen Carl Blasel hat sie als solche offensichtlich sofort überzeugt. Ihre Herkunft versteht sie – ganz Schauspielerin – Zeit ihres Lebens der Öffentlichkeit gegenüber geschickt zu verschleiern. Unwidersprochen bleiben Gerüchte, sie sei eine geborene Baronin von Hoyer (Loewy, Siegfried, Altwiener Familien, Wien 1925) oder sie sei eine geborene v. Pappe. (Der Humorist. Nr. 33. Wien, am 20. November 1899. XIX. Jhrg.) Ferner, der Name „Wellen" sei der Mädchenname ihrer Mutter. Nichts davon trifft zu. Ihr Taufregister-Eintrag in den Büchern der Kirche „Unsere Liebe Frau zu den Schotten" in Wien sagt, wie es wirklich ist: Johanna Carolina, geboren am 19. Dezember 1840 an der Adresse Mölkerbastei 84, ist die uneheliche Tochter der Antonia Pape, von Beruf Handarbeiterin. „Handarbeiterin" ist zu jener Zeit ein Sammelbegriff für alle möglichen Arten von Dienstbotinnen. Also das genaue Gegenteil einer hochherrschaftlichen Abkunft. Interessant ist allerdings die Taufpatin: Diese Aufgabe übernimmt eine Dame namens Johanna Gräfin Desfours - Walderode. Ein ganz klein wenig Adel ist bei der Geburt der Johanna Pape also tatsächlich im Spiel. Immerhin bekommt das neugeborene Mädchen sogar den Namen der Patentante. Warum sich die

Gräfin Desfours so sehr für das uneheliche Kind eines Dienstmädchens engagiert, lässt sich natürlich nur mutmaßen. Patin zu sein bedeutet zur damaligen Zeit nämlich weit mehr als nur eine freundschaftliche Geste. Im Falle des Todes der Eltern übernimmt ein Pate damals die volle elterliche Sorge und Verantwortung für das Kind. Ideell wie finanziell. Eine Patenschaft ist also ein weitreichender Schritt. Wahrscheinlich steht die junge Mutter im Dienst jener Gräfin, der auch die Immobilien an der Mölkerbastei gehören, in denen die kleine Johanna auf die Welt kommt. Möglicherweise schätzt die Gräfin ihre Bedienstete und will ihr in dieser für eine alleinstehende Frau schwierigen Situation beistehen. Oder – die schlüpfrige Spekulation – ein männliches Mitglied der gräflichen Familie hat höchstpersönlichen Anteil an der unstandesgemäßen Schwangerschaft und die Gräfin betreibt auf diesem Wege diskrete Schadensbegrenzung. Da keine persönlichen Aufzeichnungen der Beteiligten bekannt sind, werden diese Details wohl für immer ein Geheimnis bleiben.

Ganz offensichtlich ist das Mädchen Johanna mit einem gesunden Selbstbewusstsein gesegnet. Schon mit 18 Jahren – sechs Jahre vor Eintritt der gesetzlichen Volljährigkeit – stellt sie sich auf eigene Beine, verlässt ihre Heimatstadt Wien und geht ins Engagement als Schauspielerin. In Lemberg, im buchstäblich äußersten Winkel des Habsburgerreiches. Ob sie das Talent für den Schauspieler-Beruf von ihrer Mutter hat oder vom unbekannten Vater, ob sie jemals Unterricht bekommt oder ob sie mit einer reinen Naturbegabung arbeitet und warum sie ausgerechnet den Namen „Wellen" als Pseudonym wählt, ist unbekannt. Angeblich hat sie der berühmte Burgschauspieler Ludwig Löwe unterrichtet. Vielleicht trifft das aber ebenso wenig zu wie die Geschichten über ihre adelige Herkunft. Lange währt ihr selbständiges Künstler-Dasein ohnehin nicht. Schon bald nach Spielzeitbeginn, im November 1859, wird aus Fräulein Johanna Pape, genannt „Johanna Wellen", Frau Johanna Blasel. Nach damals gültigen Moralvorstellungen buchstäblich im allerletzten Moment. Denn noch vor Weihnachten ist das junge

Ehepaar Blasel bereits zu dritt: Am 17. Dezember 1859, nur drei Wochen nach ihrer Hochzeit und zwei Tage vor ihrem 19. Geburtstag, bringt Johanna ihren ersten Sohn zur Welt. Er bekommt den Namen des Vaters: Karl. Mit „K". Jede Verwechslung von kleinem Karl und großem Carl, der sich Zeit seines Lebens mit „C" schreibt, soll offensichtlich von vorneherein ausgeschlossen werden.

Schon bald nach der Geburt schnürt die frischgebackene Kleinfamilie Blasel wieder das Bündel. Der gemeinsame Weg führt sie knapp 700 Kilometer nach Süden. Temesvar im heutigen Rumänien ist ihr nächstes Ziel. Carl ist auch dort wiederum zuständig für erste komische Gesangsrollen, Johanna für muntere und naive Liebhaberinnen. Aufwendige Gastspiele bis ins fast 700 km entfernte Czernowitz im Kronland Bukowina (Anm.: heute Ukraine), am äußerst östlichen Rand des Habsburgerreiches, inbegriffen. Zwei Spielzeiten lang – 1860 bis 1861 – halten die beiden dem Haus die Treue. Eine sehr interessante Kollegin haben sie dort: Eine gewisse Josefine Gallmeyer, 22 Jahre alt, reüssiert in Temesvar als Gesangskomödiantin. Dass sie in nicht allzu ferner Zeit in der Hauptstadt Wien ein ganz großer Stern am Theaterhimmel werden wird, ist jedoch noch nicht abzusehen. Mit dem jungen Ehepaar Blasel schließt die „fesche Pepi" – unter diesem Spitznamen wird die Gallmeyer bald berühmt werden – eine tiefe Freundschaft. Buchstäblich bis in ihren Tod – aber das ahnt zu diesem frühen Zeitpunkt noch niemand. Gemeinsame Auftritte sind ausgesprochen beliebt. So schreibt die „Temesvarer Zeitung" im Oktober 1860:

> *„(...) Ob die 'Hammerschmiedin aus Steiermark', oder 'das Geheimniß des grauen Hauses' am Zettel steht, immer sind es Frl. Gallmeyer und Herr Blasel, die durch munteres, launiges Spiel und trefflichen Gesang sich um die Unterhaltung des Publicums reiche Verdienste erwerben. Frl. Gallmeyer ist schnell der Liebling des Publicums geworden, und Herr Blasel ist ein von demselben hoch geschätzter Komiker; der überaus zahlreiche Besuch der Sonntags-Vorstellung gab Zeugniß hiervon. (...)"* (Temesvarer Zeitung. No. 251. Mittwoch, den 31. October 1860. IX. Jahrg.)

Allzu groß scheint die Begeisterung des jungen Paares Carl und Johanna Blasel über ihr Leben in der tiefen Provinz des Banats trotz der freundlichen Aufnahme bei Presse und Publikum nicht zu sein. Carl antwortet nur wenig später auf eine Stellenausschreibung in der Zeitschrift „Wiener Theater-Chronik" von Carl Albert Sachse:

> *„Geehrter Herr Direktor Sachse! In Ihren Blatt die Theater Chronik lese ich daß man einen Gesangskomiker sucht, ich wende mich daher an Euer wohlgeboren mir zu diesem Engagement behülflich zu sein da ich samt frau von Ostern von hier abgehe.*
>
> *Lemberg hat mir eine Offerte gemacht aber ich ziehe jedes andere engagement vor. Ich bitte mir anzuzeigen, seit wan ich mit Ihrer Zeitung beehrt werde um daß entfallene Honorar einzusenden. Achtungsvoll Carl Blasel*
>
> *Temesvar 28/1 861"* (Carl Blasel an Carl Albert Sachse, eigenhändiger Brief, Teilnachlass Carl Blasel, H. I. N.-82795, AC15821788, Wienbibliothek im Rathaus, Wien)

Die orthographischen Probleme, die nahezu völlig fehlende Interpunktion, die fehlerhafte Grammatik und – wie sich in späteren Briefen noch zeigen wird – die außerordentlich spezielle Wortwahl sind typische Merkmale der Briefe Carl Blasels. Mit seiner Schulbildung in Sachen Muttersprache ist es offensichtlich nicht weit her. Eines haben all seine Briefe jedoch gemeinsam: Sie sind unterzeichnet mit einer über alle Maßen schwungvollen, eleganten, fast schon kalligraphisch-kunstvollen Unterschrift, die immer – auch in vertrautesten Briefen an liebe Freunde, an die Söhne und sogar an eine Enkelin – seinen vollen Namen zeigt: Carl Blasel. Der Brief an Zeitungsherausgeber Sachse kann offenbar trotz kleiner Fehler in der Sprache im Inhalt überzeugen. Carl Blasel bekommt samt Gattin ein neues Engagement.

Die nächste Station der gemeinsamen Karriere liegt wieder im österreichischen Kernland. Für eine Spielzeit sind Carl und Johanna Blasel anno 1862 gemeinsam am Theater von Linz engagiert. Carl nach wie vor für komische Gesangsrollen, Johanna ist inzwischen zur sentimentalen Liebhaberin gereift. Wohl das Mindeste für eine Ehefrau und Mutter. Wenn die Geschichten zutreffen, die Carl Blasel in späteren Jahren über seine kindlichen Erst-Erfahrungen auf der Bühne der damaligen Wiener Oper erzählt, hat er in Linz eine lustige Wiederbegegnung: Zum Ensemble der oberösterreichischen Metropole gehört damals auch der berühmte Opernsänger Joseph Erl. In seiner mittlerweile dreißig Jahre währenden Karriere hat sich die Stimme des Stars vom lyrischen Tenor zum Heldentenor entwickelt. Ganz zu Beginn seiner Karriere, als er in Wien noch den Tamino in Mozarts Zauberflöte gibt, hat Erl, der Legende nach, auf der Bühne eine Begegnung mit einem kindlichen Nachwuchstalent namens Carl Blasel. Spätere Zeitungen berichten:

> „(...) Mit zehn Jahren trat der kleine Karl zum erstenmal im seligen Kärntnertor-Theater, dem Vorläufer der Staatsoper in der 'Zauberflöte' als Affe auf, der zur Flöte des Tamino zu tanzen hatte. Der strebsame Knabe machte dies so possierlich, daß der berühmte Josef Erl, der damalige Sänger des Tamino, sich vor Lachen kaum halten konnte und bei seinem Abgang rief: 'Was habt Ihr da für einen Buben? Der spielt ja den Affen besser wie der Klischnigg in der Josefstadt.' Blasel hatte vom Juchhe in der Josefstadt oft den berühmten Tiermimiker Eduard Klischnigg bei der Arbeit beobachtet und schon zum Gaudium der hofnungsvollen Glacisjugend den Affen famos nachgemacht. (...)" *(Neues 8 Uhr Blatt, 8. Jahrgang, Wien, Donnerstag den 13. Oktober 1921, Nr. 2113)*

Dass Carl Blasel mit Eduard Klischnigg, dem Schlangenmenschen und berühmtesten Artisten des 19. Jahrhunderts verglichen wird, ist natürlich ein Kompliment. Doch selbst wenn nur die Grundzüge dieser Geschichte stimmen sollten, wäre das Wiedersehen in Linz natürlich etwas ganz Besonderes. Ob die Herren Erl und Blasel sich erinnern? Ob sie sich erkennen? Wenn ja, haben sie sich zweifelsohne viel zu erzählen. Und über den gemeinsamen „tierischen" Karrierestart wahrscheinlich viel zu lachen.

Gegenüberliegende Seite:
„Herr Klischning in seinen sämtlichen Darstellungen im Theater an der Wien als Affe und Frosch"
Besondere Bilderbeilage zur Theaterzeitung 1836.
Privatbesitz C. Möderler

Carl Blasel gibt sich keineswegs nur mit den Aufgaben am neuen Haus zufrieden. Seine Gastspieltätigkeit von Linz aus ist beachtlich. Der Deutsche Bühnen-Almanach nennt gleich vier Städte in den östlichen Gebieten des Habsburgerreiches, die er von Oberösterreich aus ansteuert: Groß-Beczkerek im heutigen Serbien, Lugos im heutigen Rumänien, Werschetz, ebenfalls im heutigen Serbien und Orawitza, wieder im heutigen Rumänien. Zeitgenössische Zeitungen nennen darüber hinaus noch Auftritte in Salzburg, Karlsbad und in Frankfurt am Main. In Anbetracht der Transportsituation in der Mitte des 19. Jahrhunderts sicherlich durchaus anstrengende Reisen. Aber körperliche Herausforderungen können Carl Blasel bekanntlich nicht abschrecken. Mit der nächsten Reise wird sein Schicksal dann wieder eine ganz entscheidende Wendung nehmen: Mit der nächsten Reise beginnt – wenn auch zunächst sehr zögerlich – die ganz große Karriere des Carl Blasel, die ihn zur Ikone des Wiener Komödiantentums und zur österreichischen Legende werden lässt. Der alte Kollege Friedrich Strampfer, inzwischen Direktor des k. u. k. privilegierten Theaters an der Wien, offeriert Carl Blasel einen Vertrag als Hauptdarsteller für komische Gesangsrollen an diesem bedeutenden Haus in der Hauptstadt des Habsburger Kaiserreiches. Johanna wird gleich mit engagiert. Ohne sie hätte Carl mit Sicherheit selbst ein so wichtiges Angebot wie ein Engagement in Wien ausgeschlagen. Denn das nächste große Ereignis bahnt sich an im jungen Haushalt Blasel: Johanna ist zum zweiten Mal schwanger. Pünktlich zur Familienerweiterung ist die Provinz für beide Geschichte. Das neue Leben spielt in der Kaiserstadt.

Nach 14 Jahren der unsteten Wanderschaft durch die habsburgische Provinz führt der Weg des Künstlers zurück in seine Geburtsstadt Wien. Carl Blasel ist wieder zuhause.

Carte de Visite (im Folgenden abgekürzt „CdV")
Carl Blasel privat, um 1862
Privatbesitz C. Möderler

## Zurück in Wien

„Per aspera ad astra". Ein Satz aus einer Tragödie von Seneca. „Über mühselige Pfade zu den Sternen". Der antike Dichter könnte damit fast das Schicksal Carl Blasels beschrieben haben. Der Weg zurück in die alte Heimat Wien ist für den Künstler keineswegs glorreich und strahlend, sondern gepflastert mit Unglück. Dabei kann es ihm eigentlich gar nicht schnell genug gehen mit der Rückkehr. Bereits im Sommer 1862 schlägt Carl Blasel seine Zelte erstmals in der Donaumetropole auf. Seine restlichen Verpflichtungen in Linz absolviert er sozusagen als Pendler. Kaum im neuen Wiener Wohnsitz Jägerzeile Nr. 30 angekommen, trifft das junge Ehepaar Blasel ein Unglück: Am 5. Juni 1862 bringt Johanna ihr zweites Kind tot zur Welt. Es wäre wieder ein Knabe gewesen. Die Tragödie von Carls Schwestern, der frühe Verlust von Babys, trifft jetzt auch ihn, den kleinen Bruder. Bemerkenswerte Koinzidenz: Auf der selben Seite des Kirchenbuches, auf der die Totgeburt im Haus des Schauspielers Carl Blasel festgehalten ist, befindet sich, nur drei Zeilen höher, auch der Sterbeeintrag des Johann Nestroy: Es ist noch keine zwei Wochen her, dass jener Schauspieler und Theaterdichter, der berühmteste Vertreter des Altwiener Volkstheaters, die Augen für immer geschlossen hat. Johann Nestroy bekommt am Tag seines Todes, am 25. Mai 1862, gleich zwei Sterberegister-Einträge: Einen in der Kirche St. Leonhard in Graz, der Stadt, in der er verstorben ist. Dazu noch einen in der Kirche St. Johann Nepomuk in Wien. Denn hier, in der Stadt seiner großen Erfolge, wird er begraben werden. Als Kind sieht Carl den großen Johann Nestroy auf der Bühne des Theaters in der Josefstadt. Sofort will er selbst auch Schauspieler werden. Später gehören Nestroys Stücke zu den wichtigsten in Carl Blasels Repertoire. Sie führen ihn maßgeblich zu seinem Ruhm als Komödiant. Seinem „Leib-und-Magen-Dichter" ausgerechnet durch ein Sterberegister wieder zu begegnen, ist sicher nicht in seinem Sinne.

Zur privaten Tragödie kommt ein gerüttelt Maß an beruflichen Turbulenzen hinzu. Planmäßig erfüllt Carl Blasel seine noch bis Frühjahr 1863 währende Verpflichtung in Linz. Danach warten auf ihn Friedrich Strampfer und das Theater an der Wien. Trotzdem liest das interessierte Publikum im Mai 1862 eine verwirrende Meldung in der Zeitung:

> *„Theater in der Josephstadt. (...) In Flamm's: 'Wien, wie es weint und lacht' debutirte Tags darauf der neu-engagirte Komiker Hr. Blasel, dem ein guter Ruf von mehreren Bühnen voranging, als Bedienter Florian. Hr. Blasel verbindet mit einer angenehmen Persönlichkeit frischen Humor und eine sympathische, musikalisch geschulte Stimme. Er wurde nach jeder Couplet-Strophe und am Schlusse des zweiten Actes viermal stürmisch gerufen. Blasel, was willst du mehr!"* (Blätter für Theater, Musik u. Kunst. VIII. Jahrgang. Wien, Freitag 2. Mai 1862. Nr. 36)

Carl Blasel gibt von Linz aus also ein Gastspiel in Wien. Am Theater in der Josefstadt. So weit, so gut. Aber warum vermeldet die Presse, er sei dort „neu engagiert"? Spielt Carl Blasel ein doppeltes Spiel? Hat er *zwei* Angebote in Wien? Pokert er um das beste Angebot in der Kaiserstadt? Winkelzüge dieser Art sind in der Branche – damals wie heute – gar nicht gerne gesehen und rächen sich früher oder später. Nur wenige Wochen später melden die Zeitungen gleich einen weiteren Fall von Blaselscher Vertrags-Untreue. Diesmal geht es um ein Gastspiel in Karlsbad von Linz aus. Wir lesen:

> *„Der bekannte Gesangskomiker Hr. Blasel ist am 22. d. M. aus Carlsbad sans Adieu verschwunden und hat dort die Possenaufführungen auf diese Weise für einige Zeit unmöglich gemacht."* (Mährischer Correspondent. No. 176. - 1862. Freitag, 1. August. Brünn. - Zweiter Jahrgang)

Der „Wiener Geschäfts- und Vergnügungs-Anzeiger" wird sogar noch deutlicher:

> *„Der Komiker C. Blasel, welcher, wie bereits gemeldet, aus Karlsbad kontraktbrüchig entwichen ist und sich sicherem Vernehmen zu Folge in Linz befinden soll, hat dem dortigen Director, Herrn C. Haag, aus*

*dessen Briefe wir die Daten entnehmen, gehörig beschwindelt. Außer jenen 110 fl. die Herr Blasel noch als Vorschußrest geschuldet, nahm er noch 10 fl. à Conto der laufenden Gage und 20 fl. auf einen Wechsel. Herr Haag hat bereits bei der Behörde die Anzeige gemacht und wir werden den unzweifelhaften Ausgang dieses Prozesses seiner Zeit umständlich mitzutheilen nicht unterlassen."* (Wiener Geschäfts- und Vergnügungs-Anzeiger, Nr. 7. Wien, Donnerstag den 7. August 1862. 1. Jahrgang)

Der unglückliche Direktor Carl Haag, das Opfer von Carl Blasels doppeltem Spiel, versteht in dieser Situation überhaupt keinen Spaß. Er ist mit seinem Ensemble in Karlsbad in beträchtlicher Bedrängnis. Dringend benötigte Kassenschlager hat er schon länger nicht mehr verzeichnet. Den Publikumsliebling Carl Blasel engagiert er ganz offensichtlich – mit beträchtlichen Zugeständnissen an den Künstler – um seinem wenig erfolgsverwöhnten Theater endlich wieder auf die Sprünge zu helfen. Umso bitterer, dass ausgerechnet sein Zugpferd ihn im Stich lässt. Genauso wie sein Kollege Strampfer geht auch Direktor Haag in die Offensive. Er will Entschädigung. Für Carl Blasel haben seine Affronts gegen die beiden Theaterleiter prompt sehr unangenehme Folgen. In einem Brief an seinen Freund, den früheren Schauspieler, Buchhandlungsbesitzer, Verleger und Dichter Leopold Rosner, klagt er sein Leid:

„*Mein lieber Bruder*

*O du haupt Lump von an freund! Wir kränken uns beide hinunten so* (Anm.: ein Wort unleserlich) *daß den Hansi von lauten Seufzen eine Halsentzündung bekommen indessen fehlt dir Spitzbube nichts als schläg, die du auch nächstens für dein gutes herz bekommen wirst. Na tröste dich wegen der goldenen – Gott sieht aufs Herz und nicht auf die Ortografie Strampfer hat den Wechsel geklagt Pension erlangt einen Tag bin ich gesessen aber Kreibig ist der Mann des Geldes! Ich habe Strampfer der mir so viel schuldig war gebeten das ich es in drei rathen zahlen kam kein antwort stadt dessen Arest 28 fl an kosten und es wäre so ja auch gezahlt worden, Lump bleibt ein – aber daß schönste Reiman aus Temesvar schreibt mir auch um die hundert Gulden er hat sie den Strampfer bezahlen müßen beide übernahmen schöne sachen. Nur eines bitte ich dich bruder tröste Heimbach nächstes Monat habe*

*ich benefiz politisches Schuster* (Anm.: Der politische Schuster, Lustspiel nach Ludvig Holberg, Wien 1808) *werde ein riesen haus machen und heimbach gewiß bezahlen den jetzt hab ich so wirklich kein Geld, die 3 fl für die Musik ist meine letzte Dipanze sende mir nur gleich das Couplet es hängt sehr viel davon ab*
*wenn auch nur die Singstimme oder auch nur die Text die Walter kann die Musik daß übrige findet sich. Geh zur Gallmeier und sag ihr ich lasse sie bitten die partitur von Kreizkopfl Duette mir zu senden sag ihr ich lasse sie herzlich grüßen ich werde dir nächstens einen brief schreiben. Und sag ihr die worte mit meinem gruß in Linz gibt es sehr viel stopperlagans aber gar kein dai dai -*
*wenn du hoffmann siehst grüße ihm von mir auch Hohle Himel und alle bekannt besonders aber die dicke Kadi*

*schick mir bald die Musik und wenn meine Einnahme gut ausfallt so komm ich nach Wien weil du schlechter Kerl nicht herkommen bist*

*Carl Hansi grüßen dich auch die Walterin*

*Schreib bald*
*dein freund*

*Carl Blasel*

*20/10/62*

*Kastner ist schon gänzlich in verschieß"* (Carl Blasel an Leopold Rosner, eigenhändiger Brief, Teilnachlass Carl Blasel, H. I. N.-19963, AC15875857, Wienbibliothek im Rathaus, Wien)

Was sich ganz präzise damals abgespielt hat im Gewirr der Blaselschen Verpflichtungen, lässt sich anhand der wenigen zeitgenössischen Pressemeldungen und der wenigen erhaltenen Briefe nicht mehr in jeder Einzelheit aufschlüsseln. Ebenso wie sich nur einige der im Brief genannten Personen heute noch zuordnen lassen. So verbirgt sich hinter „Kreibig" Eduard Kreibing, damals der Direktor des Theaters in Linz. „Hoffmann" ist Johann Hoffmann, damals Direktor des Theaters in der Josefstadt. „Reimann" meint Eduard Reimann, den Nachfolger Eduard Kreibings und als solcher ab 1863

Direktor der Theater von Linz und Temesvar. „Die Walterin" ist die Schauspielerin Anna Walter, später verehelichte Anna Stoeckel, die zu jener Zeit ein Engagement in Linz hat. Mit „Hohle Himel" könnte der Schauspieler Emil Himmel gemeint sein, der damals in Wien am Carl-Theater spielt. „Kreizkopfl" ist die Posse mit Gesang „Die Kreuzköpfeln" mit Musik von Franz von Suppé und einem Text von O.F. Berg und Johann Grün. Der in Ungnade gefallene „Kastner" ist Anton Kastner, der damals als Komiker und auch als Regisseur in Linz tätig ist. Die Namen „Heimbach" und „dicke Kadi" bewahren jedoch ihr Geheimnis – sie sind nicht mehr zu identifizieren. Der „dai dai" dagegen ist höchstwahrscheinlich, analog zu dem volkstümlichen Begriff „Diridari", ein Synonym für Geld. In einem an späterer Stelle noch zitierten Text verwendet Carl Blasel den Ausdruck ebenfalls in dieser Weise. Offenbar leidet er in Linz also unter akutem Geldmangel. Und das mit junger Ehefrau, einem Kleinkind und der Belastung einer Totgeburt. Hat sein Engagementswirrwarr möglicherweise damit zu tun, dass er verzweifelt und mit allen Mitteln versucht, irgendwie genug Geld für seine kleine Familie zu beschaffen? Lastet er sich dabei zu viel auf?

Carl Blasels Versuch, an mehrere Gagen gleichzeitig zu kommen, scheitert krachend. Trotz der vielen kryptischen Elemente in Carl Blasels Brief ist eines klar: Wegen seiner diversen nichteingelösten Verpflichtungen muss der offenbar etwas zu umtriebige Künstler für mindestens einen Tag in Arrest. Schlimmer noch: Die Schulden der Blasels summieren sich anscheinend und werden von den Gläubigern keineswegs vergessen. Die drastischen Folgen zeigen sich zwei Jahre später. Die interessierte Öffentlichkeit wird über die Zeitungen informiert:

> *„Karl und Johanna Blasel in Wien. Von dem k. k. Landesgerichte zu Wien wird mit Edict vom 24. März 1865 bekannt gemacht: Es sei in die Eröffnung eines Concurses über das gesammte bewegliche und über das in jenen Kronländern, in welchen die dermalen bestehende Civil Jurisdictionsnorm Giltigkeit hat, befindliche unbewegliche Vermögen des Herrn Karl Blasel und der Frau Johanna Blasel,*

*Schauspieler in Wien Getreidemarktgasse Nr. 3 gewilligt, und zum Concursmassenvertreter Herr Dr. Weiß, zu dessen Stellvertreter Herr Dr. v. Haberler bestellt worden. Daher wird Jedermann, der an erstgedachte Verschuldete eine Forderung zu stellen berechtigt zu sein glaubt, erinnert, bis 29. Mai 1865 die Anmeldung seiner Forderung in Gestalt einer förmlichen Klage wider den Vertreter dieser Concursmasse bei diesem Gerichte einzureichen."* (Wiener Zeitung, Amtsblatt zur Wiener Zeitung. Nr. 75. Samstag den 1. April 1865)

Kaum in Wien, schon bankrott. Die Umstände rund um Carl Blasels Karrierestart in seiner alten Heimat sind also mehr als ungünstig. Zwar ist er inzwischen bereit, das Engagement bei Friedrich Strampfer am Theater an der Wien anzutreten. Doch jetzt scheint es Strampfer mit seinem Angebot plötzlich nicht mehr allzu genau zu nehmen. Wiederum ist es sein Freund Leopold Rosner, dem Carl Blasel sein Herz ausschüttet:

*Linz am 16/3 63. Lieber Bruder Rosner! Empfange meinen herzlichsten Dank für den Herkules* (Anm.: Vermutlich die Posse 'Monsieur Herkules' von Georg Belly, damals viel gespielt an deutschsprachigen Theatern), *daß Stük hat sehr gefallen, 12t. War meine Benefize, Tanhäuser, gräßlich voll, hab ein sehr gutes geschäft gemacht, wir könnens brauchen gelt Poldl? Jetzt lieber Bruder ertheile mir deinen Rath, heute hätte ich sollen von Strampfer meinen vorschuß bekommen, schreibe mir offen, und umgehend wie es mit Strampfer steht, denn Hier hör ich schreklich sachen ich möchte keine zweiten Sommer wie den vergangen erleben – hier tragt man mich auf Händen, und zu leben hab ich auch; also schreibe mir wie die sachen stehen, was hat er vor? Warum hält er mein engagement so geheim i kenn mi halt net aus....*

*Servus dein*

*Carl Blasel* (Carl Blasel an Leopold Rosner, eigenhändiger Brief, veröffentlicht in: Mayer, Friedrich Arnold, „Aus den Papieren eines Wiener Verlegers 1858-1897, Wien und Leipzig 1908)

Nachdem Carl Blasel seinen alten Schauspieler-Kollegen und jetzigen Direktor des Theaters an der Wien, Friedrich Strampfer, durch seine Liebäugelei mit dem Theater in der Josefstadt düpiert hat, scheint sich jener nunmehr zu rächen, indem er seinerseits Carl Blasel im Unklaren darüber lässt, ob das Angebot für das Theater an der Wien nach den ganzen Turbulenzen überhaupt noch besteht. Ausgerechnet jetzt ist Carl Blasel in seinem zu Ende gehenden Engagement in Linz auch noch ganz besonders erfolgreich. Was er in seinem Brief an Rosner über seine Beliebtheit schreibt, bestätigen die zeitgenössischen Zeitungen:

> *„Am 12. Zum Benefize des Komikers Hr. Blasel, wurde zum ersten Male: 'Tannhäuser', parodierende Zukunft-Posse mit vergangener Musik in 3 Akten, Musik von C. Binder, gegeben. (...) Das Stück verfolgt die Handlung des Originals in oft derben aber sehr treffendem, der Parodie entsprechendem Tone. Blasel, als 'Heinrich Tannhäuser' excellirte wieder im Spiel und Gesang, und wurde von den Hrn Kunz (Landgraf Purzl), Rötzer (Dreschenbach Wolfram), Jager (Taubenklee) und Frl. Meier (Elisabeth) trefflich sekundirt. (...)"* (Linzer Wochen-Bulletin, Nro. 11, XIV. Jahrgang, Samstag 14. März 1863.)

Zur allerletzten Vorstellung in Linz sind Publikum und Presse nochmals ganz besonders nett zu ihrem scheidenden Liebling:

> *„Am 26. 'Von Oben nach Unten, oder die Hetzjagd nach einem Menschen', Posse in 3 Akten. Auch diese Farce scheint nur für den jungen 'Commis Bonifaz' geschrieben worden zu sein, denn die andern Figuren dienen blos als Staffage in dem burlesken Bilde. Blasel, den wir leider in seiner letzten Rolle sahen, gab den 'gehetzten Bonifaz' mit dem ganzen Aufwande seines sprudelnden Humors und war in der Färbung des Ganzen der echte Typus eines muthwilligen, unüberlegten Jünglings. Hr. Blasel ist durch laute Acclamationen des ganzen Publikums zu wiederholten Malen beehrt worden."* (Linzer Wochen-Bulletin, Nro. 13, XVI. Jahrgang, Samstag 28. März 1863.)

Ob Carl Blasel seine Entscheidung für Wien inzwischen bereut, wo es doch in Linz gerade so gut läuft?

52

Kabinettfoto Carl Blasel um 1865
Privatbesitz C. Möderler

## Theater an der Wien

Das Engagement bei Strampfer am Theater an der Wien kommt schlussendlich zustande und Carl ist endgültig wieder zurück in seiner Heimatstadt. Eine gute Freundin wartet dort sogar schon auf das Ehepaar Blasel: Josefine Gallmeyer ist bereits seit einer Spielzeit ebenfalls am Theater an der Wien engagiert. Außerdem ist Johanna ja wieder schwanger. Wien könnte somit ein großer, vielversprechender Neuanfang werden. Doch die Reaktionen der Hauptstadtpresse wecken in Carl Blasel vermutlich eher Heimweh nach Linz. Sein erster Auftritt auf der neuen Bühne findet statt am 19. April 1863 in einem Stück mit dem Titel „Ein Abenteuer in der Waldmühle". Die Wiener Zeitungen äußern sich reserviert:

> *„Blank's einaktige Posse: 'ein Abenteuer in der Waldmühle', welche gestern im Theater an der Wien zum ersten Male zur Aufführung kam, konnte selbst vor dem sonst günstig gestimmten Sonntagspublikum keine Gnade finden. Es debutirten zwei neuengagirte Mitglieder, Frl. Paulmann und Hr. Blasel, mit scheinbar günstigem Erfolge. Ob die beiden Debutanten eine wünschenswerthe Akquisition für diese Bühne sein werden, muß die Folge lehren."* (Der Zwischen-Akt. 6. Jahrgang. Wien, Montag am 20. April 1863. Nr. 100)

Offensichtlich befinden die Rezensenten – zumindest ein Teil davon – die „Akquisition" des Carl Blasel im Laufe der nächsten Monate für wenig „wünschenswerth". Anlässlich seines Auftrittes in dem Stück „Die Schwaben in Wien" legt ihm die „Wiener Theater-Chronik" unmissverständlich die Rückkehr nach Oberösterreich nahe:

> *„(...) Wer Hrn. Blasel heute gesehen, der wird mit uns in dem frommen Wunsche übereinstimmen, denselben ehebaldigst bei seinen ihn so innig liebenden und so hoch verehrenden Linzern zu wissen. (...)"* (Wiener Theater-Chronik. No. 34. Donnerstag, den 29. August 1863. V. Jahrgang)

Nur ein paar Tage später, Carl Blasel spielt im Stück „Auroras Geheimnis", stößt das Blatt nochmals in dasselbe Horn:

> *„(...) Hr. Blasel war diesmal als 'Severine' mindestens erträglich, doch wäre ihm in seinem eigenen Interesse Rückkehr in die Provinz zu rathen, wo allein solche Komik munden kann. (...)"* *(Wiener Theater-Chronik. No. 36. Donnerstag, den 3. September 1863. V. Jahrgang)*

Carls Gattin Johanna wird von den Wiener Zeitungen kaum zartfühlender angefasst. So heißt es über ihren Auftritt in „Cora, das Kind des Pflanzers":

> *„(...) Fr. Blasel besitzt zwar schauspielerische Routine, trifft aber den Ton des Humors nicht, auch erscheint ihre Naivetät gezwungen. (...)"* *(Blätter für Theater, Musik und Kunst, IX. Jahrgang. Wien, Dienstag, 5. Mai 1863. Nr. 36)*

Viel Zeit bleibt Johanna nicht mehr, um mit dem Theater an der Wien und dem Wiener Publikum warm zu werden. Im Juni 1863 steht sie letztmalig auf der Bühne, dann zieht sie sich in Vorbereitung auf ihre Niederkunft ins Privatleben zurück. Am 4. Dezember 1863 ist es schließlich soweit. Nach ihrem Sohn Karl Junior und dem totgeborenen Knaben bringt Johanna wiederum einen Sohn zur Welt. Er bekommt den Namen Joseph Karl. Seine Patentante wird die Freundin und Kollegin seiner Eltern: Josefine Gallmeyer. Zusammen mit Carl Blasel, dem Kindsvater, steht die Gallmeyer am Abend vor dem großen Ereignis noch auf der Bühne des Theaters an der Wien. Anzunehmen, dass die beiden nach der Vorstellung sofort an das Bett Johannas eilen, um ihr über die Nacht beizustehen. Um zehn Uhr morgens kommt das Baby schließlich auf die Welt und wird sofort getauft. Gibt es Vorzeichen, die diese Eile ratsam erscheinen lassen? Tatsächlich ist das Schicksal ein zweites Mal unbarmherzig. Nur ganze neun Stunden lang lebt das kleine Bübchen. Danach stirbt es, wie das Kirchenbuch sagt, an Entkräftung. Zwar liegt die Säuglingssterblichkeit zu jener Zeit bei deutlich über dreißig Prozent, der Verlust eines Kindes gehört, statistisch gesehen, nahezu zur Normalität. Doch an keiner Frau geht ein solches

Ereignis spurlos vorüber. Johanna hat innerhalb von zwei Jahren gleich *zwei* Kinder zur Welt gebracht und beide sofort wieder verloren.

Zumindest hat Johanna in dieser schweren Zeit eine verständnisvolle Unterstützerin an ihrer Seite. Auch Josefine Gallmeyer hat bereits einen Säugling verloren. Kurz bevor Josefine die Blasels einst am Theater in Temesvar kennenlernt, ist sie in Hermannstadt, ihrem vorherigen Spielort, Mutter eines Knaben namens Ludwig geworden. Unehelich, wie so viele junge Künstlerinnen ihrer Zeit. Lajos, wie sie ihren Sohn liebevoll nennt, wird nur sechs Monate alt. Als Josefine, die frisch „verwaiste" Mutter, nach Temesvar kommt, ist es vermutlich Johanna, die sie auffängt und tröstet. Jetzt erlebt Johanna Blasel dasselbe Schicksal. Sogar schon zum zweiten Mal. Sie wird ihre Freundin Josefine sehr gebraucht haben. Aber das Künstlerdasein ist erbarmungslos. Seine wichtigste Regel formuliert das amerikanische Unterhaltungsgewerbe: „The Show Must Go On!" Johanna Blasel erlebt die Bedeutung dieses Satzes schmerzhaft am eigenen Leib. Sowohl Carl, ihr Mann, als auch Josefine, ihre Freundin, stehen noch am selben Abend - nach Geburt und frühem Tod des kleinen Joseph Karl - wieder auf der Bühne des Theaters an der Wien. Ebenso wie alle Abende danach. Und wie schon alle Abende davor. Das neue Erfolgsstück, eine Posse mit dem Titel „Eine leichte Person" von Anton Bittner, duldet keine Unterbrechung. Das Publikum will unterhalten werden. Kein Theaterdirektor würde seinen Künstlern einfach frei geben. Auch nicht für ein totes Kind.

## „Eine leichte Person"

Stücke wie „Eine leichte Person" gehören zu jener Zeit zum Standard-Repertoire eines jeden Sprechtheaters, das auch das Genre „Posse" anbietet. Werke dieser Art werden munter zwischen allen Häusern des deutschsprachigen Raumes weitergereicht und gegebenenfalls an die lokalen Gegebenheiten angepasst. So stammt die Wiener Originalfassung der „Leichten Person" aus der Feder des Librettisten Anton Bittner; die Musik ist von Julius Hopp. Eine Berliner Fassung, die kurz nach der Wiener Premiere am 10. November 1863 im Theater an der Wien im Berliner Wallner-Theater auf die Bühne kommt, erstellt dann der Textdichter Emil Pohl zusammen mit dem Komponisten August Conradi.

Im jährlich erscheinenden Nachschlagewerk „Deutsches Bühnenjahrbuch" rühmt sich Direktor Strampfer, allein in der Spielzeit 1863 stolze 58 „Novitäten" dieser Art auf die Bühne des Theaters an der Wien gebracht zu haben. Neben „Eine leichte Person" noch so farbige Titel wie „Eine Heirath im Vergleichsverfahren", „Eine aus der Tabak-Trafik", „Stubenmäd'l vom Hotel Fuchs", „Bruder Liederlich" und ähnliche. Nichts davon hat bis in die Gegenwart überlebt. Dabei ist zur damaligen Zeit gerade „Eine leichte Person" ein außerordentlicher Erfolg – in Berlin genauso wie in Wien. Gemessen an den moralischen Maßstäben, die die Gegenwart an die Themen „Partnerschaft" und „Lebenswandel" anlegt, ist die Frivolität und damit der Reiz dieses Stückes heutzutage nicht mehr nachzuvollziehen. In der Mitte des 19. Jahrhunderts dagegen erzeugen Themen wie „unbekannter Vater", „wechselnde Liebhaber" oder „uneheliches Kind" heftigstes Herzklopfen beim genussvoll-empörten, aber hochinteressierten Publikum.

Kurz zusammengefasst geht es in dieser Geschichte um die junge, ebenso hübsche wie kluge und unerschrockene Weißnäherin Rosa, die von den Nähmädchen ihrer Ziehmutter Frau Schrammel, der Inhaberin einer Wäsche-Schneiderei, mit aggressiver Eifersucht verfolgt wird. Die jungen Damen unterstellen Rosa, sie würde ihnen ihre Liebhaber abspenstig machen. Aber Rosa liebt nur einen: Carl, den Neffen eines Linzer Braumeisters. Mit einer dümmlichen Intrige wollen die missgünstigen Nähmädchen Rosas Ruf ruinieren. Die Wirklichkeit kommt den hinterhältigen Möchtegern-Verschwörerinnen jedoch zuvor: Die leibliche Tochter der Frau Schrammel, Fanny, steht kurz vor ihrer Hochzeit mit Theodor, dem Sohn des Advokaten Dr. Amerling. Was niemand erfahren darf: Die beiden haben bereits ein Kind zusammen. Nicht wissend, wie sie diese „Ungeheuerlichkeit" dem moralinsauren Dr. Amerling beichten sollen, setzen die Brautleute den Säugling als vermeintliches Findelkind auf seiner Schwelle ab, um ihn zu einer Art von Zuwendung zu zwingen. Der Plan misslingt. Um den Säugling vor dem Tod zu retten, nimmt stattdessen Rosa das Baby in ihre Obhut. In einem Strudel von Irrungen und Wirrungen, die die Hochzeit ihrer Ziehschwester Fanny tatsächlich noch zu verhindern drohen, erklärt Rosa – zu Fannys „Ehrenrettung" – das Kind für ihr eigenes, obwohl sie sich selbst damit der gesellschaftlichen Ächtung preisgibt. Alle schimpfen sie jetzt „eine leichte Person". Aber wenigstens darf sie das Baby nehmen und versorgen. Nach noch größeren Verwirrungen klärt sich am Ende alles zur allseitigen Zufriedenheit auf – Fanny und Theodor bekommen ihr Kind zurück, da der moralinsaure Dr. Ameling inzwischen festgestellt hat, dass er in Wirklichkeit der uneheliche Vater der feschen Rosa ist. Deren Mutter, seine damalige Geliebte, hat er einst schmählich im Stich gelassen, obwohl er weiß, dass sie sterben wird. Die Erkenntnis der Frevelhaftigkeit seines eigenen Tuns lässt ihn den Lebenswandel seines Sohnes und seiner Schwiegertochter in spe sofort mit gnadenvoller Milde betrachten. Am Ende wird alles gut – Rosa bekommt ihren Carl, Fanny ihren Theodor, das Baby seine richtigen Eltern und – wichtig für die damalige Zeit – die vermeintlich „leichte Person" bekommt ihren guten Ruf zurück.

Carl Blasel gibt in „Eine leichte Person" einen reichen, vergnügungssüchtigen Jungspund namens Sterzl, der sich aus purem Jux und auf der Suche nach Nervenkitzel kurzfristig die Vaterschaft für das vermeintlich ausgesetzte Neugeborene unterschieben lässt. Eine seiner maßstabsetzenden Textzeilen lautet: „I, der Sterzl, bin der Vater von den klan' Knerzl". Ein junger Schauspieler, dessen eigenes Baby gerade gestorben ist - selbst wenn er, wie Carl Blasel, ein Profi mit inzwischen fast 15 Jahren Bühnenerfahrung ist - kann sich in dieser Situation eigentlich nur furchtbar fühlen. Vor Publikum und Rezensenten lässt er sich natürlich nichts anmerken. Sein erstes Gastspiel nach dem tragisch frühen Tod seines kleinen Sohnes Joseph Karl führt Carl Blasel nach Linz, in die Stadt seiner letzten großen Erfolge. Ausgerechnet mit dem frivolen Dramolett „Eine leichte Person". Der Kritiker des Linzer Abendboten hat gewisse Zweifel an der Qualität des Stückes. Von Carl Blasel ist er jedoch begeistert:

> *„'Eine leichte Person', Posse von Bittner. Die Herren Rott und Blasel vom Theater an der Wien als Gäste. Wer gestern Herrn Rott als 'Flinserl' und Herrn Blasel als 'Sterzel' gesehen, lernt begreifen, wie eine Wiener Posse in Wien einen Sturm von Beifall erregen könne und auf einer Provinzbühne die bessere Hälfte ihrer Wirkung verliere. Abgesehen von allem Werthe dieser meist werthlosen Producte muß ihnen doch so viel zugestanden werden, daß sie dem ausgezeichneten Komiker Gelegenheit geben, das Wiener Treiben lebenswarm und wahrheitsgetreu aufzufassen und in köstlichen Copien vor die in den Räumen des Schauspielhauses befindlichen Originale hinzustellen. (...) Herrn Blasels leichtes, elegantes Spiel kam in der Rolle des 'feschen' Fabrikantensohnes Sterzel ebenfalls zur vollsten Geltung und lieferte in beinahe jeder Scene den Beweis, daß der alte Liebling der Linzer das neue Wien gründlich studirt habe. (...)"* (Linzer Abendbote. Nr. 16. Donnerstag, den 21. Jänner 1864. X. Jahrgang)

Gegenüberliegende Seite:
Carl Blasel als „Sterzl" in „Eine leichte Person", Wien, 1864
Aus: Blasel-Album zum 50 jährigen Schauspieler Jubiläum des Künstlers Carl Blasel 1849-1899
Im Verlag des Wr. Colosseums, Wien, 1899
Privatbesitz C. Möderler

„Leichte Person".

„Sterzl".

„I, der Sterzl, bin der Vater von den klan' Knerzl."

Ab März stehen Carl und Johanna wieder gemeinsam in Wien auf der Bühne. Der Titel des Stückes klingt ausgesprochen rustikal: „Schafhaxl" von Heinrich Jantsch. Eine Adaption aus dem Französischen, Originaltitel: „Le Pied de Mouton", von Hector Cremieux und den Brüdern Cogniard. Offensichtlich ist das Stück bemerkenswert aufwendig. Bereits der Untertitel verspricht viel: „Große Spektakel-Feerie mit Gesang und Tanz in 5 Aufzügen und 20 Bildern". Carl gibt den „Lazarillerl", den – wie es auf dem Programmzettel heißt – vielfältig geplagten, einfältigen Diener des spanischen Junkers Blödios. Johanna spielt „Violetta", die Fee des Frühlings, Beschützerin jugendlicher Helden. Das alles klingt sehr phantasievoll und offensichtlich haben die Beteiligten an dieser Produktion alles in ihren Kräften stehende gegeben. Für den Rezensenten der Zeitschrift „Blätter für Theater, Musik u. Kunst" reicht die Mühe jedoch nicht aus. Was in seiner Besprechung bei flüchtigem Hinsehen wie eine gute Kritik wirken könnte, ist bei näherem Hinsehen eindeutig ein vergiftetes Lob; noch besser gesagt, bitterer Sarkasmus:

*„Theater an der Wien. (...) Für's Auge wurde Alles gethan, für's Ohr gar nichts, die Sinne wurden gefangen, der Sinn nicht. (...) Jedenfalls erwüchse ein größerer Vortheil, wenn man gar nichts spräche, denn bevor man sich entschließt, solch albernes, schales und witzloses Zeug in Worte zu kleiden, da schweigt man lieber, Schweigen hätte mehr Ehre eingebracht; eine Pantomime kann solches Geschwätz füglich ersetzen. (...) Die Wiener Darsteller haben sich redlich abgemüht, als sprechende Marionetten dieser Pantomime zu figuriren, und verdienen die Damen Blasel, Bondy, Klang (die nur etwas falsch singt), Rott-Lutz und Schmitz, die verführerisch aussahen, und die H. H. Blasel und Friese für ihre precären Leistungen volle Anerkennung. (...)"* (Blätter für Theater, Musik u. Kunst. X. Jahrgang. Wien, Freitag 11. März 1864. Nr. 21.)

Die Besprechung ist typisch für die Kritiken, die Carl Blasel in diesen Jahren am häufigsten erhält: In einem der letzten Sätze des Textes wird er in einem Atem mit noch mindestens zwei anderen Kollegen namentlich erwähnt. Nicht weniger. Aber auch nicht mehr. Bis zu spaltenlangen Lobeshymnen, die ausschließlich ihm alleine gelten, wird noch sehr viel Zeit ins Land gehen.

Kaum ist Carl Blasel am Theater an der Wien angekommen, irritiert die Presse die theaterbegeisterte Öffentlichkeit schon mit einer Meldung über seinen baldigen Abgang:

> *„Nach Ablauf der Saison treten aus dem Verbande des Theaters an der Wien: Frl. Gallmayer, Fr. und Hr. Blasel und Hr. Dorn"* (Blätter für Theater, Musik u. Kunst. X. Jahrgang. Wien, Dienstag, 13. December 1864. Nr. 100.)

Eine klassische „Zeitungsente". Das genaue Gegenteil ist der Fall. Keiner der Genannten verlässt das Theater an der Wien. Josefine Gallmayer bleibt dem Haus immerhin noch für eine Saison erhalten, das Ehepaar Blasel noch für ganze vier Jahre. Mit der Spielzeit 1865 verzeichnet das Haus sogar noch einen besonders interessanten Neuzugang: Marie Geistinger, die Kinderdarstellerin aus Laibach, Carl Blasels erster Station als Bühnenkünstler, folgt wie er dem Ruf in die Hauptstadt. Auch sie hat als singende Schauspielerin inzwischen fast 15 Jahre Bühnenerfahrung im gesamten deutschen Sprachraum vorzuweisen und kommt direkt aus einem Engagement in der preußischen Hauptstadt Berlin. Angeblich besucht Friedrich Strampfer die Künstlerin persönlich an der Spree, um die gebürtige Grazerin zurück ins heimische Österreich zu locken. Der Autor einer Geistinger-Biographie legt dem Theaterdirektor dazu folgende Worte in den Mund: „(…) Wien ruft Sie, Marie Geistinger! Sie müssen zu uns zurückfinden, holde Künstlerin! Es warten große Aufgaben für Ihre herrliche Kunst! Mein prächtiges, mächtiges Theater von Weltruf ist bereit, Sie mit allen erdenklichen Ehren zu empfangen, (…) die ganze Kaiserstadt will das gute Glück haben, zu Ihren schönen Füßen zu liegen! (...)" (Emil Pirchan, Marie Geistinger - Die Königin der Operette, Wien, 1947). Selbst wenn alles weit weniger pathetisch abgelaufen sein sollte – die Neuverpflichtung hat auf jeden Fall Sprengkraft. Schließlich *hat* Strampfer an seinem Theater an der Wien bereits eine singende Schauspielerin: Josefine Gallmeyer. Gerüchten zufolge gibt es zwischen dieser temperamentvollen Naturbegabung und ihrem Direktor allerdings immer wieder Streit. Einer davon soll sogar in heftiges gegenseitiges Ohrfeigen mit anschließender tränenreicher Versöhnung ausgeartet sein. Was auch immer

Strampfer zu seinem Neu-Engagement bewegt – es muss ihm klar sein, dass er die Gallmeyer damit brüskiert. Zwei begabte und ambitionierte Frauen, die sich um ein- und dieselbe Aufgabe balgen – eine männliche Phantasie vermag diese Vorstellung vielleicht anzuregen – künstlerisch ist davon nichts Gutes zu erwarten.

## „Die schöne Helena"

CdV Marie Geistinger als
„Die schöne Helena", Wien, 1865
Privatbesitz C. Möderler

Mit einer spektakulären Produktion spielt Strampfer die neugeschaffene Konkurrenz-Situation sofort wirkungsvoll aus. Genau drei Monate nach der Welturaufführung in Paris zeigt er am Theater an der Wien die deutschsprachige Erstaufführung eines neuen Meisterwerkes aus der Feder des größten Modekomponisten der Zeit, Jacques Offenbach: „La belle Hélène" - „Die schöne Helena". Die Titelrolle bekommt der Neuzugang Marie Geistinger. Obwohl Strampfer weiß, dass er die Gallmeyer dadurch brüskiert. Carl Blasels Mitwirkung geht neben diesem Besetzungs-Skandalon fast schon unter. Doch auch er tritt auf in dieser Produktion, die in der Offenbach-Geschichtsschreibung einen für alle Zeiten gültigen Platz belegen wird. Carl Blasel spielt König Menelaus, den etwas glücklosen Gatten der schönen Helena. Sein Kostüm, bestehend aus einem erdrückend-übergroßen Königsmantel über zu kurz geratener Tunika, einer Krone in Form eines Reifs, die er wie einen Hut zum Gruß lüftet, und einem – dank der Kunst der Maskenbildner – kahlen Schädel mit schütterem Haarkranz, wird eines seiner unverwechselbaren Markenzeichen werden. Dabei ist Theaterdirektor Strampfer wenig angetan von diesem „Look". Er träumt vielmehr von einem würdigen König mit Rauschebart.

Aber Strampfer hat die Rechnung ohne den Komponisten gemacht. Jacques Offenbach ist so begeistert von Carl Blasels Ausdeutung der Rolle – die Optik inbegriffen – dass er Carl Blasels Kostüm kurzerhand zur Bedingung der Inszenierung macht. Die Älteren im Publikum erkennen sofort, an wen diese Aufmachung erinnert: Es ist Kaiser Ferdinand I., der Onkel und Vorgänger des regierenden Kaisers Franz Joseph I.. Der glücklose Monarch erhält seinerzeit aufgrund seiner mangelnden Begabung für beinhartes Führen den Spitznamen „Ferdinand der Gütige". Von bösen Zungen sofort abgewandelt zu „Gütinand der Fertige". Die freiwillige Thronübergabe an seinen Neffen Franz Joseph begleitet der sanfte Mann einst mit den rührenden Worten „Gott segne dich, sei brav, es ist gern geschehen." Zur Zeit der Helena-Premiere lebt der höfliche, freundliche und von der Geschichte völlig zu Unrecht gering geschätzte Ferdinand – kahlköpfig und mit schütterem Haarkranz – in der Kaiserlichen Burg auf dem Hradschin in Prag. Ob ihm zu Ohren kommt, dass Carl Blasel ihn auf der Bühne parodiert? Hätte er es gewusst, hätte er dem Künstler vermutlich ein liebenswürdiges Kompliment ob seiner Darstellungskraft gemacht.

CdV „Die schöne Helena", Wien, 1865
Links: Carl Adolph Friese, Agamemnon
Rechts: Carl Blasel, Menelaus
Privatbesitz C. Möderler

Die Krönung
Kaiser Ferdinands I.
zu Mailand.
Aus: Ziegler, Anton,
Vaterländische
Immortellen, Wien, 1838
Privatbesitz C. Möderler

Für Wien sind Menelaus und Carl Blasel ab jetzt ein- und dasselbe. Gattin Johanna Blasel wirkt in der Inszenierung ebenfalls mit. Diesmal noch in der Nebenrolle einer antikischen Schönheit namens Parthenis. Die Hauptrolle „Helena" bekommt sie erst ein paar Jahre später. Maestro Jacques Offenbach persönlich steht bei der Premiere am Pult. Die Zeitungen des gesamten deutschsprachigen Raumes nehmen regen Anteil an diesem besonderen Theater-Ereignis. Die „Neue Berliner Musikzeitung" berichtet:

*„Wien. Meister Offenbach's jüngste komische Oper: 'Die schöne Helene', wurde am 17. d. M. im Theater an der Wien bei übervollem Hause gegeben und fand eine sehr beifällige Aufnahme. Der selige Nestroy würde sagen: 'Das ist ein lascives Büchel, welches die Herren Meilhac und Halévy da verfasst haben!' und nicht mit Unrecht, denn die Helden und Heldinnen Griechenlands treiben drei Acte lang so classischen Unfug, dass Er sie kaum erkennen würde – wer? Nun: der Homer! (...) Die besten Kräfte dieser vielvermögenden Bühne wurden ins Treffen geführt und nur Frl. Gallmeyer, die doch auf die Rolle der schönen Helene als primadonna buffa ein Recht zu haben scheint, sah vom Balkonsitze mit stoischer Ruhe dem tollen Treiben ihrer Collegen und Colleginnen zu. Frl. Geistinger, eine neu engagirte Lokalsängerin, hatte die Titelrolle übernommen und errang einen wahren Triumph damit. Diese Dame, ein neues Mädchen aus der Fremde, brachte Jedem eine Gabe, die mit vielem Beifall aufgenommen wurde. Für den Einen hatte sie eine imposante Bühnengestalt, für den Andern ein hübsches Gesicht, für den Dritten ein goldschimmerndes Prachthaar (für eine griechische Schönheit des classischen Alterthums gewiss von großem Vortheile), für Alle aber hatte sie eine sehr gut geschulte, schöne Stimme und, was fast eben so schätzenswerth, einen sehr decenten und dabei doch reizenden Vortrag – mit einem Worte: Frl. Geistinger kam, sang und siegte und dürfte für Frl. Gallmeyer eine sehr gefährliche Rivalin werden. (...) Herr Blasel als König Menelaus, der mit seinem rothem Parapluie unter dem Arm nach Kreta reist, gab ein so drastisches Exemplar eines lammfrommen Ehekrüppels, dass der strengste Tugendrichter für die schöne Helene ein vielentschuldigendes Mitleid fühlen musste. (...) Der Oper selbst ist nachhaltiger Erfolg gesichert. Offenbach wurde gleich bei seinem Erscheinen mit stürmischem Applaus begrüsst und nach jedem Actschlusse gerufen."* (Neue Berliner Musikzeitung, XIX. Jahrgang No. 12, 22. März 1865)

Josefine Gallmeyer lässt die Provokation, bei der Besetzung der Hauptrolle zugunsten der Geistinger übergangen worden zu sein, nicht lange auf sich sitzen. Mit Ende der Frühjahrs-Saison kehrt sie dem Theater an der Wien den Rücken. Sie will an ein Haus, an dem sie die einzige Primadonna des heiteren Faches ist. Ihr neuer Wirkungskreis wird das Carl-Theater. Vom Wiener Stadtkern aus etwas weiter in Richtung Donau gelegen. Im Bezirk Leopoldstadt, zu dem auch der Prater gehört. Im 18. Jahrhundert als „Leopoldstädter Theater" errichtet, lässt sein späterer Direktor Carl Andreas von Bernbrunn – Künstlername „Carl Carl" – das Haus in der ersten Hälfte des 19. Jahrhunderts komplett umbauen und unter seinem eigenen Namen wiedereröffnen. Neben dem Theater an der Wien ist das Carl-Theater das bedeutendste Haus für Operetten und heiteres Sprechtheater. Direktor des Hauses ist zur Zeit des Neu-Engagements der Josefine Gallmeyer der Schauspieler Carl Treumann. Er übernimmt diese Aufgabe nur wenige Jahre zuvor von seinem legendären Kollegen Johann Nestroy. Nestroy, Wenzel Scholz und Carl Treumann bilden auf der Bühne ebenjenes Hauses unter dem Direktorat des Carl Carl einst ein berühmtes Komiker-Trio. Schon aus diesem Grund passt es besonders gut, dass Treumann die Gallmeyer an sein Carl-Theater holt – trägt sie doch in Wien wegen ihres beißenden Humors und ihrer scharfen Zunge den Spitznamen „der weibliche Nestroy". Vier Jahre später werden ihr auch die Blasels an dieses Haus folgen. Für den Moment aber trennen sich die künstlerischen Wege.

Neben der maßstabsetzenden Produktion von Offenbachs Opéra bouffe „Die schönen Helena" im Frühling hält das Theater an der Wien für Carl Blasel auch noch im Winter einen besonderen Karriere-Höhepunkt bereit. Zum hellsten Stern unter den Wiener Komikern wird er nicht etwa durch ein Werk aus dem großen Repertoire des Alt-Wiener Volkstheaters oder durch eine Operette, sondern durch eine mehr oder weniger tagesaktuelle Parodie auf ein Ereignis, das damals das ganze kulturinteressierte Europa in Atem hält: Die Tournee der Koloratur-Sopranistin Carlotta Patti.

## „Die falsche Carlotta Patti"

CdV Carlotta Patti, um 1865
Privatbesitz C. Möderler

Carlotta Patti ist die mittlere eines Schwestern-Trios, die als Sängerinnen buchstäblich die Welt beherrschen. Die älteste, Amelia, ist die Botschafterin der musikalischen Patti-Familie – die Eltern sind ebenfalls Opernsänger, der Bruder ist Dirigent – in den USA. Carlotta, die mittlere, debütiert ebenfalls in den USA, konzertiert anschließend in England und begibt sich danach für ausgedehnte Konzert-Tourneen auf den Kontinent. Die jüngste Schwester, Adelina, wird schließlich die größte Karriere unter den Pattis machen. Aus ihr wird die unangefochten beste, berühmteste – und teuerste – Opernsängerin des ausgehenden 19. Jahrhunderts. Mit über 60 Jahren entdeckt die Diva, lange nach Ende ihrer Bühnenlaufbahn, noch ein völlig neues Medium für sich: Als bedeutendste Opernsängerin jener Ära, die im deutschen Sprachraum „Gründerzeit" heißt, in England „Viktorianisches Zeitalter" und in Frankreich „Second Empire", wird Adelina Patti einst Kostproben ihrer Gesangskunst auf der brandneuen Erfindung „Schallplatte" für die Nachwelt konservieren. Diese Aufnahmen gehören zu den ganz wenigen kostbaren

Zeugnissen, die auch in der Gegenwart noch einen ungefähren Eindruck davon vermitteln, welch ausgefeilte Stimm-Virtuosität das Publikum des 19. Jahrhunderts auf der Opernbühne genießen darf.

Neben ihrer Kunst beherrschen die Patti-Schwestern zu ihrer Zeit bereits eine Disziplin, die eigentlich erst im 21. Jahrhundert ihre volle Wirkungsmacht entfalten wird: Die inszenierte Berühmtheit. Bereits damals sind die Patti-Schwestern das, was sich in der Gegenwart „Influencer" nennt. Wo sie sich aufhalten, was sie tun, wie sie aussehen, interessiert die breite Masse. Die auffallend große Zahl an zeitgenössischen Originalfotografien der Adelina Patti, die auch 150 Jahre nach ihrer Bühnenzeit immer noch auf dem Markt sind – selbst wenn es inzwischen der Antiquitäten-Markt ist – lässt zumindest ansatzweise erahnen, in welch ungeheuren Mengen derartige Patti-Memorabilia zu ihrer Zeit in Umlauf gesetzt werden. Auch eine Konzert-Tournee ihrer Schwester Carlotta Patti ist somit ein ganz besonderes Ereignis. Nicht zuletzt, weil sie einen Manager an ihrer Seite hat, der eine völlig neue Kunstform für sie erfindet. Etwas, das sich in der Gegenwart „Arenakonzert" nennt. Carlotta Patti wendet sich damit weniger an das klassische Opernpublikum als vielmehr an all jene, die Spektakel lieben. Der zeitgenössische Musikkritiker Eduard Hanslik beschreibt das Phänomen:

> *„Eine ganz ausnahmsweise Erscheinung war Carlotta Patti (die ältere Schwester Adelinas), eine Concertsängerin, deren Sopran mühelos bis in das dreigestrichene d, e, f reicht. Bewunderung erregten die Triller, Staccatos und Passagen, welche dies kleine Silberglöckchen in schwindelnder Höhe so rein, sicher und kalt ausführte, - recht eigentlich ein schimmerndes Spielwerk der Kunst, dessen Reiz durch das Ohr nicht bis zum Herzen dringt. (...) Getragen von dem Reiz der Neuheit machte Carlotta Patti bei ihrem ersten Besuch in Wien (1865) enormes Aufsehen, sie gab 14 gut besuchte Concerte im Laufe von 4 Wochen. Wie die Sängerin selbst, war die ganze Form dieser von Ullmann erdachten und arrangirten 'Patti-Concerte' etwas durchaus Neues und Fremdartiges. (...) Die Ullmann'schen Concerte haben das leichte, glänzende Genre, die Virtuosität par excellence, somit die Un-*

terhaltung eines größeren Publicums im Auge. Die edleren Interessen der Kunst fördern sie natürlich nicht. (...)" *(Eduard Hanslik, Geschichte des Concertwesens in Wien. Wien, 1869)*

Der Manager – zur damaligen Zeit natürlich „Impresario" – Bernard Ullmann versteht sich auf die ganz große Vermarktung seiner Produkte. Carlotta Patti ist eines davon. Diese Vermarktung ist derart aufwendig, dass sie allein bereits die besondere Aufmerksamkeit der Medien erhält. Zu Carlotta Pattis Gastspiel in Wien veröffentlicht eine Berliner Zeitung jedenfalls einen ironischen Vorabbericht:

> *„Im November werden wir Sgra. Carlotta Patti zu hören bekommen, früher ist Berlin so glücklich, diese zehnte Muse persönlich kennen zu lernen. Wie es sich für eine echte Sirene gehört, wird bereits am Strande der Donau der Dianabadsaal mit enormer Eleganz zu drei Monstreconcerten für sie hergerichtet. Ein eigener Waggon wurde für den Transport dieser theueren Waare erbaut, derselbe enthält Salon, Schlafgemach und zwei Boudoirs, wahrscheinlich steht im Salon ein prachtvoller Flügel von Broadwood und vielleicht umschliesst der Salon auch noch ein Bibliothekszimmer und einen Probensaal für grössere Arien mit Orchesterbegleitung, für Ullmann ist ja nichts unmöglich und Wien wird die gehabten Auslagen schon decken, wenn es hört, dass Carlotta Patti das 5mal gestrichene H (sic!) singt, also dem Canarienvogel siegreiche Concurrenz machen kann! Ullmann macht alle diese Mittheilungen hier in Wien nur sehr diskreten Auserwählten unter dem Siegel der Verschwiegenheit, da er einer dadurch erzielten möglichsten Verlautbarung im vornhinein sicher ist! O dieser Privatimpressario, der auf seiner Visitenkarte sich mit gerechtem Stolze: 'B. Ullmann, Director of the Italian Opera United States of America and of the Patti-Concerts' nennt, ist pfiffig, und er weiss Silber zu säen, um Gold zu ernten."* (Neue Berliner Musikzeitung, XIX. Jahrgang No. 23. /. Juni 1865)

Sowohl in Berlin als auch in Wien nehmen die Theater die Carlotta-Patti-Tournee zum Anlass, eine tagesaktuelle Humoreske auf den Spielplan zu setzen. Berlin macht den Auftakt: Rechtzeitig vor dem dortigen Konzert der Patti am 20. November 1865 zeigt das Friedrich-Wilhelmstädtische Theater am 15. November die brandneu verfasste, einaktige Posse „Carlotta Patti" mit einem Text von Wilhelm Elias Drost. Die Musik komponieren August Conradi und Adolf Lang. Die Handlung: Eine wandernde Schauspielertruppe mit ihrem Direktor Ullmann macht Station in einem Gasthof in einem sächsischen Kurort. Der Kellner des Etablissements, Michel sein Name, verliebt sich sofort in deren jugendliche Naive. Als sich Direktor Ullmann in das von Kellner Michel angereichte Fremdenbuch einträgt, sitzt dieser dem Irrtum auf, es mit dem gleichnamigen Impresario der berühmten Patti zu tun zu haben. Die Schauspieler machen sich den Irrtum zu Nutze und führen dem Kellner - mit dem Ziel, sich am Ende um die Rechnung zu drücken - eine Verkleidungskomödie vor. Die Rolle der vermeintlich inkognito angereisten Patti inklusive aufwendiger Gesangsnummern übernimmt natürlich ein Mann. Eine Paraderolle für einen Schauspieler, der gut Falsett singen kann. Großes Hallo im Publikum, nicht zuletzt, weil Kellner Michel sofort wieder in Liebe entbrennt, diesmal zur falschen Patti. Noch größeres Hallo im Publikum, da die irrtümliche Annäherung eines Mannes an einen als Frau verkleideten Mann immer ein sicherer Auslöser für Heiterkeitsstürme ist. Irgendwann werden die ganzen Wirrungen natürlich aufs Vergnüglichste aufgelöst.

In der Berliner Fassung des Stückes tritt Oberkellner Michel mit breitem sächsischen Dialekt auf, außerdem sind weitere Anspielungen eingebaut, die gezielt das preußische Publikum ansprechen. Das ist für Wien unbrauchbar. Ein knapper Monat bleibt für eine Adaption: Das erste Wiener Konzert der Carlotta Patti findet am 15. Dezember statt, bereits eine Woche vorher, am 9. Dezember, soll die Patti-Parodie Premiere in der Kaiserstadt haben. Das Theater an der Wien übernimmt dazu das Berliner Stück, lässt es aber ortsgerecht umarbeiten. In Wien erhält es den neuen Titel „Die falsche Carlotta Patti" und gemäß den Ankündigungen in den Zeitungen stammt es jetzt aus der Feder eines gewissen „R. E. Klame". Das „Fremdenblatt" vermutet hinter diesem lustigen Pseudonym ein damals in Wien vielbeschäftigtes Künstlerduo: den Textdichter Friedrich Zell und den Komponisten und Arrangeur Julius Hopp, seines Zeichens Kapellmeister am Theater an der Wien (Neues Fremden-Blatt. No. 212. Wien, Dienstag den 12. Dezember 1865. I. Jahrgang.). Eine andere Quelle nennt als Textdichter den damaligen Haus-Autor des Theaters an der Wien, Alois Berla (Peter Müller, Karl Blasel, der letzte Wiener Komiker Prehauser'schen Geistes. Dissertation, Wien, 1948). Wer auch immer den Text überarbeitet - die Geschichte spielt jetzt in Wien und Kellner Michel – eine Paraderolle für einen Komödianten wie Carl Blasel – darf sich in heimischem Dialekt nach Herzenslust austoben.

Carl Blasel kopiert in seiner Rolle als Oberkellner Michel ein real existierendes Vorbild: den Oberkellner der Gastwirtschaft „Zum Weingarten" am Getreidemarkt, nicht weit weg vom Theater an der Wien. Dieser Mann ist offensichtlich ein Original und seinerzeit in ganz Wien bekannt. Nicht zuletzt bei den Künstlerinnen und Künstlern, die den „Weingarten" vom Theater aus zahlreich frequentieren. Außer dem ganzen Gehabe des Kellners lauscht der Schauspieler seinem Kollegen im echten Leben auch eine besonders markante Phrase ab. Was Carl Blasel noch nicht wissen kann: Er wird mit diesen Worten sein populärstes Markenzeichen schaffen. Dieser eine Satz überlebt bis in die Gegenwart und wird buchstäblich zum Inbegriff des legendären „Wiener Schmäh". Die dahingesagte Phrase eines Kellners, zu Bühnen-Ruhm gebracht vom Schauspieler Carl Blasel: „Bitte sehr, bitte gleich!"

Publikum und Presse verstehen die Anspielung sofort. Wer jetzt immer noch nicht weiß, was es mit „Oberkellner Michel" auf sich hat, liest es nach der Premiere in der Zeitung:

> „Theater an der Wien. (...) Der einactige Schwank: 'Die falsche Carlotta Patti' von R. E. Clame, hat gefallen; (...) Hr. Blasel, der sehr komisch war, photographirte einen Kellner seiner Kneipe. (...)" (Blätter für Theater, Musik u. Kunst. XI. Jahrgang. Wien, Dienstag 12. December 1865. Nr. 99.)

> „(...) Berg's 'alte Schachtel' ist im Karl-Theater ein Kassen-Stück ersten Ranges geworden, und füllt täglich das Haus, eben so 'die falsche Patti' im Theater an der Wien, worin Swoboda eine köstliche Parodie

*der Spieluhr Carlotta liefert, die Herren Friese, Jäger, Rott köstliche Masken zeigen und Blasel urwüchsig spassig einen bekannten Vorstadtkellner imitirt. (...)*" (Hansjörgel von Gumpldskirchen. 34. Jahrgang. 51. Heft. 16. Dezember 1865)

Noch im Jahr seines 50. Bühnenjubiläums, anno 1899, versieht Carl Blasel eine offenbar verspätet zurückgesandte Autogramm-Postkarte an eine Bewunderin mit dem Satz: „Bitte sehr, bitte gleich kann man da nicht sagen weil ich Sie so lange warten lies nun so bitte ich um pardon! Mit herzlichem Gruß Carl Blasel Wien am 11 Jänner 1899" Auch eine aus Anlass dieses Jubiläums in Heftform herausgegebene Fotosammlung zeigt als letztes Bild Carl Blasel im Jahr 1899, in der Aufmachung eines Kellners. Die Bildunterschrift lautet: „Bitte sehr, bitte gleich!" Die Identifikation von Künstler und Zitat ist über alle Jahrzehnte hinweg vollständig. Auch nach dem Tod Carl Blasels wird die berühmte Phrase weitergereicht: Diesmal ist es der Sänger, Schauspieler und europaweit bekannte Fernsehstar Peter Alexander, der einen Oberkellner in Anlehnung an die berühmte Blasel-Rolle gestaltet. In der Kino-Fassung der Ralph-Benatzky-Operette „Im weißen Rößl" spielt Alexander im Jahr 1960 neben Waltraud Haas als Wirtin Josepha die männliche Hauptrolle des Kellners Leopold. Alexander übernimmt das „Bitte sehr, bitte gleich!" und verhilft dem Satz auf diese Weise zum Sprung vom Theater der Gründerzeit auf Leinwand und Bildschirm und damit in die modernen Medien.

Carl Blasel, eigenhändige Autogramm-Karte, Wien, 1899
Privatbesitz C. Möderler

Das neue Jahr 1866 beginnt für Carl Blasel mit zwei einwöchigen Gastspielen in der ersten Januar-Hälfte. Sie führen ihn zurück in die Stadt seiner letzten großen Erfolge vor dem Wechsel nach Wien. Er spielt wieder in Linz. Aber die alte Begeisterung für den Bühnenliebling scheint dort in den knapp drei Jahren seiner Abwesenheit deutlich abgekühlt zu sein. In der lokalen Presse steht zu lesen:

> *„(...) Blasel hat eine gute Bühnengestalt, befleißt sich einer ausdrucksvollen Mimik – die an unserer Provinzbühne eben nicht eingebürgert ist – und disponirt über ein gutes Stimmorgan, welches ihm bei den unerläßlichen Couplets sehr zu statten kömmt; mit diesen Mitteln bewegt er sich mit viel Glück auf dem Felde der niederen Komik; die feinere scheint weder zu seiner Wahl noch zu seiner Begabung zu passen, was wir am 18. d. in der 'schönen Helena', wo er den 'Menelaus' spielte, auch bestätigt fanden. (...)"* (Tages-Post, Nr. 16. Linz, Sonntag am 21. Jänner 1866. II: Jahrg.)

Auch wenn die Rezensenten ihn nicht mehr so enthusiastisch preisen wie zu seiner Zeit im festen Engagement an der Linzer Bühne – eine sehr persönliche Begegnung hat Carl Blasel an seiner alten Wirkungsstätte auf jeden Fall. Seine Schwester Katharina ist nach ihrer Zeit in Salzburg inzwischen in Linz als Ballettmeisterin beschäftigt. Ihre mittleren Kinder, den 12-jährigen Paul und die 8-jährige Therese, spannt sie gleich auf der Bühne mit ein. Die Zeitungen schreiben:

> *„Landschaftliches Theater in Linz. (...) Komische Polka, getanzt von Paul und Resi Blasel. (Arrangirt von Kath. Blasel.)"* (Tages-Post, Nr. 2. Linz, Sonntag am 4. Jänner 1866. II: Jahrg.)

Bruder und Schwester, Neffe und Nichte sind also auf jeden Fall zur selben Zeit am selben Ort. Bedauerlich, dass keinerlei Zeugnisse über das Wiedersehen existieren. Fast zwanzig Jahre nach der gemeinsamen Theaterzeit in Laibach gibt es bestimmt viel Persönliches zwischen den Geschwistern Carl und Katharina auszutauschen. Die Nachwelt lassen sie daran leider nicht teilhaben.

Zurück in Wien warten auf Carl Blasel tägliche Einsätze am Theater an der Wien. Zunächst abwechselnd in der „schönen Helena" und der „falschen Carlotta Patti". Die erste große Premiere eines neuen Werkes steht am 10. Februar auf dem Spielplan:

> *„Nagerl und Handschuh, oder: Schicksale der Familie Maxenpfutsch. Parodie eines sehr oft parodirten Stoffes mit Gesang, Tableaux, Gruppirungen und Tänzen in 3 Akten von J. Nestroy. (...) Kappenstiefel, Rampsamperl's Reitknecht, Erfinder des Roßhaares und der gläsernen Schabracken etc. etc. - Hr. Blasel"* (Der Zwischen-Akt. Nr. 41. Wien, Samstag 10.Februar 1866. IX. Jahrgang.)

Carl Blasel gibt den Diener eines Prinzen auf komplizierter Brautschau. Diese Nestroysche Parodie auf das Aschenputtel-Motiv – wobei das „Nagerl", die Nelke, die originale Rose und der Handschuh den gläsernen Schuh ersetzt – erlebt nur zwei Aufführungen am Stück. Ein großer Aufwand für wenig Ausbeute. Warum das Werk gleich wieder verschwindet, berichtet leider niemand. Danach wechseln sich auf dem Spielplan wieder „Die falsche Carlotta Patti" und „Die schöne Helena" ab. Bis zur nächsten Premiere am 17. Februar. Eine Opéra comique von Jacques Offenbach steht diesmal an: „Die Schäfer", im Original „Les Bergers". Das Werk hat erst zwei Monate zuvor seine Welturaufführung in Paris erlebt. Der Meister selbst steht zwar auch in Wien am Pult, für Carl Blasel bleibt diesmal jedoch nur die Rolle eines Bauern im dritten Bild. Dafür werden die „Schäfer" ganze sechs Wochen lang nahezu täglich gespielt. Bis sie von der nächsten großen Premiere abgelöst werden: „Das Donauweibchen oder der Ritter vom Kahlenberg". Die heitere Operette stammt aus der Feder des Hauskapellmeisters Julius Hopp und ist ganz und gar auf Marie Geistinger zugeschnitten. Die neue Diva des Hauses bekommt gleich eine Doppelrolle: Sie ist sowohl Emma, die Gemahlin des Ritters vom Kahlenberg, als auch Hulda, das Donauweibchen. Für Carl Blasel bleibt wieder nur ein Dienstbote. Diesmal ist er der Knappe des Ritters vom Kahlenberg. Den gibt Albin Swoboda, der bereits in der Hauptrolle der „falschen Patti" als sopransingender Mann überzeugt hat. Am Premierenabend des

Donauweibchens kämpft er allerdings mit einer Erkältung. Die Kritik verschont ihn genauso wenig wie den Komponisten. Lediglich Carl Blasel kommt halbwegs günstig weg:

„*K. k. priv. Theater an der Wien. Wenn wir sagen, Herr Hopp hat in seinem 'Donauweibchen' des Guten zu viel geleistet, so wollen wir damit gegen seine Operettennovität durchaus keinen Tadel aussprechen, sondern nur sagen, daß der oft und mit Recht gerühmte Kompositeur diesmal seinem Schöpfungstalente, - den Kehlen der Mitwirkenden und den Ohren der Zuhörer kaum zu bewältigende Schwierigkeiten aufbürdete, und durch eine allzu schwere Musik dem recht geschickt angelegten Libretto des 'Dichters Hopp' einigen Eintrag machte. (...) Glücklicher als der 'heisere Ritter'* (Anm.: Albin Swoboda als 'Ritter vom Kahlenberg', am Premierenabend stark erkältet), *war sein Knappe Blasel, der eine urkomische Knappenfigur lieferte und seine Rolle durch gewisse Zutaten zu einer der belustigendsten machte. (...)*" (Der Zwischen-Akt. Nr. 96. Wien, Sonntag 15. April 1866. IX. Jahrgang.)

Abwechselnd mit den Schäfern, der Patti, der schönen Helena und einigen eingestreuten Vorstellungen anderer Stücke spielt das Donauweibchen über mehrere Wochen. Mitte Mai ist Carl Blasel für einige Tage nicht auf dem Spielplan. Mit wichtigem Grund. Seinen Fehler aus dem Jahr 1863 will er offensichtlich nicht wiederholen: jeden Abend auf der Bühne zu stehen, während seine Frau zu Hause ihrer Niederkunft entgegensieht. Und auch dann noch jeden Abend auf der Bühne zu stehen, wenn sie, wie beim letzten Mal, zu Hause allein mit dem Verlust des neugeborenen Kindes zurechtkommen muss. Dieses Mal ist er an ihrer Seite. Wie auch immer er seinem Theaterdirektor diesen Sonderurlaub abgetrotzt haben mag. Dieses Mal geht dann auch alles gut. Am 18. Mai 1866 bringt Johanna den gemeinsamen Sohn Leopold Maria auf die Welt. Die Patin des Neugeborenen ist diesmal Marie Geistinger. Die kindliche Kollegin aus Carl Blasels erstem Engagement in Laibach. Jetzt an seiner und Johannas Seite die große Diva des Theaters an der Wien. Außerdem ist sie Nachbarin. Die Blasels und die Geistinger wohnen in nebeneinander liegenden Häusern am Getreidemarkt. Ihrem Patenkind Leopold Maria ist ein facettenreiches Leben beschieden.

Vor ihm liegt eine außergewöhnliche Karriere: als Schauspieler, Theaterleiter, Buchautor, promovierter Naturwissenschaftler, Politiker und Gastwirt. Ob Leopold Maria seinen Großvater Johann Blasel noch kennengelernt hat, ist nicht überliefert. Die Vielfalt der Professionen seines Enkels hätten dem berufsreichen Vater Carl Blasels aber mit Sicherheit imponiert.

## „Prinzessin Hirschkuh, Blaubart"

Nur vier Wochen nach der glücklich verlaufenen Familienerweiterung im Hause Blasel steht das nächste große Ereignis an. Die mit Spannung erwartete Premiere eines Stückes, das in der Gegenwart wohl „Ausstattungs-Revue" genannt würde. Mit exorbitantem Aufwand an Dekoration und Kostüm bringt Friedrich Strampfer die Adaption eines französischen Märchens auf die Bühne: „La Biche au bois". Dieses Werk, das Strampfer zu „Prinzessin Hirschkuh" eindeutschen lässt, beruht auf einem Text, den die französische Märchendichterin Marie-Catherine d'Aulnoy bereits im späten 17. Jahrhundert veröffentlicht hat. Die barocke Erzählung ist nebenbei einer der Vorläufer des bekannten Märchens der Gebrüder Grimm: „Dornröschen". Den Inhalt fasst die Theater-Zeitschrift „Der Zwischen-Akt" sehr anschaulich zusammen:

*„(...) Prinzessin Desirée, die Tochter des Königs der Glockeninsel, verdankt ihre Geburt der Fee Furibunda, die beim Tauffeste der Prinzessin einzuladen vergessen wird, und deßhalb erzürnt, dem Vater und dem Kinde Rache schwört, und letzteres verdammt durch siebzehn Jahre das Sonnenlicht zu meiden. Die Prinzessin wird in dem Palast der Finsterniß erzogen und reift hier zur blühenden Jungfrau heran. Der Ruf ihrer Schönheit verbreitet sich in alle Länder und Prinz Domino, der Sohn der Schachkönigin, verliebt sich in ihr Bild und schickt seinen Stallmeister Pagatl an ihren Vater, um für ihn zu werben. Der Prinz hat aber schon früher seine Hand der Mohrenfürstin Aika versprochen, die, über die Treulosigkeit ihres Verlobten erbost, ihn und die glückliche Nebenbuhlerin, mit Hilfe ihres Hofastrologen verfolgt.*

*Die Prinzessin Desirée fällt in ihre Gewalt und wird von der Grausamen in eine Hirschkuh verwandelt. Nach langen Abenteuern und Prüfungen, die die Liebenden zu bestehen haben, wird die Mohrenfürstin und ihr Rathgeber zur allgemeinen Befriedigung von der Königin der Geister unschädlich gemacht und Prinz Domino löst, nachdem er alle denkbaren Gefahren überstanden, den bösen Zauber der über seiner Geliebten ruht und heirathet sie. (...)"* (Der Zwischen-Akt. Nr. 152. Wien, Dinstag 12. Juni 1866. IX. Jahrgang.)

Wie schon in der Aschenputtel-Parodie von Nestroy spielt Carl Blasel auch in dieser Dornröschen-Variation nach Aulnoy den Knappen eines Prinzen auf Brautschau. Sein „Pagatl" ist zwar eine Nebenrolle, aber Carl Blasel versteht darin zu gefallen. Während die Presse den ungeheuren Aufwand der Produktion ausdrücklich lobt, bekommt das Ensemble eher verhaltene Besprechungen. Lediglich Carl Blasel sticht hervor:

*„Prinzessin Hirschkuh. Seit mehr als zwei Monaten waren die Freunde des Theaters an der Wien durch Journalnotizen über die großartige Ausstattung der Spektakel-Feerie 'biche au bois', welche in Paris vierhundert Vorstellungen erlebte, in Athem gehalten worden; seit einer Woche war der beliebte Kunsttempel geschlossen, um die letzten großen Vorbereitungen zu beendigen. Gestern ist dieses Ausstattungsstück par excellence zum erstenmale über die Breter gegangen. Man kann es, ohne eine Unwahrheit auszusprechen, kühn behaupten, daß die 'Prinzessin Hirschkuh' die allgemeinen Erwartungen weit übertroffen hat und in Beziehung auf Dekorationen, Kostüme, Verwandlungen etc. das Höchste leistet, wie überhaupt dieses Ausstattungsstück das glänzendste ist, das Wien je gesehen. (...)* (Anm.: Es folgen zwei Spalten Text) *Gespielt wurde sehr brav. (...) Herr Blasel ergötzte das Haus durch seine bekannte Komik. (...) Die 'Hirschkuh' dürfte ein Kassenstück ersten Ranges werden, namentlich, wenn die Direktion bedeutende Abkürzungen vornimmt, denn die gestrige Vorstellung dauerte bis zwölf Uhr Nachts, also fünf volle Stunden. Das Haus war bis auf den letzten Platz ausverkauft."* (Der Zwischen-Akt. Nr. 152. Wien, Dinstag 12. Juni 1866. IX. Jahrgang.)

Zur Premiere der „Prinzessin Hirschkuh" steht auch Johanna Blasel wieder auf der Bühne. Nicht ganz vier Wochen nach ihrer Niederkunft gibt sie die Fee Tausendschön, die mit ihren Feen-Schwestern Lenzblüth und Himmelblau glückverheißenden Zauber über die Wiege der kleinen Prinzessin Desirée ausstreut.

„Prinzessin Hirschkuh" macht eine einzigartige Karriere in Wien. Volle 13 Wochen lang steht das Stück Abend für Abend auf dem Spielplan. Vom 11. Juni 1866 bis zum 4. September. Über die gesamte Zeit hinweg, in der die Theater heutzutage Sommerpause haben. Damals ist eine solche allerdings nur der Hofoper und dem Hofburgtheater gestattet. Am Theater an der Wien stehen Carl und Johanna somit den ganzen Sommer über jeden Abend auf der Bühne. Von Sommerpause keine Rede. Die nächste Premiere schließt nahtlos an. Wieder gehören sowohl Carl als auch Johanna zur Besetzung. Wie das Ehepaar bei täglichem eigenen Einsatz auf der Bühne die Betreuung ihres mittlerweile sechs Jahre alten Sohnes Karl und des neugeborenen Leopold Maria organisiert, bleibt ihr Geheimnis. Möglicherweise helfen ja ältere Mitglieder der außerordentlich verzweigten Wiener Blasel-Sippe als Babysitter aus.

Links:
Carl Blasel als „Pagatl" in „Prinzessin Hirschkuh", Wien, 1866

Rechts:
Carl Blasel als „Bobéche" in „Blaubart", Wien, 1866

Beide aus:
Blasel-Album zum 50 jährigen Schauspieler Jubiläum des Künstlers Carl Blasel 1849-1899 Im Verlag des Wr. Colosseums, Wien, 1899
Privatbesitz C. Möderler

Das neue Stück, in dem die Blasels auftreten, stammt wieder aus der Feder von Jacques Offenbach und ist eine sehr heitere und hintersinnige Umsetzung des ursprünglich extrem grausamen Blaubart-Stoffes. Wieder brandneu. Erst im Februar hat die Welturaufführung in Paris stattgefunden: Bei Offenbach werden die zahlreichen Gattinnen des finsteren Ritters - anders als in der gleichnamigen Erzählung - nicht etwa eine nach der anderen ermordet, sondern sie tauchen am Ende allesamt völlig unversehrt auf und machen dem Unhold klar, dass er nunmehr mit jeder von ihnen verheiratet ist und somit ein Versorgungsproblem hat. Dieser modifizierte Blaubart-Mythos ist in Offenbachs Oper verwoben mit weiteren Handlungssträngen und Spielorten. Einer davon ist das Reich des Königs Bobéche, der eine Tochter aussetzt und sie damit an Ritter Blaubart ausliefert. Carl Blasel gibt den König Bobéche, Johanna ist Blanche, eine der früheren Gattinnen des Blaubart. Die heitere Umdeutung des finsteren Stoffes kommt gut an in Wien. Die Zeitungen schreiben:

> *„Gestern ging der langerwartete und vielbesprochene 'Blaubart' in Szene. Der Theaterzettel nennt ihn zwar 'komische Oper'; die Novität schwankt indessen mehr zwischen Operette und Ausstattungsstück. - Das Märchen vom Ritter Blaubart ist aus der ersten Jugendlektüre oder Ammenerzählungen so ziemlich jedem Erdenkinde geläufig. Offenbach hat den Stoff mit seiner bekannten Geschicklichkeit zu verwerthen gewußt und dem Hrn. Jul. Hopp gebührt das Verdienst, die Oper für hiesige Verhältnisse auf die anerkennungswertheste Weise gerecht gemacht zu haben. (...) Das treffliche Ensemble der HH. Blasel, Rott, Friese und Jäger, der Damen Stauber und Meyer trug wesentlich zum glänzenden Erfolge bei. Das Haus war bis auf den letzten Platz ausverkauft. Die Herren Erzherzoge Albrecht und Wilhelm befanden sich in der Hofloge.“* (Der Zwischen-Akt. Nr. 207. Wien, Samstag 22. September 1866. IX. Jahrgang.)

Hochadeliger Zuspruch für eine Satire, bei der die hochadeligen Figuren nicht besonders gut wegkommen. Friedrich Strampfer und sein Ensemble dürften zufrieden gewesen sein. Einen Monat lang spielt Blaubart, wie zuvor schon die Hirschkuh, wiederum am

Stück, um sich danach bis zum Ende des Jahres mit den anderen Erfolgsstücken: „Die schöne Helena", „Die falsche Patti", „Donauweibchen" und einigen Einzelaufführungen anderer Werke – jedesmal mit Carl Blasel – abzuwechseln. Zum Jahresabschluss steht für den Unermüdlichen schließlich noch einmal eine neue Produktion auf dem Spielplan: „Die verrückte Person" aus der Feder von O. F. Berg. Hinter dem Pseudonym verbirgt sich der Journalist und Theaterdichter Ottokar Franz Ebersberg. Seine „verrückte Person" konzipiert er eigentlich für Josefine Gallmeyer und das Carl-Theater. Der neue Direktor dort, Anton Ascher, lehnt aber dankend ab. Somit gelangt das Werk in die Hände der „Konkurrenz": Das Theater an der Wien führt es auf, und statt der Gallmeyer übernimmt ihre Rivalin Marie Geistinger die weibliche Hauptrolle. Carl Blasel gibt einen Techniker namens Foltanek. Das Stück kommt gut an bei Publikum und Presse. Insbesondere Carl Blasel. Der „Zwischenakt" schreibt:

> „(...) in mancher Szene von wirklich überwältigender Komik ist der Erfinder eines neuen Zündnadelgewehres 'Foltanek', der von dem stürmisch empfangenen Benefizianten, Herrn Blasel, unter fortwährendem, schallenden Gelächter des Publikums repräsentirt wurde. (...)"
> (Der Zwischen-Akt. Nr. 266. Wien, Mittwoch 21. November 1866. IX. Jahrgang.)

Ganze vier Wochen bleibt „Die verrückte Person" en suite auf dem Spielplan. Ab Mitte Dezember wechselt sie sich dann mit Blaubart und der schönen Helena ab. Carl Blasel ist jedesmal dabei.

Die Bilanz des Jahres 1866 ist für Carl Blasel ausgesprochen sportlich: 298 Vorstellungen absolviert er auf der Bühne des Theaters an der Wien, dazu kommen zwei Gastspiel-Wochen in Linz. Mehrfach-Besetzungen sind zur damaligen Zeit unbekannt. Umbesetzungen sind schwierige Aktionen und werden nach Möglichkeit vermieden. Sich einfach „mal eben" wegen einer Unpässlichkeit einen Abend frei zu nehmen und die Zweitbesetzung spielen zu lassen, ist für die Künstlerinnen und Künstler der damaligen Zeit keine Option. Wer für eine Rolle eingeteilt ist, spielt. Solange er oder sie sprechen und aufrecht stehen kann. Egal wie sie oder er sich fühlt.

Carl Blasel steht anno 1866 an etwa 310 Abenden des Jahres auf der Bühne. Das Ganze in 18 verschiedenen Rollen in 18 verschiedenen Stücken. Dazu kommen die notwendigen Proben. Ein normaler Tarif-Arbeitnehmer der Gegenwart mit 5-Tage-Woche und 6 Wochen Urlaub kommt auf höchstens 230 Arbeitstage pro Jahr. 80 Arbeitstage mehr – fast drei Kalender-Monate – leistet seinerzeit der Schauspieler Carl Blasel. Frei sind nur die Tage, an denen alle Theater geschlossen haben: Die Karwoche, vier Tage zu Weihnachten und der Feiertag „Leopolditag" im November. Ausnahmsweise hat Carl Blasel dazu noch jene eine Woche Urlaub rund um die Geburt seines Sohnes. Alle anderen Tage wird gespielt. Sein ganzes Schauspieler-Leben über wird Carl Blasels Arbeitsaufkommen immer ähnlich groß sein wie im hier so umfassend nacherzählten Jahr 1866. Da eine detaillierte Beschreibung aller Stücke und aller Rollen, in denen er im Laufe seiner Karriere auftritt, somit jeden Rahmen sprengen würde, konzentriert sich die Beschreibung in Folge auf besonders außergewöhnliche Produktionen. Dabei ist Carl Blasel keineswegs ein Sonderfall. Seine Kolleginnen und Kollegen, die feste Engagements an ein Haus haben, sind damals allesamt in ähnlichem Umfang eingespannt. Theater ist zu jener Zeit eben kein elitäres Privatvergnügen einer alten und reichen Minderheit – wie in der Gegenwart so häufig provokant behauptet – sondern ein Massenmedium, das die Menschen bewegt. Immer. Und überall. Daher haben die Menschen, die Theater machen, im wahrsten Sinne des Wortes alle Hände voll zu tun.

## „Orpheus in der Unterwelt"

„Orpheus in der Unterwelt".
„Jupiter".
„Ihr seids auf Ehr' a Mordsbagasche."

Carl Blasel als „Jupiter" in
„Orpheus in der Unterwelt"
Wien, 1867

Aus:
Blasel-Album zum 50 jährigen Schauspieler
Jubiläum des Künstlers Carl Blasel 1849-1899
Im Verlag des Wr. Colosseums, Wien, 1899
Privatbesitz C. Möderler

Das neue Jahr 1867 beginnt für Carl Blasel so, wie das alte aufgehört hat. Mit täglichen Einsätzen auf der Bühne. Gleich in der ersten Januar-Woche steht eine wichtige Premiere an: Die heitere Oper „Orpheus in der Unterwelt" von Jacques Offenbach. Das spritzige Werk rund um einen höchst verwahrlosten griechischen Götterhimmel mit dem berühmten Can-Can als musikalischem Herzstück ist im Prinzip ein sicherer Kassenschlager. Allerdings muss Friedrich Strampfer mit seiner Neuinszenierung am Theater an der Wien gegen eine noch sehr gegenwärtige und sehr bedeutende Erinnerung anspielen: Sieben Jahre zuvor, am 17. März 1860, erlebt „Orpheus in der Unterwelt" in Wien seine deutschsprachige Erstaufführung. Eine Aufführung für die Geschichtsbücher. Allerdings findet sie ihrerzeit bei der „Konkurrenz" im Carl-Theater statt. Besonders herausfordernd: Die Hauptrolle des „Jupiter, Beherrscher des Olymps, Inhaber einer patentirten Blitz- und Donnermaschine" spielt damals der legendäre Johann Nestroy persönlich. Dem Wiener Theater-Publikum ist seine parodistische Interpretation des liebestollen Göttervaters noch sehr präsent. Carl Blasel tritt somit in außerordentlich große Fußstapfen. Am Theater an der Wien ist er es, der den Jupiter gibt. Allerdings lässt er sich vom übergroßen Schatten des Vorgängers nicht einschüchtern. Carl Blasel findet seinen ganz eigenen Zugang zur Rolle. Presse und Publikum sind angetan:

*„Offenbach's wirksamste Burleske ging Samstag im Theater an der Wien in Szene. (...) Die Darstellung selbst war eine gelungene; Fräulein Herzog (Juno), Telek (Orpheus), Rott (Mars) und Fräulein Stauber (ein graziöser schalkhafter Amor), wirkten vereint nach allen Kräften. Ungemein schwierigen Standpunkt hatten Herr Blasel (Jupiter) und Herr Friese (Styx), welche mit Reminiszenzen an die für unübertrefflich gehaltenen früheren Repräsentanten Nestroy und Knaack (vom Carl-Theater) zu kämpfen hatten, doch der drastische Humor Blasel's und die originelle Auffassung Friese's siegten und beide Darsteller hatten bald die alten Erinnerungen in die Schanze geschlagen. (...) Der Götterkankan wurde stürmisch applaudirt, Herr Blasel aber bat als 'alter Mann' um Schonung. Das Haus war in allen Räumen überfüllt. (...)"* (Gemeinde-Zeitung. VI. Jahrgang. Wien. Dienstag, 8. Jänner 1867.)

Die latente Konkurrenz zwischen dem Theater an der Wien und dem Carl-Theater findet nach der Neuauflage des „Orpheus" in der Faschingszeit 1867 einen wahrhaft operettenhaften Höhepunkt: Das Carl-Theater zelebriert am 31. Januar die deutschsprachige Uraufführung eines neuen Schlagers aus der Feder des Erfolgskomponisten Jacques Offenbach: „Pariser Leben". Einen Monat lang wird das Stück rund um Liebeswirren während der Pariser Weltausstellung am Carl-Theater en suite gespielt. Während der letzten Woche beschert das Theater an der Wien dem interessierten Publikum dann die Qual der Wahl zwischen Lokalpatriotismus und der ganz großen

Welt. Bei Friedrich Strampfer nämlich feiert am 16. Februar eine auffallend entsprechende Faschingsposse mit Gesang und Tanz in sechs Bildern ihre Premiere. Bis Ende Februar – genauso lang wie „Pariser Leben" im Carl-Theater – wird diese hausgemachte Novität mit einem Text von Stamm-Autor Anton Bittner und einer Musik von Kapellmeister Adolf Müller auf dem Spielplan bleiben. Beziehungsreicher Titel des Parallel-Werkes: „Wiener Leben".

Das Tüpfelchen auf dem i: Die Hauptrolle im „Pariser Leben" am Carl-Theater spielt Josefine Gallmeyer, die Hauptrolle im „Wiener Leben" am Theater an der Wien spielt ihre Dauer-Rivalin Marie Geistinger. Bei all diesem theatralischen Beziehungsreichtum geht die Mitwirkung Carl Blasels in der Rolle eines Hausherren namens Florian Strobel fast schon unter. Offenbar springen Publikum und Presse auf den sorgfältig konstruierten karnevalistischen Theater-Wettbewerb trotzdem nur sehr zögerlich an. Carl Blasel schneidet zwar gut ab, die übrigen Reaktionen nach der Premiere sind jedoch eher verhalten:

*„(...) Alles Lob gebührt der Darstellung und der überaus glänzenden Ausstattung. Um erstere machten sich in erster Reihe Frl. Geistinger und die Herren Blasel und Friese (...) sehr verdient. (...) War die Aufnahme der ersten Vorstellung von Seite des Publikums nach einzelnen Akten auch eine kühle, so stellte doch der stürmische Applaus (...) der Novität für ihre künftigen Wiederholungen ein keineswegs ungünstiges Prognostikon."* (Der Zwischen-Akt, Nr. 48. Wien, Sonntag 17. Februar 1867. X. Jahrgang.)

Generell darf sich Carl Blasel inzwischen durchweg guter bis ausgezeichneter Besprechungen erfreuen. Seinem Rollenfach als Gesangskomiker entsprechend übernimmt er zwar häufiger Nebenrollen als Hauptrollen und wird in Folge dessen in Zeitungskritiken selten an erster Stelle genannt. Doch auch wenn er meistens erst nach dem Helden und der Heldin des jeweiligen Stückes auftaucht ist das, was über ihn gesagt wird, immer exzellent. Keine Frage: Carl Blasel gehört inzwischen zu den prominenten Theatergesichtern Wiens.

## „Die Großherzogin von Gerolstein"

Nicht ganz einen Monat nach der Welturaufführung in Paris steht am Theater an der Wien im Mai 1867 die nächste spektakuläre Premiere eines Jacques-Offenbach-Werkes an: die deutschsprachige Erstaufführung seiner komischen Oper „Die Großherzogin von Gerolstein". Carl Blasel gibt in dieser Satire über unsinnigen Militarismus, Autokratie, Dummheit und Machtmissbrauch eine Figur namens „Prinz Paul". Als solcher ist er der Dauer-Bräutigam der ständig anderweitig verliebten Großherzogin. Die Premiere ist für den 11. Mai angesetzt und wird mit großer Spannung erwartet. Allerdings steht die Großherzogin, genauer gesagt ihre Darstellerin Marie Geistinger, offenbar unter einem Unstern. Im allerletzten Moment wird die festliche Eröffnungsvorstellung wieder abgesagt. Marie Geistinger ist krank. Ganz Vollblut-Künstlerin, gönnt sie sich allerdings nur zwei Tage der Rekonvaleszenz. Am 13. Mai wird die Premiere schließlich nachgeholt. Dieser Tag ist zwar ein Montag und kein Freitag, Abergläubische kommen trotzdem voll auf ihre Kosten. Denn in der Vorstellung geschieht ein Unglück. Die Presse berichtet:

*„(...) Leider störte ein Unfall – kaum zehn Minuten vor Schluß – die Vorstellung. Frl. Geistinger strauchelte in dem Augenblicke wo sie an Hrn. Szika herantrat und denselben den Federbusch des Oberkommandanten überreichen wollte und sank mit dem Ausrufe 'Mein Fuß ist gebrochen' den glücklicherweise hinter ihr stehenden Hrn. Blasel in die Arme. Mehrere der beschäftigten Herren traten hinzu und halfen das Fräulein einige Schritte zurückbringen. Stimmen von der Bühne und aus dem Parterre riefen 'Vorhang herab', welchem Wunsche endlich nachgekommen wurde. Die herbeigeeilten Theaterärzte konstatirten indessen, daß eine Verstauchung des Knöchels stattgefunden habe; der Fuß schwoll so rasch an, daß man das Stiefelchen nur mit Mühe entfernen konnte. Frl. Geistinger die zuerst ausgerufen: 'Mein armer Direktor!' bestand darauf sitzend die Oper zu Ende zu singen. Als sich der Vorhang erhob begrüßte minutenlanger stürmi-*

*scher Beifall die Künstlerin. Nach der Vorstellung mußte Frl. Geistinger nach Hause getragen werden. (...)"* (Der Zwischen-Akt, Nr. 124. Wien, Dinstag, 14. Mai 1867. X. Jahrgang.)

Eine ganze Woche muss die so sehnsüchtig erwartete Produktion nach dem Unfall der Hauptdarstellerin wieder ausgesetzt werden. Erst dann ist Marie Geistinger soweit wieder hergestellt, dass sie zwei Wochen en suite die Großherzogin geben kann. Danach steht bereits die Sommerferienzeit vor der Tür. Genau wie im Jahr davor ist diese am Theater an der Wien wieder komplett ausgefüllt. Allerdings diesmal mit einem spektakulären Gastspiel. Die amerikanische Schauspielerin Adah Isaacs Menken präsentiert sich in einem Western-Drama mit dem Titel „Piraten der Savanne". Echte Pferde inbegriffen.

CdV Adah Isaacs Menken,
Sarony, New York, um 1867
Privatbesitz C. Möderler

Die Menken dürfte die Temperatur im sommerlichen Wien zu jener Zeit nochmals deutlich erhöht haben. Schließlich praktiziert sie eine im bürgerlichen Europa des 19. Jahrhunderts unbekannte Freizügigkeit. Nicht nur, dass sie sich bei dem Gastspiel in Paris, das ihrem Aufenthalt in Wien vorausgeht, den berühmten – und doppelt so alten – Schriftsteller Alexandre Dumas den Älteren zum Geliebten macht. Zahlreiche Photographien, auf denen der Autor so berühmter Romane wie „Die drei Musketiere" und „Der Graf von Monte Christo" die Schöne umklammert und mit verklärtem Blick auf ihre Büste starrt, werden ganz offiziell verkauft. Darüberhinaus präsentiert sie auch ihren eigenen Körper in einer Art und Weise, die bis dato nur Damen zweifelhaftesten Rufs in Hinterzimmer-Ateliers vorbehalten ist: Adah Menken ist die erste anerkannte Bühnenkünstlerin, die offizielle Nacktbilder von sich veröffentlicht. Auch in Wien dürften diese im Sommer 1867 in diversen Billard-Zimmern und Rauch-Salons zwischen männlichen Bewunderern aller Gesellschaftsschichten rege ausgetauscht worden sein.

Carl und Johanna Blasel haben im Sommer 1867 dank des amerikanischen Gaststars Adah Isaacs Menken ausnahmsweise einmal sechs Wochen am Stück frei. Im Prinzip. Carl nutzt diese Zeit allerdings weniger zur Erholung. Er absolviert zwei Gastspiele. Eines in Graz, eines an seiner alten Wirkungsstätte in Linz. Johanna bleibt in Wien. Sie ist zum fünften Male schwanger.

Der Wiedereinstieg am Theater an der Wien nach der Sommer-Unterbrechung erfolgt für Carl und Johanna in einer wohlbekannten und bestens ausprobierten Produktion. „Prinzessin Hirschkuh", der Schlager des letztjährigen Sommers, leitet die Herbstsaison 1867/1868 ein. Für Personal und Publikum eine sichere Bank, das Stück ist uneingeschränkt beliebt. Trotzdem ist diesmal alles anders. In Wien herrscht „Promi-Fieber": Im Spätsommer 1867 steht die Kaiserstadt ganz und gar unter dem Eindruck eines spektakulären Staatsbesuches. Sultan Abdul Aziz, Herrscher des Osmanischen Reiches, bricht ein Tabu. Als erster Inhaber dieses hohen Amtes verlässt er sein eigenes Herrschaftsgebiet und besucht das Ausland.

Nach London und Paris steht auch Wien auf der Reise-Agenda des außerordentlich kunstsinnigen Monarchen. An jedem Abend seines Aufenthalts an der Donau besucht er ein anderes Theater. Am 30. Juli kommt das Theater an der Wien in den Genuss des hohen Besuches. Die Presse berichtet detailliert:

*„Die gestrige Vorstellung wird den zahlreichen Freunden dieses Theaters gewiß lange Zeit in angenehmer Erinnerung bleiben. Präzise sieben Uhr begann vor dem in allen Räumen mit einem eleganten Publikum überfüllten Hause die Vorstellung des Ausstattungsstückes 'Prinzessin Hirschkuh.' Seine Majestät der Sultan erschien um ¾ 8 Uhr mit zahlreichem Gefolge in der Kaiserloge, mit ihm Fuad Pascha und der k. k. FZM.* (Anm.: Feldzeugmeister, Generalsrang der Artillerie) *Baron Hauslab als Dolmetsch. In der nächsten Loge des ersten Ranges befand sich der kleine Sohn des Sultans mit mehrere Würdenträger und dem Dolmetsch Freiherrn v. Hammer. (...) Die Vorstellung des Ausstattungsstückes 'Hirschkuh' war sehr animirt, die schönen Kostüme, Verwandlungen und Dekorationen, die geschmackvoll arrangirten Ballette amüsirten den Sultan in nicht geringem Grade und derselbe drückte, wie wir hören, mehrere Male dem Dolmetsch, FZM. Hauslab, seine Befriedigung aus. (...) Der Sultan blieb bis zum Schlusse der Vorstellung und wurde dann vom Herrn Direktor Strampfer und dem Sekretär Herrn Steiner über die Treppe bis an den Wagen geleitet. Im Augenblicke, wo die Equipage des Großherrn sich in Bewegung setzte, strahlte eine elektrische Sonne ihr blendendes Licht auf die Szene. Unter betäubendem Vivatruf der versammelten Menschenmenge fuhr der Großherr und sein Gefolge über den Ring nach Schönbrunn."* (Der Zwischen-Akt. Nr. 199. Wien Mittwoch 31. Juli 1867. X. Jahrgang.)

Somit darf Sultan Abdul Aziz sowohl Carl als auch Johanna Blasel in ihren Rollen als Stallmeister Pagatl und Fee Tausendschön auf der Bühne bewundern. Dem abendlichen Theater-Vergnügen geht für den Staatsgast noch eine militärische Vorstellung voraus. Auf der Schmelz, dem großen Parade- und Exerzierplatz in der Gegend des Braunhirschengrunds, dem Geburtsort von Carl Blasels Vater, wird zu Ehren des osmanischen Herrschers am Vormittag ein feierlicher Aufmarsch abgehalten. Die Zeitungen berichten:

*„Montag Vormittags zwischen 10 und 12 Uhr fand die bereits früher bestimmte Revue auf der Schmelz nebst Exerzitium der Truppen im Feuer statt, welchem Se. Majestät der Kaiser und der Sultan und die türkischen Prinzen, das gesammte Gefolge des Sultans, sowie sämmtliche Erzherzoge und Generäle, beiwohnten. Es war das großartige Schauspiel von der schönsten Witterung begünstigt. Die Pracht und der Glanz, der dabei vom türkischen Kaiser und seiner Suite entfaltet wurden, sind unbeschreiblich. 'Ah! Ah!' - rief das Volk vor Bewunderung aus, als es den Sultan, dessen Brust von Gold und Silber strotzte, auf einen Pferd dahergaloppiren sah, das buchstäblich in Gold eingefaßt zu sein schien. Wie das glänzte, schimmerte und glitzerte, als die Sonne ihre Strahlen darauf warf. Und so wie der Sultan, so funkelten auch seine Generäle von Gold und Silber. Eine solche Pracht haben die Wiener noch selten gesehen. (...)"* (Gemeinde-Zeitung. VI. Jahrgang. Wien. Dienstag, 30. Juli 1867.)

Das Prunkmanöver lässt sich der Vollblut-Komödiant Carl Blasel nicht entgehen. Vermutlich verspricht er sich vom Anblick der hochdekorierten und in unterschiedlichen Abstufungen affektierten Anwesenden Anregung für seine diversen Rollengestaltungen. Dass ihn seine kleine Exkursion zum Ort der imperialen Macht- und Prachtentfaltung in zeitliche Schwierigkeiten bringt, weiß sogar das „Wiener Tagblatt". Aber Blasels Neugierde siegt über seine Probendisziplin.

*„An dem Tage, an welchem zu Ehren des Sultans auf der Schmelz ein Artillerie-Manöver stattfand, war im Theater an der Wien um die eilfte Vormittagsstunde die Probe angesagt. Das gesammte Personale war versammelt, nur der beliebte Komiker Herr Blasel fehlte. Direktor Strampfer geht unruhig auf und ab, sichtlich mißgestimmt über die Verzögerung. Nach langer Zeit erscheint der 'Komischeste der Komiker' 'Wo waren Sie, Herr Blasel?' frage der Direktor. 'Ich war,' entgegnete mit gewohnter Schlagfertigkeit Blasel, 'den Sultan ansehen; wie der erste Sultan vor Wien war, war ich noch nicht auf der Welt; bis der nächste nach Wien kommt, bin ich es wahrscheinlich auch nicht mehr; also mußte ich die Gelegenheit benützen.' - Ein homerisches Gelächter folgte diesen Worten und auch Herr Strampfer stimmte in dasselbe ein."* (Neues Wiener Tagblatt. Nr. 146. Dienstag, den 6. August 1867. 1. Jahrgang)

„Der komischste der Komiker". Dieses Attribut, wenn auch nur versteckt in einer kleinen Anekdote, dürfte eine große Genugtuung für Carl Blasel sein. Der Beweis dafür, dass sich seine harte Arbeit lohnt. Er ist jetzt berühmt.

Auch wenn Carl Blasel eine Probe verpasst – sein Einsatz im neuesten Stück auf dem Spielplan des Theaters an der Wien bestätigt das enthusiastische Urteil der Zeitungen über seine komödiantischen Fähigkeiten. Vielleicht hat er bei dem Kaisermanöver ja tatsächlich das ein- oder andere beobachtet, das er umgehend auf der Bühne verwendet. Vorbereitet wird die gleichnamige Posse zur Oper „Der Freischütz" von Carl Maria von Weber. In dem lustigen Freischütz-Schauspiel mit – wie es auf dem Programmzettel heißt – „zusammengeweberter" Musik von Julius Hopp gibt Carl Blasel den Max Staberl, seines Zeichens altdeutscher Parapluie-Macher. Schon die Rollenbeschreibung klingt nach großartigen Vorlagen für einen Komiker. In der Oper ist Max immerhin „nur" ein Jägerbursche. Wie die Presse weiß, macht Blasel prompt das Beste aus seiner Partie:

> *„(...) Herr Blasel, als Max Staberl, bewies seine Vielseitigkeit wieder, sein Staberl ist eine eigene urkomische Schöpfung, die wohl nicht ihres Gleichen hat. Vornehmlich die Szene, wo Herr Blasel in Frauenkleidern erscheint, und das 'Wir winden Dir den Jungfernkranz' auf der Guitarre vortrug, erregte stürmische Heiterkeit. (...)"* (Der Zwischen-Akt, Nr. 213. Wien, Mittwoch 14. August 1867. X. Jahrgang.)

Trotz des großen Erfolges – nicht nur für Carl Blasel, sondern für die gesamte Produktion – bleibt es erstaunlicherweise zunächst bei einer einzigen Aufführung des „Freischütz". Danach wird das Stück immer wieder als Einzelvorstellung zwischen länger laufende Produktionen eingestreut. Ein großer Aufwand für wenig Ausbeute. Welche planerischen Überlegungen hinter diesem befremdlich wirkenden Vorgehen der Theaterleitung liegen, lässt sich aus dem großen Abstand von über 150 Jahren nicht mehr erschließen.

Nach der zweiwöchigen Aufführungsserie der Hirschkuh, abgelöst von einem einzigen Freischütz, folgen schließlich fünfzehn Vorstellungen des Orpheus. Carl Blasel gibt wie immer den Jupiter, Johanna die Minerva. In sämtlichen Aufführungen. Alle Zeitungen Wiens, die tägliche Theaterprogramme mit Besetzungslisten veröffentlichen, sind sich darin einig, dass Johanna in dieser Rolle auch noch am 23. August 1867 auf der Bühne steht. Also hat sie mit dem, was am nächsten Tag geschieht, offenbar noch gar nicht gerechnet. Am 24. August 1867 bringt Johanna – augenscheinlich unerwartet und vor der Zeit – nach Sohn Karl Junior, zwei verstorbenen Knaben und Sohn Leopold Maria ihr fünftes Kind zur Welt. Hat sie sich übernommen mit ihrer unermüdlichen Bühnenarbeit? Hat ihr Kind dadurch Schaden erlitten? Denn erneut schlägt das Unglück zu. Wieder kommt das Neugeborene tot zur Welt. Das Kind wäre ein Mädchen gewesen.

Carl Blasel kann seine Frau und die zwei kleinen Söhne in der schweren Situation wieder nicht unterstützen. Bis zum Jahresende steht er nahezu jeden Abend auf der Bühne des Theaters an der Wien. Auch am Tag des Verlustes des kleinen Töchterchens. In einem unbedeutenden Stück mit dem Titel: „Die Eselshaut". Ein Repertoire-Stück wie unzählige andere. Ohnehin spielt Carl Blasel am Theater an der Wien vorzugsweise bereits endlos lang gegebenes Repertoire. Neuigkeiten sind selten. Wenn sie kommen, werden sie – wie der Freischütz – nur selten eingesetzt. Genau so ergeht es drei Stücken aus der Feder Ferdinand Raimunds, die Ende des Jahres 1867 noch auf den Spielplan kommen, aber nur jeweils ein- oder zwei Vorstellungen erleben: „Der Bauer als Millionär", „Alpenkönig und Menschenfeind" und „Der Diamant des Geisterkönigs". Carl Blasel bekommt für seine Auftritte immer gute Kritiken, aber besondere Abwechslung im Dauer-Repertoire bieten diese Einzel-Vorstellungen nicht. Zudem übernimmt er meistens Nebenrollen, denen die Kritik in den Zeitungsbesprechungen wenig Platz einräumt. Die ganz großen Partien bekommen seine Kollegen Carl Rott, Adolph Friese und Albin Swoboda. Vielleicht liegt in der relativen Eintönigkeit seiner Aufgaben bei gleichzeitig ununterbrochenem Einsatz auf der Bühne einer der Gründe, die Carl Blasel zu neuen Überlegungen und einer großen Entscheidung im Bezug auf seine künftige Karriere bewegen: Er wird dem Theater an der Wien den Rücken kehren.

CdV Carl Blasel
Rollenportrait, Wien, um 1867
Privatbesitz C. Möderler

# Carl-Theater

Von all den Kümmernissen, die Carl Blasel, den Komiker, hinter den Kulissen bedrücken, ahnt das Publikum im Zuschauerraum nichts. Umso überraschender kommt daher die Meldung, die Ende Januar 1868 die theaterbegeisterte Öffentlichkeit in Aufregung versetzt: Publikumsliebling Carl Blasel hat seinen Vertrag mit dem Theater an der Wien gekündigt. Die Gründe, über die die Presse spekuliert, sind vielfältig: Blasel habe einen Gastspiel-Urlaub Mitte Januar unangekündigt um eine Woche verlängert, sei von Direktor Strampfer gemaßregelt worden und habe sich das nicht gefallen lassen wollen; er habe neue, hohe Gagenforderungen gestellt, die Strampfer nicht erfüllen wollte; er habe auf einen besonderen Status als erster Lokal-Komiker bestanden, den Strampfer ihm aus Rücksicht auf andere Ensemble-Mitglieder nicht zubilligen wollte. Was davon tatsächlich zutrifft, lässt sich nicht mehr belegen; vermutlich spielt von alledem ein kleines bisschen mit. Einige Zeitungen halten die Entscheidung des Schauspielers für undankbar dem Theater gegenüber. Entsprechend bissig fallen die Kommentare aus:

*„'Aber was hat er denn, daß er so raunzt', diese Worte, welche eigentlich König Bobeche an seine Gemalin, die 'Tinerl', Im 'Blaubart' richtet, kann man nun füglich für Herrn Blasel selbst anwenden. Eingeleitete Abzüge für erhaltene Vorschüsse veranlaßten ihn, Herrn Direktor Strampfer an der Wien zu kündigen. Herr Blasel ist allerdings mit dem nothwendigen komischen Gesichte von der Mutter Natur ausgerüstet, auch besitzt er Talent, aber eines möge er nicht vergessen, daß ihm zur Vollendung als Schauspieler noch Vieles, sehr Vieles mangelt. Das, was Herr Blasel ist, verdankt er immerhin nur der höchst liberalen Wiener Kritik. Das Theater an der Wien dürfte an Herrn Blasel weniger, als er an Herrn Stampfer verlieren. Kein Theater in Wien kann sich in Ausstattungsstücken mit demjenigen an der Wien messen; die Folge davon ist, daß der Stern Blasel's, sollte er vermeinen, auf einer anderen Bühne ebenso leuchten zu können, dem Erlöschen naht. (...)"*
(Gemeinde-Zeitung. VII. Jahrgang. Freitag – Wien – 31. Jänner. 1868.)

Wie schnell sich doch die veröffentlichte Meinung dreht: Gestern noch ist Carl Blasel der „komischste der Komiker", heute – nachdem er sich vermeintlich unbotmäßig verhält – ist er der Schauspieler, dem zur Vollendung noch so vieles mangelt und der überhaupt nur deshalb existiert, weil die Kritik so großzügig mit ihm umgeht. Carl Blasel lässt sich allerdings nicht beirren. Sein Entschluss steht fest. Er wird das Theater an der Wien verlassen. Johanna kommt natürlich mit. Allerdings – diesen Konsens ergeben seine Verhandlungen mit Direktor Strampfer – wird er seinen Vertrag vor seinem endgültigen Ausscheiden noch so lange erfüllen, bis das Theater an der Wien einen Nachfolger für ihn gefunden hat. Am Ende wird sich sein Abschied dadurch über mehr als ein Jahr hinziehen. Erst im März 1869 wird der Wechsel komplett sein.

Kaum hat sich Carl Blasels bevorstehender Wechsel herumgesprochen, lässt ihn die bisher sehr freundliche Kritik fallen. Ab sofort häufen sich die Verrisse. In der großen Novität des Frühjahrs 1868, der Operette „Der Pfeil im Auge" von Jacques Offenbachs Pariser Kollegen Hervé, übernimmt er als Marquis von Esprukprukpruk zwar die männliche Hauptrolle, die Theater-Zeitschrift „Der Zwischen-Akt" hat in ihrer Besprechung jedoch nur noch einen abfälligen letzten Satz für ihn übrig:

*„Vor überfülltem Hause und einem höchst eleganten Publikum ging gestern endlich die aus dem Französischen übertragene Operette 'Der Pfeil im Auge' mit brillanter Ausstattung in Szene. (...) Frl. Geistinger, deren feiner Geschmack in Spiel, Gesang und – Toilette man gestern wieder vielfach bewundern konnte, sowie Frl. Ad. Mayer, die sich besonders im ersten Akte durch graziöse Leistung hervorthat, und Herr Swoboda, stimmlich wohl nicht ganz disponirt, dafür aber um so animirter in seinem Spiele, ernteten lebhaften und verdienten Beifall und Hervorruf. Nächst diesen eminenten Leistungen der genannten Künstler sind auch jede der Herren Rott und Friese, sowie das Frl. Herzog zu nennen. - Herrn Blasel glauben wir in derselben Rolle schon einmal irgendwo begegnet zu sein, wenigstens zeigte seine gestrige Darstellungsweise wieder die alte Schablone seines kleinen Repertoire." (Der Zwischen-Akt, Nr. 59. Wien, Sonntag 1. März 1868. XI. Jahrgang)*

Auch ein Ausflug ins ernstere Fach bringt Carl Blasel kein Glück. Im April 1868 versucht sich das Theater an der Wien an einem Sprechschauspiel aus der Feder von Heinrich Laube. Eine große Gestalt des deutschsprachigen Theaters. Zeitungsredakteur und demokratischer Aktivist im Vormärz, dann Schriftsteller und Theaterdichter, dann fast 20 Jahre lang Direktor des Hofburgtheaters in Wien und somit Gralshüter der ganz großen Bühnenkunst. Vor wenigen Monaten erst hat er das hehre Haus im Streit verlassen. In seinem brandneuen Theaterstück „Böse Zungen" arbeitet er – gemäß der von ihm verfassten Einleitung zum Textbuch – üble Ereignisse an seiner alten Wirkungsstätte auf. Direktor Strampfer verspricht sich von dieser vermeintlichen Branchen-Indiskretion mit dem Siegel der großen Kunst möglicherweise eine besonders delikate Würze seines zwar ambitionierten, aber in seiner Heiterkeit vielleicht manchmal etwas seichten Dauer-Repertoires. Für Strampfer geht der Plan auf. Das Publikum goutiert das außergewöhnliche Angebot. Die Presse stellt fest:

*„(...) Der äußere Erfolg, den gestern Laube's 'Böse Zungen' errangen, ist – so viel scheint gewiß – mehr dem tendenziösen Inhalte als wirklicher dramatischer Bedeutung zuzuschreiben, denn der johlende Beifall brach erst los, als die erste Phrase von Volksrecht und Freiheit wie eine Bombe ins Publikum fiel, und verstummte in jenen Szenen, in welchen einer übermäßig beifallslustigen Partei kein populäres Schlagwort fiel, um jenen Beifallssturm von Neuem anzuregen. - Nach dem zweiten, dem bedeutungsvollsten Akte wurde Herr Dr. Laube dreimal – und ebenso oft nach Schluß des Schauspiels hervorgerufen und mit einem Kranze bedacht."* (Der Zwischen-Akt, Nr. 97. Wien, Freitag, 17. April 1868. XI. Jahrgang)

Für Carl Blasel bleibt – zumindest in der Zeitung – nichts von dem Erfolg übrig. Der „Zwischen-Akt" findet dürre Worte:

*„(...) Die Herren Findeisen, Blasel und Szika bewegten sich auf einem ihnen völlig fremden Boden. (...)"* (Der Zwischen-Akt, Nr. 97. Wien, Freitag, 17. April 1868. XI. Jahrgang)

In Jacques Offenbachs burlesker Oper „Genovefa von Brabant", der Neuproduktion im Monat Mai, ereilt Carl Blasel ein ähnliches Schicksal. Diesmal heißt es:

„(...) *Die Herren Rott und Blasel ennuyirten sich gegenseitig und das Publikum; der Bearbeiter der 'Oper' hätte die Figuren der beiden Gensdarmen nicht einzufügen brauchen. (...)*" (Der Zwischen-Akt, Nr. 120. Wien, Sonntag 10. Mai 1868. XI. Jahrgang)

Bei dem auffallenden „Liebesentzug" der einschlägigen Presse, der Carl Blasel nach Bekanntwerden seiner Kündigung am Theater an der Wien zu Teil wird, nimmt es nicht Wunder, dass er baldmöglichst verkündet, an welcher Spielstätte seine Schauspielkunst künftig die Wertschätzung erfahren soll, die er sich wünscht und die er verdient. Es ist die zweite wichtige Bühne Wiens, die sich vornehmlich dem heiteren Repertoire widmet, die ewige Konkurrentin des Theaters an der Wien: das Carl-Theater. Das „Neue Wiener Tagblatt" glaubt, Details des neuen Kontraktes zu kennen:

*„Das Gerücht, das Herrn Blasel zum Mitgliede des Carltheaters machte hat seit vorgestern Abends aufgehört, Gerücht zu sein und ist ins Gebiet der 'vollendeten Thatsachen' übergegangen. An dem erwähnten Abende nämlich unterzeichnete Herr Blasel einen Kontrakt, der ihn vom Palmsonntag des nächsten Jahres an unter das Szepter der Direktion Ascher stellt. Natürlich wird dieser Uebertritt in den betreffenden Kreisen vielfach glossirt werden. Für's Erste wird die Frage 'Warum?' auf's Tapet gebracht. Nun, diese Frage ist sehr einfach zu beantworten. Herr Blasel begehrte von der Direktion des Theaters an der Wien bei Gelegenheit einer eventuellen Kontrakterneuerung eine Erhöhung seiner bisherigen Gage um so und so viel, die Direktion fand sich aber nicht in der Lage, auf dieses Verlangen in der betreffenden Höhe einzugehen und so nahm denn Herr Blasel den Antrag Direktor Ascher's an, der ihm 7600 fl jährlichen Gehalt bot, verbunden mit einem sechswöchentlichen Urlaube. Materiell also ist der Schritt Herrn Blasel's für ihn jedenfalls von Vortheil und es frägt sich nur noch, ob dasselbe auch in schauspielerischer Beziehung der Fall ist. (...)*" (Neues Wiener Tagblatt. Nr. 143 Sonntag, den 24. Mai 1868. 2. Jahrgang)

Währungsumrechnungen über Jahrhunderte hinweg sind grundsätzlich schwierig, da dauerhaft unveränderliche Vergleichsgrößen fehlen. Entsprechende Umrechnungsversuche sind daher immer als Annäherung zu verstehen. Aber selbst eine solche Annäherung ist im Falle Carl Blasels bereits ausreichend eindrucksvoll: Gemäß dem historischen Währungsrechner der Österreichischen Nationalbank entspricht eine Jahresgage von 7600 fl. (Anm.: „florenus aureus", soviel wie „Florentiner Goldwährung". Offizielle Abkürzung für die Währungseinheit „Gulden") im Jahr 1868 einer Summe von über 100.000 Euro in der Gegenwart. Fast 9000 Euro Monatsgehalt. Selbst im 21. Jahrhundert ein durchaus beachtliches Salär. Carl Blasel hat also gut verhandelt. Am Theater an der Wien soll seine Jahresgage bislang angeblich „nur" bei 5600 fl. liegen.

Entsprechend groß dürfte die Ungeduld sein, mit der Carl Blasel seinen Übertritt an das neue Theater erwartet. Allerdings lässt sich Direktor Strampfer Zeit mit der Nachfolger-Suche. Und bevor die nicht abgeschlossen ist, darf Blasel gemäß der Absprache mit seinem Noch-Direktor bekanntlich nicht gehen. Zehn zähe Monate - bis Ostern 1869 - muss Carl Blasel noch am Theater an der Wien ausharren, bis mit einem Komiker namens Gustav Romani der Künstler gefunden ist, der ab diesem Zeitpunkt die Blasel-Rollen übernehmen wird. Zwar warten auf Carl bis dahin noch zwei große Neuproduktionen in den heute vergessenen Stücken „Napoleon" und „Nro. 28". Besonders förderliche Auswirkung auf Carl Blasels künstlerische Karriere haben diese Werke nicht mehr. Sein Auftritt in „Nro. 28" wird von der Kritik gerade noch in einem Nebensatz erwähnt, die Besprechung von „Napoleon" unterschlägt seine Mitwirkung komplett. Somit liegt das wichtigste Ereignis des ausgehenden Jahres 1868 für die Blasels eindeutig im Privaten: Am 14. Oktober kommt ihr sechstes Kind zur Welt. Nach dem tragischen Verlust der kleinen Tochter im Jahr zuvor ist das Schicksal diesmal günstig gestimmt: Das jüngste Kind – ein Sohn – übersteht die kritische Säuglingszeit. Weitere Kinder werden Carl und Johanna nicht mehr bekommen.

Getauft wird das Bübchen auf den Namen „Johann". Genannt wird er sein ganzes Leben lang jedoch immer nur „Hans". Taufpatin wird die gute alte Freundin Josefine Gallmeyer, die Kollegin aus frühen Tagen in der tiefsten Habsburger-Provinz, jetzt der weibliche Star an Carls neuem Wirkungsort, dem Carl-Theater.

In seiner Abschieds-Vorstellung am Theater an der Wien wird Carl Blasel schließlich der Ruhm zuteil, den er das ganze Jahr zuvor vermissen musste. Nicht nur das Publikum, das ihn sowieso immer geliebt hat, ist hingerissen, sondern auch die Presse verbreitet über Carls finalen Auftritt große Erfolgsmeldungen. Für das Theater ist der Abend – übereinstimmenden Berichten zufolge – der einnahmestärkste aller Zeiten. Das „Neue Fremden-Blatt" notiert:

> *„Die vorgestrige Vorstellung von Berg's 'Probirmamsell' im Theater an der Wien erzielte aus Anlaß des letzten Auftretens des beliebten Komikers Herrn Blasel die größte Einnahme, die dieses Theater seit seinem Bestehen erlebt. Der Andrang war so enorm, daß der Theatersekretär schon in den Nachmittagsstunden an den abwesenden Direktor telegraphiren konnte, daß Blasel's letztes Auftreten die größte bisherige Einnahme verschafft habe. Während des ganzen Abends wurde Herr Blasel in der schmeichelhaftesten Weise ausgezeichnet und als er im letzten Akte zu Herrn Swoboda mit komischem Ernste sagte: 'Und jetzt leben Sie wohl, Herr Swoboda – Herr Müller, wollte ich sagen', brach das Publikum in schallende Heiterkeit aus. - Nach dem Fallen des Vorhanges wurde der scheidende Künstler sechs Mal gerufen, das Publikum erhob sich, die Herren im Parterre schwenkten die Hüte, das Publikum der Galerien, deren Gunst Herr Blasel wie selten ein Schauspieler besitzt, schwenkte die Tücher – und man verließ das Theater nicht eher, als bis Herr Blasel sich entschloß, eine 'Rede' zu halten. Er that dies in der bekannten Scholz'schen Manier, indem er gerührt die Worte sprach: 'Ich hoffe auf ein Wiedersehen – jenseits. - Mit dem 'Jenseits' war natürlich das Carl-Theater gemeint, in welchem Herr Blasel heute zum ersten Male auftritt."* (Neues Fremden-Blatt. No. 82. Wien, Dienstag den 23. März 1869. 5. Jahrgang.)

Nur zwei Tage nach seiner Abschiedsvorstellung am Theater an der Wien folgt am 23. März 1869 für Carl Blasel bereits seine Antrittsvorstellung am Carl-Theater. Josefine Gallmeyer in der weiblichen Hauptrolle ist – sozusagen vom ersten Tag an – an seiner Seite. Sein Antritts-Stück ist eines der weniger bekannten Werke Johann Nestroys: „Glück, Mißbrauch und Rückkehr oder Das Geheimniß des grauen Hauses". Trotzdem oder gerade deshalb deutet alles darauf hin, dass Carl Blasel nahtlos an seine Erfolge am Theater an der Wien anknüpfen kann. Wieder beobachtet das „Neue Fremden-Blatt" die Entwicklung mit Aufmerksamkeit:

> „Herr Blasel trat gestern zum ersten Male als engagirtes Mitglied dieses Theaters auf – er hatte den 'Blasius Rohr' in Nestroy's 'Die Geheimnisse des grauen Hauses', bekanntlich eine der schwächsten und veraltesten Possen, gewählt. Herr Blasel wurde bei seinem Erscheinen mit minutenlang anhaltendem stürmischen Beifall begrüßt und im Laufe des Abends fast nach jeder Szene und nach den Aktschlüssen wiederholt gerufen, auch einen Lorbeerkranz erhielt er zugeworfen. Sein Erscheinen mit Herrn Matras und Fräulein Gallmeyer rief gleichfalls den lebhaftesten Beifall hervor und zeichnete das Publikum diese drei Lieblinge wiederholt aus. Ein neues von Hopp komponirtes Couplet, von Herrn Blasel und Fräulein Gallmeyer ausgezeichnet vorgetragen, fand rauschende Anerkennung. (...) Daß Herr Blasel die Rolle des Blasius Rohr wesentlich anders spielt, als Nestroy, liegt in der Natur dieses Künstlers, er brachte eben die naive Gutmüthigkeit und bornirte Aufgeblasenheit dieses Dutzendmenschen prächtig zur Geltung, ohne sich um Nestroy mit seiner ätzenden Ironie, die gar nicht in der Rolle liegt, zu kümmern. (...) Das Publikum bewahrte übrigens seine Gunst und gute Laune bis zum Schlusse seinem Lieblinge und wurde nicht müde, Herrn Blasel wieder und wieder zu rufen. - Das Haus war in allen Räumen ausverkauft." *(Neues Fremden-Blatt. No. 83. Wien, Mittwoch den 24. März 1869. 5. Jahrgang)*

Eine misstrauische Stimme mischt sich allerdings in den Chor der Jubel-Besprechungen von Carl Blasels erstem Abend am Carl-Theater. Der „Zwischen-Akt" merkt an:

„*Im Carltheater ist Hr. Blasel aufgetreten und ist nebst vielem Beifalle mit dem unvermeidlichen Lorbeerkranze beschenkt worden. Ob es immer so bleiben wird, muß man heute dahingestellt sein lassen, da für Herrn Blasel das Carltheater ein fremder Boden ist und bleibt, überdies die Komiker Grois, Matras und Knaack über einen neuen Konkurrenten kaum erfreut sein dürften. Man sprach in Theaterkreisen schon am ersten Abende, an welchem Hr. Blasel jenseits des Kanals debütirte, von einem ernsten Zerwürfniß zwischen der Direktion und dem bisherigen ersten Komiker* (Anm.: Josef Matras); *doch war die Sache, wie sich nachträglich erwies, nur ein müssiges Gerede. (...)*" (Der Zwischen-Akt, Nr. 80. Wien, Sonntag 28. März 1869. XI. Jahrgang)

Gänzlich müßig scheint das Gerede wohl doch nicht zu sein. Denn offenbar entwickeln sich die Dinge am Carl-Theater schon nach kürzester Zeit ganz anders, als Carl Blasel es sich erhofft. In seinem Nachlass findet sich ein mehrseitiger Brief, den ihm Anton Ascher, der Direktor des Carl-Theaters, damals persönlich schreibt. Gerade ein halbes Jahr nach Carls vielversprechendem Antritt an seinem Haus muss der Theaterleiter sein Neu-Engagement offenbar schon wieder von einem vorzeitigen Abgang abhalten. Leider ist das Schreiben, das Carl Blasel zuvor an Anton Ascher geschickt hat und auf das dieser nunmehr antwortet, nicht erhalten. Vermutlich enthält es bittere Klagen und die Androhung der Kündigung. Doch sein Neuzugang liegt dem damals bereits schwer kranken Anton Ascher offensichtlich zutiefst am Herzen. So verfasst er, ungeachtet seiner Gebrechen, einen langen, selbstverständlich handgeschriebenen Brief voller liebevoller und stärkender Worte für seinen verstörten Künstler:

*"Direction des kais. kön. priv. Carl-Theaters.*

*Anton Ascher*

*Wien, 7.11.1869*

*Mein lieber Blasel! Wenn ich nicht so sehr leidend wäre, würde ich Sie bitten laßen, zu mir zu kommen, und es würde mir sehr schnell gelingen, Ihnen Ihre unbegründeten Skrupel zu nehmen; so aber muß ich mich darauf beschränken, Ihnen vorläufig einige Worte zu schreiben und auch das kann ich nur mit großer Anstrengung.*

*Wären Ihre Besorgniße gegründet, die Sie mir in Ihrem Briefe aussprechen, wären Ihre Klagen nur irgendwie gerechtfertigt, ich würde keinen Augenblick anstehen, Ihrem Wunsche nachzukommen, selbst wenn mir dadurch ein Nachtheil erwüchse. Ich habe nicht einen Augenblick aufgehört als Künstler zu fühlen und meine Mitglieder als Collegen zu betrachten. Und als solcher sage ich Ihnen, es ist meine innigste Überzeugung, Sie würden gegen Ihr eigenstes Interesse handeln, wenn Sie das Engagement am Carltheater aufgeben wollten! Wollten Sie sich selbst ein falsches Armuthszeugniß ausstellen? Wollen Sie Ihren Gegnern, den Schwätzern und Hetzern Recht geben? Nein, das wäre doch traurig, wenn ein so begabter und talentvoller und zugleich so pflichtbewußter Schauspieler wie Sie* (Anm.: ein Wort durchgestrichen) *blos bei einem Theater prosperiren könnte, wo er gewißermaßen keine Concurenten hat, und nicht auch bei einem künstlerisch geleiteten Theater, wo er tüchtige Kräfte zur Seite hat, bei einem Theater, das ein wirkliches Repertoire hat und an welches das Publicum mit Recht größte Ansprüche stellt. Sie werden sich beim Carltheater eine Geltung machen, und zwar eine ehrenvolle und gesicherte – das sage ich Ihnen als Direktor und als ehrlicher Mann. Als Carl Treumann zum Carltheater überging, prophezeiten ihm die blöden Schwätzer auch seinen Untergang. Alles schrie: 'da gehört er nicht hin – das ist nicht sein Boden' und wie die Albernheiten alle hießen. Und er fand doch in Nestroy und Scholz keine üblen Concurenten vor – und was war das Resultat ?? !! - Das ist eben daß Unglück unseres Standes, daß jeder Lohnschreiber, der oft nicht richtig deutsch schreiben kann – mit einem Worte jeder Dummkopf glaubt urtheilen zu können – und nirgends ist das große 'Besser verstehen wollen' mehr an der Tagesordnung. - Genug davon! - Sie haben, das gebe ich Ihnen zu, augenblicklich viel-*

*leicht einigen Grund zur Unzufriedenheit und Verstimmtheit, aber das sind Verhältniße, die man nicht immer bestrafen kann, wie man will, und die vorübergehend sind. Schließlich sind Sie erst 7 Monate da, und haben in dieser Zeit erst einige Ihrer alten Rollen auch andere, wie Tulipatan, Seufzerbrücke, Talisman, Jux u. v. m. gespielt, in denen Sie ganz entschieden durchgegriffen haben.*

*Ich kann Ihnen weiter nichts sagen:*

*Verscheuchen Sie ihre Grillen – verlieren Sie Ihre Laune nicht – lassen Sie sich von falscher Freundschaft und gegenwärtigen Maßregelungen nicht blenden: vertrauen Sie sich und vertrauen Sie mir!*

*Immer*

*Ihr*

*Anton Ascher"*

(Anton Ascher an Carl Blasel, eigenhändiger Brief, Teilnachlass Carl Blasel, H. I. N.-53249, AC15782877, Wienbibliothek im Rathaus, Wien)

Was genau Carl Blasel an seiner neuen Wirkungsstätte so über Gebühr aus dem Gleichgewicht bringt, lässt sich den Originalmaterialien der damaligen Zeit nicht mehr zuverlässig auslesen. Seine Kritiken sind mal gut, mal weniger – ein völlig üblicher Vorgang, den jeder Künstler und jede Künstlerin kennt und auch verträgt. Nichts von dem, was die Zeitungen über Carl Blasel schreiben, ist so offen abfällig, dass es einem Schauspieler gleich den Glauben an sich selbst nehmen könnte. Das Geheimnis scheint also eher im Persönlichen zu liegen. Ist es wirklich sein neuer Kollege Josef Matras, der Carl in Bedrängnis bringt? Dabei ist doch eben jener Josef Matras – Carl Blasels selbstverfasster Legende nach – sogar ein Freund und Unterstützer aus frühesten Jugendtagen: Der Kellnerjunge, der damals, in den späten 1840er Jahren, den jugendlichen Nachwuchs-Darstellern im Haustheater des geheimnisvollen Herrn Hüpfel in der Josefstadt Essen aus der Gastwirtschaft seines Onkels abzweigt. Entweder hat diese Geschichte so niemals stattgefunden, oder Josef Matras kann oder will sich jetzt, zwanzig Jahre später, nicht mehr daran erinnern. Schließlich ist er längst selbst ein „Star". Vielleicht sieht er tatsächlich keine Notwendigkeit, einen potentiellen Konkurrenten, auch wenn es möglicherweise ein Bekannter aus Jugendtagen ist, mit offenen Armen an seiner Stamm-Bühne zu empfangen. Dabei zeichnet sich schon kurz nach Carl Blasels Eintritt am Carl-Theater eine Entwicklung ab, aus der fast schon eine Legende wird: Josef Matras, seit sieben Jahren am Carl-Theater, sein Kollege Wilhelm Knaack, bereits seit zwölf Jahren an dieser Bühne, zusammen mit dem Neuzugang Carl Blasel, ergeben ein Komiker-Trio, das an die Qualität und die Beliebtheit des legendären und in Wien unvergessenen komödiantischen Trifoliums Johann Nestroy, Carl Treumann und Wenzel Scholz anknüpfen kann. Presse und Publikum erkennen das Potential sofort. Die „Neue Freie Presse" schreibt:

> „Eine der komischesten Possen Nestroy's: 'Einen Jux will er sich machen', gab heute der Direction Gelegenheit, ihre drei trefflichen Komiker: Matras, Knaack und Blasel, gleichzeitig wirken zu lassen. Das Resultat konnte unter diesen Umständen kein anderes sein, als daß die Zuschauer in permanenter Lachlust erhalten wurden, von welcher stellenweise sogar die übrigen Mitwirkenden ergriffen wurden. (...) Das zahlreich versammelte Publicum lachte nach Schluß der Posse selbst noch auf der Straße." *(Neue Freie Presse. Morgenblatt. Nr. 1818. Wien, Sonntag, den 19. September 1869.)*

Bis zu Carl Blasels Tod – die beiden Kollegen Matras und Knaack, obwohl ungefähr gleich alt, versterben lange vor ihm – werden die Namen Matras, Knaack und Blasel fast immer in einem Atemzug genannt. Keiner nimmt dem anderen etwas weg. Im Gegenteil – die drei Künstler verstärken sich gegenseitig. Auch wenn es offenbar etwas Zeit braucht, bis sich diese Erkenntnis bei allen Beteiligten durchsetzt.

Zwei große Unterschiede sind dem Spielplan Carl Blasels am Carl-Theater, verglichen mit seinen Aufgaben am Theater an der Wien, bereits auf den ersten Blick anzusehen: Am Carl-Theater wird fast jeden Abend ein anderes Stück gegeben. Die Bestandteile des Repertoires werden hier bunt durcheinander gemischt. Mehrwöchige en-suite-Vorstellungen, wie sie am Theater an der Wien üblich sind, gibt es am Carl-Theater nicht. Wahrscheinlich hängt es von der individuellen Mentalität ab, ob ein Künstler, der mehr oder weniger täglich auf der Bühne steht, diesen Wechsel als Abwechslung empfindet oder als zusätzliche Anstrengung. Schließlich muss er sich jeden Abend wieder auf einen anderen Charakter einstellen.

Leider existieren keine persönlichen Notizen darüber, ob diese ungewohnte Spielplangestaltung möglicherweise etwas mit Carl Blasels anfänglicher Mutlosigkeit am neuen Haus zu tun hat. Immerhin ist er in seinem ersten Jahr am Carl-Theater bereits in 27 verschiedenen Rollen eingesetzt. In seinem letzten Jahr am Theater an der Wien waren es „nur" 22. Trotz der vielen verschiedenen Rollen ist Carl Blasel am Carl-Theater dennoch an deutlich weniger Abenden im Einsatz als an seiner alten Wirkungsstätte. Nicht nur gewährt ihm Direktor Ascher korrekt seinen vertraglich zugesagten, sechswöchigen Sommerurlaub, den Blasel für – sehr erfolgreiche – Gastspiele in Brünn, Pressburg, Graz und Pesth verwendet. Darüberhinaus bleibt er in manchen Monaten an mehreren Tagen hintereinander ohne Einsätze. So steht er im April 1869 an 18 Tagen auf der Bühne, im Oktober an 19 Tagen und im Dezember „nur" an 14 Tagen. Im Oktober 1868 am Theater an der Wien waren es noch volle 31 Tage.

In Anbetracht des splendiden Gehaltes, das Carl Blasel von Direktor Ascher bezieht, könnte er seinen – im Vergleich zum Theater an der Wien – deutlich weniger anstrengenden Einsatzplan eigentlich als zusätzliche Gratifikation verstehen. Aber vielleicht empfindet Carl Blasel genau das Gegenteil. Vielleicht weiß dieses klassische „Zirkuspferd" mit freien Tagen gar nichts anzufangen. Ein Mann des 19. Jahrhunderts, selbst wenn er unkonventionell denkt, wie es der Künstler Carl Blasel schon qua Profession sicherlich tut, dürfte in privaten Einsätzen am heimischen Herd bei drei kleinen Kindern kaum einen angemessenen Ersatz für Einsätze auf der Theaterbühne sehen. Die Tatsache, dass sein Kollege Josef Matras deutlich häufiger auf der Bühne steht als er, verstärkt anfangs möglicherweise die Unzufriedenheit Carl Blasels mit seiner neuen Wirkungsstätte.

Anton Aschers ermutigendes Schreiben zeigt auf jeden Fall Wirkung. Carl Blasel bleibt am Carl-Theater. Und legt damit den Grundstein für eine außerordentliche Verbindung: Am Ende seiner Karriere wird Blasel insgesamt 36 Jahre am Carl-Theater verbracht haben. 30 Jahre davon als Schauspieler, sechs Jahre als Direktor. Seine Schauspielerjahre an dem Haus, das zufällig seinen Namen trägt, sind in mehrere Abschnitte geteilt. Der erste Abschnitt hat gerade begonnen: Fast fünfzehn Jahre lang wird Carl Blasel in seinem ersten Engagement am Carl-Theater verbleiben. Vier Direktoren wird er in dieser Phase erleben: zunächst Anton Ascher, der ihn engagiert, dann dessen Nachfolger Franz Jauner, danach den früheren Schauspieler Franz Tewele und schließlich seinen alten Schauspieler-Kollegen und früheren Direktor am Theater an der Wien, Friedrich Strampfer. Dieser jedoch, soviel sei an dieser Stelle bereits vorweggenommen, trennt sich sofort von Blasel und wird danach nur wenige Monate brauchen, um das traditionsreiche Carl-Theater in den Ruin zu treiben. Für Carl Blasel allerdings wird aus diesem Unglücksfall dann das Tor zu seinem nächsten, gänzlich neuen Wirkungskreis: Er wird selbst Theaterdirektor.

Für den Wechsel von Bühnenverpflichtungen zu Leitungsverpflichtungen hat Carl berühmte – und vor allem wohlvertraute – Vorbilder. Den ersten Schritt auf diesem Weg geht seine Kinder-Kollegin aus Laibacher Anfängerzeiten und Taufpatin seines zweiten Sohnes: Marie Geistinger löst anno 1869 an ihrer Heimatbühne, dem Theater an der Wien, den dortigen Leiter Friedrich Strampfer auf dem Direktoren-Sessel ab. Kaum, dass Carl Blasel dieses Haus zugunsten seines höher dotierten Engagements am Carl-Theater verlassen hat. Ist möglicherweise sie es, die Carl die Entscheidung für die neue Wirkungsstätte damals schlechtredet, um ihn an ihr gemeinsames Haus zurückzulocken? Ist es nicht nur Josef Matras, sondern auch die Geistinger, die ihren alten Kollegen am

Carl-Theater anfangs so verunsichert sein lässt? Leider gibt es keine zeitgenössischen Quellen für diese Idee. An der Seite ihres Schauspieler-Kollegen Maximilian Steiner führt Marie Geistinger das Theater an der Wien – ohne Carl Blasel – jedenfalls bis zum Jahr 1875, danach übernimmt Steiner in Alleinregie, denn die Geistinger wagt den Sprung über den großen Teich. Nach mehreren umjubelten Tourneen durch die USA wird sie erst Mitte der 1880er Jahre – als schwerreiche Frau – nach Österreich zurückkehren und noch ein paar Jahre lang vereinzelte Star-Auftritte absolvieren, bevor sie sich im Jahr 1888 vollständig ins Privatleben zurückzieht.

Die nächste Freundin und Kollegin, die zusätzlich zu ihrer Bühnentätigkeit noch eine Leitungsfunktion übernimmt, ist Josefine Gallmeyer. Seit 1869 ist sie Carls Bühnenpartnerin am Carl-Theater. Anno 1872 kehrt sie diesem Haus jedoch den Rücken. Dem Theater steht ohnehin eine Umbruch-Phase bevor, da der amtierende Direktor Anton Ascher damals aus gesundheitlichen Gründen sein Amt abgibt und die Verantwortung in die Hände des bis dato Schauspielers Franz Jauner legt. Die Gallmeyer ihrerseits wendet sich wieder dem alten Kollegen Friedrich Strampfer zu. Seit dieser sein Direktorat am Theater an der Wien an Marie Geistinger abgegeben hat, arbeitet er intensiv an seinem Herzensprojekt: Er will ein eigenes Theater besitzen. Im Jahr 1871 wird sein Traum wahr. Das „Strampfer-Theater" öffnet seine Pforten. Schon im nächsten Jahr macht Strampfer die Gallmeyer dort zum weiblichen Star. Ab 1874 – Friedrich Strampfer hat inzwischen das größere und bedeutendere Deutsche Theater in Budapest erworben – ist es dann Josefine Gallmeyer, die die Direktion des Strampfer-Theaters übernimmt.

Sein erstes eigenes Theater verdankt Friedrich Strampfer seinerzeit dem Ortswechsel einer wichtigen Wiener Kultur-Institution: Die Gesellschaft der Musikfreunde, deren Konzertsaal sich bis zu jener Zeit noch in diesem bis dahin „Alten Musikvereinsgebäude" befindet, hat sich am Karlsplatz von Star-Architekt Theophil Hansen eine neue, prachtvolle Spielstätte errichten lassen. In der Gegenwart ist der „Goldene Saal" dieses „Neuen Musikvereinsgebäudes" durch die alljährliche TV-Übertragung des Neujahrskonzerts der Wiener Philharmoniker der ganzen Welt bekannt und vertraut. Nicht lange nach dem Umzug der Gesellschaft der Musikfreunde erwirbt Friedrich Strampfer deren altes Domizil, lässt den Konzertsaal angemessen umbauen und eröffnet hier im September 1871 sein erstes eigenes Theater. Eigentlich heißt das Haus nach seiner Adresse Tuchlauben Nr. 12 „Theater unter den Tuchlauben". Der Volksmund nennt die Spielstätte aber immer nur nach ihrem rührigen Besitzer: „Strampfer-Theater".

Bis Carl Blasel auf den Spuren seiner Kolleginnen Marie Geistinger und Josefine Gallmeyer selbst den Schritt von der Bühne ins Direktoren-Büro vollzieht, vergeht noch ein wenig Zeit. Zeit, die erfüllt ist mit seinen bekannt zahlreichen Schauspieler-Aufgaben. Aber auch Zeit, die erfüllt ist mit dramatischen politischen Umbrüchen, die auch auf die kleine, in sich geschlossene Welt des Theaters nicht ohne Eindruck bleiben. Insbesondere, wenn Krieg die Umbrüche erzwingt. Das Zeitalter ist ein ausgesprochen kriegerisches: Bereits anno 1866 hat das Habsburger Kaiserreich in einer großen Schlacht, der „Schlacht bei Königgrätz", seine Vormachtstellung in Europa eingebüßt. Vorangegangen ist – stark vereinfacht ausgedrückt – ein Gezerre zwischen Preußen und Österreich um die Herzogtümer Schleswig und Holstein. Dieses Gezerre eskaliert und führt zu den zwei ersten der drei sogenannten „Deutschen Einigungskriege", dem Deutsch-Dänischen Krieg und dem Preußisch-Österreichischen Krieg. Letzterer mit jener legendären und für Österreich fatalen Schlacht bei Königgrätz. Unter den fast 6000 Gefallenen auf österreichischer Seite wird auch der ein- oder andere Angehörige von Theaterleuten gewesen sein. Nach diesen ersten beiden Einigungskriegen gehören Schleswig und Holstein zu Preußen, Österreich ist auf der weltpolitischen Bühne in eine Nebenrolle gedrängt und Preußen erhebt das Haupt als neue europäische Vormacht. Preußens Ministerpräsident und Außenminister Graf Otto von Bismarck hat allerdings einen noch viel größeren Plan: Aus einer aus der Sicht der Gegenwart ähnlich absurd wirkenden Affäre wie der Sache Schleswig und Holstein bastelt Bismarck die Initialzündung für den dritten Krieg. Diesmal ist es der vakante Thron des Königreichs Spanien, der an einen Hohenzollern-Prinzen gehen soll, was wiederum Frankreich nicht passt. Der Konflikt führt zum dritten Einigungskrieg, dem Deutsch-Französischen Krieg von 1870/71. Das Resultat: Frankreich wird besiegt und Bismarck vereinigt die Deutschen Lande unter Preußens Führung auf eine sehr herausfordernde Art und Weise: Er erschafft das „Deutsche Kaiserreich".

Österreich bleibt nach der Schmach von Königgrätz, die zusätzlich mit dem Verlust von Venetien und Mantua und damit dem Verlust des letzten noch verbliebenen Restes des ehemaligen Kronlandes Lombardo-Venetien einhergeht, immerhin ein „Trostpflästerchen": der Ausgleich mit Ungarn. Bisher wird das Königreich mit seinem vakanten Thron innerhalb der Habsburgischen Kronländer wie eine Kolonie gehalten. Ein Zustand, gegen den die ungarische Bevölkerung permanent rebelliert. Bis schlussendlich ein Ausgleich erreicht wird. Dieser findet anno 1867 in Ofen und Pesth, heute Budapest, seinen feierlichen Abschluss mit der Krönung Kaiser Franz Josephs I. und seiner Gemahlin Kaiserin Elisabeth zum König und zur Königin von Ungarn, das nunmehr den Status eines gleichwertigen Königtums neben dem Kaisertum Österreich innehat. Die „k. u. k. Monarchie", das kaiserliche *und* königliche Habsburg, ist ab diesem Augenblick auch in der Realität verwirklicht. Doch nach dem Vorbild Ungarns fordert nun auch das Königreich Böhmen einen Ausgleich. Präzise gesagt, einen politischen und gesellschaftlichen Ausgleich zwischen der tschechischen Bevölkerungsmehrheit und der – dominierenden – deutschsprachigen Bevölkerungsminderheit. Im Gegensatz zur Causa Ungarn will dieser böhmische Ausgleich aber partout nicht gelingen. Im Jahr 1870 ist diese brisante Angelegenheit ein wichtiges politisches Tagesthema in Österreich. Folglich auch ein Thema der Wahl für Bühnenkünstler wie Carl Blasel. Schließlich ist es in den Stücken des Alt-Wiener Volkstheaters üblich, in den gesungenen musikalischen Einlagen, den sogenannten

„Couplets", mit teilweise täglich neu verfassten Strophen in satirischer Form auf das tagesaktuelle politische Geschehen einzugehen. Ein Brauch, der sich im Übrigen bis in die Gegenwart gehalten hat. Anno 1870 dichtet Carl Blasel für seine Bühnenauftritte ständig neue, kritisch-bissige Couplet-Texte rund um das Thema „Böhmischer Ausgleich". Bei einem – vielumjubelten – Gastspiel in Prag, der Hauptstadt Böhmens, wird der vorlaute Zyniker allerdings eingefangen: Royaler Besuch lässt Blasels freche Einlassungen plötzlich zu riskant erscheinen. Die Zeitungen schreiben:

*„Herrn Blasel's Abschieds- und Benefice-Vorstellung beehrte der Herr Erzherzog Albrecht mit seinem Besuche und hiermit ward ein Strich durch die Couplets gemacht, die Herr Blasel für den 'Hasenschrecker'* (Anm.: Einaktige Posse von Alois „Louis" Grois, Schauspieler, Sänger, Oberregisseur des Carl-Theaters, Theaterdichter) *sich zurecht gemacht hatte. (...) Herr Director Wirsing beschwor ihn förmlich kein Couplet zu singen, das nur die leiseste Anspielung auf den Ausgleich enthielte und der Capellmeister hatte Auftrag, die Musikbegleitung sogleich einzustellen, falls Herr Blasel ins Politische gerathen sollte. Der gutmüthige Blasel hatte Mitleid mit den directionellen Nöthen, er würge alle seine politischen Berichte und Privattelegramme aus der 'wilden Walachei' hinunter (...), fand jedoch auch da im gesecktvollen Hause verständnißlaunige Seelen, die wie rasend applaudirten. (...)"* (Local-Anzeiger der „Presse". Beilage zu Nr 246. Dienstag den 5. September 1871. 24. Jahrgang.)

Auch ohne die riskanten Ausgleichs-Couplets kommt Carl Blasel in der Hauptstadt Böhmens großartig an. Nicht nur künstlerisch, sondern auch pekuniär ist das Prager Gastspiel für Carl Blasel ein voller Erfolg. Gemäß dem Historischen Währungsrechner der Österreichischen Nationalbank bringen die zehn Gastvorstellungen in Prag für Carl Blasel eine Einnahme von – nach heutiger Währung – fast 40.000 Euro. Er gehört eben – nach heutigem Sprachgebrauch – inzwischen zu den „Superstars". Die Zeitungen halten die interessierte Öffentlichkeit natürlich auch über diese Details getreulich auf dem Laufenden:

„*Gestern ist das Gastspiel des Hrn. Blasel und zugleich die Gastspielsaison des heurigen Jahres zu Ende gegangen. Das Sprichwort 'Ende gut, alles gut' müßte hier eine sehr glanzvolle Saison bedeuten; denn über alles Erwarten gut ist das Ende ausgefallen. Die Sperrsitze waren für die gestrige Vorstellung schon tags zuvor vergriffen, nur noch wenige Plätze waren gestern zu haben und unter den Massen, die vergeblich die Kassen umlagerten, machten handfeste Dienstmänner die ihre kleinen Ersparnisse in Eintrittskarten zu den Blasel'schen Gastvorstellungen angelegt hatten, die besten Geschäfte. Um das doppelte, ja dreifache des Einkaufspreises wurde die Karte losgeschlagen. Die wichtigsten Szenen des 'Menelaus' in der 'schönen Helene' und die des 'Prinzen Paul' in der 'Gerolsteinerin' führte Hr. Blasel neu dem Publikum vor und nicht der Spaßmacher, der nur das Gelächter wecken will, stand auf der Szene, sondern der Künstler, der zugleich den Denker anregt, sich nicht in grotesken Zerrbildern gefällt, sondern die Karrikatur so hinstellt, wie man ihr nicht selten im Leben begegnet. Die zehn Gastvorstellungen des ausgezeichneten Komikers haben ihm im Ganzen ein Erträgniß von 3000 fl. abgeworfen, eine Summe, die nur* Wachtel *(Anm.: Theodor Wachtel, 1823-1893, berühmtester Operntenor der damaligen Zeit) sich rühmen kann, in Prag erhalten zu haben. (...)*" (Prager Abendblatt. Nr. 209. Montag, den 5. September. 1870.)

Möglicherweise verleiten die prächtig sprudelnden Einnahmen Carl Blasel jedoch zu nicht unbeträchtlichem Leichtsinn. Es gibt starke Hinweise darauf, dass er sich zu genau jeder Zeit mit einer sehr zwielichtigen Erscheinung des Finanzwesens einlässt. Mit folgenschwerem Resultat....

# Adele Spitzeder –
## Bühnenstar, Bankierin, Betrügerin, Bankrotteurin

*„(...) Im Jahre 73 habe ich mein Vermögen zum erstenmal verloren. Ich spielte damals abwechselnd einen Tag in Wien und einen Tag in Budapest, leider auch auf der Börse, verleitet durch einen guten Freund aus der Bankwelt. (...) Eines Tages war alles weg. (...)"* (Neues Wiener Tagblatt, Nr. 283, Samstag, den 15. Oktober 1921, 55. Jahrgang)

Carl Blasel beschönigt die Geschichte seiner pekuniären Schwierigkeiten ein wenig, wenn er in einem selbstverfassten – oder einem Redakteur diktierten – Aufsatz zu seinem 90. Geburtstag nur erzählt, er habe im Jahre 73 sein Vermögen zum ersten Mal verloren. Immerhin wird bereits im Jahr 1865 in Wien zum ersten Mal offiziell über sein und das Vermögen seiner Gattin ein Konkursverfahren eröffnet. Dieses Ereignis verschweigt der Künstler in seinem Text. Die zweite Pleite, die Carl Blasel in seiner kleinen Erinnerung erwähnt, ohne Näheres zu verraten, könnte allerdings einen wahrhaft theatralischen Hintergrund haben: Der „gute Freund aus der Bankwelt" ist nämlich möglicherweise eine Freund*in*. Genau um jene Zeit herum, im Jahr 1871, beschließt eine Schauspieler-Kollegin namens Adele Spitzeder, ihre Einkünfte zusätzlich zu den Gagen durch private Bankgeschäfte deutlich aufzubessern. Sie installiert ein abenteuerliches Schneeballsystem: Sie verspricht ihren Anlegern horrende Zinsen. Durch die Einzahlungen neuer Anleger werden die Zinszahlungen an die früheren Anleger geleistet. Zunächst sind alle zufrieden, die vermeintlich erfolgreiche Geldanlage-Möglichkeit spricht sich herum und zieht neue Investoren nach. Das Modell lebt so lange, wie alle Anleger an den Erfolg glauben, ständig in Scharen neu dazukommen und niemals ihre Einlagen zurückfordern. Doch eines Tages platzt die Blase. Die mangelnde Solvenz der „Dachauer Bank", wie Adele Spitzeders Erfindung nach ihrer Wahlheimat München und den zahlreichen Kunden aus dem bäuerlichen Umland genannt wird, fliegt auf, die Gläubiger laufen Sturm, die forsche Finanzjongleurin wandert ins Zuchthaus. Die Einlagen ihrer Investoren sind verloren.

Einer dieser geprellten Anleger ist möglicherweise Carl Blasel. Einige bislang verborgene Hinweise deuten auf genau diese Möglichkeit hin: In der Spielzeit 1871/1872 ist Adele Spitzeder als Schauspielerin – ihren angestammten Beruf gibt sie niemals auf – am Theater von Frankfurt am Main engagiert. Carl Blasel absolviert an diesem Haus zur selben Zeit ein längeres Gastspiel. Die beiden kennen sich also unzweifelhaft. Am 13. August 1872 schreibt Carl Blasel eine herzliche Widmung an Adele Spitzeder auf eine Portraitphotographie von sich: „Meiner lieben Collegin Adele S(p)itzeder zur freundlichen Erinnerung an Carl Blasel – Du kommst auch nach Algir zum Dei, - dei -------". Auch wenn der Satz mit „Algir" und dem „Dei dei" unverständlich ist – die Verwendung des Begriffes „dei-dei" in einem früheren Brief Carl Blasels legt nahe, dass es sich dabei um ein Synonym für „Geld" handelt. Die beiden haben also Geschäfte zusammen. Dem herzlichen Ton der Widmung ist ferner auszulesen, dass das Einvernehmen zwischen Carl Blasel und der schauspielernden Neu-Bankierin zu der Zeit das allerbeste ist. Hat er ihr aus Sympathie sein Geld anvertraut? Wenn ja, bleiben Carl Blasel noch drei Monate, um vom großen Gewinn zu träumen. Am 12. November desselben Jahres wird Adele Spitzeder wegen betrügerischen Bankrotts verhaftet. Bis die Konsequenzen aus ihren Machenschaften vollumfänglich erschlossen sind, ist das neue Jahr vermutlich tatsächlich schon angebrochen – die Übereinstimmung mit Carl Blasels Bericht von seinem Vermögensverlust anno 1873 wäre damit gegeben. Auch wenn der letzte Beweis – amtliche Dokumente oder Aufzeichnungen aus eigener Hand – zu diesem Vorgang fehlen, spricht doch einiges für diese Möglichkeit.

Mit ihrer Finanzjonglage erreicht Adele Spitzeder jedenfalls nachhaltigere Berühmtheit als mit ihrer Schauspielerei. Noch zu ihren Lebzeiten wird ein Theaterstück über sie verfasst, später folgen mehrere Bücher, zwei davon aus ihrer eigenen Feder. In der Gegenwart wird ihre abenteuerliche Geschichte gleich zweimal für das Fernsehen verfilmt: Im Jahr 1972 gibt die bayerische Charakterdarstellerin Ruth Drexel die Hauptrolle, im Jahr 2012 die Burgschauspielerin Birgit Minichmayr. Wenn ein Schauspieler wie Carl Blasel schon betrogen wird – dann wenigstens durch eine so hochgradig theatralische Gestalt wie Adele Spitzeder.

CdV Carl Blasel, Wien, 1872
mit Widmung an Adele Spitzeder
auf der Rückseite
Privatbesitz C. Möderler

114

Kabinettfoto Mila Röder, Wien, 1872
Privatbesitz C. Möderler

**Mila Röder**

Auf Carl Blasels Schauspieler-Tätigkeit hat der missglückte Ausflug in die Finanzwelt jedenfalls keine negativen Auswirkungen. Auf der Bühne zeigt er zuverlässig seine Leistung, egal welche Turbulenzen er im Privatleben zu bestehen hat. Besonders gut zu seiner Situation passt ein Couplet, das er zum ersten Mal bei der Uraufführung eines Stückes mit dem verruchten Titel „Ein weiblicher Dämon" im April 1872 am Carl-Theater vorträgt. Zu schmissiger Musik aus der Feder des Komponisten Franz von Suppé singt Carl Blasel darin in schönstem Wienerisch: „Ein orndtlichen Wiener schenirt so was nicht!" Ein Text, der ohne weiteres auch als Carl Blasels höchstpersönliches Lebensmotto verstanden werden kann.

Neben heiteren Gesangspossen und den Stücken des Altwiener-Volkstheaters spielen zu jener Zeit nach wie vor auch die charmanten Musiktheater-Werke Jacques Offenbachs eine wesentliche Rolle in Carl Blasels künstlerischer Arbeit. Daran hat sich mit dem Wechsel vom Theater an der Wien ans Carl-Theater nichts geändert. Hier erleuchtet im Jahr 1872 für eine ganz kurze Zeit ein außergewöhnlich strahlender Stern das Wiener Offenbach-Universum: Die Sopranistin Mila Röder aus Berlin. Ihr Ziehvater Ferdinand Röder besitzt in der preußischen Hauptstadt die wichtigste Theater-Agentur jener Zeit. Seit kurzem wird die damals 25-jährige gebürtige Rigaerin von Röder zum Bühnenstar aufgebaut. Ihre Stimme ist dabei nicht einmal ihr stärkstes Instrument. Zwar schreiben die zeitgenössischen Berichterstatter übereinstimmend, dass ihr zartes Organ vogelgleich, hoch und koloraturvirtuos sei. Allerdings wohl auch schwach und auf Dauer unzureichend für große Partien. Absolut unbestritten dagegen ist die einzigartige Schönheit, der Liebreiz und der unwiderstehliche Charme der jungen Künstlerin. Wo sie auftaucht, ist sie sofort der umschwärmte Mittelpunkt der großen Gesellschaft. Ferdinand Röder und seine Gattin Annette Schilling-Dubenowsky-Röder, Milas leibliche Mutter, scheuen dabei buchstäblich weder Kosten noch Mühen, um ihren kostbaren Schatz in die Reklame zu setzen und zur Sensation zu machen. In Wien sind es, entsprechenden Zeitungsberichten nach, lebensgroße Portraits der Sängerin, die in jedem großen Schaufenster der Innenstadt aufgestellt werden. Die drastischen Gagenforderungen der Eltern Röder machen ihre Investitionen dabei zu einem guten Teil wieder wett. Die Presse berichtet:

> *„Der Director des Carltheaters, Hr. Ascher, hat für die demnächst auf genannter Bühne in Scene gehende neue Offenbachiade 'Der Schneeball' neben Anderen auch Frl. Mila Röder auf zwei Monate engagirt, die, wie die Reclame sagt, die ihr zufallende Partie bereits bei Roger* (Anm.: Gustave Hippolyte Roger, 1815-1879, französischer Star-Tenor) *in Paris studirt hat. Hr. Ascher hatte der Sängerin, deren reizendes Persönchen (und Singweise??) den Wienern schon gefallen wird, eine Gage von 12.000 Gulden* (Anm.: entspricht etwa 144.000 Euro) *und zwei Benefice zugesichert."*
> (Musikalisches Wochenblatt. Leipzig, den 22. December 1871. II. Jahrg. Nr. 52.)

Das Engagement der „Wundererscheinung" Mila Röder ist der letzte große Coup Anton Aschers vor seinem Abschied als Direktor des Carl-Theaters. In zwei Stücken wird sie bei ihm auftreten: In der Offenbach-Operette „Der Schneeball" und im – vom Meister exklusiv für die Schöne komponierten – Einakter „Fleurette". Maestro Offenbach, der damals zum Gaudium der Wiener Gesellschaft bis über beide Ohren in seine bezaubernde Hauptdarstellerin verliebt ist und dies auch völlig offen zeigt, steht bei beiden Produktionen persönlich am Pult. Carl Blasel in der männlichen Hauptrolle ist beide Male Milas Bühnenpartner. Besonders herausgefordert wird er als „Schneeball". Dieser nämlich ist ein Bär und Carl muss im weißen Pelz-Ganzkörperkostüm das gesamte Stück über „tierisch" glaubwürdig sein. Offenbar gelingt es ihm:

> *„(...) Herr Blasel machte die Bewegungen des Bären naturgetreu nach und verstand es überhaupt durch drollige Erscheinung und Darstellung den sonst leicht störend wirkenden Umstand ganz vergessen zu machen, in eine Thierhaut eingenäht, den ganzen Abend über auf der*

*Bühne zu hantieren. (...) Das Publikum, welches selbstverständlich alle Räume des Hauses füllte (...) nahm die Novität sehr freundlich auf. (...)"* (Fremden-Blatt. Nr. 34. Wien, Sonntag 4. Februar 1872. XXVI. Jahrg.)

Im Stück „Fleurette" gibt Carl den „Joliceur", einen feschen Trompeter von der Regimentskapelle, der nach angemessen operettenhaften Irrungen und Wirrungen das Herz Fleurettes, der süßen Näherin, erobern darf. Dass der Gaststar nicht nur hinreißend aussieht und leidlich singen kann, sondern auch konzertreif Harfe spielt, nutzt Jacques Offenbach bei der Konzeption der Rolle entsprechend aus. Die Presse äußert sich freundlich:

*„(...) Die reizende Soubrette gewährt (...) einen exquisiteren Augenschmaus denn je, producirt sich als treffliche Harfen-Virtuosin und routinirte Trommelschlägerin, und singt endlich die ihrem Naturell fein zurechtgelegten Sachen äußerst nett. Fräulein Röder wurde mit einem wahren Regen von Bouquets und Kränzen begrüßt; auf der Bühne offerirte Herr Blasel der Beneficiantin überdies einen Riesenstrauß, wie man dergleichen noch nie gesehen. (...)"* (Neue Freie Presse. Morgenblatt. Nr. 2709. Wien, Samstag, den. 9. März 1872.)

Carl Blasels Blumenspende für seine Fleurette ist eine nette Geste. Allerdings dürfte diese weniger auf seinen eigenen Antrieb zurückgehen – Johanna wäre vermutlich nicht allzu begeistert gewesen – sondern eher auf diskrete und mit Sicherheit gut dotierte Anweisungen des Theateragenten Ferdinand Röder. Der Blumenregen für seine Stieftochter ist zweifelsohne ein Teil der aufwendigen Werbestrategie und folglich aus Röders eigener Tasche bezahlt. Leider ist nirgendwo dokumentiert, ob der einflussreiche Ferdinand Röder irgendwann auch einmal ein Engagement oder Gastspiel an Carl Blasel vermittelt. Wenn ja, hat er ihn zweifellos – Röders von allen Künstlern gepriesene Spezialität – sehr teuer verkauft.

## Direktionswechsel am Carl-Theater

Im Sommer des Jahres 1872 gilt es einen sentimentalen Abschied zu feiern: Anton Ascher, seit 1866 Direktor des Carl-Theaters, der Mann, der Carl Blasel vom Theater an der Wien an dieses Haus in der Leopoldstadt engagiert, der Mann, der dem zweifelnden Carl Blasel in einem rührenden Brief Mut zuspricht, als jener vorzeitig aufgeben will, zieht sich aus dem Theaterleben zurück. Aschers Gesundheit lässt bereits seit vielen Jahren zu wünschen übrig. Die sich explosionsartig vergrößernde Metropole Wien mit immer neuen Industrie-Ansiedlungen bekommt dem Künstler nicht. Es zieht ihn in milderes Klima. Die ihm noch verbleibenden Jahre wird er auf seinem Anwesen in Meran verbringen. Die Zeitungen berichten detailliert über das bewegende Abschiedsfest im Carl-Theater:

> *„Sonntags den 30. Juni um die Mittagsstunde nahm Director Ascher Abschied von seinen Mitgliedern. Derselbe gestaltete sich unwillkürlich zu einer solennen Feierlichkeit, welche gewiß als ein unvergeßlicher Moment in der Erinnerung der Betheiligten bleiben wird. Director Ascher hatte nämlich das gesammte Personal zu sich laden lassen und als dasselbe festlich geschmückt fast vollzählig versammelt war, erschien Director Ascher an der Seite des Hrn. Jauner und hielt an dasselbe eine so ergreifende Abschiedsrede, daß sowohl dem Sprecher als die Zuhörer laute Rührung überkam. Ascher mußte inne halten um Sammlung zu gewinnen. Er wies darauf hin, daß er es nur dem Eifer und dem Zusammenhalte der Mitglieder zu danken, die glänzenden Resultate zu erreichen, die er in der That erzielte; er sage ihnen allen den tiefgefühltesten Dank. (...) Ascher hat fast sämmtliche Mitglieder mit Geschenken bedacht. Dem gesammten Unterpersonale ließ er eine halbe Monatsgage ausfolgen und strich außerdem sämmtliche Vorschüsse. Die ersten Mitglieder erhielten reizende Souvenirs, so beispielsweise Frl. Kronau ein Kästchen aus Rosenholz und einen Fächer aus Pfaufedern, Fr. Kurz eine geschmackvolle Goldbroche, Hr. Rosen eine Schmuckgarnitur, der neue Director Hr. Jauner den auf Seide gedruckten ersten Theaterzettel unter seiner Direction in einem pracht-*

vollen Rahmen. Alle Uebrigen erhielten mehr minder sinnreiche Souvenirs." *(Blätter für Theater, Musik u. Kunst. XVIII. Jahrgang. Wien, Freitag den 5. Juli 1872. Nr. 53.)*

Welches Souvenir Carl Blasel von seinem scheidenden Direktor bekommt, verschweigen die Berichte. Bestimmt aber ist es sehr persönlich und liebevoll ausgewählt. Mit der Wahl seines Nachfolgers zeigt Anton Ascher buchstäblich visionäre Fähigkeiten: Franz Jauner, gebürtiger Wiener, nur vier Wochen jünger als Carl Blasel und genau wie dieser von Beruf Schauspieler, ist als solcher erst seit einem Jahr im Engagement am Carl-Theater. Aber Ascher sieht mehr in ihm. Jauner hat noch nie ein Theater geleitet. Aber Ascher traut es ihm zu. Der Erfolg gibt ihm recht: Sechs Jahre lang leitet Franz Jauner das Carl-Theater mit so großartigem Erfolg, dass er anno 1878 zum Direktor der Wiener Hofoper berufen wird. Ein phänomenaler Karrieresprung. Für seine Verdienste dort verleiht ihm Kaiser Franz Joseph I. nur zwei Jahre später den Orden der Eisernen Krone. Aus Franz Jauner wird dadurch automatisch „Franz Ritter von Jauner". Höher kann ein Künstler bürgerlicher Abkunft nicht steigen. Doch eine große Tragödie wird schon bald Jauners Leben verändern. Eine Tragödie, die die gesamte Theaterwelt bewegt und indirekt auch Carl Blasels Weg in eine neue Richtung lenkt: der Brand des Ringtheaters. Momentan verläuft beider Arbeit jedoch noch in allerbester Ordnung und mit denkbar großem Erfolg. Mit seinen Leistungen bei einem ausgedehnten Gastspiel in München haut Carl Blasel einen hochprominenten adeligen Würdenträger sogar buchstäblich vom Hocker. Wie immer verbreiten die Zeitungen sofort jedes Detail in der Öffentlichkeit:

*„Ueber Blasel's Gastspiel am k. Volkstheater in München wird uns von dort geschrieben: Ihr Landsmann, Karl Blasel, hat bei uns einen ersten aber auch glänzenden Erfolg errungen. Dieser vortreffliche Komiker, Komiker vom Wirbel bis zur Zehe, hielt sein Debüt in der 'Hetzjagd nach einem Menschen.'* (Anm.: Einaktige Posse von Theodor Flamm) *Das Haus war bei drückendster Hitze ausverkauft. Auf den Balkon-Fauteuils sahen wir eine große Anzahl von Mitgliedern der Ständekammer, deren Präsident Graf Staufenberg während des zweiten Aktes vor*

*Lachen das Gleichgewicht verlor und vom Stuhle stürzte, was einige Heiterkeit hervorrief. Meisterhaft fand das Publikum Blasel im Coupletvortrage und war er auch darin unerschöpflich. Wie Bosco seine Blumensträußchen* (Anm.: Bartolomeo Giovanni Bosco, *1793 in Turin, † 1863 Dresden, berühmtester Zauberkünstler des 19. Jahrhunderts), *so schüttelte Blasel seine Couplets nur so aus dem 'Aermel'. Das Gastspiel Blasel's ist auf drei Wochen berechnet. Pro Abend erhält der berühmte Komiker 300 fl. In Silber."* (Neues Wiener Blatt. Nr. 199. Wien, Mittwoch 22. Juli 1874. 2. Jahrgang.)

Direkt nach München geht es für Carl Blasel knapp 500 km nach Nordosten. Dresden ist sein nächstes Gastspiel-Ziel. Presseberichte darüber, wie er beim sächsischen Publikum ankommt, sind leider keine erhalten. Dafür ein Brief von Carl Blasel an seinen Kollegen Josef Matras. Der wirkt am Carl-Theater inzwischen nicht mehr nur als Schauspieler, sondern auch als Regisseur. In diesem Brief schildert Blasel recht drastisch, wie die Dresdner – insbesondere die Dresdnerinnen – bei *ihm* ankommen:

*„Herrn Josef Matras Regisseur*

*Carltheater*

*Lieber Pepi*

*An schön Gruß von, nicht Mariazelle, sondern Dresden wo die schönen Määädchen wachsen, zerspringen soll daß mistvieh an dieser lüge, der das erfunden hat, o Gott wie danke ich dir, daß du mich in einen lande zur Welt kommen ließest, wo die Madln keine so gebildeten füsse haben wie hier. Lieber Pepi ich lese fleißig Angot* (Anm.: „Angot, die Tochter der Halle", komische Oper in drei Akten von Charles Lecoq) *Elender Wüstling daß thust du nur, damit du immer alle Weiber um dich versammelt hast, aber jetzt wirst du so freundlich sein meinem Hansel auf 6 Tage, von 16' ab frei zu lassen, oder ich nimm sie dir weg deinm Schinnakeln.* (Anm.: Dialektaler Begriff für ein schäbiges Boot, hier übertragen ein despektierlicher Ausdruck für das Carl-Theater) *Herzliche Grüße alle Gisrau* (Anm.: Theodor Giesrau, Verwaltungschef des Carl-Theaters) *Schulhof* (Anm.: Friedmann Schulhof, Buchhalter und Hauptkassierer des Carl-Theaters) *Benedix* (Anm.: Hugo Bene-

*dix, Sohn des Theaterdichters Roderich Benedix, Schauspieler am Carl-Theater), der kann auch froh sein daß er in Wien ist, hier möchte er keine solchen Elevinen finden wie bei uns daham -*

*Mit herzlichen Grüßen*

*Dein alter Freund*

*10/8 74 Carl Blasel"* (Carl Blasel an Josef Matras, eigenhändiger Brief, Teilnachlass Carl Blasel, H. I. N.-222362, AC15893409, Wienbibliothek im Rathaus, Wien)

Wie genau Carl Blasel zur Gelegenheit kommt, die Füße der Dresdner Mädchen zu studieren, möge sein Geheimnis bleiben. In Anbetracht der Damenmode der Zeit mit üppig gebauschten, bodenlangen Krinolinenröcken und zierlichen, wadenhohen Schnürstiefeletten, von denen eine Dame maximal die äußerste Spitze unter ihrem üppigen Rocksaum hervorblitzen lässt, sind dazu eigentlich recht „unbekleidete" Situationen vonnöten. Vielleicht erzwingt ja die Umkleide-Situation in der Dresdner Theater-Garderobe den ein- oder anderen Blick auf entblößte Damen-Extremitäten. Nehmen wir es in Johannas Sinne einmal so an. Schließlich sind sie und ihr Carl inzwischen stolze – und skandalfreie – 15 Jahre verheiratet.

Nur wenig später entscheiden sich zwei gute, bislang unverheiratete Freundinnen der Blasels ebenfalls für den Ehestand. In ein- und demselben Jahr. Beide sind Patinnen jeweils eines Sohnes der Blasels und beide wetteifern seit je her um die Krone der Singspiel-Königin von Wien: Marie Geistinger und Josefine Gallmeyer. Marie Geistinger macht den Auftakt: Bei einem Gastspiel in Brünn heiratet die fast 41-jährige am 7. Mai 1877 den jugendlichen Helden des dortigen Theaters, den 26-jährigen August Müller-Kormann. Allzu lange hat die etwas ungleiche Verbindung keinen Bestand. Anno 1881 wird die Ehe – in bestem gegenseitigen Einvernehmen, heißt es – wieder geschieden.

Ob bewusst gesteuert oder rein zufällig – Josefine Gallmeyer macht ihrer Dauer-Rivalin auf der Bühne diesmal auch im wahren Leben Konkurrenz: Nach einem an amourösen Turbulenzen reichen Leben steuert sie nur vier Monate nach der Geistinger ebenfalls den Hafen der Ehe an. Und auch bei Josefine führt ein Theater-Gastspiel zu dieser „Nebenhandlung". Bei ihr ist es ein Gastspiel in den hohen Norden: Am 14. September 1877 gibt Josefine Gallmeyer, die „fesche Pepi", die „Ur-Wienerin" auf der Bühne, ausgerechnet in der Hansestadt Hamburg einem Bühnen-Kollegen das Ja-Wort. Unter ihrem bürgerlichen Namen „Josepha Johanna Ernestine Anna Tomaselli" heiratet die 41-jährige Gallmeyer in der Alster-Metropole den sechs Jahre jüngeren Schauspieler Franz Seraf Julius Caesar Sziegmann, den Bonvivant des dortigen Thalia-Theaters. In der Öffentlichkeit lässt jener das ungarische „z" in seinem Namen allerdings weg und nennt sich nach deutschem Sprachgebrauch einfach „Siegmann". Zur Welt kommt er am 3. August 1842 in Komorn, Ungarn, als Sohn der Schauspielerin Anna Margaretha Sziegmann und dem österreichischen Offizier und späteren Schauspieler Franz Ritter von Desloges. Letzterer glänzt mit einem schillernden Lebenslauf: Eigentlich ist er kaiserlich habsburgischer Offizier, hat aber einen starken Hang zum Theater, vor allem zu den Schauspielerinnen. Aus seinem Verhältnis mit einer solchen – eben jener Anna Margaretha Sziegmann – geht sein Sohn Franz, der spätere Gatte der Gallmeyer hervor. Eine Ehe gehen die Eltern allerdings nicht ein. Erst mit seiner nächsten Liebe wird es für den Aristokraten ernst: Anno 1845 quittiert er den Militärdienst, um die böhmische Schauspielerin Amalie Weckes heiraten zu können. Den Verlust der Uniform fängt Desloges auf kreative Weise auf: Er wird selbst Schauspieler und Dramaturg - mit Erfolg und Anerkennung. Bei einem gemeinsamen Gastspiel mit seiner Gattin in Stettin im Jahr 1855 stirbt Franz Ritter von Desloges dann völlig unerwartet an der Cholera. Durch den bunten Lebenslauf des Vaters und den eigenen Schauspielerberuf sollte Franz Sziegmann eigentlich gut darauf vorbereitet sein, mit seiner legendär wilden und vollständig unkonventionellen Gattin Josefine Gallmeyer Schritt halten zu können. Allerdings ist das Glück doch wieder nur von kurzer Dauer. Eine kleine Biographie, die bereits kurz nach dem viel zu frühen Tod Josephines im Jahr 1884 erscheint, fasst die Beziehungsversuche der großen Komödiantin sehr anschaulich zusammen:

> *„Dreimal beschäftigte sich die Oeffentlichkeit mit Heiratsgeschichten der Gallmeyer. Das erste Mal – es war während eines Gastspieles in Pest – benöthigte die 'fesche Pepi' dringend eines Mannes zur Lösung eines sonst unkündbaren Contractes auf Grund eines Ehevertrages. Sie ließ sich daher mit einem alten ungetrauten Schauspieler Namens Korn trauen, löste ihre Verpflichtungen und leitete wenige Tage darauf die Scheidung ein. Der Gemahl auf Kündigung erhielt eine Abfertigung von 1400 Gulden. Das zweite Mal verlobte sie sich 1872 bei Gelegenheit eines heiteren Gelages im Hotel 'Lamm' mit Tewele und obgleich diese Verlobung anfänglich ernst gemeint war, daß bereits am nächsten Tage die Freunde des Paares Karten mit 'Josefine Gallmeyer und Franz Tewele, Verlobte' erhielten, ward sie doch nach einiger Zeit wieder rückgängig gemacht. Die dritte Verlobung mit dem Hamburger Schauspieler Siegmann war ernsterer Natur, denn sie führte zu einer zweijährigen, wirklich glücklichen Ehe. Allein nach dieser Zeit begab sich die 'fesche Pepi' zu einem Gastspiele nach Graz, dort lernte sie den Schauspieler Thaller kennen und schrieb in Folge dessen an ihren Gatten: 'Ich habe mich einer Verirrung schuldig gemacht, welche ich weder vor Dir noch vor mir rechtfertigen kann; ich bitte Dich daher kniefällig, in unsere Trennung zu willigen.' Und Siegmann willigte ein."* (Hellmann, Raphael Dr., Josefine Gallmeyer, die letzte Priesterin der heiteren Wiener-Muse. Wien, 1884)

Die Ehe der Gallmeyer mit Franz Sziegmann wird am 29. November 1881 zwar behördlich für getrennt erklärt, aber niemals geschieden. Offiziell bleibt die Künstlerin bis zum Ende ihres nur 46 Jahre währenden Lebens „Frau Josepha Sziegmann". Wirklich und mit ganzem Herzen verheiratet ist die Gallmeyer eben immer nur mit der Bühne.

Der einstige Kurzzeit-Verlobte der Gallmeyer, Franz Tewele, tritt nicht lange nach der Heirat seiner „Ehemaligen" das Amt des Direktors am Carl-Theater an. Ein bedeutendes Ereignis gilt es während seiner Amtszeit zu feiern: Das Carl-Theater wird einhundert Jahre alt. Aus diesem Anlass arrangiert Tewele in der ersten Januar-Woche des Jahres 1881 eine Vorstellungs-Serie mit Stücken des berühmtesten Autors, Schauspielers und Direktors, den das Haus jemals hatte: Johann Nestroy. Die „Wiener Theater-Zeitung" schildert sehr anschaulich, welche Mühe Tewele sich mit dieser Jubiläumsfeier gibt:

*„(...) Die Besucher, die sich massenhaft eingefunden hatten, fanden das Foyer prächtig decorirt, auf der einen Seite Bilder von Nestroy in verschiedenen Rollen, auf der anderen den kaiserlichen Erlaß zur Erbauung des Theaters und den alten Leopoldstädter Musentempel selbst unter Glas und Rahmen. Auch der Zuschauerraum war geschmückt, um die Brüstungen der Logen und Galerien bis zum letzten Stockwerke hinauf wanden sich Guirlanden, am Proscenium waren zu beiden Seiten vor dem Vorhange Blumen-Bosquets angebracht; das Haus gewährte einen prächtigen Anblick und sämmtliche Mitwirkenden waren für diese Woche 'decorirt' worden: die Herren trugen kleine Veilchenbouquets im Knopfloche, die Damen Brustbouquets aus Veilchen und Rosen. Außerdem war das Carl-Theater auch von außen mit Guirlanden geschmückt und die beiden elektrischen Lampen strahlten weithin die 'Nestroy-Woche' aus. (...)"* (Wiener Theater-Zeitung. Nr. 2. - IV. Jahrgang. 16. Jänner 1881.)

In jeder Vorstellung des Nestroy-Zyklus übernimmt Carl Blasel eine Rolle. Er wie auch seine Kolleginnen und Kollegen spielen gegen große Vorbilder an. Nicht wenige im Publikum haben Johann Nestroy noch persönlich erlebt. Als Direktor des Carl-Theaters. Aber vor allem auch als Schauspieler auf der Bühne dieses Hauses. Die Rollen-Interpretationen Nestroys sind legendär und nicht leicht zu übertreffen. Auch das komödiantische Trifolium Nestroy, Wenzel Scholz, Carl Treumann ist noch in allerbester Erinnerung. Vielleicht deshalb tut sich Carl Blasel diesmal schwerer bei den Kritikern, als er es sonst gewöhnt ist. Die „Neue Freie Presse" sieht zumindest seinen Premieren-Auftritt sehr kritisch:

> *„Mit der Aufführung von 'Lumpacivagabundus' hat gestern die Suite von Vorstellungen Nestroyscher Stücke begonnen, welche die Direction mit dem Collectivnamen 'Nestroy-Woche' bezeichnet. (...) Die Träger des Stückes sind die Darsteller des Schneiders Zwirn und des Schusters Knierim. Man braucht just nicht an Scholz zu denken, um sich mit der Darstellung des Herrn Blasel (Zwirn) nicht einverstanden zu erklären. Herr Matras hat seinerzeit der Rolle die Einfachheit gewahrt, mit der sie gespielt werden muß, wenn die Wirkung unwiderstehlich sein soll. Herr Blasel spielte sie jedoch, wie er den Bajazzo in der 'Prinzessin von Trapezunt' spielt; er sprang als Handwerksbursche im ersten Acte auf Stühle und Tische, gesticulirte mit Händen und Füßen wie ein Besessener und wiederholte jedes Wort, das Lachen hervorrief, bis zum Ueberdruß. (...) Heute – am zweiten Abend – man gab den 'Talisman' – war das Haus ebenso dicht gefüllt wie gestern. Das Publicum unterhielt sich weit besser als gestern. Einmal weil der Dialog des Stückes weit witziger und reicher an geistreichen Einfällen ist, und dann weil Herr Blasel als Titus Feuerfuchs weniger outrirte, wodurch die Wirkung der Rolle ungemein erhöht wurde. Er fand denn auch lauten und verdienten Beifall (...)"* (Neue Freie Presse, Nr. 5872. Wien, Montag, den 3. Januar 1881)

Der Kritiker findet Carl Blasels akrobatische Einlagen als Schneider Zwirn übertrieben. Doch eigentlich hätte die körperliche Leistungsfähigkeit des Schauspielers zumindest lobende Beachtung verdient. Denn so ohne weiteres selbstverständlich ist sie für einen Künstler seines Alters nicht mehr. Schließlich wird Blasel – der Ewig-Jugendliche – im einhundertsten Jahr des Carl-Theaters selber runde fünfzig Jahre alt. Was auch immer einzelne Rezensenten meinen – beim Publikum kommt der Nestroy-Zyklus so großartig an, dass Direktor Tewele gleich noch eine zweite Woche anhängt. Dafür holt er einen Star des Carl-Theaters zurück, der sich in jüngerer Zeit – die Presse munkelt von Streitereien mit der Direktion – auffallend zurückgezogen hat und so gut wie nicht mehr zu sehen ist: Josef Matras. Sein Empfang bei Publikum und Presse ist überschwänglich:

> *„Die zweite Nestroy-Woche wurde in glücklicher Weise inaugurirt. Ein äußerst zahlreiches Publicum füllte das Haus bis an die Decke und amusirte sich auf das Köstlichste. Gegeben wurde: 'Die schlimmen Buben' und 'Einen Jux will er sich machen'. In der letzteren Posse gab Herr Matras den Melchior. Er wurde bei seinem Auftreten mit stürmischem Applaus begrüßt, ein Beweis, daß das Publicum den beliebten Komiker in der Ferne nicht vergessen habe. Matras wurde bei den Actenschlüssen sowol wie auf offener Scene mit Beifall überschüttet und zum Schlusse nahezu ein dutzendmal gerufen. Die Leistung Matras' als Melchior ist ja männiglich bekannt; es erübrigt uns nur, zu bemerken, daß er sich heute selbst übertraf. Herr Matras wurde übrigens von den Damen Groß und Singer, sowie den den Herren Blasel und Knaack auf das Wirksamste unterstützt. (...)"* (Die Presse. No. 9. Wien, Montag den 10. Jänner 1881. 34. Jahrgang.)

Dieses eine Mal noch steht das zweite legendäre Komiker-Trio nach Nestroy-Scholz-Treumann: Josef Matras, Wilhelm Knaack und Carl Blasel, gemeinsam auf einer Bühne. Was im Publikum niemand ahnt: Der vorhergehende Rückzug des Josef Matras ist nicht freiwillig. Vielmehr spielt sich hinter den Kulissen längst eine Tragödie ab, die alle Beteiligten so lange wie möglich vor der Öffentlichkeit zu verbergen versuchen: Josef Matras, der kongeniale Bühnenpartner Carl Blasels, der Star des Carl-Theaters, der vom anfänglichen Konkurrenten zum vertrauten Freund geworden ist, leidet unter einer furchtbaren Krankheit. Die Gegenwart würde vermutlich den Begriff „Alzheimer-Demenz" verwenden. Für die Kolleginnen und Kollegen von der Bühne ist bereits seit einiger Zeit erkennbar, dass sich die Persönlichkeit des Josef Matras auf bedenkliche Weise verändert und dass er an gravierenden Gedächtnisproblemen leidet. Dabei ist er noch keine fünfzig Jahre alt. Das ein- ums andere Mal muss dem zunehmend desorientierten Künstler auf der Bühne ausgeholfen werden. Die Kollegen, allen voran Carl Blasel, übernehmen in solchen Momenten einfach beherzt seinen Text und tun so, als sei nichts geschehen. Der Journalist und Theaterkritiker Siegfried Loewy wohnt einer solchen Vorstellung mit dem bereits erkrankten Josef Matras bei. Er beschreibt seine Beobachtungen in einem seiner Bücher:

> *„(...) während der Aufführung der 'Vorlesung bei der Hausmeisterin' zeigten sich in erschreckender Weise die Folgen der beginnenden Gehirnerweichung. Er begann plötzlich zu lallen und sprach nur einzelne Bruchstücke aus seiner Rolle. Blasel erfasste sofort die Situation und, indem er sagte: 'Sie lesen ja schlecht!' setzte er die Vorlesung an Stelle des armen Kollegen fort. Das Publikum hatte von dieser schrecklichen Episode nichts bemerkt. (...)"* (Löwy, Siegfried, Aus Wiens großer Theaterzeit, Wien, 1921, S. 91)

Gegenüberliegende Seite:
Links: CdV Josef Matras, ca. 1870
Rechts: CdV Wilhelm Knaack, ca. 1870
Beide Privatbesitz C. Möderler

Das Publikum bemerkt tatsächlich lange nichts vom Leiden des großen Komikers. Seinen Auftritt im Nestroy-Zyklus bewältigt Matras in einem letzten Aufbäumen seiner alten Bühnen-Leidenschaft. Aber im April 1881 ist der Zustand des Vollblutkünstlers nicht mehr zu verheimlichen. Die Presse berichtet:

> *„An dem Komiker Josef Matras hat sich während der letzten Tage eine erschütternde Katastrophe vollzogen. Sein Geist ist umnachtet, Josef Matras ist wahnsinnig geworden. Schon seit dem Herbste, als Matras wegen immer mehr zunehmender Gedächtnißschwäche das Carltheater verließ, drängte sich die Befürchtung auf, daß der Künstler schwerlich mehr in einen Zustand gelangen werde, welcher ihm die volle Wiederaufnahme seiner früheren Thätigkeit gestatten würde. Seither haben sich leider die schlimmsten Besorgnisse verwirklicht; zu dem Verluste des Gedächtnisses gesellte sich in erschreckender Schnelligkeit der vollständige Mangel jeder Denkfähigkeit. Das erschütternde Schicksal, welches Matras, einer der populärsten Schauspieler, einen Liebling der Wiener, getroffen, hat die größte Theilnahme in allen Schichten der hiesigen Bevölkerung erweckt, aber auch von Auswärts sind zahlreiche Beweise derselben hieher gedrungen. Für die Freitag im Carltheater stattfindende Vorstellung zu Gunsten des Herrn Matras ist eine so glänzende Vereinigung der hervorragendsten künstlerischen Kräfte zu Stande gekommen, wie sie seit Langem keinem Wohlthätigkeits-Unternehmen zu Theil geworden, und wie sie dem speciellen Zwecke der Hilfeleistung für einen der populärsten Schauspieler entspricht. Die Vorstellung wird mit einem von Mautner* (Anm.: Eduard Mautner, 1823-1889, Feuilletonist, Theaterdichter) *verfaßten Prolog eröffnet werden, welchen Herr Sonnenthal* (Anm.: Adolf Ritter von Sonnenthal, 1834-1909, Hofburgschauspieler) *vorträgt. (...) hierauf folgt der einactige Schwank 'Diplomatischer Cancan' mit Frau Josefine Gallmeyer und den Herren Blasel, Knaack und Direktor Tewele (...)"* (Wiener Theater-Zeitung, Nr. 7. IV. Jahrgang. 1. April 1881)

Der Erfolg des Benefiz-Abends für den leidenden Josef Matras ist außerordentlich. Auch über die Höhe der gesammelten Spenden berichten die Zeitungen der interessierten Öffentlichkeit:

*„Die im Carltheater zu Gunsten des Herrn Matras veranstaltete Vorstellung hat einen Reinertrag von 4776 Gulden ergeben. Director Tewele hat diese Summe einem aus dem Advokaten Herrn Dr. Trebitsch, dem Arzte des Herrn Matras Dr. Roth und Herrn Blasel bestehenden Comité zur successiven Hilfeleistung an Herrn Matras, jedoch nach dem freien Ermessen des Comités und wie dieses es eben für angemessen finden wird, übergeben."* (Wiener Theater-Zeitung. Nr. 8. IV. Jahrgang. 16. April 1881)

4776 Gulden für die Pflege des kranken Josef Matras. In der Gegenwart entspräche diese Summe einem Betrag von über 62.000 Euro. Ein Segen für den Leidenden. Denn bedingt durch seinen sich ständig verschlechternden Zustand und seine in Folge dessen immer seltener gewordenen Auftritte ist er längst mittellos. Die letzten Jahre seines Lebens wird er in Pflegeanstalten verbringen müssen. Dank seines treuen Carl-Theater-Ensembles ist wenigstens die Finanzierung dafür gesichert.

Das unheilbare Leiden des Josef Matras bleibt nicht die einzige Tragödie für das Carl-Theater. Vielmehr ist es das Schicksal eines anderen Hauses, das auch das Carl-Theater – wie alle anderen Bühnen Wiens – fast in den Untergang reißt. Erst im Jahr 1872 ist im ohnehin schon theaterreichen Wien noch eine weitere Spielstätte gebaut worden: das Ringtheater. Es liegt am Schottenring, unweit der Votivkirche, die damals allerdings noch eine große Baustelle ist. Das Haus ist geplant als „Komische Oper". Als Gegengewicht zur Hofoper soll hier – der Name sagt es – das etwas leichtere Musiktheater-Repertoire zur Aufführung kommen. Es entsteht ein prachtvoller Bau ganz im Geschmack der Kaiserzeit – mit klassizistischen Elementen wie Säulen und ausgeschmückten Giebeln, aber auch verspielten Gründerzeit-Zieraten wie Girlanden und üppigen Vasen mit Blütenbouquets an seiner Fassade. Optisch ein Gewinn. Künstlerisch steht das Projekt jedoch von Anfang an unter einem Unstern. Der erste Direktor Albin Swoboda – Carl Blasels sopransingende Carlotta Patti aus alten Zeiten am Theater an der Wien – eröffnet zwar mit Erfolg, kehrt dem Haus aber bald wieder den Rücken.

Eine ganze Reihe schnell wechselnder, erfolgloser Direktoren drückt das Ringtheater schließlich auf das Niveau eines billigen Amüsiertempels. Erst Franz von Jauner, der sich jetzt, anno 1881, des Hauses erbarmt, will wieder ein Programm mit erkennbarem Anspruch bieten. Doch schon am 8. Dezember 1881 nehmen seine schönen Pläne ein dramatisches Ende. Auf dem Programm steht an dem Abend Jacques Offenbachs Oper „Hoffmanns Erzählungen". Das Haus ist komplett ausverkauft. Das Orchester ist bereits im Graben versammelt, jeden Moment wird die Ouvertüre beginnen. Da bricht hinter der Bühne durch ein technisches Problem mit der Gasbeleuchtung ein Brand aus. Das Feuer lässt sich nicht mehr eindämmen und greift auf das gesamte Theater über. Ein alles verschlingendes Inferno breitet sich aus. Am Ende sind unzählige Menschen tot – die Angaben schwanken zwischen knapp 400 und fast 1000 Opfern. Das Ringtheater gibt es nicht mehr. Was bleibt, ist Entsetzen, Schmerz und Leid.

Der Ringtheaterbrand versetzt die gesamte Wiener Theater-Gemeinde in eine regelrechte Schockstarre. Die Tage nach der Katastrophe bleiben alle Häuser geschlossen. Als sie wieder öffnen, bleibt das Publikum weg. Zeitgenössischen Berichten zufolge sinkt die Tageseinnahme des Carl-Theaters von zuvor 2000 Gulden pro Tag auf gerade noch 80 Gulden (Rosner, Leopold, 50 Jahre Carl-Theater, Wien, 1897). Trotz tapferer Versuche mit einer weiteren Nestroy-Woche und einem Gastspiel der berühmten Gallmeyer kann Direktor Tewele den Niedergang des Carl-Theaters nicht mehr aufhalten. Mutlos legt er sein Direktorat in die Hände eines sogenannten „Comités": Eine kleine Mannschaft aus künstlerischen Mitarbeitern und Verwaltungspersonal übernimmt für einige Monate die Leitung des Hauses. Carl Blasel ist der Vorsitzende. Für Blasel die ersten Fingerübungen in Sachen eigener Direktion. Gespielt wird „auf Teilung", das heißt, die Einnahmen werden unter den Mitarbeiterinnen und Mitarbeitern aufgeteilt. Der Erfolg spricht für sich: Die Künstler bekommen während dieses Interims angeblich plötzlich das Doppelte ihrer eigentlichen Gage. Offenbar erholt sich das Wiener

Theaterpublikum recht bald vom Schock des Ringtheaterbrandes und strömt danach wieder in ausreichender Menge in die vertrauten Häuser. Umso erstaunlicher, dass das Modell der „Teilung" und des „Comités" dennoch wieder aufgegeben wird. Möglicherweise liegt der Grund in einem Wechsel der Eigentümerverhältnisse und einem sich abzeichnenden neuen Pachtvertrag für das Carl-Theater, der düstere Aussichten verheißt – der scheidende Direktor Franz Tewele hinterlässt zu seinem endgültigen Abschied jedenfalls buchstäblich „verbrannte Erde". Er verkauft alles, was im Carl-Theater nicht niet- und nagelfest ist: den Theaterfundus, die Kostüme, die Dekorationen und die Theaterbibliothek mit sämtlichen Textbüchern und Partituren. Das Nebengebäude, in dem die Künstler-Garderoben und die Direktoren-Wohnung untergebracht sind, gibt er ebenfalls auf. Die Geschäftsbücher lässt er vernichten. Nachdem alles aufgelöst ist, entzieht sich Franz Tewele elegant jeder unangenehmen Nachfrage. Zusammen mit seiner Ex-Verlobten Josefine Gallmeyer begibt er sich auf eine ausgedehnte Gastspielreise in die Vereinigten Staaten. Sein Nachfolger findet nur noch ein leeres Gebäude vor. Ohne jede taugliche Theater-Infrastruktur. Will Franz Tewele diesem Mann das Leben so schwer wie nur irgend möglich machen? Diesem Mann, der mit Carl-Theater-Künstlern wie Carl Blasel oder Josefine Gallmeyer noch die ein- oder andere Rechnung offen hat? Weil er sie einst aus der Provinz in die Kaiserstadt geholt hat, sie ihn aber allesamt wieder verlassen haben? Abschrecken lässt sich der Neue durch Teweles Machenschaften nicht. Er tritt sein Amt wie geplant an. Der neue Direktor des Carl-Theaters heißt: Friedrich Strampfer.

Carl Blasel privat, um 1875
Aus: Blasel-Album zum 50 jährigen Schauspieler Jubiläum des Künstlers Carl Blasel 1849-1899
Im Verlag des Wr. Colosseums, Wien, 1899, Privatbesitz C. Möderler

## Drei Jahre ohne festes Engagement

Die große, feindselige Räumungsaktion, mit der Franz Tewele vor der Übergabe an den neuen Direktor sämtliches notwendige Inventar aus dem Carl-Theater entfernt, setzt Friedrich Strampfer auf seine Weise fort – er trennt sich umgehend vom größten Teil des Personals. Darunter auch Wilhelm Knaack und Carl Blasel. Nestroy, Scholz und Treumann sind tot, Josef Matras hat aufgrund seiner Krankheit der Bühne entsagt, Knaack und Blasel sind entlassen – das berühmte komödiantische Trifolium des Carl-Theaters ist endgültig Geschichte.

Carl Blasel füllt die Zeit ohne festes Engagement mit exzessiver Gastspiel-Tätigkeit. Die Liste der Städte, in denen er auftritt, ist lang. So besucht er Franzensbad, Baden bei Wien, Wiener Neustadt, Dresden, Budapest, Graz, Leipzig, Regensburg, St. Gallen, Teplitz, Esseg, Temesvar, Linz, Basel, Breslau, Klagenfurt, Pilsen, Prag, Pressburg, Sarajewo, Würzburg, Znaim, Gmünden, Karlsbad und Leitmeritz. An zwei seiner Gastspiel-Stationen hat Carl sogar Familien-Begegnungen: In Budapest ist sein Neffe Paul, Sohn von Schwester Katharina, inzwischen als erster Held und Bonvivant engagiert. Paul und Carl stehen mit Sicherheit in regem Austausch miteinander; denn nicht nur Carls Gastspiel in Budapest führt die beiden zusammen – Paul unterhält bereits seit dem Jahr 1882 sogar einen ständigen Wohnsitz in Wien. Zweifelsohne wird er dort ebenfalls den einen oder anderen Ratschlag seines berühmten Onkels zu künstlerischen Fragen einholen. In Prag trifft Carl dann seine Schwester Katharina, Pauls Mutter. Außerdem noch Katharinas Tochter Therese, Pauls Schwester und Carls Nichte. Beide Damen sind gemeinsam bereits seit vielen Jahren am Deutschen Landestheater in Prag engagiert. Es gibt bestimmt viel zu erzählen bei solchen Blasel-Familientreffen. Für die neugierige Öffentlichkeit ist leider nichts davon überliefert.

Carl Blasel absolviert in jenen Jahren vermutlich noch sehr viele Gastspiele mehr – da nur die wichtigsten unter ihnen Eingang in die Theater-Jahrbücher der Zeit finden, lassen sich allerdings nicht mehr alle rekonstruieren. Die wichtigsten Gastspiele hat Carl Blasel zu jener Zeit ohnehin in seiner Heimatstadt. Am Theater an der Wien absolviert er bereits im Jahr 1883 insgesamt 34 Auftritte; im Jahr 1884 ist der Künstler an diesem so vertrauten Haus sogar mehr oder weniger Dauergast – zwanzig Jahre, nachdem Blasel als junger Schauspieler hier sein erstes festes Engagement in Wien bekommt. Hat er sentimentale Gefühle? Wenn ja, reichen sie jedenfalls nicht aus, um hier, an seinem ersten Wiener Haus, ein neues Fest-Engagement anzustreben. Carl Blasel hat längst andere Pläne. Er will Theaterdirektor werden. Wirtschaftliche Schwierigkeiten bleiben dem Unermüdlichen trotz seines Abschieds vom Carl-Theater dank seiner vielen Gastspiele erspart, auch wenn sein Leben durch die überaus zahlreichen Reisen zweifellos anstrengender wird als die Jahre zuvor. Besondere künstlerische Höhepunkte sind in dieser Interims-Phase allerdings auch nicht zu verzeichnen. Die besonderen Ereignisse dieser Übergangsjahre spielen allesamt abseits der Bühne.

So erhält Carl Blasel im Oktober 1883 eine nette Aufgabe, die ganz und gar seiner Prominenz geschuldet ist: Eine Gemeinschaft aus Freunden und Anhängern des großen Geigers und Komponisten Johann Strauß d. Ä., Vater des „Walzerkönigs" Johann Strauß Sohn, lässt kurz vor dem 80. Geburtstag des schon längst Verstorbenen eine Gedenktafel an dessen Geburtshaus in der Floßgasse Nr. 7 in der Leopoldstadt anbringen. Nicht allzu weit vom Carl-Theater entfernt. In einer kleinen Feierstunde wird diese Gedenktafel offiziell enthüllt. Carl Blasel hält die Festrede. Das Gebäude ist sagenumwoben. Angeblich hat sich der geheimnisvolle Doktor Faustus das Häuschen in Dreiecksform von einem Famulus erbauen lassen, als er Ende der 1530er Jahre für längere Zeit in Wien weilt. Jener Doktor Faustus, den Goethe als „Faust" zum teufelsaffinen Universalgelehrten überhöht. In Wirklichkeit ist er jedoch nur ein

Kleinbetrüger unter dem Deckmäntelchen des Alchimisten. So wenig haltbar wie die Biographie des Doktor Faustus ist auch die Legende um sein Häuschen in Wien. Das Grundstück ist seinerzeit nachweislich unbebaut. Dafür ist die Geschichte unerreichbar schön zu erzählen. Folglich trägt das Haus, in dem die Eltern des Johann Strauß Senior die Gastwirtschaft „Zum heiligen Florian" führen und in dem der Vater des späteren Walzerkönigs im Jahr 1804 zur Welt kommt, im Volksmund immer nur den Namen „Doktor-Faust-Häusl". Natürlich geht Carl Blasel in seiner Festrede auf diese Legende ein. Seinen Text verbreiten die Zeitungen:

> *„(...) In dem Hause, vor dem wir uns hier eingefunden und welches der reiche Kranz von Sagen, der sich um dasselbe windet, als das älteste der Leopoldstadt bezeichnet, stand die Wiege des Gründers der Walzer-Dynastie: Strauß. In der Leopoldstadt geboren, fügte es das Geschick, daß auch seine Künstlerlaufbahn mit dieser Inselvorstadt eng verknüpft war. Beim 'grünen Jäger' in der Praterstraße und in 'Jüngling's Kaffeehaus' bei der Schlagbrücke musicirte er, fast ein Knabe noch, an der Seite Lanner's, im 'Kettenbrückensaale', da, wo sich heute der 'Schöllerhof' erhebt, brachte er die ersten Walzer zur Aufführung, die seinen Ruf als Compositeur begründeten, und beim weltberühmten 'Sperl' war es, woselbst er im Zenithe seines Ruhmes so oft gewirkt. Von all' diesen Stätten, an denen Johann Strauß der Vater seine Zaubergeige ertönen ließ, besteht heute keine mehr. Auch dem alten Hause, in dem er geboren, dürfte keine allzu lange Frist mehr vergönnt sein, und eine andere Inschrift wird in künftigen Zeiten verkünden müssen, daß an dieser Stelle einst das Haus gestanden, in dem der Walzerkönig das Licht der Welt erblickte. Unvergänglich aber wird das Andenken an ihn selber in den Herzen aller Wiener fortleben, das Andenken an den Mann, dessen populärer Name sich auf seine Söhne vererbt hat, das Andenken an – Johann Strauß Vater!"* (Carl Blasels Festrede zur Enthüllung der Gedenktafel am Geburtshaus von Johann Strauß Vater am 4. Oktober 1883. In: Die Geschichte der Entwicklung der Wiener Vorstädte nach authentischen Quellen zusammengestellt von Jacob Blümel, Bürgerschullehrer. C. Die übrigen Vorstädte. Wien 1886)

Carl Blasel behält recht. Das geschichtsträchtige „Doktor-Faust-Häuschen", in dem Johann Strauß Vater einst das Licht der Welt erblickt, wird einer modernen Bebauung geopfert. Allerdings dauert es doch noch fast zwanzig Jahre, bis die legendenreiche Immobilie anno 1906 schließlich einem Mehrfamilien-Wohnpalais, gestaltet aus damals modernen Neo-Rokoko- und Jugendstil-Elementen, weichen muss. Die Gedenktafel für Johann Strauß Vater aus schwarzem Marmor ist jedoch – wie von Carl Blasel richtig vorhergesehen – auch an diesem neuen Haus wieder unübersehbar über dem Eingangsportal angebracht.

Zur selben Zeit, zu der Carl Blasel die Gedenkrede für Johann Strauß Vater hält, bahnt sich ein tragisches Ereignis an, das für Johanna und ihn den Beginn des Jahres 1884 überschatten wird. Die alte Freundin Josefine Gallmeyer kehrt im Frühjahr 1883 von ihrer langen Gastspielreise mit Franz Tewele aus den USA zurück. Sie spielt danach erst in München, dann in Ischl und bis zum Jahresende in Graz. Allerdings gibt es bereits Gerüchte, dass es um ihre Gesundheit nicht zum Besten bestellt sei. Doch die „fesche Pepi" kehrt noch einmal zurück nach Wien, den Ort ihrer größten Erfolge. Sie steht zwar nicht mehr auf einer Theaterbühne – aber es ist immerhin ein Auftritt: Am 23. Januar 1884 gibt Josefine Gallmeyer in Wien eine Lesung. Die Presse berichtet:

> *„Frau Gallmeyer als Vorleserin. Der Verein der Literaturfreunde beging heute die Feier seines zehnjährigen Bestandes mit einem glänzenden Vortragsabend, dessen interessantesten Programmpunkt eine Vorlesung der Frau Gallmeyer bildete. Die Ankündigung dieses außergewöhnlichen künstlerischen Ereignisses hatte genügt, um den großen Saal im 'Goldenen Lamm' bis auf das letzte Plätzchen zu füllen. Frau Gallmeyer, bei ihrem Erscheinen mit einem Beifallssturme begrüßt, las zunächst eine an humoristischen Pointen reiche Skizze aus dem Wiener Volksleben: 'Der Selbstmord mit Hindernissen' von V. Chiavacci, welche ihrer hervorragenden parodistischen Begabung reiche Gelegenheit zur Entfaltung bot und ihre Meisterschaft in der Beherrschung des Wiener Dialektes zu voller Geltung gelangen ließ. Wie die Gallmeyer liest? Die Frage beantwortet sich kurz und bündig: so gut, als sie spielt, aber vielleicht noch wirksamer und drastischer, weil sich zu der unwiderstehlichen Kraft ihrer Komik durch die Ruhe im Gestus*

*auch noch die Wirkung des Contrastes gesellt. (...) Das Auditorium lohnte beide Vorträge mit rauschendem, schier endlosem Applaus (...)"* (Wiener Allgemeine Zeitung. Nr. 1403. Wien, Donnerstag den 24. Januar 1884.)

Ein Auftritt im „Goldenen Lamm". Ausgerechnet in diesem berühmten Hotel mit dem legendären Künstlerlokal findet Josefine Gallmeyers Lesung statt. Die ein- oder andere Erinnerung an alte, goldene Theaterzeiten wird zweifellos in der Schauspielerin wachgeworden sein. An die Zeit, als sie mit Jacques Offenbach und dem ganzen Carl-Theater-Ensemble jeden Abend bei Crémant rosé den Erfolg der Operetten des Meisters feiert. Als sie sich hier in geselliger Runde und champagnerseliger Stimmung spontan mit ihrem Kollegen Franz Tewele verlobt. Ein Dutzend Jahre ist das her. Jetzt ist Josefine wieder hier. Auch wenn schon seit längerer Zeit über ihren Gesundheitszustand gemunkelt wird – noch ahnt niemand, dass diese Lesung im „Goldenen Lamm" der letzte Auftritt der großen Josefine Gallmeyer sein wird. Die tragischen Ereignisse, die nur einen Tag später ihren Anfang nehmen, beschreibt ein theateraffiner Zeitgenosse in einer kleinen Biographie der Gallmeyer, die schon kurz nach deren Tod veröffentlicht wird:

*„(...) Mit der Schreckensbotschaft: 'Kommen Sie mit, der Frau Gallmeyer geht es sehr schlecht' ward Frau Blasel aus dem ersten Schlafe geschreckt. Sie eilte nach der Wohnung der geliebten Freundin und fand dieselbe in ihrem von einem Rosa-Baldachin überwölbten Himmelbette bewußtlos liegen. Von diesem Momente an ging es täglich mehr mit Riesenschritten der Auflösung entgegen. Zuweilen lag die Kranke wie abgeschieden da; dann aber schnellte sie wieder gleich einem verwundeten Hirsch empor und warf sich in Zuckungen entsetzlichster Art auf dem Lager umher. Nebst dem Ehepaare Blasel und Kammerjungfer Lisi war es besonders ihre Freundin Frau Purkholzer, welche fast keinen Augenblick von der Sterbenden gewichen war. Auch Professor Albert, der langjährige Arzt der Künstlerin, verbrachte viele Stunden an deren Sterbelager. (...)"* (Dr. Raphael Hellbach, Josefine Gallmeyer, die letzte Priesterin der heiteren Wiener-Muse. Wien, 1884)

Über eine Woche lang währt der Todeskampf der Josefine Gallmeyer. Carl und Johanna Blasel wechseln sich in dieser schweren Zeit ständig am Bett ihrer alten Freundin ab. Ihrem Hündchen „Schatzerl" gilt die letzte Sorge der Sterbenden. Josephine Gallmeyer nimmt den Blasels das Versprechen ab, sich gut um ihren Hund zu kümmern. Die Zusage bekommt sie sofort. Bis zu seinem Tod wird „Schatzerl" im Haushalt Blasel einen komfortablen Lebensabend verbringen. Auch danach noch wird er in Ehren gehalten: Carl und Johanna lassen das Hündchen ausstopfen und geben ihm einen Ehrenplatz in ihrem privaten Salon. Am dritten Februar 1884 schließt die „fesche Pepi" für immer die Augen. „Septische Bauchfellentzündung / Blutzersetzung" steht in ihrem Sterberegister-Eintrag. Die Formulierung findet sich häufig in Kirchenbüchern jener Zeit. Welche Leiden sich – unerkennbar für die Medizin des 19. Jahrhunderts – in Wirklichkeit dahinter verbergen mögen, bleibt ein Geheimnis. Josefine Gallmeyer, deren überreiches Künstlerleben und ebenso überreiches Privatleben gut für zwei Menschenleben ausgereicht hätte, wird nur 46 Jahre alt. Ihr Immer-Noch-Ehemann Franz Sziegmann ist ihr bereits vorausgegangen. Schon ein Jahr zuvor, am 18. Juli 1883, erliegt er in München einem langjährigen Herzleiden.

Welch große Bedeutung Josefine Gallmeyer im Leben von Carl und Johanna Blasel hat, ist buchstäblich im Bild festgehalten. Eine Fotografie von 1901 zeigt Carl Blasel kurz vor seinem 70. Geburtstag in einem bombastisch dimensionierten und ebenso dekorierten Raum seiner damaligen Privatwohnung in der Wiedner Hauptstraße Nr. 8. An der Wand neben ihm, in einem prunkvoll geschnitzten Rahmen, ein meterhohes Ölgemälde. Darauf zu sehen, weit überlebensgroß, Josefine Gallmeyer – nicht im Bühnenkostüm, sondern ganz privat. Gekleidet nach der Mode der Zeit, mit langärmeligem Corsagen-Jäckchen über bodenlangem Rock mit kleiner Schleppe, Handschuhen, einem koketten Hütchen auf dem üppig aufgesteckten Haar und einem aufgespannten Sonnenschirm in der rechten Hand. Zu ihren Füßen ihr kleines Hündchen „Schatzerl", mit dem

139

sie auf einem Spazierweg flaniert. Das Original, der ausgestopfte „Schatzerl", ist auf der Fotografie ebenfalls zu sehen. In lebensechter Pose sitzt er mit hocherhobenem Kopf auf dem Boden. Als wolle er jeden Moment aufspringen, um mit seinem Frauchen spazieren zu gehen. Der Hintergrund des Ölgemäldes zeigt einen Panoramablick über Wien. Entspannt lächelt die Künstlerin über ihre linke Schulter hinweg am Betrachter vorbei in die Ferne.

Carl Blasel in seinem privaten Salon. Fotografie von Charles Scolik, Wien, 1901, aus der Serie „Wiener Bühnenkünstler-Salons". Reproduziert in:
Wiener Bilder. Illustrirtes Familienblatt Nr. 16. Wien, Mittwoch, 17. April 1901, VI. Jahrgang. S. 8. (Ausschnitt)
ANNO / Österreichische Nationalbibliothek
Auf dem Boden unterhalb der Büste im Bildhintergrund das Hündchen „Schatzerl"

Im September 1883 steht die Gallmeyer für dieses Portrait dem jungen Maler Hans Sitol in Ischl Modell. Den Blick über Wien vom Belvedere aus, den sie sich ausdrücklich als Hintergrund wünscht, gestaltet der Künstler vermutlich aus dem Gedächtnis. Dieser „Canaletto-Blick" zitiert ein Gemälde eben jenes berühmten Rokoko-Städtemalers, das im Kunsthistorischen Museum zu Wien hängt. In Malerkreisen ist das Motiv bekannt. Das aufwendige Portrait ist Josefines Geschenk an sich selbst: In Ischl, dem kleinen, aber mondänen Ort im Salzkammergut, wo selbst die kaiserliche Familie ihre Sommerfrische zu verbringen pflegt, feiert Josefine damals ihr 30-jähriges Bühnenjubiläum. Viel Freude mit ihrem Portrait vergönnt ihr das Schicksal jedoch nicht. Keine fünf Monate später gehört das Gemälde bereits zur Hinterlassenschaft der Verstorbenen. In einer der Versteigerungen, bei denen der mobile Nachlass der Gallmeyer inclusive des riesigen Bildes verkauft wird, um aus dem Erlös den negativen Teil ihres Nachlasses auszugleichen - ihre beträchtlichen Steuerschulden - erwerben Carl und Johanna dieses Gemälde. Mit dem gigantischen Portrait Josefines an ihrer Wohnzimmerwand leben die Blasels fortan dauerhaft mit der Freundin zusammen.

Im Spätsommer des Jahres 1884 gibt es für Carl und Johanna endlich wieder ein erfreuliches Ereignis zu feiern: Ihr ältester Sohn, Karl Junior, heiratet. Ganz nebenbei, fernab von der turbulenten Welt des Theaters, sind die drei Blasel-Söhne inzwischen groß geworden und fangen an, ihre eigenen Wege zu gehen. Alle drei absolvieren solide und völlig „unkünstlerische" Ausbildungen. Johann, der Jüngste – alle nennen ihn immer nur „Hans" – ist 16 Jahre alt und geht auf die Realschule im III. Bezirk. Sein Berufswunsch zeichnet sich bereits ab: Hans wird demnächst in die Kavallerie-Kadettenschule eintreten, um Berufsoffizier zu werden. Leopold Maria, der Mittlere, ist 18 Jahre alt und studiert Chemie auf der Technischen Hochschule. Die Ausbildung ist allerdings nur der Beginn einer außerordentlich facettenreichen Berufsbiographie, die später auch das Theater nicht aussparen wird. Karl, der älteste der drei Söhne, ist mittlerweile 24 Jahre alt und damit volljährig. Auch er wählt eine ausgesprochen seriöse Laufbahn: Er ist – Patriotismus gehört zu jener Zeit eben zum guten Ton – als k. u. k. Lieutnant Reservist des Habsburgischen Militärs. Im Hauptberuf ist Karl Junior Bankkaufmann. Seine Kompetenz im Umgang mit Zahlen wird er seinem Vater später auch als Buchhalter in dessen Theatern zur Verfügung stellen. Mit seiner Braut holt sich Karl der Jüngere die Bühne sogar in sein Leben: Am 6. September 1884 heiratet er in der Kirche St. Johan Nepomuk in Wien Johanna Mellin, die Tochter des Schauspieler-Ehepaares Friedrich und Franziska Mellin. Einen interessanten Trauzeugen hat das junge Paar dabei an seiner Seite: K. u. k. Major Moritz Edler von Angeli ist nicht nur hoher Militär, sondern auch Autor diverser Bücher über militärische Themen. Kreativität allenthalben – anders geht es eben nicht bei den Blasels.

Die Eltern der Braut sind gute Bekannte der Blasels: Friedrich Adolph Eduard Mellin und seine Gattin Franziska Ludovica, genannt „Fanny", sind Kollegen aus der gemeinsamen Zeit am Theater an der Wien. Vielleicht haben die Brautleute als Kinder damals schon zusammen gespielt. Ein Schatten allerdings liegt über dem strahlenden Ereignis der Hochzeit: Der Brautvater ist nicht dabei. Friedrich Adolph Eduard Mellin, der seine Schauspiel-Laufbahn Ende der 1860er Jahre beendet und seither unter dem Namen „Eduard Mellin" eine erfolgreiche Theateragentur führt, setzt seinem Leben im Mai 1876, für Außenstehende völlig unerklärlicherweise, ein Ende. Zeitgenössische Berichte sprechen von rätselhafter Schwermut, die Psychiatrie der Gegenwart spräche vermutlich von schwerer klinischer Depression. Einige Kleidungsstücke und einen Abschiedsbrief deponiert Mellin am Ufer der Donau, ein Augenzeuge sieht ihn in den Fluten verschwinden. Sein Leichnam wird nie gefunden. Möglicherweise ist die Hochzeit der Tochter Johanna mit Karl Blasel Junior für Witwe Fanny Mellin und ihre Kinder das erste freudvolle Ereignis seit dieser Tragödie.

Kabinettfoto Carl Blasel, Wien, um 1883
Privatbesitz C. Möderler

# Endlich Direktor

## Direktor des Theaters in der Josefstadt

Schon bald nach Carl Blasels Abschied vom Carl-Theater keimen Gerüchte auf, er wolle nunmehr selbst ein Theater leiten. In kürzester Zeit wird er sogar als neuer Direktor genau jener Bühne gehandelt, die er nach fünfzehn Jahren als Schauspieler gerade – eher unfreiwillig – verlassen hat. Das „Neue Wiener Tagblatt" vermeldet:

> *„Die Carl'schen Erben traten gestern zu einer Berathung zusammen, um über Aenderungen in den Modalitäten der Pachtbedingnisse für das Carl-Theater schlüssig zu werden. Gegenüber der bisherigen Pachtsumme von 40.000 fl. - Steuern, Feuerversicherung u. s. w. nicht inbegriffen – hat Herr Blasel einen jährlichen Pachtzins von 25.000 fl. offerirt."* (Neues Wiener Tagblatt. Nr. 85. Donnerstag, den 29. März 1883. 17. Jahrgang.)

Carl Blasel wird tatsächlich einmal Direktor des Carl-Theaters werden. Allerdings vergehen bis dahin noch ganze sechs Jahre. Für den Moment zerschlägt sich dieser Plan wieder. Vielleicht ist Carls um fast die Hälfte reduziertes Pachtangebot doch ein wenig zu kühn – falls die entsprechende Zeitungsnotiz überhaupt den Tatsachen entspricht. Dabei hat das Carl-Theater zu jener Zeit eine professionelle Führung dringend nötig. Friedrich Strampfer hält seinerzeit nur wenige Monate durch und gibt im Februar 1883 – mit einem riesigen Defizit – wieder auf. Eineinhalb Jahre bleibt das Haus danach geschlossen. Bis sich ein ungarischer Theater-Enthusiast namens Carl Tatartzy der Bühne erbarmt. Der erwünschte Erfolg bleibt ihm versagt; seinem Nachfolger Franz Steiner ebenso. Die insgesamt acht Jahre zwischen dem Abschied des Direktors Franz Tewele und dem Amtsantritt Carl Blasels sind für das Carl-Theater tatsächlich nichts weiter als eine lange, glücklose Interimsphase.

Das Haus, das Carl Blasel zunächst als Direktor übernimmt, ist eine Bühne, die in der Gegenwart zu *den* wichtigen Häusern des großen Sprechtheaters gehört: das Theater in der Josefstadt. Damals allerdings ist es nichts weiter als das kleinste Theater Wiens. An Fassungsvermögen, wie vermutlich auch an Bedeutung. Für Carl Blasel ist es jedenfalls eine Rückkehr zu seinen Wurzeln: Das Theater in der Josefstadt liegt nur wenige Minuten entfernt von seinem Geburtshaus in der Lederergasse, seine Schwestern Katharina und Helene beginnen an diesem Haus als jugendliche Tänzerinnen ihre Bühnenlaufbahnen, ihren Bruder Carl schleusen sie in seinen Kindertagen heimlich auf die Galerie, damit er den großen Johann Nestroy auf der Bühne sehen kann – jetzt, fast ein halbes Jahrhundert später, will Carl Blasel als Direktor die Geschicke dieses für ihn so bedeutungsvollen Hauses auf neue, erfolgreiche Bahnen lenken. Ein ambitioniertes Unterfangen. Denn zu jener Zeit ist das Theater in der Josefstadt weit von dem guten Ruf entfernt, den das Haus in der Gegenwart genießt. Vielmehr hat die Bühne Jahre der missglückten Direktorate mit langen Schließzeiten und Spielplanfehlgriffen hinter sich. Ein Zeitungsartikel der Zeit fasst die Misere anschaulich zusammen:

> *„(Theater in der Josefstadt.) Die kleinste Bühne Wiens ist, wie die Ereignisse der letzten Jahre gezeigt haben, für Directoren die gefährlichste. Das Theater in der Josefstadt hatte eine größeren Bedarf an diesem Artikel als die anderen Theater Wiens. Jeder einzelne von den ehemaligen Leitern dieser Bühne hat bis zur vollständigen Erschöpfung Zeit und Geld aufgewendet, um ein dauerndes Verhältniß zwischen sich und dem eigensinnigen Theaterchen herzustellen; vergebens – er war nach wenigen Monaten abgenützt und trug nichts als werthvolle aber bittere Erfahrungen davon. (…)"* (Local-Anzeiger der „Presse". Beilage zu Nr. 252. Sonntag den 13. September 1885. 38. Jahrgang)

Der letzte Direktor der Josefstadt, Karl Costa, ein pensionierter Beamter, aber gleichzeitig durchaus erfolgreicher Theater-Dichter, beginnt seine Amtszeit zunächst sehr vielversprechend. Doch nicht zuletzt die Einmischungen seiner Gattin, einer sehr jungen, sehr hübschen, aber – den Beschreibungen nach – eher talentlosen Schauspielerin, bringen die Geschäfte des Theaters in der Josefstadt in gefährliche Schieflage. Der Besitzer der Immobilie, ein Graf Degenfeld-Schomburg, ahnt Böses. Bereits im Jahr 1883 schließt er mit Carl Blasel einen Vorvertrag, der besagt, dass jener sofort die Direktion des Theaters übernehmen wird, wenn Karl Costa das Amt aufgeben will oder muss. Theodor Giesrau, ehemals Kanzleisekretär am Carl-Theater und inzwischen Inhaber einer Theateragentur, vermittelt diese Vereinbarung. Costa ist wenig erfreut über die Aussicht, ab sofort Direktor auf Abruf zu sein. In den Zeitungen veröffentlicht er umgehend ein wortreiches Dementi:

> *„Löbliche Redaction! In Folge der heute von den Journalen veröffentlichten Mittheilung des Herrn Giesrau bezüglich einer Directions-Uebernahme des Theaters in der Josephstadt seitens des Herrn Blasel sind mehrfache Anfragen an mich gelangt bezüglich der Art und Dauer meines Pachtverhältnisses. Ich beehre mich diesbezüglich zur gütigen Kenntnißnahme und geneigten Veröffentlichung bekanntzugeben, daß ich, da ich meinen Verpflichtungen allseits stets prompt nachgekommen bin, gemäß des mir durch Intabulation* (Anm.: Eintragung ins Grundbuch) *auf das Theatergebäude gesicherten unanfechtbaren Vertrages bis 1. August des Jahres 1888, also noch durch volle fünf Jahre im Pachtgenusse des Josephstädter Theaters verbleibe, und daß ich gar keine Ursache habe, vor Ablauf dieser Zeit meine Direction niederzulegen. Wien, am 11. August 1883. Hochachtungsvoll Karl Costa, Director des Theaters in der Josephstadt."* (Wiener Allgemeine Zeitung. Nr. 1241. Wien, Sonntag 12. August 1883.)

Karl Costa irrt sich. Bereits im Mai 1885 muss er – trotz heftigster Gegenwehr – sein Amt aufgeben. Voraus gehen zunächst diverse verzweifelte Versuche, auf letztlich nicht ganz seriöse Art und Weise Geld zu beschaffen, um seinen ausufernden Verpflichtungen nachzukommen. Bis ihn am Ende ob seiner dubiosen Transaktionen sogar eine Verwarnung der Ordnungsbehörden ereilt. Als Costa schließlich trotz aller Bemühungen endgültig zahlungsunfähig ist, setzt Graf Degenfeld seinen glücklosen Direktor vor die Tür. Der allerdings rechnet Gegenforderungen auf und droht mit Klage. Die Zeitungen halten das theaterinteressierte Publikum detailliert auf dem Laufenden:

> *„Eine Krise in der Leitung des Josefstädter-Theaters. Der Eigenthümer des Josefstädter Theaters, Graf Degenfeld, hat Herrn Blasel die Mittheilung gemacht, daß Herrn Costa am 10. Mai der Pacht gekündigt worden sei, und daß demnach Herr Blasel die Vorbereitungen zur Uebernahme des Pachtes treffen möge. Graf Degenfeld hat bekanntlich schon vor längerer Zeit einen Eventualvertrag mit Herrn Blasel abgeschlossen, nach welchem dieser im Falle der Erledigung der Direktion des Josefstädter Theaters sofort den Pacht desselben zu übernehmen hat. Dagegen erklärt Herr Costa, daß der Theaterpacht für dieses Quartal mittelst Kompensation durch eine ältere und weitaus größere rechtliche Forderung, welche er an den Theater-Eigenthümer zu stellen hat, berichtigt worden sei. Diese Forderung, welche damit begründet wird, daß Herr Direktor Costa die von der Behörde angeordneten Adaptirungen im Theater, den Vorbau u. s. w. herstellen ließ und die Kosten dafür bestritt, wird aber von dem Theater-Eigenthümer nicht anerkannt. Die Rechtsfrage wird sonach, falls nicht doch ein Ausgleich erfolgt, durch das Gericht entschieden werden müssen."*
> (Neuigkeits Welt-Blatt. Nr. 113. Wien, Dienstag den 19. Mai. Jahrgang 1885.)

Das Gericht entscheidet gegen Costa. Zur Herbstspielzeit des Jahres 1885 übernimmt dann Carl Blasel als dessen Nachfolger seine erste Theaterdirektion. Das Theater an der Josefstadt steht ab jetzt unter seiner Leitung. Am 12. September 1885 eröffnet er die erste Spielzeit unter seiner Direktion mit dem Stück „Schikaneder" aus der Feder des studierten Juristen, hohen Wiener Magistratsbeamten und nebenberuflich-leidenschaftlichen Theater-Dichters Friedrich Johann Edler von Radler. In der Hauptrolle: natürlich Carl Blasel. Die Presse ist angetan:

> *„(...) Das Eröffnungsstück 'Schikaneder' ist aus dem Wiener Boden herausgewachsen und der Held der Comödie, der berühmte Theaterdirektor, ist eine bedeutende Gestalt der Wiener Localgeschichte. (...) Das Stück ist voll von Anklängen und Erinnerungen an die Geschichte Wiens und von einem starken localpatriotischen Zug durchweht, der bei der festlichen Stimmung des Hauses seine Wirkung nicht versagte.*

> *(...) Unter den Darstellern erweckte Herr Blasel selbstverständlich das größte Interesse. Er spielte die Titelrolle, die auch ernste Accente anschlägt, mit künstlerischer Vollendung und war unerschöpflich an Improvisationen, die im Hause ein schallendes Heiterkeits-Echo fanden. (...) Das Haus war ausverkauft; in den Logen und im Parquet sah man die gute Theatergesellschaft Wiens. - Gedrängt vom Publicum, improvisirte Director Blasel am Schluß der Vorstellung (...) einige Worte, in welchen er sich in discreter Weise als 'neuer Hausherr' vorstellte und ins Publicum rief: 'Verehrte! Sie sind heute so zahlreich erschienen; bitte, geniren Sie sich nicht im Mindesten – und beehren Sie uns recht, recht häufig und zahlreich mit Ihrem werthen, lieben Besuche."* (Local-Anzeiger der „Presse". Beilage zu Nr. 252. Sonntag den 13. September 1885. 38. Jahrgang)

Der Einstand als Theaterdirektor ist Carl Blasel geglückt. Ab jetzt trägt der Künstler diesem großen und wichtigen Einschnitt in seinem Leben auch äußerlich Rechnung. Jeder soll ihm die Würde seines Amtes gleich auf den ersten Blick ansehen. Diejenigen, die sich keinen persönlichen Eindruck machen können, erfahren die Neuigkeit aus der Zeitung:

> *„Neuerlich allerdings ist Blasel in einer äußerst seriösen Rolle, die sogar ein gewisses Talent für das Heldenhafte begehrt und sich unter Umständen bis zur Tragik steigern kann, erschienen – als Theater-Director nämlich. Er hat diesen interessanten Uebergang sogar in seiner äußerlichen Erscheinung markirt. So lange er nur Komiker war, blieb er der schwarzen Farbe seiner Haare treu, sogar als diese ihm schon lange nicht mehr treu geblieben war. 'Ein Lustigmacher darf keine grauen Haare haben' – pflegte er erklärend zu sagen – 'es ist zu traurig.' Nun hat er das mit einem Male aufgegeben. Der Lustigmacher ist er geblieben, aber man sieht ihn mit grauen Haaren durch die Straßen der Stadt wandeln. Will er damit wohl zu verstehen geben, daß ein Theater-Director heutzutage unvermeidlich graue Haare kriegen muß?"* (Neue Illustrirte Zeitung, No. 5. XIV. Jahrgang. I. Band. Wien, 25. October 1885)

Carl Blasel trägt sein Haar jetzt also silbergrau. Zu dieser neuen Gesetztheit passt sehr gut das freudige Ereignis, das es zur selben Zeit in seiner Familie zu feiern gilt: Nicht ganz einen Monat vor

Carl Blasels 54. Geburtstag, am 18. September 1885, machen sein Sohn Karl Junior und dessen Gattin Johanna Blasel-Mellin den Neu-Direktor erstmals zum Großvater. Der Enkel trägt seinen Opa im Namen: Der neue Erdenbürger heißt Carl Ludwig Johann.

Die Familie spielt für Großvater und Direktor Carl Blasel inzwischen auch im Theater wieder eine größere Rolle. Während Johanna in den Zwischen-Jahren nach Ende des Carl-Theater-Engagements und vor Antritt der Josefstadt-Direktion scheinbar ausschließlich für Heim und Kinder da ist – in den einschlägigen Theater-Almanachen dieser Jahre taucht sie jedenfalls nirgendwo auf – ist sie inzwischen wieder als Schauspielerin aktiv. Natürlich im Ensemble des Theaters in der Josefstadt. Da Carl Blasel sein neues Amt keineswegs nur auf die Leitung des Theaters beschränkt, sondern fleißig wie eh und je selber als Darsteller auf seiner eigenen Bühne steht, ergeben sich für Johanna zahlreiche Gelegenheiten, gemeinsam mit ihrem Gatten das Publikum zu überzeugen. So nimmt Carl aus Anlass des 85. Geburtstags des verstorbenen Johann Nestroy dessen Posse mit Gesang „Kampl" ins Programm. Mit Johanna und ihm selbst in wichtigen Rollen. Die Presse nimmt sein umfassendes Engagement äußerst wohlwollend zur Kenntnis:

*„Theater in der Josefstadt. Herr Director Blasel leitet sein Theater mit staunenswerther Rührigkeit und ist bestrebt, die alten Traditionen des Wiener Theaterlebens zu neuen Ehren zu bringen. Es ist daher natürlich, daß die Direction den Manen* (Anm.: Gute Geister eines Toten) *Nestroy's schuldigen Tribut zollt und die zur Feier des Geburtstages Nestroy's stattgehabte Aufführung des 'Kampl' verdient mithin doppelte Anerkennung, da auch die schauspielerischen Leistungen in den ersten Rollen vorzüglich und überhaupt durchwegs recht brave waren. Die Titelrolle gab Herr Pauser sehr verdienstlich und Director Blasel schuf mit dem Gabriel Brunner eine echte Scholz'sche Gestalt. (...) Die Herren Gottsleben, Graselli, Blum, Ranzenhofer und Lechner, wie die Damen Blasel, Kleiber und Pollandt boten ihr Bestes. (...)"* (Wiener Theater-Zeitung. Nr. 1. - IX. Jahrgang. 1. Jänner 1886)

Außer seiner Gattin Johanna holt Carl Blasel auch Fanny Mellin zu sich an das Theater in der Josefstadt. Im Jahr 1889 wird sie ihm dann – genau wie Johanna – von dort an seinen neuen Wirkungsort, das Carl-Theater, folgen. Bis zu ihrem Tod im Jahr 1895 wird die Schwiegermutter seines Sohnes Karl Junior ununterbrochen an Carl Blasels Bühnen spielen und somit sowohl Berufs- als auch Familienanschluss behalten. Nach dem tragischen Tod ihres Gatten sicherlich eine wichtige Stütze für die Künstlerin.

Am 28. Juni 1886 wird Carl Blasel zusätzlich zur neuen Würde als Theaterdirektor noch eine besondere Ehre zuteil: Ihm wird das „Bürgerrecht" der Stadt Wien verliehen. Für Nicht-Wiener mag dies befremdlich klingen – wozu braucht ein gebürtiger Wiener, der den größten Teil seines Lebens auch in Wien verbringt, noch das Bürgerrecht? Im Mittelalter ist dieses Privileg tatsächlich die notwendige Voraussetzung dafür, als vollgültiger Bürger der Stadt in alle dort gültigen Pflichten und Rechte eintreten zu dürfen. Bereits zur Mitte des 19. Jahrhunderts mutiert das Bürgerrecht allerdings zu einem reinen Ehrentitel. Verliehen an Persönlichkeiten, die sich in besonderer Weise um die Stadt Wien verdient gemacht haben. Carl Blasel gehört nunmehr ganz offiziell auch zu dieser illustren Schar. Leicht umformuliert zu „Bürger der Stadt Wien" wird der Titel auch noch in der Gegenwart verliehen. Theater-Persönlichkeiten gehören immer wieder zu den Ausgezeichneten. So zum Beispiel der weltberühmte Schauspieler und Regisseur Otto Schenk, genau wie Blasel ein gebürtiger Wiener. Er erhält anno 2010 den Titel „Bürger der Stadt Wien". In gewisser Weise als Nachfolger Carl Blasels: Denn ziemlich genau 100 Jahre nach diesem übernimmt Otto Schenk seinerzeit ebenfalls das Direktorat des Theaters in der Josefstadt. Zehn Jahre lang, von 1987 bis 1997 - und damit sogar mehr als doppelt so lang wie sein Vorgänger Blasel - übt Schenk dieses Amt aus. Und genau wie Blasel steht Otto Schenk auch in seinem Amt als Theaterdirektor weiterhin als Schauspieler auf der eigenen Bühne. Zur Freude seines Publikums. Wieder genau wie Blasel.

Das neuerrichtete Haydndenkmal in Wien.
Aus: Über Land und Meer. Stuttgart, Oktav-Ausgabe 1887-88, Heft 1
Privatbesitz C. Möderler

Programmzettel „Josef Haydn", Theater in der Josefstadt, 1. Mai 1887
Direction Carl Blasel
Privatbesitz C. Möderler

Von Beginn seiner Direktorenzeit an ist es Carl Blasels Bestreben, seine Häuser nicht nur zu leiten, sondern in allen wichtigen Stücken auch selbst aufzutreten. Ein kluger Schachzug und keineswegs nur persönlicher Eitelkeit geschuldet – denn nicht nur Carl Blasels geschickt zusammengestellter Spielplan voll von heiterem Repertoire, das dem Publikum schlichtweg gut gefällt, sondern auch seine persönliche Popularität und Beliebtheit als Schauspieler, die er sich in seinen fast 25 Jahren auf den Bühnen Wiens erarbeitet hat und mit der er große Mengen zahlenden Publikums anzieht, bringen das Theater an der Josefstadt, genau wie später auch das Carl-Theater, nach Jahren des Darbens wieder auf Erfolgskurs zurück. Manchmal geht Carl Blasel mit seinen Stücken sogar auf aktuelle Ereignisse in Wien ein. So steht – knapp 80 Jahre nach dem Tod des Meisters – die Enthüllung eines würdigen Denkmals für Joseph Haydn an. Der große Komponist, aus dessen Feder nicht zuletzt die Melodie der österreichischen Kaiserhymne stammt, die in den 20er Jahren des 20. Jahrhunderts auch zur Melodie der deutschen Nationalhymne werden wird, soll künftig überlebensgroß vor der Mariahilfer Kirche im gleichnamigen Bezirk in Marmor verewigt sein. An diesem Ort ist das Bildwerk übrigens auch in der Gegenwart noch zu bewundern. Aus Anlass der feierlichen Denkmals-Aufstellung hebt Carl Blasel ein Stück mit dem Titel „Josef Haydn" ins Programm. Der Text stammt wieder von Friedrich Johann von Radler. Die Musik schreibt der berühmte Operettenkomponist Franz von Suppé. In der Gegenwart ist er vor allem durch seine Musiken zu den Stücken „Dichter und Bauer" und „Die schöne Galathée" bekannt. Am Abend der feierlichen Premiere steht Suppé höchstpersönlich am Pult. Das heitere Stück zeigt Episoden aus dem Leben Joseph Haydns. Carl Blasel übernimmt die Rolle des Josef Elsler. Im ersten Bild ist er Perückenmacher-Gehilfe, im zweiten Bild schon fürstlich Eszterhazyscher Notenkopist. Neben Josef Elsler taucht im Stück auch Johann Elsler auf. Er ist vermutlich Josefs Bruder und eine historische Figur: Denn als Leibdiener ist Johann Elsler eine wichtige Größe im Leben Joseph Haydns. Die Tochter des historischen Johann Elsler ist nebenbei die berühmte Tänzerin Fanny Elßler. Einige der älteren Theaterbesucher von Carl Blasels Premiere haben die weltbekannte Ballerina möglicherweise noch selbst auf den Bühnen ihrer Heimatstadt Wien erlebt. Die Presse reagiert freundlich. So schreibt die Zeitung „Kikeriki":

> *„(Josefstädter-Theater.) Das dreiaktige biografische Gemälde mit Gesang 'Josef Haydn' von F. Radler, das vorigen Samstag zur erstmaligen Aufführung gelangte, ist eine ehrliche und gutgemeinte Komödie, welche sich durch den Umstand des Vorzuges der Aktualität erfreut, daß man eben endlich damit beschäftigt ist, das Standbild des großen Tondichters aufzustellen. Manche bekannte Haydn-Anekdote ist in derselben mit Geschick benützt und zu einem dramatischen Effekt gemeißelt, der mitentscheidend war für den hübschen Erfolg, welchen diese Novität verdientermaßen errungen hat. (...)"* (Kikeriki! Nr. 37. XXVII. Jahrgang. 8. Mai 1887)

Die „Allgemeine Wiener Zeitung" ergänzt:

> *„(...) Sehr hübsch war die Musik zusammengestellt von Franz v. Suppé, der auch dirigirte und Lorbeerkränze erhielt. Am besten gefiel die Coupleteinlage, von Blasel und der lustigen Dora vorgetragen."* (Allgemeine Wiener Zeitung. Nr. 2576. Wien, Sonntag, 1. Mai. 1887)

Nach dem schönen Erfolg mit „Josef Haydn" im Frühling hält der Herbst des Jahres 1887 dann ein trauriges Ereignis für Carl Blasel bereit: den Abschied von einem Weggefährten. Seine Bekanntschaft aus Jugendtagen, sein Kollege und Freund, der Partner zahlloser komödiantischer Höhenflüge am Carl-Theater, der lange schon schwerkranke Josef Matras, stirbt am 30. September 1887 in geistiger Umnachtung in der Landes-Irrenanstalt Wien-Alsergrund. Die Stadt Wien widmet dem großen Künstler ein Ehrengrab auf dem Wiener Zentralfriedhof. Bis das Grabdenkmal dafür fertig ist, vergehen allerdings noch zwanzig Jahre. Bei der Enthüllung des Monuments am 4. Dezember 1907 hält Carl Blasel die Gedenkrede:

*„Mit wehmütigem Herzen treten wir an die letzte Ruhestätte des populären Schauspielers Matras.*

*Lieber, alter Kamerad! Unvergesslicher Josef! Lange ist es her, seit du unsere lieben Wiener durch deinen unverwüstlichen Humor, durch deine augenzwinkernde Satyre, erfreut und erheitert, aber auch ergriffen und gerührt hast, durch deine tiefen, ins herz klingenden Gemütstöne, mit denen du einst, in der unerreichten Darstellung des einfachen Schusters Weigl, die That deines undankbaren Sohnes vor dir selbst zu entschuldigen suchtest.*

*Vielen tausenden Deiner Landsleute locktest du Thränen des Lachens, Thränen des Weinens in die Augen.*

*So heiter und sorglos auch dein Lebensgang nach außen hin erschienen ist, so düster und freudlos waren deine letzten Lebensjahre, in der Nacht des Wahnsinns.*

<u>Nun</u> *ist dir wohl, Kamerad der alten Garde! Denn du weißt nichts mehr von dem irdischen Weltgetriebe und seinen zahllosen, sorgenreichen Nadelstichen. -*

*dieses Grabmonument, von einem genialen Künstler ausgeführt, das dir ein dankbares Herz pietätvoll gewidmet hat und dessen feierliche Enthüllung der Bürgermeister deiner geliebten Vaterstadt Wien durch sein Erscheinen heute besonders ehrt, soll den Kindern jener Väter und Mütter, die sich an deiner heiteren Kunst ergötzt haben, erzählen, welch ein herzensguter und lustiger Bruder ihr <u>unvergesslicher Matras</u> war.* ~~Auch diese Kinder werden dein Andenken bewahren und dich nicht~~ *(Anm.: durchgestrichen, eingefügt:) Und so bist du vor dem schmerzlichen Verhängniss der gänzlichen Vergessenheit bewahrt durch dieses Ehrengrab.*

*Die Mutter Erde sei dir leicht und Friede sei deinem ewigen Schlafe!"*
(Carl Blasels Trauerrede für Josef Matras, eigenhändiges Manuskript, Teilnachlass Carl Blasel, H. I. N.-53270, AC15842310, Wienbibliothek im Rathaus, Wien)

Ganz in der Nähe von Josef Matras wird dereinst auch Carl Blasel in einem Ehrengrab die letzte Ruhe finden. Doch vor ihm liegen zunächst noch ganze 35 Jahre voller Arbeit für das Theater.

Zum Ende seiner Amtszeit als Direktor des Theaters in der Josefstadt knüpft Carl Blasel ein ganz besonderes Familienband: Anno 1888 stößt sein Sohn Leopold Maria, mittlerweile 22 Jahre alt und eigentlich angehender Chemiker, als Gast zu Carls Schauspieler-Ensemble hinzu. Ein kenntnisreicher Chronist der damaligen Zeit und persönlicher Bekannter Carl Blasels lässt sich drei Jahrzehnte später den plötzlichen Interessen-Schwenk des Sohnes vom Vater höchstselbst erklären. Jener Chronist, der Journalist und Schriftsteller Sigmund Schlesinger, veröffentlicht das kleine, intime Detail, das ihm Carl Blasel über den Sinneswandel seines Sohnes verrät, im „Neuen Wiener Journal":

> *„(...) Der verliebte sich in eine kleine Schauspielerin und nun litt's ihn nicht mehr bei der Wissenschaft, er desertierte zur Kunst hinüber, er wurde 'Mitglied' bei Vater Direktor. (...)"* (Schlesinger, Sigmund: Blasel Vater und Sohn. Aus Gesprächen mit beiden. In: Neues Wiener Journal Nr. 7145. Wien, Sonntag, 14. September 1913 21. Jahrgang.)

Welche hübsche Schauspielerin genau Leopold Blasel damals weg von der Chemie und hin zum Theater lockt, bleibt unenthüllt. Carl Blasel nimmt die Abkehr seines Sohnes von der Wissenschaft offensichtlich mit Gelassenheit. Nicht nur, dass über irgendwelche Vorwürfe, geschweige denn Zerwürfnisse ob der neuen Ideen Leopolds nicht das geringste überliefert ist – Carl Blasel unterstützt seinen Sohn sogar nach Kräften. Was ihm als Theaterdirektor natürlich nicht allzu schwer fällt. Er gibt Leopold Maria einfach eine Rolle in einer seiner neuen Produktionen. Mit seinem Debüt am Haus des Vaters hat Sohn Blasel großes Glück. Das Stück „Die Gigerln von Wien" wird das erfolgreichste in der Amtszeit Carl Blasels als Direktor des Theaters in der Josefstadt werden. Stolze 223 Vorstellungen erlebt die harmlose, aber allem Anschein nach äußerst amüsante Posse um diverse Liebeswirren und einen verlorenen Lottoschein an dieser Bühne. Der 22-jährige Leopold Blasel gibt natürlich einen der „Gigerln" - einen besonders feschen jungen Mann von jener Sorte, die anderorts auch „Stutzer" oder „Dandy" genannt wird. Carl Blasel übernimmt die Hauptrolle. Er gibt einen Hutmacher namens Strobl, der sowohl seine Schwärmerei für eine Heurigensängerin als auch einen Lottogewinn vor seiner resoluten Gattin geheimzuhalten versucht und dadurch die drolligsten Verwirrungen auslöst. Die Presse ist angetan:

> *„'Die Gigerln von Wien'. Posse mit Gesang in vier Acten von Josef Wimmer. Musik von Carl Kleiber. Mit durchschlagendstem Erfolge am 8. September 1888 am Theater in der Josefstadt zur ersten Aufführung gelangt. Die Wiener Zeitungen äußern sich über diese überaus lustige Novität wie folgt: 'Die Presse': Carl Blasel ist, seit er die Direction des Josefstädter Theaters führt, für das Wiener Localstück ein vortrefflicher Darsteller spießbürgerlicher Gestalten, insbesondere aber der heitersten Spielart derselben, der sogenannten 'Pantoffelhelden', geworden. Auch in der Posse, mit welcher die neue Spielzeit im Josefstädter Theater eröffnet wurde, erscheint Blasel als ein 'Pantoffelheld' aus Bürgerskreisen wie immer mit liebenswürdiger Einfachheit und Naturtreue. Das Stück führt den Namen 'Die Gigerln von Wien', weil in demselben einige jener jungen Gecken auftreten, welche der Wiener Dialect 'Gigerln' nennt. Diese episodistischen Figuren sind gut gezeichnet und werden (von den Herren Mödlinger, Pauly, Blasel jun. u. a.) vortrefflich gespielt. (...)"* (Wiener Theater-Zeitung. Nr. 14. - XI. Jahrgang. 1. October 1888)

Ein gelungener Einstand für den Neu-Schauspieler Leopold M. Blasel. Bis zur Jahrhundertwende wird er seinem neuen Metier – immer an der Seite seines Vaters – erfolgreich die Treue halten. Danach erst wendet sich Leopold Maria – ebenso erfolgreich – wieder den „seriösen" Gefilden Wissenschaft, Wirtschaft und Politik zu.

Nur wenige Wochen nach der Premiere der „Gigerln von Wien" steht ein Ereignis an, das Carl Blasel selbst später in einer Festschrift zu seinem 50. Bühnenjubiläum als den Höhepunkt seiner Zeit als Direktor der Josefstadt bezeichnet: Ende Oktober 1888 gilt es den 100. Geburtstag dieses traditionsreichen Wiener Theaters zu feiern. Für eine große Galavorstellung zu diesem Anlass lässt Blasel eine Aufführung erarbeiten, die in kleinen Episoden die gesamte Geschichte des Hauses Revue passieren lässt. Der Hausherr tritt natürlich gleich in mehreren Rollen persönlich auf. Die Krönung seiner Mühe erfährt er, im wahrsten Sinne des Wortes, durch einen hohen Besuch: Kaiser Franz Joseph I. von Österreich und sein Sohn, Kronprinz Rudolf, wohnen der Festvorstellung bei. Mehreren Presseberichten der Zeit zufolge gesteht Franz Joseph dem Theaterdirektor im persönlichen Gespräch, dass er zum letzten Mal stolze vierzig Jahre zuvor im Jahr 1848, als 18-Jähriger in diesem Theater gewesen sei. Dass dem Monarchen ausgerechnet dieses Jahr in genauer Erinnerung ist, ist kaum verwunderlich. Wird er doch trotz seines jugendlichen Alters im Dezember 1848 zum Kaiser proklamiert. Carl Blasels Ehrgeiz, dem Monarchen nach dieser langen Zeit einen neuen, großartigen Eindruck von seiner Josefstadt zu vermitteln, dürfte in diesem Moment nochmals ins Unermessliche gestiegen sein. Die kritische „Wiener Presse" glaubt, dem Theaterleiter seine Begeisterung ansehen zu können:

> *„An dieser Bühne gab es am letzten Mittwoch ein interessantes Jubiläum. Das Gedenkfest des 100-jährigen Bestehens dieses Theaters. Die Bühne steht heute nach mannigfachen wechselvollen Schicksalen unter der energischen Leitung des trefflichen Volkskomikers Blasel, der es – das muß ihm auch der Neid lassen – verstanden hat, sein Theater nach jahrelanger Verwahrlosung wieder zu einem gernbesuchten Vergnügungsorte zu machen. (...) Jedenfalls hat Director Blasel den Erfolg für sich und den Stolz auf diesen Erfolg und auf die Anwesenheit des Kaisers und des Kronprinzen bei der Jubiläums-Vorstellung konnte man ihm am Festabende so recht vom Gesichte herablesen. (...) Die Aufführung war vortrefflich bis auf die auffallenden Gedächtnißschwächen, die Herrn Blasel wohl im überwallenden Frohgefühle befielen. (...)"* (Wiener Presse. No. 40. Montag, 29. October 1888. VII. Jahrgang)

Die Bemerkung von der „auffallenden Gedächtnißschwäche" in dieser Rezension ist einer der wenigen zeitgenössischen Hinweise auf eine mögliche Textschwäche Blasels. In späteren Jahrzehnten wird dieses vermeintliche Problem eine erstaunliche Eigendynamik entwickeln. Aus der angeblichen Textunsicherheit des Schauspielers wird eine Quelle für unzählige Anekdoten, vervielfältigt, vergrößert, erfunden und weitererzählt lange nach dem Tod der Hauptperson. Diesem Phänomen wird an späterer Stelle noch ein eigenes Kapitel gewidmet sein. Im Falle der Jubiläumsvorstellung in Anwesenheit des Kaisers ist die „Textschwäche" aber offenbar ganz bewusst in das Stück eingebaut. Die „Wiener Allgemeine Zeitung" beobachtet:

> *„(...) Nun beginnt das eigentliche Stück. Director Blasel sitzt im Archive des Josephstädter Theaters und trennt sich, da er ja sich selber zu geben hat, nicht vom Souffleurkasten. Aus diesem heraus werden ihm allerlei verzweifelte Gedanken eingeflüstert, wie er wohl das Jubiläum des Theaters würdig feiern solle. (...)"* (Wiener Allgemeine Zeitung. Morgenblatt. Nr. 3113. Wien, Donnerstag, 25. Oktober. 1888)

Das Publikum ist begeistert, die hohen Gäste bleiben bis zum Schluss der Vorstellung. Offenbar keine Selbstverständlichkeit, denn in der Presse wird diese Tatsache ausdrücklich erwähnt:

> *„(...) Der Kaiser und Kronprinz Rudolph wohnten der Vorstellung von Anfang bis zum Ende bei. Beim Empfange sagte der Kaiser zum Director, der ihn zur Hofloge geleitete: 'Wissen Sie, Blasel, daß ich seit meiner Jugend nicht in Ihrem Theater war?' worauf Blasel antwortete: 'Um so größer das Glück, daß Eure Majestät unser heutiges Jubiläum mit dero Besuche beglücken,' und beim Verlassen des Hauses äußerte sich der Monarch zum Regisseur Ranzenhofer: 'Es war sehr schön, wir haben uns sehr gut unterhalten, ich mache Ihnen mein Compliment.' (...)"* (Wiener Allgemeine Zeitung. Morgenblatt. Nr. 3113. Wien, Donnerstag, 25. Oktober. 1888)

„Es war sehr schön, es hat mich sehr gefreut!" Oder wie hier: „Es war sehr schön, wir haben uns sehr gut unterhalten!" Sätze wie diesen sagt der Kaiser jedesmal - zahllose Überlieferungen belegen dies - wenn er einen offiziellen Termin beendet. Im Theater in der Josefstadt trifft die Aussage für den Herrscher möglicherweise sogar zu. Für seinen Sohn, Kronprinz Rudolf, dagegen eher nicht. Der 30-jährige ist schwer depressiv, bei seiner Ehefrau, beim Volk und seinem Vater, dem Kaiser, unbeliebt. Die Folgen einer Syphilis bekämpft er mit großen Mengen an Alkohol und Morphium. Alle schädlichen Folgen inbegriffen. Seine Kusine, Gräfin Marie Larisch Wallersee, zitiert ihn in ihren Lebenserinnerungen mit den düsteren Worten: „Ich habe dieses Leben satt! (…) Du weißt, wie widerlich dies alles ist; du hast hinter die Kulissen geblickt und weißt, was für armselige Puppen wir sind. Wir treiben Mummenschanz, um das Volk zu ergötzen, wir tanzen nach der Pfeife anderer; weh' uns, wenn wir natürlich sind! Wozu bin ich bloß geboren!? Was bin ich denn schließlich? Eine arme Kreatur mit dem Kainszeichen der Sünden meiner Vorfahren." (Maria Freiin von Wallersee, Meine Vergangenheit, Berlin 1913, S. 159f) Weder Carl Blasel, noch sein Ensemble, geschweige denn das jubelnde Publikum ahnen auch nur das Geringste von den Abgründen, die sich in der Seele ihres royalen Gastes auftun. Nur drei Monate später, am 30. Januar 1889, begeht Kronprinz Rudolf im Jagdschloss Mayerling vor den Toren Wiens Selbstmord. Eine seiner Geliebten, die 17-jährige Mary Vetsera, nimmt er mit in den Tod. Komödie und Tragödie – nicht nur im Theater, auch im Leben sind sie oft nur ein winziges Stück weit voneinander entfernt.

Im Mai des Jahres 1889 legt Carl Blasel das Direktorat des Theaters in der Josefstadt in die Hände seines Nachfolgers Theodor Giesrau. Ein alter Weggefährte. Zu der Zeit, zu der Carl als Schauspieler am Carl-Theater wirkt, fungiert Giesrau dort als Kanzleibeamter, somit als Zuständiger für organisatorische Fragen. Später eröffnet Giesrau seine eigene Theater-Agentur. Mit dieser vermittelt er seinem Kollegen Carl Blasel dann dessen erstes Direktorat am Theater in der Josefstadt. Nun übernimmt Theodor Giesrau selbst diese Verantwortung. Ihm wird fünf Jahre später Ignaz Wild folgen, dann Josef Jarno. Mit letzterem hält nach dem heiteren Possen-Repertoire auch das anspruchsvolle Sprechtheater Einzug am Theater in der Josefstadt. Die ganz große Glanzzeit des künstlerischen Theaters auf der Bühne der Josefstadt wird am 22. Juni 1923 beginnen. An diesem Tag übernimmt Max Reinhardt das Haus. Die Nachwelt wird den Schauspieler, Regisseur und Direktor dereinst zum „Bühnenmagier" und „Theaterzauberer" verklären. Zur Zeit seiner Übernahme der Josefstadt ist der leidenschaftliche Theatermacher noch nicht gar so überhöht, doch auch schon damals genießt er als Regisseur und Theaterleiter einen herausragenden Ruf. Sein prächtiger Umbau des Josefstädter Theaters, sein anspruchsvolles Repertoire und vor allem sein exzellentes Schauspieler-Ensemble werden dem Haus jenen Ruf einer maßstabsetzenden Sprechtheater-Bühne verleihen, dessen Strahlkraft auch in der Gegenwart noch anhält. Diesen neuen Weg seiner alten Bühne wird Carl Blasel allerdings nicht mehr miterleben. Nur wenige Monate vor Reinhardts Amtsantritt schließt er für immer die Augen. Im Jahr 1889 hat Carl Blasel nach fünf erfolgreichen Jahren als Direktor des Theaters in der Josefstadt zunächst einmal ein größeres, neues – altvertrautes – Haus im Auge: Er wird der neue Direktor des Carl-Theaters.

**Direktor des Carl-Theaters**

Acht Jahre sind vergangen, seit Carl Blasel jenes Theater, das zufällig seinen Namen trägt, als Schauspieler verlassen hat. Jetzt kehrt er als Direktor zurück. Mit einer erfolgreichen Bilanz im Gepäck: Sein erstes Direktorat am Theater in der Josefstadt hat die darbende Bühne wieder auf Erfolgskurs gebracht. Einen guten Teil seines dortigen Ensembles nimmt Carl an die neue Wirkungsstätte, das Carl-Theater, mit. Allen voran natürlich Johanna. In den Theater-Almanachen wird sie ab jetzt nicht nur als Schauspielerin gelistet, sondern auch als Mitglied der Direktion. Doch Carl bekommt noch weiteren „Familienzuwachs": Sein Neffe Paul, Sohn von Schwester Katharina, ebenfalls Schauspieler und ausgestattet mit mittlerweile gut zehn Jahren Bühnenerfahrung an diversen großen Theatern des Habsburgerreiches, wendet sich nunmehr auch der Kaiserstadt zu. Dort schließt er sich dem Ensemble seines Onkels am Carl-Theater an. Seine frischgebackene Ehefrau bringt er gleich mit: In seinem letzten Engagement in Brünn hat Paul nur wenige Monate zuvor Leopoldine Kilian-Korner geheiratet. Die junge

Dame - Kosename „Poldi" - ist Operettensängerin und für Carl Blasel vermutlich keine Unbekannte: Ihr Stiefvater Franz Eppich ist Schauspieler und ebenfalls Operettensänger. Als Carl seinerzeit sein erstes Engagement als Schauspieler am Carl-Theater antritt, gehört Eppich dort bereits zum Ensemble. Jetzt, bei Carls Rückkehr als Direktor, ist Eppich zwar weitergezogen ins Engagement am Theater an der Wien, doch die Herren kennen einander vermutlich bestens. Seine Stieftochter Poldi hat Eppich seinem Kollegen Blasel mit Sicherheit längst vorgestellt. Um das Blaselsche Familien-Ensemble zu vervollständigen, stößt zu guter Letzt zur Ehefrau und dem Neffen samt Gattin auch noch Carls Sohn Leopold Maria hinzu. Jener gehört als Schauspieler am Carl-Theater nunmehr fest zum Ensemble und wird als solcher zum ersten Mal auch in den einschlägigen Theater-Almanachen gelistet.

Seinen Einstand als Direktor des Carl-Theaters gibt Carl Blasel mit einer Gesangsposse, die einen heiteren Bilderbogen von Genre-Szenen aus den habsburgischen Kronländern aneinanderreiht. Das Stück „Österreich-Ungarn, wie es lebt und liebt" ist heute zwar vergessen, beim Publikum damals kommt es jedoch sehr gut an. Wenn auch die Presse mit ein klein wenig diskret eingeflochtener Ironie auf die Omnipräsenz des Theaterdirektors und Hauptdarstellers Carl Blasel reagiert:

> *„(...) Heute fand die erste Vorstellung in der Aera Blasel statt. Man gab: 'Oesterreich-Ungarn, wie es lebt und liebt', Posse mit Gesang in sechs Bildern von Thalboth und Antony. Nun, wie Oesterreich-Ungarn 'leibt und lebt', bekommt man in dem Stücke nicht vollständig zu sehen, das wäre auch für einen Abend zu viel des Guten, aber Manches wird gesprochen und gesungen, worüber man lacht und was gefällt. (...) Das dramatische Panoptikon gefiel. Herrn Blasels Anfang – sein Programm ist er! - war gut. Er will, wie es scheint, in die Leopoldstadt das Josephstädter Theater verpflanzen; billige Stücke, billige Preise, billige Schauspieler und Blasel als Mittelpunkt, um den sich Alles dreht. Er selbst spielte heute gut, tanzte gut und sang – auch; es ist erstaunlich, welche Arbeitskraft der Mann, der kein Jüngling mehr ist und täglich, jahraus, jahrein so in der Josephstadt arbeitete, besitzt.*

> *Das wird auch an dem Donau-Canale einige Zeit vorhalten, aber Blasel und immer nur Blasel, auch in jungen Rollen, vielleicht wird sich der Director, im eigenen Interesse, noch um eine zweite erste Kraft umsehen. Josephstadt und Leopoldstadt sind denn doch etwas verschiedene Bezirke. Die Umgebung des Komiker-Directors ist gut geschult. Keiner ragt hervor, aber Keiner stört. Vielleicht wird man aber doch gut thun, einige große Anfangsbuchstaben der Cursivschrift einzufügen. Bis dahin dürfte das heute mit Erfolg gegebene Stück 'Oesterreich-Ungarn, wie es lebt und liebt' vorhalten."* (Wiener Zeitung. Nr. 206. Samstag, den 7. September 1889.)

Kaum am neuen Haus angekommen, steht für Carl Blasel gleich wieder ein Ereignis an. Diesmal ein ganz persönliches: Im November 1889 begeht der Schauspieler sein 40. Bühnenjubiläum. Für die Festvorstellung wählt er ein Stück, das sowohl für ihn als auch für seine Gattin Johanna eine Hauptrolle bereit hält. Schließlich steht auch ein ganz privater Jahrestag an: Zeitgleich mit Carls 40. Bühnenjubiläum feiern die Eheleute ihren 30. Hochzeitstag. Wo könnte ein Schauspielerpaar das besser tun als auf der Bühne. Das Ehepaar Blasel gibt in jenem Stück „Nigerls Reise nach Paris" ein Ehepaar namens Nigerl. Herr Nigerl, eine Verkörperung des Wiener Vorstadt-Spießbürgers, gewinnt eine Reise zur Weltausstellung nach Paris. Dort begegnet er nicht nur der ganz großen Welt, sondern auch der Versuchung in Gestalt einer süßen Modistin und der rasenden Eifersucht von Gattin Nigerl. Das Publikum amüsiert sich aufs Beste. Die „Wiener Presse" berichtet:

> *„(...) Die lustigen Erlebnisse dieser Reise und die tolle Hetzjagd, welche die nachreisende eifersüchtige Frau Nigerl mit ihrem Gatten in Paris aufführt, halten die Lachlust der Zuschauer fortwährend rege. Herr und Frau Blasel als köstliches Ehepaar Nigerl und Frl. Burg als fesche Wiener Modistin waren die Träger der Hauptrollen sie ernteten sämmtlich reichen Beifall, der bei dem köstlichen Vortrage eines Couplets über den Wiener Fremdenverkehr und das Wiener Nachtleben durch Herrn Blasel seinen Höhepunkt erreichte. (...)"* (Wiener Presse. No 41. Montag, 28. October 1889. VIII. Jahrgang.)

---

Gegenüberliegende Seite: Carl Blasel als „Nigerl" in „Nigerl's Reise nach Paris", Wien, 1889
Aus: Blasel-Album zum 50 jährigen Schauspieler Jubiläum des Künstlers Carl Blasel 1849-1899
Im Verlag des Wr. Colosseums, Wien, 1899, Privatbesitz C. Möderler

„Nigerl's Reise nach Paris".

„Nigerl".

Carl und Johanna machen die Vorstellung zu einem emotionalen Höhepunkt ihrer gemeinsamen Karriere und ihres gemeinsamen Lebens: Um die Besonderheit des Anlasses nicht durch Repertoire-Routine zu verwässern, lassen sie die Hauptrollen in „Nigerls Reise nach Paris" nach ihrem gemeinsamen Fest-Auftritt umbesetzen. Die Rolle des Herrn Nigerl übernimmt ab sofort Anton Mödlinger, Frau Nigerl spielt Fanny Mellin. Carl und Johanna bewahren sich die ganz persönliche Einmaligkeit ihres gemeinsamen Auftritts. Nach der Festaufführung von „Nigerls Reise nach Paris" steigt aus Anlass des Blaselschen Doppel-Jubiläums im alten Künstlerhotel „Zum goldenen Lamm" - inzwischen heißt es „Hotel Continental" - ein Fest für Kollegen, Freunde und Bekannte, außerdem für geladene Gäste aus der Wiener Lokalpolitik. Es gibt diverse Vorträge, Gesangsnummern und nicht zuletzt eine Festrede des prominenten Jubilars Carl Blasel:

*„Hochverehrtes Publicum! Lange habe ich mich vorbereitet für diesen Tag, ich habe beinahe vierzig Jahre dazu gebraucht. Heute überrascht es mich dennoch! Nun haben Sie Nachsicht, wenn ich etwas befangen bin, denn ich bin Anfänger. Ich schwöre Ihnen, ich feiere zum erstenmale mein vierzigjähriges Jubiläum. Vierzig Jahre! Mancher glaubt, es sei eine Ewigkeit, an mir sind sie vorübergeflogen wie ein lustiger Carneval, denn ich habe sie in Ihrer liebenswürdigen Mitte verbracht. Die paar Jahre, die ich nicht in Wien war, die rechne ich gar nicht, denn da lebt man ja eh nicht, wenn man nicht in Wien ist. Ein alter Spruch sagt: ' 's gibt nur a Kaiserstadt, 's gibt nur a Wien.' Ich habe wärend der vierzig Jahre manche bittere Pille verschluckt, es hat aber nichs geschadet, denn bittere Pillen sind für den Magen gesund, und ein Theaterdirector muss einen guten Magen haben. Ich bin jetzt ein glücklicher Mensch, denn ich habe die Liebe des Wiener Publicums und das ist eine Geliebte, wo selbst meine Frau nichts dagegen einzuwenden hat. Ferner hab' ich eine mächtige Freundin: die Presse. Obwohl sie manchmal nicht gut aufgelegt ist, das macht aber nichts. Wenn man aber ihrer Hilfe bedarf, so steht sie Einem mächtig zur Seite. Und mit zwei solchen Geliebtinnen kann's Einem nicht schlecht gehen auf der Welt. Und da hab' ich nur einen Wunsch: Wir möchten Alle miteinander das hundertjährige Jubiläum feiern."* (Fest-Schrift zum 50jährigen Schauspieler-Jubiläum von Carl Blasel. Wien, 1899.)

Presse und Publikum werden Carl Blasel tatsächlich auch weiterhin zuverlässig die Treue halten. Einen Abschied gilt es am Ende des Jahres dennoch zu nehmen: Johanna Blasel, mittlerweile im 50. Lebensjahr, steht am 30. Dezember 1889 zum letzten Mal als Schauspielerin auf der Bühne. Natürlich an der Seite ihres Gatten Carl. Gewählt haben sich die beiden ein wichtiges Stück des Alt-Wiener-Volkstheaters: den „Kampl" aus der Feder Johann Nestroys. Johanna gibt die Cäcilia von Waschhausen, Carl den Gabriel Brunner. Auch wenn Johanna fortan die Bretter, die die Welt bedeuten, nicht mehr aktiv betritt, erfährt sie als professionelle Schauspielerin weiterhin volle Anerkennung: Bis zum Ende von Carl Blasels Direktorat am Carl-Theater wird sie in allen Theater-Almanachen nicht nur als Mitglied der Direktion, sondern auch weiterhin als Mitglied des Schauspieler-Ensembles gelistet bleiben.

Wie schon am Theater in der Josefstadt nutzt Carl Blasel auch an seiner neuen Wirkungsstätte seine persönliche Popularität nach Kräften aus, um zahlendes Publikum in sein Haus zu locken. Fast jeden Abend steht er auch als Direktor des Carl-Theaters wieder als Darsteller auf seiner eigenen Bühne. Seine körperliche Leistungsfähigkeit reizt er dabei nach wie vor bis an die Grenzen aus. Seine Fähigkeiten als Sänger, Tänzer und Akrobat sind seinem Publikum bereits seit Jahrzehnten bekannt. Im Jahr 1891 wartet der dann bereits fast 60-jährige nochmals mit einer großen Überraschung auf: Er präsentiert sich als Schwimmer. Über Wochen hinweg, Abend für Abend. Diesen Einsatz fordert das aufregende und technisch maximal anspruchsvolle Schauerdrama „Ein dunkles Geheimniß". Das Stück ist eine Übernahme aus England. Die Zeitungen übertreffen sich in blumigen Beschreibungen:

> *„(...) Das Stück gehört zu jener Kategorie von Effectdramen, deren Hauptzweck es ist, die Zuschauer in fortwährender Spannung zu erhalten, ihre Empfindungen aufzuwühlen, Nerven-Erschütterungen herbeizuführen und die Theilnahme für die Helden keinen Augenblick erkalten zu lassen, bis der Vorhang zum letztenmale sich herabsenkt. Das ist den Autoren auch in vollem Maße gelungen. Es gab Augenblicke,*

> *wo die Zuschauer beinahe vergaßen, daß sie sich im Schauspielhause befanden, und mit athemloser Spannung der Entwicklung des Dramas folgten, welches, ein dramatisirter Criminalroman, selbst die crassesten Mittel nicht verschmäht, um das Interesse der Zuschauer zu steigern und festzuhalten. Und Gelegenheit dazu ist reichlich vorhanden in den Verbrechen, welche ein durch eigene wie durch die Schuld seines Sohnes ruinirter Mann begeht, um durch die Ermordung seines reichen Bruders und dessen Kinder in den Besitz eines großen Vermögens zu gelangen. Die Scene, in welcher Mary, die ältere Tochter des reichen Mannes, von ihrem Onkel und Vetter überwältigt und von der Brücke in die Themse geworfen wird, daß man das Wasser hoch aufspritzen und das Mädchen nach einigen von den Mördern vereitelten Versuchen, sich zu retten, in den Wellen untergehen sieht, gehört zu dem aufregendsten, was auf der Bühne bisher geboten wurde. (...) Von den Darstellern verdienen insbesondere Director Blasel, der sich kopfüber in die Themse stürzt, um ein ertrinkendes Kind zu retten, sowie Miss Olive Stettith, eine geborene Engländerin, welche die Mordscene am Flußufer, deren Opfer sie werden soll, mit großer Naturwahrheit spielte, besonders hervorgehoben und lobend erwähnt zu werden. (...)*
> (Neue Freie Presse. Morgenblatt. Nr. 9536. Wien, Samstag, den 14. März 1891.)

Die englische Schauspielerin Olive Stettith hat ihren allabendlichen Taucheinsatz in echtem Wasser bereits reichlich trainiert. „Ein dunkles Geheimniß" spielt in der Originalfassung „A Dark Secret" bereits über längere Zeit hinweg in London, bevor Carl Blasel es als deutschsprachige Adaption nach Wien ans Carl-Theater holt. Die weibliche Hauptdarstellerin importiert er gleich mit. Der englische Gaststar passt sich an: In Wien präsentiert Olive Stettith ihre Rolle – tatsächlich hat sie neben ihrem Einsatz als Schwimmerin auch noch Sprechtext – auf Deutsch. Dabei rezitiert die Künstlerin nicht etwa nur rein phonetisch gelernte Worte – sie versteht vielmehr auch ganz genau deren Bedeutung. Als Kind genießt Olive Stettith eine exzellente Erziehung auf einem vornehmen Internat in Stuttgart. Die deutsche Sprache ist der Schauspielerin somit bestens vertraut.

Mindestens genauso bemerkenswert wie der körperliche Einsatz des Ensembles ist die Bühnentechnik, die die nassen Einsätze überhaupt erst möglich macht. Das „Neue Wiener Tagblatt" verschafft sich einen genauen Überblick über die hochkomplexe Becken-Konstruktion, die dem Publikum wirkungsvoll die Illusion vermittelt, direkt an der Themse zu sitzen:

> *„(...) Im Carl-Theater wurde schon sechs Wochen vor der ersten Aufführung des englischen Dramas in tiefstem Geheimnisse an der Herstellung des Bassins gearbeitet. Nächtlicherweile errichteten Zimmerleute ein Gerüst, welches, die Versenkungen unter der Bühne durchbrechend, bis auf den Grund des Gebäudes führte und die Bühne dort stützte, wo das schwere Bassin aufliegen sollte. (...) Nun trat Mr. Douglaß, der Erfinder dieses Wassereffektes und Autor des Dramas in Aktion. (...) Die äußeren Wände des Bassins wurden aus ausgetrockneten harten Holzbrettern zusammengefügt und mit Eisenstangen in dem Bühnenboden befestigt. Das Bassin bildet ein längliches Rechteck, dessen rückwärtige Ecken abgestumpft sind, und ist 16 Meter lang und 6 Meter breit. Da die Bühne sich gegen die Rampe neigt, ist das Bassin vorne höher als rückwärts. Das Innere des Bassins wurde mit Bleiplatten ausgelegt, ausgegossen und sorgfältig verlöthet. In die Vorderwand des Bassins sind vier zolldicke Glasplatten eingesetzt, welche in Eisenrahmen ruhen, die durch weiße Quaiblöcke maskirt sind. Diese Glasplatten sind einem starken Drucke des Wassers ausgesetzt und Mr. Douglaß verwendete einen von ihm erfundenen Kitt zum Einsetzen der Glastafeln, auch wurde zwischen Glas und Eisen ein mit Kitt ausgefüllter Raum gelassen, damit der Druck des Wassers die Platten nicht mit dem Eisen in Berührung bringe. (...) Der Apparat, welcher den heftigen Platzregen hervorruft, ist ein langer, mit kleinen Löchern versehener Blechsteifen auf einer eigenartigen Hängevorrichtung, eine Art von Sieb, welches die Hydranten des Schnürbodens mit Wasser versehen. (...) Es dürfte vielleicht auch interessiren, daß Miß Olive Stettith zum Sprunge in das Wasser nur ein schwarzes Trikot und ein Kleid trägt. Miß Stettith hat das neunte Bild: 'Ein Nachtstück an der Themse', selbst inszenirt und gestellt."* (Neues Wiener Tagblatt. Nr. 78. Freitag, den 20. März 1891. 25. Jahrgang.)

Ein wahrhaft kühnes Unterfangen. Ob ein derartiger Bau in der Gegenwart noch die gesetzlich vorgeschriebene Abnahme durch die offiziellen technischen Überwachungs-Institutionen erhalten würde, darf bezweifelt werden. Noch viel mehr, ob heutzutage überhaupt noch ein Theater einen derart riskanten Aufwand betreiben würde, nur um seinem Publikum etwas noch nie Gesehenes zu präsentieren. Denn ganz pannenfrei geht das Wagnis seinerzeit tatsächlich nicht ab: Bei einer der ersten Vorstellungen in London wird das Bassin undicht, sein Inhalt läuft aus und setzt Orchestergraben und Parkett unter Wasser. Zu Schaden kommt glücklicherweise niemand. In Wien bleibt dann auch alles trocken. Für Carl Blasel lohnt sich das technische, unternehmerische und körperliche Risiko in jeder Hinsicht. Die Presse jubelt:

> *„In Glück und Wonne, im wahren Sinne des Wortes, schwimmt momentan das Carltheater, welches Gott Neptun und dem Mister Douglaß nicht genug danken kann, daß er es auf den Wogen des Wassers und Fortunas schaukeln läßt. Das 'Dunkle Geheimnis' mit seinen nassen Sensationsbildern war bis jetzt fast täglich ausverkauft, ja an den beiden heuer so winterlichen Osterfeiertagen hat sich Director Blasel sogar täglich zweimal in die Themse gestürzt, um hinterher, angesichts der ausverkauften Häuser, glückselig und pudelnaß ausrufen zu können: 'Jetzt bin ich aus dem Wasser!' Es wird vielfach geglaubt, daß sich Director Blasel bei seiner Wasser-Paraderolle eines Gummianzuges bediene. Dem ist aber nicht so; er nimmt das dramatische Bad im Gegentheile in gewöhnlicher Kleidung, was um so anerkennenswerter ist, als die Wassertemperatur des Carltheaters sehr oft unter 17 Grade sinkt. Das berührt ihn aber ebensowenig, als seine Schwimmcollegin Miß Stettith; ja letztere huldigt sogar dem Grundsatze: Je kälter, desto lieber!"* (Wiener Hausfrauen-Zeitung. Nr. 14. Wien, 5. April 1891. XVII. Jahrgang.)

Während das Wasser Carl Blasel anno 1891 viel Glück am Carl-Theater bringt, hat er – nur ein Jahr später – mit Feuer eher Pech. Auch wenn am Ende glücklicherweise nichts passiert. Dabei will Carl nichts weiter, als seinem Publikum einmal mehr eine große Sensation präsentieren. Diesmal ist es die berühmte Schauspielerin

Sarah Bernhardt aus Paris – ebenso legendär für ihre Darstellungskraft wie für ihren exaltierten Lebensstil. Einen jungen Löwen als Haustier zu halten ist dabei vielleicht noch die harmloseste Caprice der außergewöhnlichen Künstlerin, die von ihren Bewunderern „Die Göttliche" genannt wird. Bei Carl Blasel gibt die Diva eine Hauptrolle in einem Drama, das ihr der Dichter Victorien Sardou auf den Leib geschrieben hat. Das Stück heißt „Fédora" und erzählt eine dramatische Irrungs-, Wirrungs-, Rache-, Mord und Liebesgeschichte um eine russische Großfürstin. Die Bernhardt natürlich in der Hauptrolle. Allerdings kommt die französische Bühnengöttin am Carl-Theater gar nicht erst zu ihren leidenschaftlichen Szenen. Die Tücken der Elemente kommen ihr auf ganz hinterhältige Weise in die Quere. Das Wiener Tagblatt berichtet:

*„Panik im Carl-Theater. Die gestrige Vorstellung im Carl-Theater erlitt gleich zu Beginn eine unliebsame Störung, welche eine glücklicherweise ohne jeden Unfall abgelaufene Panik im Publikum zur Folge hatte. Es gelangte Sardou's 'Fédora' mit Sarah Bernhardt in der Titelrolle zur Aufführung und das Haus war in allen seinen Räumen sehr gut besucht. (...) Auf der linken Seite des Salons, in welchem der erste Akt spielt, befindet sich ein Kamin, in welchem man täuschend nachgeahmt, die helle Gluth sieht und an welchem sich bald darauf Feodora die Füße wärmt. Die ersten Worte waren kaum gesprochen, als sich der Besucher im Parterre eine lebhafte Unruhe bemächtigte. Ein durchdringender Brandgeruch drang von der Bühne in den Zuschauerraum und unter der halbgewölbten Decke desselben sammelte sich eine leichte Wolke, wie Rauch, an. (...) Eine förmliche Panik folgte, Die Sitze klappten auf und zu, hunderte Füße von Besuchern, welche den Ausgängen zueilten, verursachten Gepolter, dazwischen ertönten vom Parterre bis zur vierten Galerie Rufe: 'Ruhe!' 'Hier bleiben!' 'Hinaus!' 'Niedersetzen!' 'Es brennt!' 'Es brennt nicht!' (...) Sämmtliche Mitwirkende der französischen Truppe, Frau Sarah Bernhardt in ihrer Mitte, hatten sich mittlerweile auf der Bühne versammelt, um zu zeigen, daß keine Gefahr bestehe. Sarah Bernhardt suchte durch Gestikulationen das Publikum zu beruhigen und mit gefalteten Händen rief sie nur immer: 'Ce n'est rien! Ce n'est rien!' Da trat Direktor Blasel an die Rampe und nachdem mehre der besonnen gebliebenen Zuschauer Ruhe verlangt hatten, konnte man die Worte Blasels vernehmen. Er*

> *rief: 'Aber meine Herrschaften! Von Feuer ist ja keine Idee. Nur in Folge des schlechten Wetters schlägt der Wind den Rauch in den Kamin zurück – daher der unangenehme Geruch! Nur das schlechte Wetter ist schuld!"* (Neues Wiener Tagblatt. Nr. 293. Samstag, den 22. Oktober 1892. 26. Jahrgang.)

Da viele Zuschauer wegen des vermeintlichen Feuers auf der Bühne das Theater in Panik verlassen und unter den Verbliebenen weiter Unruhe herrscht, bekommt die Bernhardt an diesem Abend nicht die enthusiastische Resonanz, die sie aus ihren ansonsten immer überfüllten Theatern gewöhnt ist. Die weiteren Vorstellungen der „Fédora" absolviert der Gaststar dann allerdings erfolgreich, umjubelt und ohne unliebsame Zwischenfälle. Die internationalen Diven bringen Carl Blasel ohnehin guten Erfolg: Auch die italienische Bühnengöttin Eleonora Duse gastiert – etwa zur selben Zeit – mit ihrem eigenen Ensemble am Carl-Theater. Genau wie bei der Bernhardt, die auf Französisch spielt, werden die Auftritte der Duse in italienischer Sprache frenetisch bejubelt. Ob das Carl-Theater-Publikum die Texte wirklich komplett versteht, sei dahingestellt – die außerordentliche Darstellungskunst der beiden berühmten Schauspielerinnen wirkt ganz offensichtlich unabhängig von den Worten.

Im Jahr 1891 erhält Carl Blasel nochmals Familien-Unterstützung am Carl-Theater: Sein ältester Sohn Karl Junior, der gelernte Bankkaufmann, steht ihm ab sofort bis zum Ende seines Direktorats als Oberinspektor zur Seite. Die positiven Bilanzen nicht zuletzt des „Dunklen Geheimnisses" und der „Fédora" dürften den Finanzfachmann sehr erfreut haben. Überhaupt sind im Haushalt Blasel wieder in dichter Folge Familien-Ereignisse zu verzeichnen: Am 23. Januar 1892 heiratet Leopold Maria, der mittlere der drei Blasel-Söhne und Schauspieler im Ensemble von Papa Carl, die Tochter des vor kurzem erst verstorbenen Hof-Wagenlackierers Vinzenz Doninger. Der Name der Braut ist Katharina Josepha Margarethe. Die Familie nennt sie liebevoll „Tinka". Das junge Paar hat einen illustren Trauzeugen: Graf Nikolaus Esterhazy unterzeichnet persönlich den Eintrag im Trauregister der Kirche St. Leopold in der Nähe des Augartens. Gemäß seiner dort genannten Berufsbezeichnung ist er Großgrundbesitzer, seine Adresse ist Schwarzenbergplatz Nr. 5. Zu jener Zeit ein prachtvolles Stadtpalais. In der Gegenwart eine öffentliche Parkgarage. Als Angehöriger der legendären ungarischen Magnatendynastie und reichsten Familie Mitteleuropas steht er in der allerersten Reihe der Wiener High-Society. Wie und wo sich der Hochadelige und die Sprösslinge der Künstlersippe Blasel kennengelernt haben, ist allerdings unbekannt. Nur zwei Monate später, am 21. März 1892, macht der älteste Sohn, Karl Junior, Carl Blasel zum zweiten Mal zum Großvater. Enkelin Ludovica Franziska Johanna, kurz „Wicki", erbt die Langlebigkeit ihres Opapas: Im 90. Lebensjahr, am 22. Oktober 1981, wird sie dereinst in Wien-Hietzing versterben. Einen viel zu frühen Todesfall gibt es allerdings nur wenige Monate nach Wickis Geburt zu beklagen: Carl Blasels erster Enkel, der siebenjährige Carl Ludwig Johann, erster Sohn des Karl Junior, stirbt am 9. Oktober 1892 an einer tuberkulösen Hirnhautentzündung. Dafür ist bereits im Mai des Jahres 1893 das nächste freudige Ereignis zu feiern: Sohn Leopold Maria und seine Gattin Tinka bekommen ihr erstes Kind. Der kleine Leopold Karl Vincenz erblickt am 13. Mai das Licht der Welt. Carl Blasel wird sein Pate. Ein sehr langes Leben ist auch diesem Enkel nicht beschieden. Bereits im Jahr 1939 wird Leopold Karl Vincenz im Alter von nur 46 Jahren versterben.

Schon im März 1893, somit rechtzeitig zur Feier des demnächst anstehenden Familienzuwachses, verleiht Carl Blasel seinem Sohn Leopold Maria eine neue Würde: Er macht ihn zum Vize-Direktor des Carl-Theaters. Die Presse reagiert mit einer gewissen Ironie auf die familieninterne Karriereleiter:

> *„Vielleicht wird der Herr von Blasel jr., der Herr Leopold Blasel, jetzt nur mit gravitätischer Würde antworten, wenn man vor ihm schön artig die Reverenz machen wird; der Herr von Blasel jr. ist nämlich in die Direction getreten und Vicedirector beim Papa geworden. Freilich, wenn er sich bemüht, in allen Dingen dem Herrn Papa nachzu-*

*machen, dann wird auch er liebenswürdig und bescheiden bleiben. Schauens, der Herr Director Blasel hat gewiß auch seine Fehler – mein Gott! Aber das muß man ihm lassen, er ist ein seelenguter, freundlicher Herr, und seine Mitglieder lieben ihn wie einen Vater. Mit den Untergebenen ist er von einer liebenswürdigen Cordialität, und wenn er doch einmal Jemanden hart anfährt, dann muß er aber schon sehr stark gereizt worden sein (...)"* (Wiener Sonn- und Montags-Zeitung Nr. 11. Wien, Montag den 13. März 1893. 31. Jahrgang.)

Die unterschwellige Unterstellung des Zeitungsartikels, Leopold Maria könne es möglicherweise an Liebenswürdigkeit und Bescheidenheit mangeln, findet nur wenige Wochen später treffliche Nahrung durch eine Beleidigungsklage, die sich Leopold von einem Bühnendichter einhandelt. Offenbar kontert der Jung-Vize-Direktor dessen – seiner Ansicht nach unberechtigte – Kritik an einer Inszenierung derart aggressiv, dass der Vorfall vor dem Kadi landet. Die Presse berichtet detailliert:

*„(Ein Nachspiel zum 'Silberkönig'.) Herr Leopold Maria Blasel, Schauspieler und Directions-Secretär des von seinem Vater geleiteten Carltheaters, stand heute vor dem Strafrichter des Bezirksgerichts Leopoldstadt, Dr. Wrany, als Angeklagter in einem Ehrenbeleidigungsprocesse, den Herr Bruno Bernstein, Schriftsteller und Besitzer eines literarischen Bureaus in Berlin, gegen ihn angestrengt hatte. Herr Bernstein hatte nach der Aufführung des 'Silberkönig', welches Stück das Carltheater durch das Bureau des Klägers bezogen hatte, an die Direction des Carltheaters ein Schreiben gerichtet, in welchem er sich über die Aufführung und Ausstattung des Stückes beklagte. Dieser Brief war der Ausgangspunkt einer Correspondenz, die von beiden Seiten in sehr erregtem Tone geführt wurde. Herr Bernstein richtete schließlich an Herrn Director Blasel eine Zuschrift, in welcher er bemerkte: 'Ich gratulire Ihnen zu Ihrem Leopold Maria Blasel! Welcher Styl, welche blühende, arrogante Schreibweise!' Gleichzeitig verbat er sich weitere Zuschriften. Als Antwort hierauf erhielt Herr Bernstein eine Correspondenzkarte nachstehenden Inhalts: 'Herrn Bruno Bernstein, Schriftsteller in Berlin! Ich verbiete mir von einem Schafskopf, wie Sie jede Zuschrift – das kommt von verbieten, einem Frechling, wie Sie, verbietet man, da verbittet – welches Wort von bitten kommt – man nichts mehr! Uebrigens sind schon zu viel Worte über einen so*

*faulen Quatschkopf, wie Sie, gemacht. Ich werde mir erlauben, bei meiner nächsten Anwesenheit in Berlin Ihnen ein paar hinter die Ohren zu geben. Leopold Maria Blasel." (...) Herr Blasel jun. gab zu, die Correspondenzkarte geschrieben zu haben, versicherte aber, durch den Kläger zu diesem groben Tone provocirt worden zu sein. Er durfte, sagte er, die Anwürfe gegen das Personal des Carltheaters nicht stillschweigend hinnehmen, habe daher dem Briefschreiber geantwortet, daß Niemand 'dieses larmoyante Zeug' so gut gespielt hätte, wie gerade das Personal des Carltheaters. (...) Der Richter (...) erkannte Herrn Leopold Maria Blasel der Ehrenbeleidigung schuldig und verurtheilte ihn unter Annahme mildernder Umstände zu einer Geldstrafe von 25 Gulden."* (Local-Anzeiger der „Presse". Beilage zu Nr. 172. Wien, Samstag den 24. Juni 1893. 46. Jahrgang.)

Dass Leopold Maria das Carl-Theater, sein Ensemble und nicht zuletzt sich selbst – auch er ist im fraglichen Stück besetzt – leidenschaftlich verteidigt, spricht für ihn und seine Identifikation mit seiner Arbeit. Allerdings schießt er deutlich über das Ziel hinaus. Leider ist nicht überliefert, wie sein Vater, Theaterdirektor Carl Blasel, auf diese Affäre reagiert. Vielleicht gibt er seinem heißblütigen Sohn ja noch den einen oder anderen Ratschlag in Sachen Diplomatie. Warum Literaturagent Bernstein zu jener Zeit so unmutig auf den „Silberkönig" reagiert, ist nicht mehr nachzuvollziehen. Presse und Publikum sind nämlich ausgesprochen angetan. So liest die interessierte Öffentlichkeit:

*„(K. k. priv. Carltheater.) Samstag den 15. d. M. gelangte das fünfactige Drama 'Der Silberkönig' von Henry A. Jones und Henry Hermann, deutsch von J. Stindl, mit dem kgl. sächs. Hofschauspieler Herrn E. v. d. Osten in der Haupt- und Titelrolle als Gast, zur ersten Aufführung und fand großen Beifall. (...) Ihm zunächst seien Frl. Bleibtreu als sein Weib Nelli, und Director Blasel (Diener Daniel) in rühmlicher Weise anerkannt. (...) Aus der großen Anzahl der Beschäftigten, die Alle vortrefflich spielten, seien die Herren Norini, Franker, L. Blasel, Lechner Czasta, Kühle, Schmiedl und Godai, sowie die Damen Reimann und Mellin genannt. (...) Die Regie war eine musterhafte und bewährte sich Herr Niedt wieder einmal als Meister der Inscenirungskunst und Organisator des Erfolges."* (Der Humorist. Nr. 12. Wien, am 20. April 1893. XIII. Jahrg.)

Stück, Ensemble und nicht zuletzt Carl und Leopold Maria Blasel gefallen. Was Herr Bernstein seinerzeit zu bemängeln hat, wird somit sein Geheimnis bleiben. Hinter dem in der Rezension ausdrücklich gelobten „Frl. Bleibtreu" verbirgt sich im Übrigen die Schauspielerin Hedwig Bleibtreu. Die 24-Jährige ist erst seit einer Spielzeit fest am Carl-Theater engagiert. Für das Jungtalent ist Carl Blasels Bühne ein Sprungbrett zum ganz großen Erfolg: Kurz nach ihrem Auftritt im „Silberkönig" wechselt die Bleibtreu ans Burgtheater und beginnt dort eine grandiose Karriere als Charakterdarstellerin. Nicht zuletzt Film-Begeisterten ist die Künstlerin auch in der Gegenwart noch ein Begriff: In dem ikonischen Kino-Meisterwerk „Der dritte Mann", nach einem Drehbuch des britischen Journalisten Graham Greene von Regisseur Carol Reed anno 1949 in den Kriegsruinen Wiens verfilmt, spielt die dann bereits über achtzigjährige Doyenne des Burgtheaters die grantig-verbitterte Vermieterin der Hauptdarstellerin. Ihr kurzer Auftritt mit wirrem grauen Haar, einer Steppdecke über den Schultern und der ganzen Verstörung durch Krieg und Besatzung in den Augen, im Rokoko-Prunkpalais mit sichtbaren Bombentreffern, in dem „einst Fürst Metternich verkehrte", und dessen großen Saal sie jetzt in mit Wolldecken abgeteilten Parzellen an Kriegs-Wohnungslose vermietet, bleibt in Erinnerung.

Ein Stück, das auch noch in der Gegenwart immer wieder den Weg in die Spielpläne der Boulevard-Theater findet, steht bei Carl Blasel im Frühjahr 1894 auf dem Spielplan: „Charley's Tante" aus der Feder des Briten Brandon Thomas. Das heitere Stück um zarte Liebesbande zweier junger Paare, die, in Ermangelung der beim trauten Tête-à-Tête vorgeschriebenen Anstandsdame, einen gemeinsamen Freund in Frauenkleider stecken und ihn zu diesem Zweck als „Charley's Tante" ausgeben, ist gerade erst zwei Jahre alt. In dieser kurzen Zeit hat es aber bereits einen beachtlichen Siegeszug hinter sich gebracht: Die britische Insel erobert Charley's Tante ebenso im Sturm wie den New Yorker Broadway und die preußische Hauptstadt Berlin. Dort wird die lustige Verkleidungs-Posse derart frenetisch gefeiert, dass sich Kaiser Wilhelm II. das Ensemble zur Privatvorstellung ins Neue Palais nach Potsdam kommen lässt. Die Tatsache, dass sich der regierende Herrscher in einem Repräsentationsbau Friedrichs des Großen eine harmlose Unterhaltung vorführen lässt, in der ein Mann in Frauenkleidern auftritt, bringt den ob seiner scharfen Polemiken gefürchteten Literaten Maximilian Harden derart in Rage, dass dieser in einem giftigen Pamphlet den baldigen Niedergang jeder echten Kunst prophezeit:

> *„(...) Im Neuen Palais, dem Wohnorte des Kaiserpaares, giebt es ein Schloßtheater, auf dessen Brettern früher mitunter von den Hofschauspielern kleine Plauderstücke aufgeführt wurden, das aber eine Privattheatertruppe noch niemals betreten hat. Diese Auszeichnung ist auf Befehl des Kaisers nun dem Adolf Ernst-Theater zu Theil geworden, das in der vorigen Woche dort dem Kaiser, der Kaiserin, dem russischen Großfürsten Wladimir, dem General Grafen von Caprivi und der Hofgesellschaft die englische Posse 'Charleys Tante' vorgeführt hat. (...) Das Adolf Ernst-Theater ist der markanteste Träger der rasch zunehmenden Korruption des Berliner Geschmackes; sein Geschäftsprinzip besteht in der Vorführung bunten Unsinns und mehr oder minder entkleideter Mädchen; es hat der gesunden norddeutschen Posse den Boden entzogen, (...) es ist schon traurig genug, daß solche Schaustellungen, die mit irgend einer Art von Kunst nicht das Geringste gemein haben, in der Hauptstadt des Deutschen Reiches ein breites Publikum finden; noch trauriger, daß sie aus dieser undeutschen und unkünstlerischen Parvenu-Stadt auch in besseres Erdreich verpflanzt werden; am Traurigsten aber wäre es, wenn auch nur scheinbar, solche Spekulationen auf die schlechten Instinkte von einer Stelle begünstigt wurden, wo alle Deutschen gern einen geläuterten Geschmack und eine ernste Theilnahme an dem Streben national empfindender Künstler walten sähen. Und deshalb begann ein bedenkliches Schütteln des Kopfes, als man vernahm, welcher Ehre eine englische Circus-Burleske gewürdigt worden war, deren einziger Witz darin besteht, daß ein Komiker in Frauenkleidern umherläuft, die er dann vor den entzückt lachenden Zuschauern auszuziehen beginnt. (...)"* (Die Zukunft. Herausgeber: Maximilian Harden. Fünfter Band. Berlin. 1893. Darin: „Charleys Tante im Neuen Palais", erschienen am 25. November 1893)

Doch wie sehr Maximilian Harden auch wütet - „Charley's Tante" ist ein Kassenmagnet, wo auch immer das Stück auf die Bühne gebracht wird. Diesen sicheren Erfolg lässt sich auch Carl Blasel nicht entgehen. Wie nicht anders zu erwarten, sind Publikum und Presse von der Inszenierung am Carl-Theater gleichermaßen entzückt. Wir lesen:

> *„Endlich, nach langer Zeit hielten sie wieder ihren Einzug, die frohen Lachgeister und lustigen Kobolde in den Musentempel auf der Praterstraße und 'Charley's Tante' erwies sich als gütige, segenspendende Fee für die schon etwas öde gewordenen Cassen des Carltheaters. (...) Dem Director Blasel ist dieser Erfolg umsomehr zu gönnen, als er selbst ein Musterexemplar von Rührigkeit, Fleiß und Ausdauer ist und sich alle erdenkliche Mühe gibt, die Verhältnisse des von ihm seit 5 Jahren geleiteten Theaters einigermaßen zu consolidiren. (...) Vor Allem sei Director Blasel als Lord Babberley (Charley's unechte Tante) besonders anerkannt, da er seine zu Uebertreibungen förmlich verlockende Rolle mit wohlthuender künstlerischer Mäßigung und glücklicher Laune doppelt wirksam spielt. (...)"* (Der Humorist. Nr. 4. Wien, am 1. Februar 1894. XIV. Jahrg.)

„Charley's Tante" ist ein Erfolg für alle, die mit ihr zu tun haben: Den Autor Brandon Thomas macht sie ihrerzeit mit einem Schlag zum reichen Mann, ihre Hauptdarsteller macht sie zu Stars - wenn sie es, wie Carl Blasel, nicht sowieso schon sind. So nimmt sich im 20. Jahrhundert auch das neue Medium Film sofort des wirkungsvollen Stoffes an – kaum, dass es so richtig Fahrt aufgenommen hat: 1915 übernimmt Oliver Hardy, später die pummelige Hälfte des Komiker-Duos „Laurel und Hardy", in einer kurzen Stummfilmfassung die Rolle der Tante, 1925 dann Sydney Chaplin, der Bruder des legendären „Charlie" Chaplin. 1934 darf in Deutschland Paul Kemp im brandneuen Tonfilm als Tante erstmals singen. Heinz Rühmann anno 1955 und Peter Alexander anno 1963 liefern so unwiderstehliche Darstellungen der singenden, tanzenden und – nicht selbstverständlich für Männer – sehr gut aussehenden Tante, dass ihre Filme auch in der Gegenwart immer wieder im Fernsehen gezeigt werden. Über 100 Jahre nach der Uraufführung greift der Kino-Regisseur Sönke Wortmann den Stoff nochmals auf: Im Jahr 1996 legt er die vorläufig letzte, inhaltlich etwas an die Gegenwart angepasste Filmfassung von „Charley's Tante" vor. Die Hauptrolle in dieser Produktion gibt der Kino- und TV-Star Thomas Heinze. Maximilian Harden wäre über so viel Erfolg wohl fassungslos.

„Charley's Tante".
„Lord Baberley".
„Ta—ta!"

Links: Carl Blasel als „Lord Fancourt Babberley", rechts: Wilhelm Knaack als „Stephen Spittigue" in „Charley's Tante", Wien, 1894
Aus: Blasel-Album zum 50 jährigen Schauspieler Jubiläum des Künstlers Carl Blasel 1849-1899
Im Verlag des Wr. Colosseums, Wien, 1899, Privatbesitz C. Möderler

Carl Blasel setzt nach dem Erfolg mit „Charley's Tante" weiter auf heiteres Repertoire mit eher überschaubarem Tiefgang, dafür umso mehr Angebot für Auge und Ohr. „Die Brillantenkönigin" heißt eine leichte Operette, mit der Blasel eine neue, aber bereits sehr erfolgreiche Hauptdarstellerin aus Budapest an sein Carl-Theater lockt. Ihr Name ist Julie Kopacsi- Karczag. Das „Wiener Journal" berichtet:

> „'Die Brillantenkönigin' von Taube und Fuchs gibt – allerdings ohne Absicht der Autoren – ein Bild von der Valuta-Zerfahrenheit in Dalmatien. Dort spielt nämlich die neue Operette! Ein Theil der Schauspieler drückt die landesübliche Währung in Gulden aus, der andre Theil in Mark und das Publicum gäbe Kronen darum, wenn es wüßte, was in der Operette vorgeht. Man sieht drei Stunden lang unsinnig viel Leute kommen und gehen und wird sich nicht über den Zusammenhang klar. (...) Die ganze Operette gibt sich übrigens nur als Rahmen zum Gastspiel der Frau Kopacsi-Karczag, die mit ausgesprochenem Erfolge debutirt hat. Die Dame hat wohl zu viel Temperament in sich und zu wenig Stoff auf sich, aber das wird sich leicht ausgleichen lassen. Wir begreifen nicht, daß Frau Kopacsi um das Eintreffen ihrer Garderobe besorgt war. Auf die paar Handbreit Seidengaze, die sie z. B. im zweiten Act an hatte, wäre es uns nicht mehr angekommen. Doch wir haben nicht über die Entkleidungskünstlerin der Kopacsi zu referiren! Frau Kopacsi besitzt so vorzügliche Eigenschaften, daß man sie schleunigst engagiren sollte. Sie spricht ein besseres Deutsch, als die Palmay,* (Anm.: Ilka Palmay, verh. Gräfin Kinsky, 1859-1945, gebürtige Ungarin, in den 1890-er Jahren bedeutende Operettendiva in Wien) ihr Ton ist nicht ganz rein, aber kräftig und sie singt gut, sie tanzt hübsch und hat viel parodistisches Talent. Dem Carl-Theater hat eine Künstlerin dieser Qualität längst gefehlt. (...) Director Blasel war durch das ausverkaufte Haus vorzüglich disponirt und erzielte viel Beifall. (...)"* (Neues Wiener Journal. Nr. 151 Wien, Dienstag, 27. März 1894.)

Der leichtgeschürzte Auftritt der Julie Kopacsi überzeugt den Rezensenten, das Publikum und den Theaterdirektor. Fünf Tage nach der Premiere der „Brillantenkönigin" unterschreibt die Kopacsi bei Carl Blasel einen Vertrag, der sie für drei Spielzeiten als erste Operettendiva fest an das Carl-Theater bindet.

„Brillanten-Königin".

„De la Fontana".

„Das ist der Moment, wo der Afl' in's Wasser springt".

Rechts: Carl Blasel als „Della Fontana", links: Julie Kopacsi-Karczag als „Betta"
in „Die Brillantenkönigin", Wien, 1894
Aus: Blasel-Album zum 50 jährigen Schauspieler Jubiläum des Künstlers Carl Blasel 1849-1899
Im Verlag des Wr. Colosseums, Wien, 1899, Privatbesitz C. Möderler

Der Oktober des Jahres 1894 hält für Carl Blasel diverse bemerkenswerte – berufliche wie private – Ereignisse bereit. So wird er, der Mann, der auf der Bühne glaubhaft den Ewig-Jugendlichen verkörpert, am 15. Oktober, einen Tag vor seinem 63. Geburtstag, zum vierten Mal Großvater. Katharina „Tinka" Doninger-Blasel, die Gattin seines mittleren Sohnes Leopold Maria, bringt ein Töchterchen zur Welt. Es bekommt den Namen Johanna Henrica Anna. Für eine angemessene Begrüßung der neuen Erdenbürgerin hat Carl Blasel wahrscheinlich gar keine Zeit. Denn ausgerechnet am selben Tag, am 15. Oktober 1894, begeht er am Carl-Theater ein Ereignis, das damals ganz Wien und vor allem die Wiener Theater in Atem hält: das 50. Musikerjubiläum des Walzerkönigs Johann Strauß. Am Nachmittag des Jubeltages macht Carl Blasel zusammen mit einer Abordnung des Carl-Theaters dem Meister zunächst seine Aufwartung in dessen Privatwohnung. Die Zeitungen berichten:

> *„(...) Sehr humoristisch angehaucht war die Deputation des Carl-Theaters: Blasel, Knaack Herr Natzler und Secretär Schäfer, der einen prachtvollen Kranz überbrachte. Blasel fing an: 'Verehrter Meister! Wir kommen aus Methusalem, ich und er (auf Knaack weisend, der ein drolliges Gesicht schneidet), wir sind noch die einzigen, die damals mitgewirkt haben. Das Carl-Theater ist zwar von Ihnen zuletzt sehr stiefmütterlich behandelt worden, aber wäre ich schon früher Director gewesen, so hätte ich Sie und ihre Muse so lang sekirt, bis Sie mir ein paar Kinder geschenkt hätten...' (Lebhafte Heiterkeit.) Director Blasel, der famoser Laune war, machte hierauf noch einige lustige Bemerkungen und sagte endlich: 'Jetzt müassen wir aber geh'n, denn ich hab' schon ein' Mordshunger und Sie meine Herrschaften, können nicht verlangen, daß ich verhunger'! (...)"* (Neues Wiener Journal. Nr. 352. Wien, Dienstag, 16. October 1894)

Carl Blasels Anspielung auf „Methusalem" und seine Mitwirkenden bezieht sich auf ein Theater-Ereignis der Vergangenheit. Gemeint ist die Operette „Prinz Methusalem" mit der Musik von Johann Strauß. Fast zwanzig Jahre zuvor, am 3. Januar 1877, hat das Werk am Carl-Theater Premiere. Im Ensemble spielt damals das legendäre Trio Josef Matras, Wilhelm Knaack und Carl Blasel. Auch

Johanna Blasel ist in der Rolle eines Pagen dabei. Der Meister steht bei der ersten Aufführung persönlich am Pult. Am 15. Oktober 1894 feiert Carl Blasel also nicht nur – wie alle anderen – einen weltberühmten Star der Musik, sondern einen Künstlerkollegen, der ihm schon lange durch gemeinsame Arbeit vertraut ist und den er schätzt. Am Abend des Jubiläumstages lässt er am Carl-Theater eine eigens zusammengestellte Festaufführung zu Ehren von Johann Strauß auf die Bühne bringen. Für diese erbittet er knapp zwei Wochen vorher in einem persönlichen Brief vom Meister die Aufführungsgenehmigung für zwei Gesangsnummern aus dessen Operette „Die Fledermaus". Das Schreiben ist erhalten:

*„Sehr geehrter Herr von Strauß!*

*Edler Freund und Gönner unter den vielen die von Ihnen etwas brauchen, will auch sein – ich benötige für die Jubel Vorstellung am 15 zwei kleine Bruchtheile aus Ihrer göttlichen Fledermaus und erbitte mir hierzu Ihre gütige Einwilligung Mit herzlichem Gruß und Handkuß an Ihre werthe Frau Gattin*

*Hochachtungsvoll*

*3/10 94 Carl Blasel"* (Eigenhändiger Brief von Carl Blasel an Johann Strauß, Teilnachlass Carl Blasel, H.I.N.-119941, AC15894812, Wienbibliothek im Rathaus, Wien)

Johann Strauß erteilt die Genehmigung und eigentlich steht Carl Blasels Jubiläums-Aufführung „Sein erster Walzer" nichts mehr im Wege. Aber nur einen Tag vor der Vorstellung erhebt Strauß-Bruder Eduard plötzlich merkwürdige Einwände. Die Presse hält die interessierte Öffentlichkeit über die unvorhergesehenen Schwierigkeiten detailliert auf dem Laufenden:

*„(...) Johann Strauß hatte seine, von der Censurbehörde als Bedingung gestellte Zustimmung zur Aufführung des genannten Gelegenheitsstückes gegeben, und den Besuch des Carl-Theaters für nächsten Mittwoch – wo das Stück wiederholt werden sollte – zugesagt. Vorgestern Abends jedoch* (Anm.: 14. Okt. 1894) *erhielt Director Blasel die Mittheilung, daß Eduard Strauß an geeigneter Stelle Protest gegen die*

> *Aufführung des Stückchens erhoben habe. Er war selbst durch Hinweis auf die Zustimmung des Jubilars (...) nicht zu bestimmen, diesen Protest zurückzunehmen. Nun mußte die Direction in aller Eile aus dem Gelegenheitsstückchen heraus nehmen, was eben, infolge des Eduard Strauß'schen Verbotes, heraus genommen werden mußte und dieses Wrack bildete gestern das Festspiel. Kein Mensch merkte, daß er es nur mit einem Bruchstück zu thun habe. Das kleine Festspiel, von Zell sehr stimmungsvoll gemacht, fand großen Beifall. Die Musik, von Capellmeister Pohl sehr geschickt zusammengestellt wurde stürmisch applaudirt. Im Festspiel tritt der junge Strauß als handelnde Person auf und componirt, sozusagen vor den Augen des Publicums, seinen ersten Walzer, der sofort vom Orchester gespielt wird. Bei festlichen Gelegenheiten darf man sich so was erlauben. (...)"* (Neues Wiener Journal. Nr. 352. Wien, Dienstag, 16. October 1894)

Von einem Tag auf den anderen ein ganzes Stück umzuschreiben und neu auf die Bühne zu bringen ist eine gewaltige Zumutung. Warum Eduard Strauß dem Carl-Theater-Ensemble einen solchen Affront antut, bleibt sein Geheimnis. Ob er seinem Bruder Johann damit einen großen Gefallen erweist, ebenfalls. Ohnehin ist es ein Akt der Zerstörungswut, mit dem sich dieser jüngste der drei Strauß-Brüder – Johann und Joseph sind die älteren – lange nach dem Tod der beiden anderen in das Gedächtnis der Nachwelt eingraben wird. Ewig gemartert von dem Gefühl der Zurücksetzung hinter seinen berühmteren Brüdern lässt der begabte, ungeheuer fleißige und hochgeehrte, aber seinem Empfinden nach nicht genug geliebte Musiker das gesamte handschriftliche Notenarchiv seiner Familie verbrennen. Schätzungsweise eine Million Seiten unwiederbringlicher Strauß-Kompositionen und Arrangements gehen bei dieser fünf Stunden dauernden Vernichtungs-Orgie in Flammen auf. Ob Eduards Selbstwertgefühl dadurch gerettet wird, darf bezweifelt werden.

Ungeachtet des Eduard Strauß'schen Störmanövers bringt Carl Blasel das Jubiläums-Stück „Sein erster Walzer" erfolgreich über die Bühne. Da es sehr kurz ist, wird der Abend mit einem zweiten Stück aufgefüllt, das Blasel bereits zum Spielzeitbeginn Anfang

Oktober in sein Repertoire aufgenommen hat. „Fürst Malachoff" ist ein neu geschriebenes, heiteres Singspiel aus der Feder von Friedrich Zell, mit Musik von Julius Bernhard Stern. Alle Stars des Carl-Theaters sind im Ensemble versammelt: Die neue Operettendiva Julie Kopacsi-Karczag, Carl Blasel und nicht zuletzt sein langjähriger Weggefährte Wilhelm Knaack. Die kleine Operette kommt sehr gut an und spielt en suite bis zum 23. Oktober. Was Carl Blasel nicht ahnt: An diesem Abend wird er seinen alten Kollegen zum letzten Mal sehen. Angeblich auf dem Heimweg vom Theater – so berichten es die Zeitungen – zieht sich Wilhelm Knaack eine Erkältung zu, aus der eine Lungenentzündung wird. Eine Woche später, am 29. Oktober 1894, erliegt der 65-Jährige seiner Krankheit. Eine Wiener Theater-Legende ist Geschichte: Der gebürtige Rostocker, der mit seiner langen, hageren Gestalt, seinen stets etwas blasiert wirkenden Gesichtszügen und seiner leicht näselnden Sprechweise eine unverwechselbar überzeichnete Noblesse ausstrahlt, die er in eine unerreichbare Komik umzuwandeln versteht (zwei Generationen nach ihm wird der gebürtige Hannoveraner Theo Lingen, hochseriöser Burgschauspieler, aber ebenfalls hocherfolgreicher Film- und Fernsehkomiker, mit einer ähnlichen Technik arbeiten). Der Künstler, der mit Johann Nestroy persönlich in der deutschsprachigen Erstaufführung des „Orpheus in der Unterwelt" auf der Bühne steht und der zusammen mit Josef Matras und Carl Blasel jenes legendäre Komiker-Trifolium bildet, das über Jahrzehnte hinweg das Theaterpublikum der Kaiserstadt begeistert. Der Unentwegte, der, vielen Presseberichten nach, niemals krank war, ist nicht mehr. Mit seinem Kollegen Blasel ist Wilhelm Knaack zu Lebzeiten dank der vielen gemeinsamen Jahre am Carl-Theater eng verbunden. Aber trotzdem wahrt er bis zum Schluss zeremonielle Distanz. Der kenntnisreiche Feuilletonist Alexander Landsberg – in der Wiener Sonn- und Montagszeitung schreibt er unter dem Pseudonym „Schnüfferl" – verrät das kleine Detail:

*„(...) Interessant ist das Verhältniß zwischen dem Herrn Director und dem Herrn von Knaack; beide haben die schönste Zeit ihres Lebens an dem einen Institute zugebracht, beide sind seit so vielen Jahren engere Colleschen, und haben den Ruhm dieser Bühne, in erster Reihe stehend, mitbegründet; beide haben auf der Bühne schon die komischesten Streiche miteinander ausgeführt, und doch sind sie sich in diesen vielen Jahrzehnten ihres Zusammenwirkens niemals so nahe getreten, um das ceremonielle 'Sie' abzustreifen und sich – was doch beim Theater überhaupt der Brauch – colleschial zu dutzen. (...)"* (Wiener Sonn- und Montags-Zeitung Nr. 11. Wien, Montag den 13. März 1893. 31. Jahrgang.)

Mit dem Dahinscheiden Wilhelm Knaacks geht auch für Carl Blasel eine Ära zu Ende. Obwohl das Zusammentreffen der Ereignisse ein zufälliges ist. Carls Zeit als Direktor des Carl-Theaters neigt sich dem Ende zu. Sein Pachtvertrag läuft nach sechs Jahren ganz regulär aus. Eine Verlängerung allerdings kommt nicht zustande, obwohl Carl Blasel – Presseberichten nach – gerne gewollt hätte. Die Erben des Theater-Namensgebers Carl Carl haben andere Pläne. Die Presse reagiert mit großem Bedauern:

*„(...) Director Blasel geht also! Nur noch wenige Monate und die 'Aera Blasel' ist – gewesen. Durch volle sechs Jahre hat dieser wackere, rastlos arbeitende, unermüdliche Künstler das Steuer dieses schon stark leck gewesenen Theaterschiffes dirigirt. Jetzt, nachdem er in der Consolidirung und Stabilisirung des von ihm in vollkommen derouten Verhältnissen übernommenen Theaterunternehmens den schönsten Lohn seiner mühevollen und opferreichen Arbeit erblickte, jetzt wurde ihm das Directionsscepter aus den Händen gewunden und nun mag er dazuschauen, wer es ihm ermöglicht, sich weiter als Leiter eines großen wiener Theaters zu bewähren. Director Blasel darf sich stolz den Regenerator des Carltheaters nennen, denn er hat dieses decadente Theater wieder zu neuem Leben erweckt. Mit erstaunlicher Geschicklichkeit und theilweise vom Glück begünstigt, wirkte dieser Lieblingskomiker der Wiener durch volle sechs Jahre als Leiter des Carltheaters. Es gehört wohl mehr als bloße Fachkenntnis dazu, speciell diese Bühne mit Erfolg zu dirigiren und verdient der Muth und die zähe Ausdauer, mit der Director Blasel das Leopoldstädter Theater*

*bisher leitete, die rückhaltsloseste Anerkennung und Bewunderung aller Jener, die sich überhaupt für das wiener Bühnenleben interessiren. (...)"* (Der Humorist. Nr. 8. Wien, am 10. März 1895. XV. Jahrg.)

Carl Blasels Nachfolger am Carl-Theater wird ein guter alter Bekannter. Franz Jauner – mittlerweile Franz Ritter von Jauner – übernimmt nun bereits zum zweiten Mal diese Aufgabe. Knapp 25 Jahre nachdem er, damals Schauspieler am Carl-Theater, auf Wunsch des Direktors Anton Ascher zu dessen Nachfolger ernannt wird. Nach seinem Carl-Theater-Direktorat führt Jauners Weg damals an die Hofoper, dann folgt die Übernahme des neuen Ringtheaters, die mit dem Trauma des verheerenden Ringtheater-Brandes endet. Jauner wird seinerzeit zu einer mehrjährigen Gefängnisstrafe verurteilt. Zwar begnadigt ihn Kaiser Franz Joseph I. nach nur wenigen Wochen, doch Jauners Karriere ist für Jahre unterbrochen. Einzelne kurzzeitige Verpflichtungen halten ihn über Wasser: Mal arbeitet er in der Direktion des Theaters an der Wien, mal als Schauspieler, mal als Organisator von Theatervorstellungen im Zuge einer großen Wiener Kunstausstellung. Das neue Direktorat am Carl-Theater ist seine erste große, langfristige Verpflichtung seit der Ringtheater-Katastrophe.

Am Pfingstmontag, den 3. Juni 1895, fällt für Carl Blasel der letzte Vorhang als Direktor des Carl-Theaters. Natürlich steht er auch an diesem Abend nochmals in einer Hauptrolle auf der Bühne: Als Pan Gabryel Ostrogsky in der neu geschriebenen Operette „Die Lachtaube" mit Musik von Eugen von Taund. Das Publikum bejubelt den scheidenden Direktor. Die Presse berichtet:

*„Im Carl-Theater gestaltete sich die gestrige letzte Vorstellung unter der Direction Blasel's zu einem an Ehren reichen Abend für den scheidenden Director. Herr Blasel wurde, als er die Bühne betrat, mit unendlichem Beifall empfangen und es dauerte mehrere Minuten, ehe weitergespielt werden konnte. Nach jedem Actschlusse steigerten sich die Sympathiebezeugungen des vollen Hauses für den Abschied nehmenden Director. Auf offener Scene und nach den Actschlüssen wurden ihm Lorbeerkränze und prachtvolle Blumengewinde gereicht (...)*

*Als der Vorhang zum letzten Male fiel, wollte der dem Director Blasel geltende Applaus gar kein Ende nehmen und Herr Blasel sah sich schließlich genöthigt, einige Worte an das Publicum zu richten. Er that dies in einer humoristischen Ansprache, die bei jedem Satze förmlich bejubelt wurde. (...)"* (Neues Wiener Tagblatt. Nr. 151. Dienstag, den 4. Juni 1895. 29. Jahrgang.)

Die „humoristische Ansprache", die Carl Blasel damals an sein Publikum richtet, veröffentlicht er später in einer Festschrift zu seinem 50. Bühnenjubiläum:

*„Seit zehn Jahren bin ich Director! Hams's a Idee? Mit meinem Humor und meiner besser'n Hälfte, meiner Frau, an der Seite, habe ich das schwere Amt übernommen, zwei zugrunde gegangene Theater wieder in die Höhe zu bringen, das ist – um mich neuparlamentarisch auszudrücken – eine Vieharbeit. Dazu gehört eigentlich ein Herkules, aber kein Komiker! Die 'Josefstadt' war bald wieder flott, aber das Carl-Theater – wünsch' guten Appetit – kann's net richten, es müssen Zwa dabei sein.' Und ich hab' es doch getragen, aber fragt mich nur nicht 'wie?' Vorderhand ist es heute das letztemal, dass ich als Director vor Ihnen stehe Ich werfe sie ab, die Last der Direction, und es bleibt mir nur noch meine bessere Hälfte und mein Humor. Mit diesen Beiden komme ich, so Gott will, im Herbste wieder. - Folglich nehme ich keinen Abschied, sondern rufe erleichterten Herzens meinem so liebenswürdigen Wiener Publicum und der mir stets wohlwollenden Presse, sowie allen meinen Mitarbeitern, gross und klein, zu: 'Herzlichen Dank! Ich bleibe der Alte, bitte, bleiben Sie mir es auch. Auf frohes Wiedersehen!"* (Fest-Schrift zum 50jährigen Schauspieler-Jubiläum von Carl Blasel. Wien, 1899.)

Carl Blasel ist nicht der einzige, der an diesem Abend seinen Abschied feiert. Nicht nur er nimmt seinen Hut als Direktor, sondern auch fast alle Schauspielerinnen und Schauspieler des Carl-Theaters müssen gehen. Franz von Jauner stellt seine eigene, gänzlich neue Gesellschaft zusammen. Aus dem Ensemble seines Vorgängers übernimmt er nur den Operettentenor Wilhelm Bauer, die Soubrette Julie Kopacsi-Karczag und – den Schauspieler Carl Blasel. Ob diesen eine alte Anhänglichkeit an seinen Kollegen und Schon-Einmal-

Direktor Jauner treibt oder ob ihm – frei nach Plautus – das Hemd schlichtweg näher als der Rock, das heißt, ein Engagement als hochbezahlter Schauspieler lieber ist als *kein* Engagement als Direktor – welcher Grund genau Carl Blasel zu diesem Schritt bewegt, und vor allem, was seine ab jetzt arbeitslosen Kolleginnen und Kollegen davon halten, ist nicht überliefert. Dafür berichtet die Presse umso detaillierter über Blasels ausnehmend günstige Vertrags-Konditionen:

> *„Der Vertrag zwischen dem Director Jauner und Carl Blasel ist, wie wir erfahren, gestern perfect geworden. (...) Carl Blasel, in dem die neue Direction wenigstens die erste nennenswerthe männliche Kraft gewinnt, bezieht eine sehr gute Gage, Director Jauner löst ihm ferner den Fundus ab und hat Herrn Blasel für die Zeit seines Engagements die bisherige Directionswohnung im Theatergebäude kostenfrei überlassen. (...) Abends versandte die neue Direction des Carl-Theaters die Meldung von dem Engagement Blasel's. Der populäre Künstler, welcher somit dem Carl-Theater erhalten bleibt, hat sich trotz seiner 64 Jahre mit jugendlichem Frohmuth in die neue Wendung der Dinge gefügt. Bei dieser Gelegenheit bringen wir in Erinnerung, daß Blasel nunmehr ununterbrochen seit 32 Jahren in Wien thätig ist und volle fünf Jahre die Direction des Carltheaters geleitet hat, zu dessen Zierden er hoffentlich in Hinkunft zählen wird."* (Neues Wiener Journal. Nr. 571. Wien, Dienstag, 28. Mai 1895)

Carls weiterer Karriereweg – wieder als Schauspieler – ist gesichert. Sein Sohn Karl Junior, bislang Oberinspektor am Carl-Theater, wird Beamter der Länderbank. Dessen Schwiegermutter Fanny Mellin, die Schauspielerin, die Carl seit dem gewaltsamen Tod ihres Mannes immer an seinen Häusern beschäftigt, ist bereits im März des Jahres 1895 verstorben. Carls Sohn Leopold Maria, der in der Abschiedsvorstellung der „Lachtaube" ebenfalls als Schauspieler mit auf der Bühne steht, wird „Director der Tournee des Possen-Ensembles des Carl-Theaters". Neffe Paul Blasel, für einige Zeit ebenfalls Schauspieler in Carls Ensemble, ist längst Theaterdirektor in Regensburg. Gattin Leopoldine begleitet ihn. Sie ist jetzt Schauspielerin am Regensburger Theater. Die Zukunft der Familie ist also geklärt. Lediglich für Johanna Blasel, die zwar schon länger nicht mehr selbst auf der Bühne steht, aber bis zum Ende des Jahres 1895 in den einschlägigen Theater-Almanachen immer noch sowohl als Mitglied der Direktion als auch als Ensemblemitglied des Carl-Theaters aufgeführt ist, endet hier endgültig die Karriere als Schauspielerin. Sie bekommt von ihrem Ehemann dafür eine Entschädigung der besonderen Art: Weil sie – so lautet die schriftlich niedergelegte Erklärung – ihr eigenes Vermögen, bestehend aus ihren Gagen und den Geschenken diverser Verehrer ihrer Kunst, zur Sicherung seiner Theater-Verbindlichkeiten eingesetzt habe, überschreibt Carl Blasel in einer umfangreichen Notariats-Akte sein gesamtes Vermögen inclusive seines immobilen und mobilen Besitzes – allein die Auflistung sämtlicher Einrichtungsgegenstände der gemeinsamen Wohnung umfasst mehrere Seiten – komplett und dauerhaft seiner Gattin Johanna. Ob reiner Akt tiefer Liebe oder Finte zum Schutz vor Gläubigern – nur Carl kann es wissen....

Titelbild „Carl Blasel mit leeren Taschen"
Humoristische Blätter,
Wien, 1. September 1889
Privatbesitz C. Möderler

# Wieder Schauspieler

## Engagement am Carl-Theater

Anfang Oktober 1895 beginnt die neue Spielzeit am Carl-Theater für Carl Blasel als „Nicht-Mehr-Direktor", sondern „Nur-Noch-Schauspieler". Mit der Operette „Das Modell" mit Musik von Franz von Suppé lässt sich der Neustart unter Direktor Franz von Jauner zunächst recht gut an. Die Presse berichtet:

*„Der officielle Eröffnungsabend des von Herrn Franz Jauner so prächtig umgewandelten Hauses hat heute dem letzten Werke des Altmeisters Suppé – der Operette 'Das Modell' – einen glänzenden Erfolg gebracht. (...) Ein besseres Ensemble ist schon lange nicht in einem Wiener Operettentheater gesehen und gehört worden. In den Damen Kopacsi-Karczag, Stojan und Ziemaier und den Herren Spielmann und Blasel besitzt das Carltheater Kräfte von ungewöhnlicher Leistungsfähigkeit. (...)"* (Das Vaterland. Nr. 273. Samstag, den 5. October 1895. XXXVI. Jahrgang.)

Die ungewöhnliche Leistungsfähigkeit Carl Blasels, die die Zeitungen bei seinem Neubeginn als Schauspieler am Carl-Theater loben, scheint Direktor Jauner sofort gefährlich überzustrapazieren. Gerade für diesen Mann erstaunlich – sollte doch die Tragödie des Ringtheaterbrandes mit den vielen Opfern eine besondere Sensibilität für die Verletzlichkeit von Menschen in ihm geweckt haben. Anscheinend ist dies aber nicht der Fall. So hat er für Carl Blasel im nächsten Stück mit dem vielversprechenden Titel „Eine tolle Nacht" eine ausgesprochen extreme Aufgabe parat. Carls Fähigkeiten als Schauspieler und Sänger sind ohnehin unstrittig. Darüber hinaus hat er seine Fähigkeiten als Turner, Tänzer, ja sogar als Akrobat ebenfalls über Jahrzehnte hinweg bewiesen. Allerdings ist der Künstler inzwischen fast 65 Jahre alt. Trotzdem verlangt Jauner einen noch nie dagewesenen, hochgefährlichen Körpereinsatz von ihm. Mit sehr schlechtem Ausgang – wenn auch für einen anderen. Die „Morgen-Presse" verbreitet die Geschichte:

> *„Bekanntlich schreibt die Rolle des Herrn Blasel in der Ausstattungsposse 'Eine tolle Nacht' vor, dass derselbe im zweiten Acte aus einer Kanone geschossen werde. Da Herr Blasel nach den ersten Vorstellungen sich aus Gesundheitsrücksichten weigerte, dieser Aufgabe seiner Rolle nachzukommen, ließ Director Jauner einen Bühnenarbeiter in der Maske Blasel's emporfeuern. In Folge des heftigen Emporfliegens bekam der Bühnenarbeiter einen Blutsturz. Die Behörde sah sich deßwegen veranlaßt, zu verfügen, daß in Zukunft in der Kanonenscene nur eine Wachspuppe verwendet werden darf. Die Wachspuppe, die nunmehr in der 'Tollen Nacht' aus der Kanone geschossen wird, ist eine täuschende Copie Blasel's."* (Morgen-Presse. No. 240. Wien, Dienstag den 1. September 1896. 49. Jahrgang.)

Einen Schauspieler auf der Bühne aus einer Kanone schießen zu lassen – in der Gegenwart dürften die Arbeitsschutz-Gesetze derart „kreative" Ideen eines Theaterdirektors bereits im Vorfeld im Keim ersticken. Im 19. Jahrhundert muss sich das Bühnenpersonal offenbar derartige Exzesse gefallen lassen. Hinter diesem dramatischen Ereignis ist eine hintere Position auf der Besetzungsliste zwar nur noch eine Randnotiz – sie wird allerdings fast fünf Jahrzehnte später wieder eine Rolle spielen: Sowohl in „Das Modell" als auch in „Eine tolle Nacht" ist ein 23-jähriger Bühnenneuling in kleinen Nebenrollen eingesetzt. Sein Name ist Ernst Tautenhayn. Maßgeblich seine Erzählungen über Carl Blasel – ob echt, übertrieben oder schlichtweg erfunden, lässt sich dann nicht mehr feststellen – werden Jahrzehnte später einen regelrechten „Boom" der Carl-Blasel-Anekdote auslösen. Dem Phänomen ist im weiteren Verlauf noch ein eigenes Kapitel gewidmet.

## Alexander Girardi zum Ersten

Die Entgleisung mit dem Kanonenschuss ist für Carl Blasel offensichtlich nur ein Vorfall von vielen, die ihn darüber nachdenken lassen, dem Carl-Theater nunmehr endgültig den Rücken zu kehren. Der sprichwörtliche Tropfen, der das Fass schließlich zum Überlaufen bringt, ist eine Besetzungsquerele: Für eine Spielzeit holt sich Jauner einen Künstler ans Carl-Theater, der sich im Laufe der vergangenen fünfundzwanzig Jahre Stück für Stück an die Seite Carl Blasels geschoben hat. Der – wenn auch zwanzig Jahre jünger als Carl – schon seit den frühen 1870-er Jahren erst am Strampfer-Theater und danach am Theater an der Wien konsequent seine Karriere als Singspiel-Komiker ausbaut und inzwischen auf dem Höhepunkt seines Ruhmes angekommen ist: Alexander Girardi. Der gebürtige Grazer, ein gelernter Schlosser, verfügt über eine außerordentliche Naturbegabung. Schauspiel- oder Gesangsunterricht erhält er nie. Als 18-Jähriger findet er Aufnahme an einem Liebhabertheater in der österreichischen Provinz, wird ob seines Talentes schnell für die große Bühne entdeckt und feiert seither – immer an einem Theater, an dem Carl Blasel gerade *nicht* ist – rauschende Erfolge als Gesangskomiker. Wie keinem anderen Künstler des 19. Jahrhunderts wird es Alexander Girardi später gelingen, seine Popularität auch noch bis in die Gegenwart zu retten: Die Möglichkeiten der damals völlig neuen – und noch mit durchaus zweifelhaftem Ruf behafteten – Technik der Tonaufzeichnung und des Bewegtbildes erkennt Girardi sofort. Entsprechend konsequent nutzt er diese Techniken aus, um seine Kunst auf vielen Schallplatten und einigen Filmen für die Nachwelt zu konservieren. Dass er seinerzeit sogar die wichtigste Schauspieler-Auszeichnung überhaupt, den Iffland-Ring, bekommen hätte, wäre er nicht noch vor dem verleihenden Schauspieler Albert Bassermann gestorben, fällt da schon fast nicht mehr ins Gewicht.

Bisher kommen sich die beiden Künstler im gleichen Fach, Carl Blasel und Alexander Girardi, nicht in die Quere – Carl arbeitet am Carl-Theater, Girardi am Theater an der Wien. Jetzt holt Direktor Jauner die beiden wichtigsten Komödianten Wiens zusammen an ein Haus. Unmut ist programmiert. Schlimmer noch: Jauner betraut Alexander Girardi mit einer Rolle, die er Carl Blasel zuvor bereits fest zugesagt hat. Diese Demütigung nimmt Carl nicht hin. Er kündigt. Die Zeitungen verbreiten seine offizielle Erklärung:

*„Löbliche Redaction! Ich habe mit Schreiben vom heutigen Tage Herrn Director Jauner durch meinen Anwalt mitgetheilt, daß ich meine Thätigkeit am Carl-Theater für beendet betrachte, zugleich aber beigefügt, daß ich, um der Direction keine Ungelegenheiten zu bereiten, auf deren etwaigen Wunsch noch bis Freitag den 9. d. M. an diesem Theater aufzutreten gewillt sei. Ich halte es für meine Pflicht, den unmittelbaren Anlaß zu diesem Schritte der öffentlichen Beurtheilung anheimzustellen. Es war gewiß für mich kein leichter Entschluß, als ich bei dem Uebergange der Direction des Carl-Theaters an Herrn Franz Ritter v. Jauner mich bewegen ließ, dem Theater als einfaches Mitglied anzugehören, dem ich Jahre hindurch als Director vorstand. Ich habe unter der neuen Direction meine Pflichten voll und ganz erfüllt und fand hierfür den Lohn in den Sympathien des Publicums, welches dem Schauspieler ebenso geneigt blieb, als es dies früher dem Director gegenüber gewesen. Die Vorbedingung einer erfolgreichen Thätigkeit mußte ich aber darin finden, daß mir jene Aufgaben zugewiesen werden und zugewiesen blieben, zu denen mich meine ganze künstlerische Vergangenheit sowol als insbesondere auch die meinem Engagement zu Grunde liegende ausdrückliche Erklärung des Herrn Directors Jauner berechtigte. Diese Vorbedingung wurde bis heute erfüllt, und zwar, wie ich in Bescheidenheit wol sagen darf, gewiß nicht zum Schaden des Theaters. Auch in dem nächsten zur Aufführung gelangenden Werke, der Operette 'Bum-Bum', war mir die erste komische Rolle vom Autor und Componisten zugesagt. Wie sehr mußte ich staunen, als bei der definitiven Besetzung diese mir gebührende Rolle – anderweitig besetzt wurde. (Bekanntlich ist diese Rolle Herrn Girardi zugetheilt worden. Die Red.) Es kann mir gewiß nicht als übertriebene Empfindlichkeit ausgelegt werden, wenn ich mich hiedurch in meiner künstlerischen Ehre auf das tiefste verletzt fühle und aus dieser Verletzung die eingangs erwähnte Consequenz zu ziehen mich veran-*

*laßt sah. Ich scheide somit von der bisherigen Stätte meiner künstlerischen Wirksamkeit und spreche die Hoffnung aus, daß das Publicum mir auch, wenn ich an einem anderen Orte wieder vor dasselbe treten werde, sein Wohlwollen bewahren möge. Im voraus für die Aufnahme dieser Zeilen bestens dankend, zeichnet hochachtungsvoll Karl Blasel. Wien, 5. October 1896."* (Neue Freie Presse. Nr. 11537. Wien, Dienstag, den 6. October 1896.)

Was Direktor Jauner, den Vollblut-Theatermann, auf die Idee bringt, den Publikumsliebling Carl Blasel gegen den Publikumsliebling Alexander Girardi auszuspielen, ist unklar. Möglicherweise erliegt er der Versuchung, die zu der Zeit allgemein bekannten Auseinandersetzungen Girardis mit seiner Direktorin Alexandrine von Schönerer am Theater an der Wien auszunutzen und ihr den Star abzuwerben. Erfolg für sein Carl-Theater hat er damit nicht. Am Ende verliert er alle beide. Alexander Girardi wechselt nach seinen Gastauftritten bei Jauner ans Raimund-Theater, Carl Blasel übernimmt mit sofortiger Wirkung die durch Girardis Abgang entstandene Vakanz am Theater an der Wien. So hat jeder der beiden berühmten Gesangskomiker wieder seine eigene Bühne und Jauner steht mit leeren Händen da.

Franz Ritter von Jauner erfüllt seinen Vertrag als Direktor des Carl-Theaters noch bis zum Beginn des neuen Jahrhunderts. Mit zunehmenden Schwierigkeiten. Schließlich überfordern Besetzungsprobleme und gravierende finanzielle Engpässe im Vorfeld einer Russland-Tournee den Theaterdirektor endgültig. Persönliche Bekannte Jauners munkeln hinter vorgehaltener Hand auch noch von einem sich verschlimmernden Gemütsleiden. Am 23. Februar 1900 nimmt sich Franz von Jauner in der Direktorenwohnung des Carl-Theaters das Leben.

## Engagement am Theater an der Wien

Carl Blasel ist über dreißig Jahre nach seinem allerersten Auftritt am Theater an der Wien wieder zurück an diesem ihm so vertrauten Haus. Zwei Tage vor seinem 65. Geburtstag gibt er seinen Wieder-Einstand in einem Stück mit dem Titel „Der Löwenjäger". Publikum und Presse sind begeistert:

> *„(...) Das Ereigniss des Abends war nicht diese Première, sondern das erste Auftreten Carl Blasel's, welcher, verschnupft durch das Engagement Girardi's am Carltheater, die Stätte seiner bisherigen Thätigkeit verlassen und sich an das Theater a. d. Wien verpflichtet hat; gewichtige Gründe mögen ihn dazu bewogen haben, denn dieser liebenswürdige und bedeutende Künstler ist im Gegensatze zu Girardi auch sehr bescheiden. Blasel, schon durch sein blosses Erscheinen unwiderstehlich komisch wirkend, wurde mit minutenlangem, herzlichsten Applaus empfangen und erhielt auch zahlreiche schöne Kranzspenden, deren eine er sich in urkomischer Rathlosigkeit auf's Haupt stülpte; die ihm zugetheilte Rolle war herzlich unbedeutend, trotzdem stattete er dieselbe durch eine Reihe prächtiger Nuancen und Improvisationen aus. (...)"* (Österreichische Musik- und Theaterzeitung. Zeitschrift für Musik und Theater. Nummer 4. Wien-Leipzig, 15. October 1896.)

Die zweieinhalb Jahre, die Carl Blasel dieses Mal als Schauspieler am Theater an der Wien verbringt, werden in Sachen Arbeitsleistung seinen Anfängerjahren in den 1860er Jahren um nichts nachstehen. Die langen Sommerpausen ausgenommen – mittlerweile schließen bis auf wenige Ausnahmen alle Wiener Theater von Anfang Juni bis Anfang September – steht der buchstäblich unverwüstliche Künstler wieder fast jeden Abend auf der Bühne. An manchen Tagen sogar zweimal: Wenn Nachmittags- und Abendvorstellungen gegeben werden, und er in beiden besetzt ist. Typisch für den Spielplan des Theaters an der Wien zu jener Zeit sind Operetten, die en suite jeweils vier Wochen am Stück spielen. Der Komponist Charles Weinberger steuert hierzu die meisten Werke bei. In dreien davon: „Der Schmetterling", „Die Carlsschülerin" und „Die

Blumen-Mary", ist jedesmal auch Carl Blasel besetzt. Ein Komponist, dessen Name Strahlkraft bis in die Gegenwart hat, bringt am Theater an der Wien zu jener Zeit eine Operette mit dem Titel „Nordlicht" auf die Bühne: Carl Millöcker. Seine Werke „Die Dubarry", „Gasparone" und „Der Bettelstudent" haben ihn zu jener Zeit bereits weltberühmt gemacht. Sein „Nordlicht", eine Liebesgeschichte, die in Russland spielt, bringt Carl Blasel wieder mit einer Kollegin zusammen, die nicht lange nach ihm das Carl-Theater verlässt und ebenfalls ein Engagement ans Theater an der Wien annimmt: Julie Kopacsi-Karczag. Die Zeitungen schreiben:

*„(...) Die Decoration im zweiten Acte, die eine russische Provinzstadt in Abendstimmung zeigt, die getreue Ansicht von Petersburg im dritten Acte sind von fesselndem Eindruck. Dies hübsche Milieu kommt der Aufführung sehr zu statten. In dem Mittelpunkte derselben steht Frau Kopacsi. Sie hat lange nicht so graziös gespielt und gesungen wie heute. (...) Blasel hebt die Rolle des Detectives Niki mit seinem starken, echten Humor. (...)"* (Neue Freie Presse. Morgenblatt. Nr. 11615. Wien, Mittwoch, den 23. December 1896.)

Ebenfalls mit Julie Kopacsi-Karczag und – natürlich – mit Carl Blasel im Ensemble kommt im März 1897 eine mit großer Spannung erwartete neue Operette auf die Bühne des Theaters an der Wien. Auch ihr ist ein vielwöchiger en-suite-Verbleib auf dem Spielplan zugedacht. Der Titel „Die Göttin der Vernunft" ist nicht unbedingt operettentypisch. Die Geschichte ebenfalls nicht. Sie spielt – sehr ungewöhnlich für Unterhaltung – zur Zeit der französischen Revolution. Die Musik dazu kommt ausgerechnet aus der Feder des Walzerkönigs Johann Strauß. Die ganz offensichtlichen Unvereinbarkeiten: Operette, Französische Revolution, Strauß-Walzer, scheinen den Theater-Verantwortlichen damals nicht weiter aufzufallen. Lediglich der Meister selbst hat augenscheinlich ein schlechtes Gefühl. Zum ersten Mal in seiner Karriere dirigiert Johann Strauß die Premiere einer seiner Operetten nicht selbst. Eine instinktsichere Entscheidung. Mit ungewöhnlicher Grausamkeit fällt die Presse über das Werk her und verreißt es ohne Gnade. Lediglich Carl Blasels Schauspielkunst kommt halbwegs gut dabei weg. So schreibt die Zeitschrift „Der Humorist":

> „*Es kreißen die Berge und geboren wird ein lächerliches Mäuslein. Das ist unser Urtheil über die neueste Operette der Herren Johann Strauß, Bernhard Buchbinder und A. M. Willner, welche vorigen Samstag unter dem pompösen und vielversprechenden Titel 'Die Göttin der Vernunft' zum ersten Male in Scene ging. Nachdem durch Monate hindurch – in gewohnter Unart und Weise – für das jüngste Product der greisenhaften Muse des Altmeisters Strauß eine maßlose Reclame gemacht wurde, (...) mußte die Première geradezu enttäuschen, denn die hochgespannten Erwartungen wurden durch nichts, weder durch die Musik, noch durch das Libretto erfüllt. Im Mittelpunkte der Handlung steht ein hirnschwacher, paralytisch veranlagter Dummrian, Mr. Bonhomme (Herr Blasel), der nicht bloß der flotten Fortentwicklung der Geschehnisse auf der Bühne hindernd im Wege steht, sondern auch noch das Mitleid der Zuschauer herausfordert; über den Blödsinn blödsinniger Menschen lachen zu wollen, wäre einfach blödsinnig. (...) Die Musik des Johann Strauß ist weder neu, noch gut. Sie ist eben die Musik Johann Strauß' des Aelteren. (...) Herr Blasel nahm sich des vertrottelten Bonhomme wie ein echter Komiker an und stattete ihn mit eigenen Späßen und witzigen Einfällen aus. (...)*" *(Der Humorist. Nr. 9. Wien, am 20. März 1897. XVII. Jahrg.)*

Bei den Rezensenten fällt Johann Strauß mit seiner „Göttin der Vernunft" nach allen Regeln der Kunst durch. Das Publikum geht dafür etwas freundlicher mit seinem Liebling um. Die „Göttin" wird gut besucht und hält sich, wie vorgesehen, einen ganzen Monat lang en suite auf dem Spielplan. Was zu diesem Zeitpunkt noch niemand ahnt: Die „Göttin der Vernunft" wird die letzte Operette des Walzerkönigs sein. Ohnehin gilt es Abschiede zu nehmen in diesem letzten Rest des dahinschwindenden 19. Jahrhunderts. Am 10. September 1898 – nur wenige Wochen vor den großen Feierlichkeiten zum 50. Regierungsjubiläum Kaiser Franz Josephs I., erleidet das Habsburgerreich einen Schock: Kaiserin Elisabeth, genannt „Sisi", die Gattin des Monarchen, wird am Ufer des Genfer Sees von einem verwirrten Möchtegern-Anarchisten erstochen. Die 60-Jährige ist fast ständig auf Reisen und in Wien schon seit langer Zeit so gut wie nicht mehr zu sehen. Trotzdem – oder gerade deshalb – ist die gebürtige Bayern-Prinzessin dank ihrer umfassend fotografisch dokumentierten Schönheit, mit Wespentaille, üppigen Flechtfrisuren und dem Ausdruck unnahbaren Stolzes in den feinen Gesichtszügen, ein Idol für die Massen. Ihr gewaltsamer Tod verklärt sie endgültig zur Legende. Auch in der Familie Blasel gibt es einen Todesfall zu beklagen. Vinzenz de Paula Emanuel Maria, das jüngste Kind von Carl Blasels mittlerem Sohn Leopold Maria und dessen Gattin Katharina, verstirbt am 22. Mai 1899. Erst ein Jahr zuvor, am 21. Juni 1898, ist das Bübchen zur Welt gekommen. Der überlange, gravitätische Vorname wird zum Relikt für die amtlichen Register. Auf dem Grabstein steht nichts als sein Kosename: „Censerl".

Die letzte Uraufführung eines Stückes mit Strahlkraft bis in die Gegenwart, in der Carl Blasel am Theater an der Wien im ausgehenden Jahrhundert besetzt wird, ist die Operette „Der Opernball" von Richard Heuberger. Von der Musik hat vor allem ein „Ohrwurm" überlebt: das Walzerduett „Gehen wir ins Chambre séparée". Die Geschichte der Operette spielt zur Faschingszeit in Paris und handelt – wie könnte es anders sein – von Liebes-Verwirrungen auf dem dortigen Opernball. Carl Blasel spielt den Rentier Césare Beaubuisson. Eine Rolle, die immer wieder prominente Nachfolger findet: So übernimmt in einer TV-Verfilmung der Operette aus dem Jahr 1971 ein großer Kino- und TV-Star die Rolle Blasels: der Komiker und musikalische Universalkünstler Heinz Erhardt. Bei der Inszenierung 73 Jahre zuvor am Theater an der Wien äußert sich die Presse sehr angetan über die Musik von Heuberger, dafür verhalten bis unzufrieden über das Libretto nach einer französischen Vorlage. Carl Blasels Darstellungskunst gerät dabei ein wenig ins Hintertreffen:

> *(...) Herr Blasel, der seit Längerem wieder eine größere Rolle inne hatte, war komisch, so lange ihn die Librettisten nicht zu einem Hanswurst erniedrigten. (...) (Neues Wiener Journal. Nr. 1509 Wien, Donnerstag 6. Jänner 1898 6. Jahrgang.)*

Der Komponist Richard Heuberger wird noch einige Jahre lang Operetten schreiben und damit die Theater füllen. Allerdings wird keines dieser Werke jemals an die Berühmtheit von „Der Opernball" heranreichen. Ohnehin geht in diesen letzten Jahren des 19. Jahrhunderts eine ganze musikalische Ära zu Ende. Spätere Generationen verleihen ihr den Titel „Goldene Ära der Operette". Wegbereiter ist einst Jacques Offenbach, der aus der leichteren Form der großen Oper, der „Opéra comique", dieses neue, heitere Musiktheater-Genre entwickelt und schon in den 50er Jahren des 19. Jahrhunderts auch in Wien populär macht. Jacques Offenbach ist bereits am 5. Oktober 1880 verstorben. Franz von Suppé, der Komponist, der – nicht zuletzt mit seinen berühmten Werken „Boccaccio" und „Die schöne Galathée" – nach Offenbach die typische Wiener Operette erschafft, verstirbt am 21. Mai 1895. Carl Zeller, der Schöpfer der dauerhaft beliebten Operette „Der Vogelhändler", am 17. August 1898. Der Operettenfürst, der Walzerkönig, der vielleicht berühmteste Vertreter dieses Genres, Johann Strauß, stirbt – nicht lange nach der Uraufführung seiner letzten Operette „Die Göttin der Vernunft" – am 3. Juni 1899. Carl Millöcker, sein Kollege und Schöpfer so populärer Werke wie „Der Bettelstudent" oder „Gasparone", stirbt am 31. Dezember 1899. Mit ihnen und dem Ende des 19. Jahrhunderts ist auch die „Goldene Ära der Operette" Geschichte.

Carl Blasel ist in diesem zu Ende gehenden Jahrhundert vom zehnten – vielleicht sogar elften – Kind einer Wiener Handwerker-Familie zum berühmten Schauspieler des heiteren Fachs geworden. Bekannt in ganz Wien und weit darüber hinaus. Sein Gesicht ist eine Marke: So prägnant, dass sogar der ikonische Meister des Wiener Jugendstils, Gustav Klimt, im März 1898 eine Portrait-Zeichnung von ihm anfertigt. (Anm.: Reproduziert in „Ver Sacrum", 1. Jg., Heft 3, März 1898, Abb. S. 21. Das Original gilt als verschollen) Als Kind bewundert Carl Blasel die Größen des Alt-Wiener-Volkstheaters, Johann Nestroy beobachtet er beim Theaterspielen, er arbeitet mit Jacques Offenbach, die goldene Ära der Operette gestaltet er als Darsteller maßgeblich mit. Fünfzig Jahre des unermüdlichen Wirkens auf der Bühne bringen ihm den Ehrentitel „Komischster der Komiker". Jetzt beginnt ein neues Jahrhundert. Auch Carl Blasel betritt einen neuen Pfad.

Carl Blasel, Portraitzeichnung von Gustav Klimt
Reproduziert in „Ver Sacrum", März 1898,
1. Jg., Heft 3, S. 21
ANNO / Österreichische Nationolbibliothek

Colosseumwirth.

„Bitte sehr, bitte gleich".

## Varieté-Direktor im Wiener Colosseum

Nach vier Jahren als „Nur-Schauspieler" strebt Carl Blasel, ehemals erfolgreicher Leiter sowohl des Josefstädter Theaters als auch des Carl-Theaters, wieder nach Direktoren-Würden. Die Idee für seinen neuen Wirkungskreis kommt dabei angeblich von seinem Sohn Leopold Maria. So heißt es später in der Festschrift zu Carl Blasels 50. Bühnenjubiläum:

> *„(...) Blasel jun. bereiste nun, auf der Suche nach Neuheiten, ganz Europa. Bei den Besuchen der grössten Etablissements in Berlin, Hamburg, Kopenhagen, Paris, Brüssel u. s. w., erkannte Blasel jun., dass das Theater einer traurigen Periode des Verfalles entgegengehe und die Rauch- oder Varietétheater einen ungeahnten Aufschwung nehmen; dieses Erkenntniss hat Blasel jun. bei seinen weiteren Schritten geleitet, und er trachtete auch, den Vater von der veränderten Welt zu überzeugen, wie die Folge zeigt, mit für das Wiener Publicum und die Direction Blasel erfreulichstem Resultat. (...)"* (Fest-Schrift zum 50jährigen Schauspieler-Jubiläum von Carl Blasel Wien, 1899.)

Die vielversprechende Neuigkeit, die Leopold Maria entdeckt zu haben glaubt, das „Rauch- oder Varieté-Theater", meint ein Etablissement, in dem das Publikum nicht in Stuhlreihen sitzt, sondern an Tischen. Zusätzlich zum Programm auf der Bühne werden an den Tischen – wie in einem Restaurant – Speisen und Getränke serviert. Und, wie zu jener Zeit noch selbstverständlich, darf in solchen Theatern geraucht werden. Carl folgt der Idee seines Sohnes und wird somit neben Schauspieler und Direktor auch noch Gastronom. Das Haus, dessen Leitung er ab sofort übernimmt, ist ein solches „Rauch- und Varieté-Theater". Er selbst beschreibt es als „das schönste Vergnügungs-Etablissement der Monarchie": das Wiener Colosseum.

Gegenüberliegende Seite:
Carl Blasel als Wirt des Wiener Colosseums, 1899
Aus: Blasel-Album zum 50 jährigen Schauspieler Jubiläum des Künstlers Carl Blasel 1849-1899
Im Verlag des Wr. Colosseums, Wien, 1899, Privatbesitz C. Möderler

Der Name ist in Wien bekannt. Allerdings gehört er hintereinander zwei verschiedenen Häusern, die nichts miteinander zu tun haben. Vor Carl Blasels „Wiener Colosseum" existiert bereits ein „Schwenders Colosseum", ein Veranstaltungsort, der vor kurzem erst sein Leben ausgehaucht hat: Diese Spielstätte am Braunhirschengrund im heutigen 15. Wiener Gemeindebezirk Rudolfsheim-Fünfhaus wird im Jahr 1835 von einem gewissen Karl Schwender zunächst als Kaffeehaus eröffnet und danach über Jahre hinweg als großes Vergnügungs-Etablissement ausgebaut. Jahrzehntelang behauptet sich das Haus als beliebtestes Ball-Lokal Wiens, erlebt allerdings zum Ende des Jahrhunderts seinen Niedergang. Im Jahr 1897 wird der Betrieb eingestellt, ein Jahr später wird der Gebäudekomplex abgerissen und durch Mietshäuser ersetzt. Eines davon, der „Schwenderhof", bewahrt zumindest durch seinen Namen auch in der Gegenwart noch eine Erinnerung an den großen Amüsiertempel der Kaiserzeit. Doch Wien wird nicht lange ohne ein „Colosseum" bleiben. Bereits Ende 1898 vollenden die Architekten Carl Stephan und Leopold Roth zusammen mit dem Bildhauer Rudolf Marschall im 9. Wiener Gemeindebezirk Alsergrund an der Adresse Nussdorfer Straße 4 – 9 ein prunkvolles Neo-Renaissance-Palais als neue Unterhaltungs-Spielstätte. Der Name: „Wiener Colosseum". Erster Direktor wird ein gewisser Ben Tieber. Sein schillernder Lebenslauf allein ergäbe schon das Thema für ein Varieté-Spektakel. Nicht zuletzt wegen der verschwimmenden Grenzen zwischen Wahrheit und Illusion. Aus Mähren soll er stammen, sein wahrer Name ist angeblich Benjamin Bondi, bereits in ganz jungen Jahren muss er – für welche Verfehlungen auch immer – nach Amerika flüchten. Dort pendelt er zwischen halsbrecherischen Geschäften und Gefängnis, nach einer kurzen Rückkehr in die alte Heimat flieht er erneut, diesmal nach Südafrika. Irgendwann und irgendwie kehrt er nach Wien zurück. Dort gelingt ihm das Kunststück, das Direktorat des neuen Wiener Colosseums zu ergattern. Die Presse überzeugt er davon, ein „in England und Amerika bestens bekannter Manager" zu sein, „welcher wiederholt in England und Amerika derartige Unternehmungen mit Erfolg leitete." (Hans Jörgel von Gumpoldskirchen, 30. Heft. 67. Jahrgang. 25. October 1898) Allerdings ist Tieber kaum ein Jahr nach Antritt seines neuen Amtes schon wieder am Ende. Mit der Presse, die seine dubiose Biographie aufzudecken droht, verwickelt er sich in Prozese, das Eigentümer-Konsortium des Colosseums trennt sich von ihm. Carl Blasel wird der neue Direktor. Tieber hinterlässt seinem Nachfolger einen Wust an Verpflichtungen und zweifelhaften Künstlerverträgen. Die Entwirrung und Befriedung dieses unerwünschten Erbes kostet Zeit, Geld und Energie. Keine wirklich guten Voraussetzungen für eine neue Unternehmung. Carl Blasel läßt sich – typisch für ihn – keinesfalls einschüchtern. Seine Eröffnungsvorstellung am 16. September 1899 gelingt vielversprechend. Die Presse berichtet:

> *„Unter glücklichen Auspicien wurde am 16. d. M. das Wiener Colosseum unter dem Regime Blasel eröffnet. Ein vollständig ausverkauftes Haus – in den Logen sah man eine grosse Anzahl von distinguirten Personen – wohnte der Eröffnungsvorstellung bei und kargte nicht mit dem Beifall, von welchem der Löwenantheil auf Director Blasel entfiel. Dieser präsentirte sich denn auch nach der Ouverture mit einer launigen Ansprache als 'Anfänger' in seiner neuen Eigenschaft als Wirth. Die sympathische Aufnahme seiner Rede bewies, welcher Beliebtheit sich Blasel bei den Wienern erfreut. Was nun die gebotenen Productionen betrifft, so bestanden dieselben theils aus Variéténummern, theils aus einem 'Theaterstuck'. (...) Zwischen die beiden Abtheilungen des Varietéprogramms war die einactige Gesangsposse 'Der süsse Aff' eingeschoben, in der Director Karl Blasel selbst auftrat und die stürmischeste Heiterkeit erregte. Der harmlose Einacter gibt Blasel Gelegenheit, alle Register seiner Komik spielen zu lassen. (...)"* (Dillinger's Reise- und Fremden-Zeitung Nr. 27. X. Jahrgang. Wien und Berlin. 20. September 1899)

Carl Blasel pflegt auch an seiner neuen Wirkungsstätte, dem Wiener Colosseum, seinen bereits bewährten Familienzusammenhalt. Sohn Karl Junior steht ihm als „Cassaverwalter" zur Seite, Sohn Leopold Maria ist, wie schon am Carl-Theater, stellvertretender Direktor. In dessen Familie bahnen sich gerade wieder große

Ereignisse an: Leopolds Gattin Katharina ist zum vierten Mal schwanger: Am 5. Juni 1900 kommt Karoline „Carla" Blasel zur Welt, Carls dritte Enkeltochter. In den Theaterverband bringt Katharina darüberhinaus noch ein ganz neues Familienmitglied ein: Ihr jüngerer Bruder Emanuel Doninger wird Hausinspektor am Wiener Colosseum. Das Engagement der Schwiegertochter und ihres Bruders geht jedoch noch weiter: Carl Blasel muss der Eigentümer-Gesellschaft des Colosseums eine Kaution von 60.000 Kronen hinterlegen. (Anm.: Die Presse verbreitet diese Details erst im Jahr 1901. Der Gulden ist zu dem Zeitpunkt endgültig durch die Krone ersetzt) Gemäß dem Historischen Währungsrechner der Österreichischen Nationalbank entspricht diese Summe in der Gegenwart immerhin fast einer halben Million Euro. Eine Summe, die Carl Blasel nicht hat. Sein ganzes Vermögen ist bekanntlich an Gattin Johanna überschrieben. Um Carl den Plan möglich zu machen, den ihm sein Sohn Leopold Maria aufgeschwatzt hat, übereignen Leopolds Gattin und ihre Geschwister ihre Anteile am gemeinsamen Elternhaus einem Finanzier, der dafür Carl Blasels Kaution bezahlt. Schließlich glauben alle an das Projekt....

Innenansicht Wiener Colosseum
Correspondenzkarte, Wien, 1900
Privatbesitz C. Möderler

## 50. Bühnenjubiläum, 40. Hochzeitstag

Kaum hat Carl Blasel seine neue Spielstätte übernommen, gilt es ein Doppeljubiläum zu feiern: den 40. Hochzeitstag und das 50. Bühnenjubiläum. Zum Hochzeitstag widmet die Zeitschrift für die Theater- und Kunstwelt „Der Humorist" dem Ehepaar Blasel in der Ausgabe vom 20. November 1899 das komplette Titelbild. Die Zeichnung nach einer Fotografie zeigt die hochelegant gekleidete und frisierte Johanna – mit den Jahren füllig geworden – auf einem Stuhl sitzend. Dicht neben ihr steht Carl, seinen rechten Arm auf ihre Stuhllehne gelegt, den linken Arm leger in die Hüfte gestützt. Beide – inzwischen weißhaarig – lächeln mit geschlossenen Lippen entspannt dem Betrachter entgegen. Das Bild dieser seit vier Jahrzehnten verbundenen Menschen strahlt tiefe Harmonie und den Eindruck einer selbstverständlichen Zusammengehörigkeit aus.

Titelseite „Der Humorist", Illustrirtes Unterhaltungsblatt.
Nr. 33. Wien, am 20. November 1899. XIX. Jahrg. (Ausschnitt)
ANNO / Österreichische Nationalbibliothek

Carls 50. Bühnenjubiläum wird mit einer großen Festvorstellung im Wiener Colosseum begangen. Das Haus ist überfüllt, in den Logen sitzt wichtige Prominenz der Kaiserstadt. Selbst Carls Rivale-Kollege Alexander Girardi wird gesichtet. Gegeben werden diverse Varieté-Nummern und ein Theaterstück, das Carl Blasels Karriere als Bühnenkünstler Revue passieren lässt. In der Hauptrolle natürlich - Carl Blasel. Der Feuilletonist der Zeitung „Neue Freie Presse" verfasst aus Anlass dieser Aufführung eine gefühlvolle Betrachtung über die Bedeutung, die sich Carl Blasel in seiner mittlerweile ein halbes Jahrhundert lang währenden Künstlerlaufbahn erarbeitet hat:

*„Wiener Komik. Wien, 25. November. Daß sich die Wiener ihre alte, einst so vielberufene Freude am Schauspiel und an allem Schauspielwesen nicht so leicht austreiben lassen, das zeigt sich immer am auffälligsten, wenn einer von den sogenannten Lieblingen des Publicums einen Gedenktag feiert. (...) Das Oftdagewesene konnte man vorgestern aufs neue erleben, als Karl Blasel sein fünfzigjähriges Jubiläum beging. Das Fest hat nicht auf dem historischen Schauplatze seiner Erfolge stattgefunden, sondern draußen gegen Währing hin feierte er es, fast schon auf den 'enteren Gründen'.* (Anm.: Mundartlich, auch 'drentere Gründe', von 'enter' = 'jenseits'. Gemeint sind die Vorstädte jenseits des Alserbachs im 9. Wiener Gemeindebezirk, d. s. Lichtental, Himmelpfort-, Thury- und Althangrund. Ein Synonym für „weit draußen") *Wäre es aber auch jenseits der Stadtgrenze gewesen, es wären doch Tausende hinausgezogen, um mitzuthun, denn wo Blasel ist, dort weht ein starker Hauch Wiener Luft, drum wollte auch ganz Wien zu seinem Feste kommen, und Alles war Ein Herz und Eine Seele, Alles Ein Paar Hände. Man spendete rauschenden Beifall, und man berauschte sich im Beifalle. (...) Karl Blasel ist nicht alt geworden, nur älter, und bei ihm kann es in der That nicht als abgedroschene Jubiläumsphrase gelten, wenn man sagt, daß er mit seinen grauen Haaren und achtundsechzig Jahren an Leib und Seele fast ein Jüngling geblieben. Den 'alten Blasel' nennt man ihn, das soll heißen, er sei noch immer der unveränderte, der junge Blasel. (...) Er braucht sich nur sehen zu lassen, und man fühlt sich heiter gestimmt; er öffnet den Mund, hat noch kein Wort gesprochen, und man lacht schon. Heute noch athmet sein Gesicht, wo sich das Alter kaum sichtbarlich, mit schüchterner Hand eingeschrieben hat, eitel Freude und Frohmuth. Von Bitterkeit keine Spur, von Satire nicht ein Hauch. Das Gesicht hat keine derben Spaßmacherzüge, eher frauenhaft weiche, und diese Züge*

*zu verschminken, gibt sich Blasel durchaus keine Mühe. (...) 'Mein freundliches Gesicht ist mein halber Erfolg,' sagte er. Es lassen sich aber auch ganze Capitel Wiener Localgeschichte von diesem Gesicht ablesen, und Alles scheint es aussprechen zu wollen, was an lustigen und leichtherzigen (...) Schlagworten durch das alte Wien klang (...) Die Bretter werden ihn behalten, so lange man nicht aufhört, natürliche Laune, Mutterwitz und unverfälschte Heiterkeit auf der Bühne wie im Leben als köstliche Gaben zu schätzen.... Vergangenen Sommer saßen wir eines Abends an einem oberösterreichischen See. Auf dem Wasser draußen schwamm ein Boot, ein Sänger saß darin und sang ein hübsches Wiener Lied. (...) 'I bin halt so ein Bröckerl vom alten gemüthlichen Wien.' Carl Blasel hat das Lied nicht gesungen, doch könnte er es gesungen haben. Das Bröckerl, er ist es."* (Neue Freie Presse. Morgenblatt. Nr. 12667. Wien, Sonntag, den 26. November 1899.)

Gekrönt werden die Jubelfeiern von zwei hochoffiziellen Ehrenbezeugungen: Zunächst verleiht Bürgermeister Karl Lueger Carl Blasel die große goldene Salvator-Medaille der Stadt Wien im Präsidialbureau des neuen Rathauses. Die Medaille ist eine hohe Auszeichnung für Menschen, die sich um die Kaiserstadt verdient gemacht haben. In seiner Verleihungsrede begründet Lueger die Entscheidung mit Worten, die Carl Blasel gefreut haben dürften: „Die Medaille soll Ihnen beweisen, daß die gesammte Bevölkerung der Stadt Wien dem Schauspieler Blasel geneigt ist, ihn liebt, schätzt und verehrt."(Abendblatt. Das Vaterland. Nr. 329. Mittwoch, 29. November 1899. XXXX. Jahrgang) Nur einen Tag später lässt sogar Kaiser Franz Joseph I. sein berühmtes Landeskind ehren. Die „Wiener Zeitung" vermeldet: „Seine k. und k. Apostolische Majestät haben mit Allerhöchster Entschließung vom 28. November d. J. dem Director des Wiener Colosseums Karl Blasel das goldene Verdienstkreuz mit der Krone allergnädigst zu verleihen geruht." (Wiener Zeitung. Nr. 274. Donnerstag, den 30. November 1899.) Die Auspizien für den neuen Lebensabschnitt sollten somit tatsächlich günstig sein....

Das Projekt „Wiener Colosseum" lässt sich vielversprechend an. Allerdings stellt sich schnell heraus, dass das Varieté nicht die Welt des großen Bühnenkünstlers Carl Blasel ist. Der Darsteller, der ein Bühnenleben lang in Stücken von Nestroy und Raimund brilliert, der den großen Gestalten der Jacques-Offenbach-Singspiele noch unter der Leitung des Meisters persönlich Gesicht verleiht, der unter Stabführung eines Johann Strauß und anderer Komponisten-Größen die goldene Zeit der Wiener Operette mitbestimmt – als Possenreißer neben Trapezvorführungen und Tierdressuren ist er verloren. Auch wenn er – wie schon sein ganzes Leben lang – tapfer jeden Abend selbst auf der Bühne steht. Beispielgebend für das Niveau der Programme, mit denen Carl Blasel in seinem Etablissement das zahlende Publikum zu ergötzen versucht, sei eine Vorstellungsreihe genannt, die zu allem Überfluss auch noch vor den Schranken des Gerichts endet: Das Gastspiel einer Damen-Ringkampftruppe. Das „Neue Wiener Journal" berichtet:

> *„Der Ringkampfscandal im Wiener Coloseum. Seit etwa vierzehn Tagen finden im Wiener Colosseum Damenringkämpfe statt, die auf das Publicum große Anziehungskraft ausüben. Diese Ringkämpfe sollten eine Varieténummer bilden, in der nach bestimmten Regeln gekämpft wird, mit einstudirten Trics gegriffen und nach vorher bestimmten Abmachungen geworfen wird. (...) Die Direction des Colosseums verlangte aber plötzlich einen sportlich correcten Wettkampf. Die Damen mußten sich fügen, wenn sie das Engagement nicht verlieren wollten, und die Folge dieser Maßnahme war, daß von nun ab ehrlich gerungen, das heißt, ehrlich gerauft wurde. (...) Nach Beendigung des Ringkampfes fielen die Damen hinter der Scene völlig erschöpft zu Boden. Der Arzt constatirte schwere Ohnmachtsfälle, stark blutende Wunden mußten verbunden werden, und die Bühne des Colosseums glich nach Schluß dieser besonders wirkungsvollen Varieténummer einem Metzgerladen (...)"* (Neues Wiener Journal. Nr. 2599. Wien, Freitag 18. Jänner 1901. 9. Jahrgang)

Nach der Umstellung von Showkämpfen auf echte Ringkämpfe folgt eine sehr öffentlichkeitswirksame gerichtliche Auseinandersetzung zwischen dem Leiter der Ringerinnen-Truppe und den Direktoren Carl und Leopold Maria Blasel. Es geht um falsche und echte Kämpfe, um versprochene, aber nie gezahlte Preisgelder, um schlechte Behandlung der Ringerinnen durch ihren Impresario und am Ende – der temperamentvolle Leopold Maria macht seinen Gefühlen einmal mehr in bereits bekannter Manier Luft – um Ehrbeleidigung. Eine traurige Zäsur in der Laufbahn des großen Theaterkünstlers Carl Blasel. Auf der Bühne wie auch vor den Schranken des Gerichts ist eine Talsohle erreicht. Hier wie dort geht es nicht mehr um Kunst. Es geht um Schlamm-Catchen. Besondere Tragik: Die Niveau-Entgleisungen des Wiener Colosseums reichen nicht einmal aus, um das voyeuristische und sensationsgierige Publikum zufriedenzustellen. Ein Konkurrenz-Unternehmen aus Übersee, das in Wien zu überwintern gedenkt, hat nämlich noch deutlich Extremeres im Programm. Der Mitbewerber aus den USA hat folglich leichtes Spiel. An Wiens größtem Spielort, der Prater-Rotunde, gastiert über die Jahreswende 1899/1900 zwölf Wochen lang der amerikanische Riesen-Zirkus Barnum & Bailey. Offiziell heißt sein Programm „The Greatest Show on Earth". Dahinter verbirgt sich zu einem Gutteil purer „Trash". Die Presse berichtet bereits im Vorfeld detailliert über die zu erwartenden „Sensationen". Menschenverachtende Zurschaustellungen gelten damals als ganz großes Show-Programm:

> *„(...) Das erste, was sich dem Zuschauer beim Betreten des Zeltpalastes darbietet, (...) ist die Sammlung menschlicher Abnormitäten (...) was die Natur zu sündigen vermag, ist hier in den krassesten Beispielen zusammengeführt und bietet so ein Gesammtbild von Wunder- und Missbildungen, wie es in gleicher Größe und Mannigfaltigkeit wirklich an keiner Stelle sonst wieder zu finden ist. Eine armlose Japanerin z. B. verrichtet mit den Füßen die feinsten Handarbeiten, wenn man so sagen darf. Sie hat einen Gesellschafter, dem ebenfalls die Arme fehlen. Auch eine Zwergin ist bei der Versammlung; sie hat nur 18 Pfund Körpergewicht. Ein Dickschädel allerersten Ranges wird in Betrieb vorgeführt; man zerschlägt auf seinem Kopf mit einem Schmiedehammer einen Block, ohne dass Billy eine Miene verzieht. Aehnlich veranlagt ist ein Jüngling, der mit den Brustmuskeln eine Kette sprengt, und ein anderes Mitglied, das Glas, Nägel und Zwecken isst*

*und sich bei diesem Zweckessen wohlauf befindet. Auf der 'Plattform für Wunderdinge' gibt es ferner eine Schwertschluckerin, eine magnetische Frau, einen Hinduknaben ohne Arme und Beine, einen Rechenkünstler, dessen erstaunliche Fixigkeit im Lösen rechnerischer Aufgaben die Richtigkeit nicht beeinträchtigt, und andere seltsame Geschöpfe. (...)"* (Innsbrucker Nachrichten. Siebenundvierzigster Jahrgang. 1900. Nr. 249. Dienstag 30. Oktober 1900.)

Neben diesen „Sehenswürdigkeiten" fallen die drei Manegen, in denen zeitgleich Großtierdressuren, Trapezvorführungen, Clownsnummern und ähnliche zirzensische Darbietungen stattfinden, kaum noch ins Gewicht. Barnum & Bailey ist gigantisch, schrill und in jeder Hinsicht extrem. Das Publikum, das Gefallen an monströsem Spektakel findet, strömt in Scharen zu „The Greatest Show on Earth". Das andere Publikum, das Unterhaltung mit Niveau wünscht, besucht die klassischen Theater. Für das „Wiener Colosseum" gibt es zwischen diesen Angeboten zu jener Zeit einfach keinen Bedarf.

Am Donnerstag, den 28. Februar 1901, muss Carl Blasel mit seinem „Wiener Colosseum" Konkurs anmelden. Die Geschwister Doninger, Carls Schwiegertochter mit Bruder und Schwester, versuchen die Gerichte zu bewegen, ihr verpfändetes Elternhaus, die Sicherungsleistung für die Kaution, aus der Konkursmasse herauszulösen – vergeblich. Ob sie ihren großherzigen Einsatz damit komplett verlieren, oder ob Carl Blasel ihnen während der kurzen Zeit, in der das Unternehmen floriert, Gewinnanteile oder anderweitige Vergütungen als Gegenleistung zukommen lässt, ist nicht dokumentiert. Der Familienfrieden scheint durch das Unglück jedoch nicht in Mitleidenschaft gezogen worden zu sein.

Wenn die zeitgenössischen Presseberichte zutreffen, geht Carl Blasel selbst finanziell unbeschadet aus der Pleite hervor, da er sich während seiner Zeit als Colosseum-Direktor eine tägliche Gage von 100 Kronen auszahlt, an den Sonntagen das Doppelte. (Neues Wiener Journal. Nr. 2640. Wien, Freitag 1. März 1901. 9. Jahrgang. S. 8f, Tagesneuigkeiten. Das „Colosseum" in Concurs. Das Ende der Direction Blasel.) Seine Amtszeit währt vom 16.

September 1899 bis zum 28. Februar 1901. Das sind 532 Tage, somit 76 Wochen mit jeweils einem Sonntag. Daraus ergeben sich 456 Tage à 100 Kronen Wochentags-Gehalt und 76 Tage à 200 Kronen Sonntags-Gehalt. Insgesamt ergibt das für Carl Blasel ein Einkommen von 60.800 Kronen. Diese Summe entspricht gemäß dem Historischen Währungsrechner der Österreichischen Nationalbank in der Gegenwart einem Betrag von deutlich über 400.000 Euro. Kein schlechter Lohn für eineinhalb Jahre Arbeit. „Mittellos" sieht anders aus.

Ein scharfer Beobachter jener Zeit und ihres Kulturlebens, der ungarisch-österreichische Publizist Theodor Herzl, zählt damals zu den wichtigsten Feuilletonisten Wiens. Ebenso wortgewandt wie gnadenlos fasst er die Misere zusammen, die am Ende zu Carl Blasels Niedergang als Colosseum-Direktor führt:

*„(...) Der Zusammenbruch des armen Blasel wurde von den Philosophen und Beobachtern dieses Kunstzweiges auf mannigfache Ursachen zurückgeführt. Die wandernden Heuschrecken Barnum & Bailey wären schuld gewesen, sagen die einen. Damit ist es aber wohl wie mit der Influenza, die rafft nur die Geschwächten hinweg. Die anderen meinen, Blasel hätte seinem Publikum nicht genug oder nicht das Richtige geboten. Er, der sogar Frauenkämpfe aufführen ließ, in denen der Schweiß in Strömen floß und Weiber zu Hyänen wurden. Tatsächlich hat er sehr viel und von allen denkbaren Arten geboten; (...) die ewige Trapezkünstlerin, die nichts von ihrem Gliederbau verheimlicht; die ewige französische Chansonettenkreischerin, die ohne zwingende Veranlassung ihre Unterröcke zu oberst kehrt; die englische Verwandlungssängerin, die den Fuß aufhebt, wenn sie einen hohen Ton zu singen hätte. Auch der Bauchredner mit den leider so witzigen Puppen fehlte nicht. Es gab dressierte Hunde und Kakadus, die gleich den Menschen alles taten, nur das nicht, was ihnen natürlich war. Man litt im Kolosseum auch nie Mangel an Reckturnern, und diese erschienen entweder in ihren von den Vätern ererbten Trikots oder in der schwarzen Gesellschaftskleidung, die zur Merkwürdigkeit einer Bauchwelle soviel beiträgt. (...) Die Gewähltheit der vorgeführten Genüsse ließ also kaum etwas zu wünschen übrig. Herr Blasel hatte aber zudem noch eine Vergangenheit von Possen, und auch diese glaubte er seinen*

*kolosseischen Kunstfreunden nicht vorenthalten zu sollen. Er brachte auf die Bretter des für Ottakringer Begriffe prunkhaften Tingel-Tangels die Gestalten älterer Schwänke: den Thadädel* (Anm.: Heitere Gestalt des Alt-Wiener-Volkstheaters), *den bejahrten Drahrer* (Anm.: Nachtschwärmer), *den Ehemann, der heimlich auf den Lumpenball will, die keifende Gattin, die berüchtigte Schwiegermutter. Das war zu viel. Er stellte offenbar zu große Anforderungen an die Fassungskraft seines Publikums. (...) Bald langweilte sich der eine Teil des Publikums, und bald der andere; aber an jeden kam die Reihe. Dies sind, mit der Bemühung um historische Wahrheit dargestellt, die Gründe des Verfalles im Kolosseum. Gebieten wir unseren Tränen. (...)"* (Theodor Herzl, Feuilletons Band I., Verlag Benjamin Harz, Berlin und Wien, o. J. Kapitel: Der Hamur, 1901)

50. Schauspielerjubiläum des Herrn Carl Blasel,
Director des Wiener Colosseums
Correspondenzkarte, Wien, 1899
Privatbesitz C. Möderler

# Am Ende wieder Schauspieler....

## ...am Jantsch-Theater

Die missglückte Episode als Varieté-Direktor wirft Carl Blasel nicht aus der Bahn. Mit einer fast unglaublichen Energie macht der fast 70-Jährige einfach dort weiter, wo er vor dem Experiment mit dem „Wiener Colosseum" aufgehört hat: als Bühnenschauspieler. Dass dieser Übertritt ohne jede Verzögerung gelingt, ist neben Carl Blasels ungebrochener Popularität einem guten Kontakt aus alten Zeiten geschuldet: Sowohl als Direktor des Theaters in der Josefstadt als auch als Direktor des Carl-Theaters beschäftigt Carl Blasel seinerzeit den jungen Schauspieler und Regisseur Adolf Ranzenhofer. Offensichtlich verstehen sich die Herren gut. Adolf Ranzenhofer eifert seinem Vorbild Carl Blasel nach und strebt zusätzlich zu seinen Regie- und Bühnenaufgaben auch noch nach der Leitung eines Theaters. Nach ersten Gehversuchen als Theaterdirektor in der habsburgischen Provinz ist Ranzenhofer nunmehr zurück in der Hauptstadt. Seit dem Sommer des Jahres 1900 leitet er das Jantsch-Theater gleich hinter dem Haupteingang zum Wiener Prater. Das Haus hat eine lange Geschichte: Bereits in der napoleonischen Zeit existiert an der Stelle eine kleine Schaubühne, erst mit Puppen, dann mit Tieren. In den 1860er Jahren wird sie von dem Volksschauspieler Johann Fürst zum Singspieltheater umgestaltet. Anfang der 1890er Jahre übernimmt dann der Schauspieler und Publizist Heinrich Jantsch das kleine, aber in seiner üppigen Gründerzeit-Architektur fast wie ein Opernhaus wirkende Theater und führt es mit klassischem Repertoire unter seinem Namen weiter. Als Jantsch mit noch nicht ganz 54 Jahren völlig unerwartet stirbt, tritt Carl Blasels früherer Kollege Adolf Ranzenhofer an seine Stelle. Dieser wiederum will dem Jantsch-Theater seine altbekannte Spezialisierung auf das heitere Singspiel-Repertoire zurückgeben. Kein halbes Jahr nach Antritt seiner neuen Position widerfährt Ranzenhofer der größte Glücksfall, der einem Neu-Theaterdirektor überhaupt geschehen kann: Carl Blasel, der Innbegriff des Wiener Humors, der Wienerischste aller Wiener Komiker und eines der prominentesten Gesichter der Kaiserstadt, sucht nach seiner Pleite mit dem Wiener Colosseum ein neues Engagement. Was läge da näher, als die gemeinsame Arbeit wieder aufzunehmen – diesmal unter umgekehrten Vorzeichen: Adolf Ranzenhofer als Direktor und Carl Blasel als Schauspieler. Nur fünf Wochen nach dem Ende seines Direktorats am Wiener Colosseum steht Carl Blasel als Schauspieler zum ersten Mal auf der Bühne des Jantsch-Theaters. Er übernimmt die Hauptrolle in einer Posse aus der Feder des Wiener Theaterdichters Friedrich Antony. Der Titel: „Ein Wiener in Amerika". Direktor Ranzenhofers Coup gelingt. Publikum und Presse sind begeistert von seiner Akquise. Der „Humorist" schreibt:

> *„(Jantschtheater.) Die kleine Praterbühne hatte am Ostersonntag ihre große Sensation. Carl Blasel, der engagementlose Director, der große Lustigmacher, den eine launische Schicksalsregie auf der Lebensbühne in die ernstesten Situationen gebracht, hat seinen komischen Groll in das kleine Jantschtheater getragen und tobt ihn dort lustig aus. (...) Der Beifall, der ihn bei seinem Erscheinen begrüßte, war ungemein herzlich und hielt den ganzen Abend an. Die Posse Anthony's 'Ein Wiener in Amerika' enthält aber auch eine echte und rechte Blasel-Rolle. Der Pantoffelheld, der in unzählige Verlegenheiten kommt, die ihm oft erwünschte Gelegenheit geben, unzusammenhängende Worte zu sprechen, das ist ein Fahrwasser, in dem Blasel munter schwimmt. (...) Das Theater war zum großen Theile mit alten Verehrern aus Blasel's Jugendzeit gefüllt. Sie lachten Thränen."* (Der Humorist. Nr. 11. Wien, am 11. April 1901. XXI. Jahrg.)

Knapp sechs Wochen lang spielt Carl Blasel jeden Abend den „Wiener in Amerika". Ohne Pause wird aus ihm danach für knapp drei Wochen „Ein braver Ehemann". Wieder jeden Abend. Diese Hauptrolle in der gleichnamigen Posse mit Gesang von August Neidhardt und Franz Wagner bringt ihm besten Erfolg. Die Presse vermeldet:

„(...) Die Titelrolle, die Herrn Blasel auf den Leib geschrieben worden war und von ihm glänzendst dargestellt wurde, verfehlte nicht ihre Wirkung auf die bereitwilligen Lachmuskel, so daß das Publikum nicht aus dem Lachen herauskam. Die übrige flotte Darstellung förderte die Unterhaltung." *(Ostdeutsche Rundschau. Wien, Sonntag, 19. Mai 1901. 12. Jahrgang, Nr. 136.)*

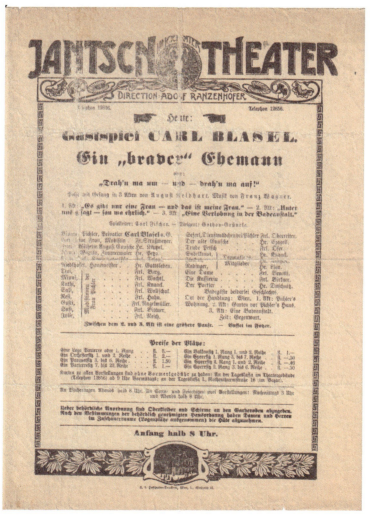

Programmzettel „Ein braver Ehemann",
Jantsch-Theater, Wien, 1901
Privatbesitz C. Möderler

Nach Abschluss der Vorstellungsserie von „Ein braver Ehemann" folgen für Carl Blasel mehrere Wochen intensiver Probenarbeit. Das Jantsch-Theater bereitet einen auf gut zwei Monate ausgelegten Programm-Zyklus vor, der bis in die Gegenwart einen Platz in der Wiener Theatergeschichtsschreibung hat: Vom 27. Juli bis zum 2. Oktober 1901 spielt Direktor Ranzenhofer jeden Abend Nestroy. Zwölf verschiedene Stücke werden gegeben und von Tag zu Tag abgewechselt. In jedem dieser Stücke steht Carl Blasel auf der Bühne. Das Repertoire dieses großen Nestroy-Zyklus im Jantsch-Theater bietet einen repräsentativen Querschnitt durch das Werk des wichtigsten Vertreters des Alt-Wiener-Volkstheaters. Gegeben wird: „Der Färber und sein Zwillingsbruder", „Einen Jux will er sich machen", „Das Mädl aus der Vorstadt", „Der böse Geist des Lumpacivagabundus", „Der Zerrissene", „Die schlimmen Buben in der Schule", „Unverhofft", „Kampl", „Eulenspiegel", „Frühere Verhältnisse", „Der Talisman" und „Liebesgeschichten und Heurathssachen". Gemäß der zeitgenössischen Berichterstattung ist das Jantsch-Theater an jedem Abend ausverkauft. Der „Humorist" bilanziert:

> *„(Jantschtheater.) Die wiener Directoren sind ihrem guten Geist Nestroy hundert- oder tausendfachen Dank schuldig, denn so oft die neuzeitliche dramatische Production versagt, taucht dieser wahrhaftige Nothhelfer aus der Versenkung und macht selbst im Sommer volle Häuser. Auch Director Ranzenhofer darf mit dem Erfolge seines Nestroy-Cyklus vollauf zufrieden sein und mehr noch damit, daß er den unverwüstlichen Karl Blasel für längere Zeit an seine Bühne gefesselt hat. (...)"* (Der Humorist. Nr. 23. Wien, am 10. August 1901. XXI. Jahrg.)

Fünf Monate lang steht Carl Blasel nach dem Ende des Wiener Colosseums auf der Bühne des Jantsch-Theaters. Am 2. Oktober 1901 verabschiedet er sich in einer Vorstellung von Nestroys „Lumpacivagabundus" aus seinem Dauergastspiel. Dem Praterpublikum und seinem alten Kollegen, Direktor Adolf Ranzenhofer, wird Carl Blasel allerdings noch bis zum Jahr 1904 und damit bis zum offiziellen Ende der Amtszeit Ranzenhofers die Treue halten. Denn auch aus seinem neuen, großen Anschluss-Engagement heraus kehrt Carl Blasel zumindest in den Sommermonaten regelmäßig an die kleine Praterbühne zurück. Dabei erprobt er sich gleich noch auf einem neuen Gebiet: als Theaterdichter. Zwei Stücke aus Carl Blasels Feder führt Direktor Ranzenhofer in seinen Sommerprogrammen auf. Natürlich mit dem Autor in der Hauptrolle: „Eine Millionenerbschaft" und „'S gold'ne Wienerherz". Allerdings sind diese dramatischen Versuche wenig überzeugend und infolgedessen ausgesprochen kurzlebig. Carl Blasel ist eben mit ganzer Seele Schauspieler. Nichts anderes. Daher ist das feste Engagement, das er nach Abschluss des großen Nestroy-Zyklus am Jantsch-Theater antritt, die einzig konsequente Fortsetzung seiner einzigartigen Karriere: Carl Blasel kehrt zurück ans Carl-Theater. Gerade einmal zwölf Tage hat er Zeit, um sich auf diesen nächsten Abschnitt in seinem Künstlerleben vorzubereiten. Doch vor dem großen Engagement wartet erst noch ein großes Ereignis.

**...am Carl-Theater. Der 70. Geburtstag**

Das schönste Geburtstagsfest, das es für einen Schauspieler geben kann, richtet jene Bühne aus, an der Carl Blasel einst, nach ausgiebigen Lehrjahren in der Provinz, sein allererstes Engagement in der Kaiserstadt bekommt und an der er wieder im Engagement ist, bevor er das Experiment mit dem Wiener Colosseum riskiert: das Theater an der Wien. Das Haus knüpft an die gemeinsamen Zeiten an und inszeniert für ihren ehemaligen Publikumsliebling eine spektakuläre Festvorstellung zum 70. Geburtstag. Wieder ist es eine alte Künstlerbekanntschaft, die Carl zu dieser besonderen Ehre verhilft: Der Gatte seiner langjährigen Kollegin Julie Kopacsi-Karczag, der Operettendiva, die Carl einst für das Carl-Theater entdeckt, ist inzwischen der Direktor des Theaters an der Wien. Die Karczags sind Carl freundschaftlich verbunden. Mit seiner Ehefrau in der weiblichen Hauptrolle gibt Direktor Wilhelm Karczag daher zu Carl Blasels Ehren eine Sondervorstellung der Offenbach-Operette „Die schöne Helena". In der Rolle des Menelaus: das Geburtstagskind Carl Blasel. Das „Illustrirte Wiener Extrablatt" beschreibt in einem ganzseitigen Bericht über Carl Blasels Geburtstag dieses Theaterereignis:

> *„(...) Als Blasel aus seiner Garderobe auf die Bühne trat – der Vorhang war noch unten – bildeten Solisten und Chor einen Kreis. Director Georg Lang* (Anm.: Königl. bayr. Intendanz-Rat, Co-Direktor unter Wilhelm Karczag) *begrüßte den Jubilar und erinnerte daran, daß Blasel die Partie des Menelaus unter Offenbach's Anleitung studirt und zum ersten Male auf der Bühne des Theaters an der Wien dargestellt habe. Die Rede des Directors klang in einem Hoch auf den 'Siebziger' aus. Die Runde stimmte ein, die stürmischen Zurufe drangen, durch die gesenkte Courtine* (Anm.: altfrz. 'Vorhang') *abgedämpft, in das dichtbesetzte Haus. (...) Nun einige Worte über die Vorstellung. Frau Julie Kopacsi-Karczag war eine bildhaft schöne Königin Helena. (...) Und Karl Blasel als Menelaus? Er ist noch immer so urdrollig und fidel, wie vor achtunddreißig Jahren, als er zum ersten Male, unter Offenbach's Augen, den Thaddädel-König verkörperte. Er hat noch immer seine Hörner nicht abgestoßen."* (Illustrirtes Wiener Extrablatt. Nr. 283. Wien, Dienstag, 15. October 1901. 30. Jahrgang.)

„Die schöne Helena" am Theater an der Wien findet am 14. Oktober statt, also zwei Tage vor Carl Blasels tatsächlichem Geburtstag. Am Jubeltag selber gibt es eine weitere Festvorstellung: Am Carl-Theater, seiner „Heimatbühne", an der er bereits für fünfzehn Jahre als Schauspieler und sechs Jahre als Direktor gewirkt hat und an die er jetzt zurückkehrt, steht Carl am Abend seines 70. Geburtstags wieder auf der Bühne. Er gibt eine bereits erfolgreich erprobte Rolle: den Césare Beaubuisson in Heubergers Operette „Der Opernball". Hier, am Carl-Theater, wird Carl Blasels künstlerischer Weg ab jetzt weiterführen. Direktor Karczag am Theater an der Wien kann ihn nicht übernehmen, er hat zu der Zeit kein eigenes Ensemble, sondern stellt sein Haus nur für längere Gastspiele fremder Produktionen zur Verfügung. Dafür nimmt das Carl-Theater den Star, der zufällig den gleichen Namen trägt wie das Haus, mit offenen

Armen wieder auf. Der Mann, um dessentwillen Carl diese Bühne einst verlassen hat, um erst ans Theater an der Wien zu gehen und sich danach in das Colosseum-Abenteuer zu stürzen, der unglückliche Direktor Franz von Jauner, ist nicht mehr. Sein Nachfolger, Andreas August Amann, ein erfahrener Theatermann mit jahrzehntelanger Karriere im gesamten deutschsprachigen Raum, hat interessante Aufgaben für den Gesangskomiker Carl Blasel. Der ist zwar inzwischen zum silberhaarigen Grandseigneur gereift, hat aber von seiner jugendlichen Dynamik und seinem lausbubenhaftem Charme nicht das Geringste eingebüßt. Noch dazu beginnt gerade wieder eine neue Ära. Eine Ära, die so viele Werke mit interessanten Rollen für einen Künstler wie Carl Blasel hervorbringt, dass der mittlerweile 70-jährige auch noch die nächsten vierzehn Jahre lang fast jeden Abend auf der Bühne stehen wird. Carl Blasels schon fast legendäre Energie wird auch in dieser letzten Phase seiner Karriere nochmals bis aufs Äußerste gefordert.

Die Theater-Epoche, die unmittelbar nach der Jahrhundertwende beginnt, nennt die Musikgeschichte später „Silberne Ära der Operette". Der Ausgangspunkt dieser Periode ist auf Datum und Ort genau festzulegen: Es ist der 25. Oktober 1901 am Carl-Theater in Wien. An diesem Tag hat dort eine Operette aus der Feder des Komponisten Heinrich Reinhardt Premiere. Eine heitere Liebesgeschichte mit zahlreichen Irrungen und Wirrungen. Ihr Titel: „Das süße Mädel". Dieses walzerselige Singspiel wird gemeinhin als Übergang von der „goldenen" zur „silbernen" Operettenzeit verstanden. Hier beginnt der Wandel von der klassischen Phase des Genres „Operette" in die Moderne. In dieser neuen Zeit werden viele Operetten bereits kurz nach ihrer Uraufführung auf einer fortschrittlichen Erfindung, der „Schellackplatte", konserviert. Am Ende mündet diese Zeit in ein gänzlich neues Medium: den Tonfilm. Überhaupt ist Technik das große Versprechen der neuen Zeit: Die Elektrizität ersetzt gerade in Höchstgeschwindigkeit die alten Energielieferanten Gas und Petroleum. Außerdem machen die ersten Automobile den Pferdekutschen Konkurrenz. Mobilität ist gefragt. Auch in der traditionsbewussten Kaiserstadt. Der bekannt flexible Carl Blasel verspürt offensichtlich keinerlei Berührungsängste in Bezug auf das neue Tempo – zeitgenössische Fotografien zeigen ihn sehr selbstbewusst sowohl im Auto als auch mit dem Fahrrad. Eine andere Neuerung dürfte Carl Blasel dafür eher verärgert haben: Die Orthographische Konferenz von 1901 legt in der preußischen Hauptstadt Berlin ein vereinheitlichtes Regelwerk für die Rechtschreibung aller deutschsprachigen Staaten vor. Eine dieser Regelungen besagt, dass Fremdwörter und Eigennamen, die bislang mit „C" geschrieben wurden, optional mit „K" geschrieben werden dürfen. Seit dieser Reform taucht der Name „Carl Blasel" in diversen Zeitungen und auf diversen Programmzetteln plötzlich in modernisierter Schreibweise auf: „Karl Blasel". Der Künstler selbst lässt sich auf solche Experimente selbstverständlich nicht ein. Sein Vorname ist im Taufregister eingetragen mit einem großen „C" am Anfang. Genau so will er seinen Namen geschrieben wissen. Und genau so unterschreibt er sein ganzes Leben lang: „Carl Blasel".

Die Hauptrolle in „Das süße Mädel", einen gewissen Graf Balduin Liebenburg, gibt natürlich Carl Blasel. „Das süße Mädel" wird eine beispielhafte Vorstellungsserie erleben: Vom 25. Oktober 1901 bis zum 14. März 1902 steht das Stück Abend für Abend auf dem Spielplan. Frei sind gerade einmal die Weihnachtstage. Carl Blasel steht in dieser fast ein halbes Jahr dauernden en-suite-Serie in jeder Vorstellung auf der Bühne. Nach der 25. Vorstellung – also noch ganz am Anfang – bilanziert die Presse:

> *„(...) Die bisherigen Vorstellungen dieses lustigen und melodiösen Bühnenwerkes fanden allabendlich vor glänzend besuchtem Hause statt und fanden die Hauptdarsteller: die Damen Biedermann, Günther, Schupp, sowie die Herren Bauer, Blasel, Treumann* (Anm.: Louis Treumann, *1872, Wien, †1943, Ghetto Theresienstadt), *Pagin und Greisnegger für ihre excellenten Leistungen stets den verdienten reichen Beifall des animirten Publicums. (...)"* (Der Humorist. Nr. 32. Wien, am 11. November 1901. XXI. Jahrg.)

Der Auftakt zu Carl Blasels mittlerweile drittem Engagement am Carl-Theater ist beispielgebend für die Aufgaben, die der Künstler noch bis zum Jahr 1914 an diesem Haus wahrnehmen wird: Gespielt wird ausschließlich Operette, ausschließlich in langen en-suite-Serien von mindestens sechs Wochen Dauer. Viele dieser Werke aus der silbernen Operettenzeit sind in der Gegenwart vergessen. Trotz seiner Bedeutung für die Musikgeschichte gilt das für „Das süße Mädel" ebenso wie für Heinrich Reinhardts nächste Operette, in der Carl Blasel ebenfalls auf der Bühne steht: „Der liebe Schatz". Seine Bekanntheit erhalten hat dagegen ein Werk aus der Feder eines Komponisten, dessen große Karriere in Wien zu diesem Zeitpunkt gerade erst beginnt. Sein Name wird später sogar zum Inbegriff der silbernen Operetten-Ära: Franz Lehár. Die erste Operette, die ihm dauerhaften Erfolg beschert, hat am 20. Dezember 1902 am Carl-Theater Premiere: „Der Rastelbinder". (Anm.: mundartlich, veraltet für „wandernder Kesselflicker") In der Rolle des Spenglermeisters Glöppler: Carl Blasel. Die Handlung ist eher schlicht: Suza und Janku, die Pflegekinder armer Leute irgendwo auf dem Balkan, sind einander versprochen und sollen heiraten, wenn sie erwachsen sind. Für Jankus Ausbildung bei Spenglermeister Glöppler trennen sich die Wege, das Versprechen gerät in Vergessenheit. Die beiden jungen Leute verlieben sich in andere. Erst nach heftigen Wirrungen wird das alte Verlobungsversprechen schließlich für ungültig erklärt und die neuverliebten Paare dürfen heiraten. Das Publikum ist begeistert und kann vom „Rastelbinder" gar nicht mehr genug bekommen. Mit nur wenigen Unterbrechungen spielt das Stück knapp eineinhalb Jahre am Stück bis zum 3. Mai 1904. Carl Blasel steht in jeder Vorstellung auf der Bühne. Die erste Rekordmarke ist definiert. Ohne Frage mitverantwortlich für den außerordentlichen Erfolg des „Rastelbinder" ist der musikalische Leiter: Seit kurzem ist der junge Komponist Alexander Zemlinsky Chefdirigent am Carl-Theater. Nicht zuletzt seine Opern „Der Zwerg" und „König Kandaules" werden später zu Wegmarken der modernen klassischen Musik. Bevor er jedoch endgültig zur großen Oper wechseln kann, muss Zemlinsky allerdings – aus finanziellen Rücksichten – noch einige Jahre Operetten-Dirigent bleiben. Die Qualität der Aufführungen hat durch diese Begabung zweifellos gewonnen.

Die Uraufführung der nächsten Operette, die auch in der Gegenwart hin und wieder ihren Weg in die Spielpläne findet, steht am Carl-Theater am 12. November 1904 auf dem Programm: „Die lustigen Nibelungen" aus der Feder von Oscar Straus. Dieser junge Komponist ändert extra seinen Nachnamen von „Strauss" zu „Straus", um nicht immer mit der Walzer-Dynastie um Johann Strauß und dessen Brüder in Verbindung gebracht zu werden. Mit denen ist er nämlich weder verwandt noch verschwägert. Bei Max Bruch in Berlin hat der Wiener die klassischen Komposition erlernt, geliefert hat er bisher aber hauptsächlich freche Chansons für Ernst von Wolzogens Kabarett „Überbrettl". Direktor Amann gibt dem Neuling am Carl-Theater seine erste große Chance für ein abendfüllendes Musikwerk. „Die lustigen Nibelungen" – Carl Blasel spielt den Hagen – halten sich immerhin sechs Wochen am Stück und werden danach immer wieder zwischen en-suite-Serien eingestreut. Oscar Straus' zweite Operette „Hugdietrichs Brautfahrt", in der Gegenwart vergessen, kommt im März des Jahres 1906 auf den Spielplan. Carl Blasel gibt Ladislaus, den König von Saloniki. Auch dieses Werk erlebt eine Aufführungsserie von mehreren Wochen. Immerhin. Bevor Oscar Straus sein drittes Werk auf die Bühne des Carl-Theates bringt, bietet Direktor Amann seinem Publikum zunächst das Gastspiel eines Wiener Superstars: des größten Publikumslieblings neben Carl Blasel.

## Alexander Girardi zum Zweiten

Eine Uraufführung aus der Feder des Komponisten Edmund Eysler bringt Carl Blasel mit einem interessanten Bühnenpartner zusammen: mit seinem Kollegen-Rivalen Alexander Girardi. Der ist von Oktober 1905 bis Januar 1907 als Dauergast ans Carl-Theater verpflichtet. In der Operette „Die Schützenliesel" gibt Girardi die Hauptrolle des Blasius Nestel, Meisterschütze und begehrtester Junggeselle eines idyllischen Alpendorfs. Eigentlich will er seine Liebste Liesel heiraten – aber diverse Wirrungen, nicht zuletzt ausgelöst durch die riesige, aber an fatale Bedingungen geknüpfte Geldspende des Gutsherrn Daszewsky (Carl Blasel), macht das schöne Projekt fast zunichte. Im allerletzten Moment wird natürlich alles gut. Die „Schützenliesel" hält sich mehr als drei Monate lang, bis Mitte Januar 1906, ununterbrochen auf dem Spielplan des Carl-Theaters. Die beiden Vollblut-Komödianten Blasel und Girardi kommen also gut mit- und nebeneinander aus, auch wenn sie sich diesmal eine Bühne teilen müssen. Im Oktober 1906 knüpft das Carl-Theater nahtlos an diesen Erfolg an. Edmund Eyslers nächste Uraufführung „Künstlerblut" findet wieder in der Besetzung Girardi-Blasel statt. Ebenfalls mit dabei – wie auch schon in der „Schützenliesel" – der neue Stern unter den Operettendiven: Mizzi Zwerenz. Genau wie die „Schützenliesel" hält sich auch „Künstlerblut" über drei Monate lang auf dem Spielplan. Anfang Dezember 1906 zieht die Presse eine erfreuliche Zwischenbilanz:

> *„Im Carltheater ging am 8. d. M. die Operette 'Künstlerblut', von Leo Stein und R. Lindau, Musik von Edmund Eysler, vor total ausverkauftem Hause zum 50. Male (en suite) in Szene. Das gelungene Werk wurde von dem durch das künstlerisch vollendete Zusammenspiel der Frau Mizzi Zwerenz und Alexander Girardis in die richtige Feststimmung gebrachten Publikum mit stürmischem Beifall aufgenommen. Auch die Damen Merviola, Löwe, Worth, sowie die Herren Blasel, Rohr, Waldemar und Kumpa wurden bei jeder sich bietenden Gelegen-*

*heit für ihre prächtigen Leistungen durch kräftigen Applaus – verdientermaßen – ausgezeichnet. (...)"* (Der Humorist. Nr. 35. Wien, am 10. Dezember 1906. XXVI. Jahrg.)

Die erfolgreichen Serien in den Eysler-Operetten „Die Schützenliesel" und „Künstlerblut" münden schließlich in einen vier Wochen währenden Gastspiel-Abschluss Alexander Girardis – wieder an der Seite Carl Blasels – in der heute vergessenen Operette „Der selige Vinzenz" aus der Feder von Raoul Mader. Danach hat Carl den Platz als erster Gesangskomiker des Carl-Theaters wieder für sich allein.

Alexander Girardi privat und in diversen Rollen
Titelblatt „Die Gartenlaube", Nr. 24, 1894, Ausschnitt
Privatbesitz C. Möderler

## „Ein Walzertraum"

Nur wenige Tage nach der letzten Vorstellung des „Seligen Vinzenz" steht Carl Blasel bei der Welturaufführung einer Operette auf der Bühne, die in Sachen Erfolg alles bisher Dagewesene in den Schatten stellen wird. Es ist die dritte Operette aus der Feder des Komponisten Oscar Straus. Ihr Titel: „Ein Walzertraum". Die Geschichte spielt im fiktiven Fürstentum Flausenthurn. Der regierende Fürst Joachim XIII. (Carl Blasel) will seine Tochter Helene mit dem feschen Wiener Leutnant Niki verheiraten, um baldmöglichst Enkelkinder zu sehen. Doch, wie immer in solchen Stücken, das Heimweh des Schwiegersohns in spe nach der Kaiserstadt, die schöne Primgeigerin einer Damenkapelle und - vor allem - ein sehnsuchtsvoll-schmelzender Wiener Walzer drohen den kunstvoll geschmiedeten Plan zu vereiteln. Kaum der Erwähnung wert: Im letzten Moment wird wie immer alles gut.

Außer mit der ebenso bittersüß-romantischen wie lustigen Handlung triumphiert die Inszenierung am Carl-Theater mit einem eleganten Bühnenbild und prachtvollen Kostümen. Ganz und gar eines Fürstenhofes von Flausenthurn würdig. Die größte Qualität des Werkes ist allerdings seine zauberhafte, schwebend-walzerselige Musik. Jeder Takt schmeichelt sich ins Ohr, dringt ins Herz und bleibt im Gedächtnis. Bis in die Gegenwart gehört die Titelmelodie „Walzertraum" zu den beliebtesten Operettenmelodien schlechthin. Kaum ein Tenor, der bei seinen Zugaben in einem Operetten-Konzert nicht mit diesem Walzer aufwarten könnte. Der Walzer, der von der Bühne des Carl-Theaters aus zum Weltschlager wird:

*Leise, ganz leise*
*Klingt's durch den Raum,*
*Liebliche Weise*
*Walzertraum.*
*Süßester Schmerzen*
*Zärtlicher Chor*

*Dringt aus dem Herzen*
*Selig empor.*

*Frühlingsverlangen*
*Glück ohne Ruh,*
*Hoffen und Bangen*
*Liebe bist du!*
*Einmal noch beben*
*Eh' es vorbei –*
*Einmal noch leben –*
*Lieben im Mai!*

*(Walzerlied „Walzertraum" aus der Operette „Ein Walzertraum",*
*Musik: Oscar Straus, Text: Felix Dörmann, Leopold Jacobson)*

Schon die ersten Pressestimmen zur Premiere, die der Komponist persönlich dirigiert, prophezeien die Sensation:

„*Carl-Theater. 'Ein Walzertraum', Operette in drei Akten von Felix Dörmann und Leopold Jacobson. Musik von Oskar Straus. Ein glänzender, durchschlagender Erfolg! Das ist die Signatur der am 2. d. M. stattgehabten Première der jüngsten Carl-Theater-Novität. Sollte es wahr sein, daß wir am Beginne einer neuen, vielversprechenden Ära der Wiener Operette stehen, wie jetzt vielfach behauptet wird? Fast möchte man's glauben. Der vollständige, unbestrittene Sieg, den Oskar Straus mit seinem neuesten Werke erfocht, läßt wenigstens hoffen, daß er sich als zweiter Lehár bewähren werde. (...) Herr Blasel erschien wieder einmal in einer größeren Rolle, der des Fürsten Joachim von Flausenthurn. Die Jahre scheinen an seiner unverwüstlichen vis comica spurlos vorüberzugehen. (...)*" *(Österreichs Illustrierte Zeitung. Heft 23. Wien, Sonntag, 10. März 1907. XVI. Jahrgang.)*

„*Im Carltheater erweist sich die neue Operette 'Ein Walzertraum', von Fel. Dörmann und Leop. Jacobson, Musik von Oskar Straus, als ein Zug- und Kasssenstück ersten Ranges. Sämtliche bisherigen Aufführungen fanden vor total ausverkauftem Hause statt.*" *(Der Humorist. Nr. 8. Wien, am 11. März 1907. XXVII. Jahrg.)*

Die Rezensenten behalten recht. Oscar Straus gelingt mit seinem dritten Bühnenwerk der „ganz große Wurf". „Ein Walzertraum" erlebt eine bisher noch nie dagewesene Aufführungsserie am Carl-

Theater: Bis September 1908 spielt die Operette jeden Abend, auch den Sommer über, vor ausverkauftem Haus. In jeder dieser Vorstellungen steht Carl Blasel als Fürst Joachim XIII. auf der Bühne. Auch danach bleibt der Walzertraum regelmäßig auf dem Spielplan, wird lediglich an einzelnen Abenden von anderen Stücken abgelöst. Am 28. Mai 1909 feiert „Ein Walzertraum" seine 500. Aufführung. Zu diesem Ereignis legt das Carl-Theater eine Sonderedition des Programmheftes auf: Gebunden in rotes Saffianleder mit Goldprägung enthält es die Portraits aller beteiligten Künstler, ein Notenblatt mit der Titelmelodie, ferner launige Kurzbeschreibungen aller Ensemblemitglieder. Am 24. Mai 1913 – wieder unter Leitung des Komponisten – erlebt der Walzertraum seine 600. Aufführung. Danach erübrigt sich das Zählen – der Walzertraum ist einfach zum festen Bestandteil des Carl-Theater-Repertoires geworden. Gleichzeitig tritt das Werk seinen Siegeszug um die ganze Welt an und wird in Folge mehrfach verfilmt. So zum Beispiel anno 1925, noch als Stummfilm in Schwarz-Weiß, mit Willy Fritsch, einem der berühmtesten Filmschauspieler der damaligen Zeit, in der Rolle des Leutnant Niki. Im Jahr 1969 erfolgt eine Fernsehproduktion, diesmal vertont und in Farbe. Zur prominenten Besetzung gehören unter anderem der Teenager-Schwarm Peter Kraus als fescher Leutnant Montschi und der Kino-Star Viktor de Kowa in Carl Blasels Rolle als Joachim XIII. von Flausenthurn.

Die allererste Verfilmung von „Ein Walzertraum" allerdings entsteht bereits im Jahr 1908. Die Produktionsfirma Deutsche Bioscop nimmt mit dem Ensemble des Carl-Theaters sechs Szenen aus dessen aktueller Erfolgsproduktion auf. Das junge Medium „Film" experimentiert damals mit einer Technik, die der eigenen Zeit um Jahrzehnte voraus ist und für die sich die Operette als Darstellungsform besonders gut eignet: das Tonbild. Zunächst werden dafür Schellackplatten von den Musiken des Werkes produziert. Bei den Filmaufnahmen werden diese Platten dann auf einem Grammophon abgespielt. Die Darstellerinnen und Darsteller agieren vor der Kamera lippensynchron zur Tonaufnahme. Am Ende passt alles zusammen. Wenn bei der Vorführung schließlich Filmstreifen und Schellackplatte gleichzeitig abgespielt werden, entsteht ein „Tonfilm". Auch Carl Blasel wirkt bei dieser Tonbild-Produktion der Erfolgsoperette „Ein Walzertraum" mit – es ist sein erster Gehversuch in jenem Metier, das das Theater als wichtigstes Massenmedium der Zeit schon bald ablösen wird. Leider sind seine Szenen nicht mehr erhalten. Lediglich drei der insgesamt sechs Tonbild-Aufnahmen von „Ein Walzertraum" haben bis in die Gegenwart überlebt. Zum Zeitpunkt der Drucklegung dieses Buches sind sie auf der Internetseite filmportal.de des Deutschen Filminstituts abrufbar. (Anm.: Die URL-Adressen der drei erhaltenen Tonbilder aus „Ein Walzertraum" von 1908 sind zu finden im Anhang unter „Digitale Archive / Datenbanken") Diese kostbaren und bewegenden historischen Zeugnisse erlauben, für einen kleinen Moment wie ein Theaterbesucher auf genau die Bühne zu blicken, auf der Carl Blasel zu jener Zeit spielt. Auch wenn seine Szenen verloren sind – wahrscheinlich hat er bei den erhaltenen Aufnahmen hinter den Kulissen gestanden und zugeschaut.

Mit Carl Blasel im „Walzertraum"-Ensemble:
Mizzi Zwerenz und Artur Guttmann,
Correspondenz-Karte von 1907,
Privatbesitz C. Möderler
Die Szene „Pikkolo! Pikkolo! Tsin-tsin-tsin"
ist als Tonbild erhalten.

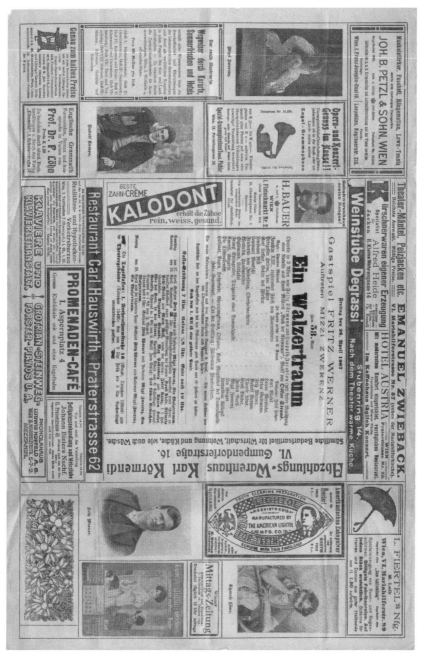

Programmzettel „Ein Walzertraum", Carl-Theater, 26. April 1907
Vorderseite, Privatbesitz C. Möderler

Programmzettel „Ein Walzertraum", Carl-Theater, 26. April 1907
Rückseite mit Schallplatten-Werbung, Privatbesitz C. Möderler

## „Donna Juanita"

Zur Saisoneröffnung bringt das Carl-Theater im August des Jahres 1908 eine Premiere, die auf den Spielplan keine allzu große Auswirkung hat. Das Stück bleibt lediglich vier Wochen en suite auf dem Programm und wird danach nur noch als Einzelvorstellung zwischen andere Serien eingestreut. Für Carl Blasel ist diese Produktion jedoch ein ganz besonderes und sehr persönliches Ereignis: Franz von Suppés Operette „Donna Juanita" - der Komponist selbst bezeichnet sie immer als komische Oper - ist eine Wiederaufnahme. Ihre Welturaufführung erlebt sie bereits im Jahr 1880, ebenfalls am Carl-Theater. Dessen Direktor damals ist Franz Tewele, der erste Gesangskomiker ist, auch damals schon, Carl Blasel. Das Stück spielt Ende des 18. Jahrhunderts in Spanien. Genauer, im baskischen San Sebastian im äußersten Nord-Osten des Landes. Vor dem Hintergrund der französischen und britischen Rangeleien um die Vorherrschaft in Spanien entspinnt sich dort eine sehr operettenhafte Liebes-, Verwechslungs- und Abenteuergeschichte. Carl Blasel übernimmt die Rolle des Bürgermeisters Pomponio, der in glühender Liebe zur schönen Donna Juanita entbrennt, ohne zu merken, dass es sich nicht um die echte handelt, sondern um einen verkleideten Mann, der nichts weiter vorhat, als Juanitas Verehrer ein wenig über die militärische Lage auszuhorchen. Als Carl Blasel den Pomponio bei der Uraufführung gibt, ist er knapp fünfzig Jahre alt. Jetzt, bei der Wiederaufnahme des Stückes, geht er mit großen Schritten auf die Achtzig zu. Kein Hinderungsgrund für die Theaterleitung unter Direktor Amann, ihren Spitzenkomiker wieder mit derselben Rolle zu betrauen, in der er bereits 28 Jahre zuvor reüssiert hat. Die Reaktion der Presse ist enthusiastisch:

> *„Mit einer bis ins kleinste sorgfältig vorbereiteten und durchaus wohlgelungenen Aufführung von F. v. Suppés melodienreicher Operette 'Donna Juanita' (Text von F. Zell und R. Genée) wurde diese in den letzten zwei Jahren vom Glücke besonders begünstigte Bühne am 15.*

*d. M. wieder eröffnet. Ein ausverkauftes Haus, rege Beifallslust, animierte Stimmung im Auditorium und auf der Szene gaben der Eröffnungsvorstellung ein glanzvolles Gepräge. (...) In der Titelrolle exzellierte Mizzi Zwerenz und bereitete dem Publikum mit ihrer temperamentvollen, gesanglich wie darstellerisch gleich hervorragenden Leistung einen künstlerischen Hochgenuß. (...) Ihr zunächst verdient Blasel der ewig junge alte Blasel, als Pomponio, welche Rolle er vor 28 Jahren kreierte, vollstes Lob. Dieser göttliche Spaßmacher, dessen bloßes Erscheinen auf der Szene schon Heiterkeit erregt, spielte den geistig beschränkten Alkalden* (Anm.: spanischer Bürgermeister) *genau so komisch wie am Abend der Uraufführung der Operette und tanzte heute ebenso agil wie damals. (...)"* (Der Humorist. Nr. 24. Wien, am 20. August 1908. XXVIII. Jahrgang.)

## „Die geschiedene Frau"

Neben der Wiederaufnahme der „Donna Juanita" hat das Carl-Theater anno 1908 auch noch eine bedeutende Uraufführung vorzuweisen: Die Operette „Die geschiedene Frau" wird über 250-mal am Stück gespielt und hält sich danach, genau wie die anderen Erfolgsstücke, dauerhaft auf dem Spielplan. Komponist dieses neuen Werkes ist Leo Fall. Zusammen mit Franz Lehár, Oscar Straus und Edmund Eysler wird er dereinst zu den bedeutendsten Vertretern der silbernen Operetten-Ära gezählt werden. Auch noch in der Gegenwart bekannt sind aus Leo Falls umfangreichem Operetten-Schaffen vor allem die Werke „Der fidele Bauer", „Die Dollarprinzessin" und „Die Rose von Stambul". In „Die geschiedene Frau" gibt Carl Blasel einen holländischen Großkapitalisten und Besitzer einer Eisenbahngesellschaft. Außerdem ist er der Vater eben jener Dame, die sich aus übertriebener Eifersucht voreilig von ihrem Gatten scheiden lässt. Es bedarf aller drei Akte der Operette, bis das Paar schließlich glücklich wieder vereint ist. Am Ende stellt sich nämlich heraus, dass es nicht etwa der Ehemann ist, der zu intensives Interesse an einer schönen Fremden im Schlafwagencoupé hat, sondern vielmehr dessen Schwiegervater, der Besitzer der Eisenbahngesellschaft – also Carl Blasel. Die Rolle des silberhaarigen Charmeurs dürfte ihm gefallen haben. Seine Kunst, zusammen mit dem etwas frivolen Stoff, gewürzt durch so vielsagende Musiktitel wie „Das Lied von der freien Liebe", zieht das Wiener Publikum jedenfalls scharenweise ins Carl-Theater.

**Der jüngste Sohn gründet eine Familie**

Gespickt mit all diesen Erfolgsstücken ist der Spielplan des Carl-Theaters zwar publikumswirksam gefüllt – rein künstlerisch ergibt sich für Carl Blasel anno 1909 allerdings nichts wesentlich Neues. Er spielt Repertoire. Abend für Abend. Dafür liegen umso größere Ereignisse im Privaten. So schließt Carls jüngster Sohn Johann – alle nennen ihn „Hans" – am 8. Mai 1909 den Bund der Ehe. Er hat sich Zeit gelassen. Immerhin hat er sein 40. Lebensjahr schon längst vollendet. Dafür ist seine junge Braut erst 24. Die beiden sind sogar bereits Eltern. Schon am 27. Oktober 1907 kommt in St. Pölten, Hans ist dort zu jener Zeit stationiert, die erste gemeinsame Tochter mit Namen Elisabeth Johanna zur Welt. Hans Blasel erkennt die Vaterschaft offiziell an und das Kind erhält seinen Nachnamen. Möglicherweise hat der Jungvater einfach nicht rechtzeitig um die Heiratserlaubnis der vorgesetzten Autoritäten angesucht, die er als Berufsoffizier benötigt. Bisher arbeitet Hans Blasel eben ausschließlich an seiner militärischen Karriere. Inzwischen ist er schon Hauptmann des 49. Infanterie-Regiments. Er ist der einzige der Blasel-Söhne, der keinerlei Interesse am Theater zeigt. Hans Blasels Leidenschaft – neben dem Militär – ist die Kakteenzucht.

Die Familie, in die Johann „Hans" Blasel einheiratet, hat mit den Künsten ebenfalls nichts zu tun. Dafür führt sie die Stadt Wien auf technischem Gebiet in ein neues Zeitalter: Hans' Auserwählte ist Elisabeth Leopolder. Deren Großvater, Leopold Leopolder, bringt einst das Telefon nach Österreich. So schreibt der Wiener Kommunal-Kalender von 1912 in einer Kurzbiographie der Firma Leopolder: „(...) Endlich ist noch der Wirksamkeit Leopolders auf dem Gebiete der Telephonie zu gedenken. Er hatte 1882 die Vertretung Graham Bells für Österreich übernommen und bald darauf in den Städten Prag, Graz, Triest, Lemberg und Krakau telephonische Anlagen eingerichtet. 1886 sind von seinem Etablissement die ersten Telephonstationen für den interurbanen staatlichen Telephonverkehr zusammengestellt und geliefert worden. (...)" Leopolds Sohn, Lambert Leopolder, betreibt nicht nur die Telephonie, sondern verfügt zusätzlich über diverse wichtige Patente auf dem Gebiet der Telegrafie und der Wasserwirtschaft. Die Firma „Leopolder & Sohn Telegraphen-, Telephon- und Wassermesserfabrik" ist österreichische Schlüsselindustrie. Elisabeth Leopolder, Hans' Frau und Carls Schwiegertochter, ist die Erbin. Eigentlich eine Wahl, die die Eltern des Bräutigams glücklich machen könnte. Doch der Zeuge bei der Trauung in der Kirche Maria Geburt ist lediglich Hans' Bruder Leopold Maria. Ob Carl und Johanna überhaupt dabei gewesen sind? Es gibt keine Quellen, die dies belegen würden. Die Beziehung scheint kompliziert.

Am Abend des Hochzeitstages seines Jüngsten steht Carl – wie immer – auf der Bühne. Gespielt wird „Die geschiedene Frau". Das Familien-Ereignis bleibt ohne Auswirkung auf seinen Terminkalender. Ohnehin ist wenig bekannt über das Verhältnis zwischen Carl Blasel und seinen Söhnen. Der Älteste, Karl Junior, wählt zwar einen „seriösen" Berufsweg als Bankbeamter, jedoch steht er seinem Vater zumindest für einige Jahre als Finanzfachmann im Theater zur Seite. Außerdem heiratet er die Tochter eines Schauspieler-Kollegen seines Vaters. Eine gewisse Vertrautheit dürfte es somit gegeben haben. Der Mittlere, Leopold Maria, ist zweifellos derjenige, zu dem das engste Verhältnis besteht. Ihn holt Carl als Schauspieler und Co-Direktor an seine Theater, ihm verzeiht er den Irrtum mit dem „Wiener Colosseum", ihn unterstützt er bei seinem darauffolgenden Lebensweg. Mit ihm und seiner Familie wird Carl

Blasel seine letzten Lebensjahre verbringen, Leopold Maria und seine Familie werden dereinst sogar im Grab von Carls Gattin Johanna ihre letzte Ruhe finden. Der Jüngste, Hans, hat dagegen ganz offensichtlich niemals eine besondere Bindung zu seinem Vater. Zwei im Nachlass Carl Blasels erhaltene Postkarten an seinen jüngsten Sohn sind unpersönlich und inhaltsleer – als seien sie an einen Fremden gerichtet. Viele Autogrammpostkarten, die Carl Blasel an unbekannte Bewunderer – meistens sind es Bewunderinnen – verschickt, lesen sich deutlich herzlicher.

**Goldene Hochzeit, 60. Bühnenjubiläum**

Im November des Jahres 1909 feiert Carl Blasel selbst eine Hochzeit: seine Goldene. Er und Johanna sind seit fünfzig Jahren miteinander verheiratet. Die Feierlichkeiten zu diesem besonderen Tag geraten zum Wiener Großereignis. Die Presse berichtet:

*„(...) Eine solche Anteilnahme an einem Jubelfest hat Wien noch nie erlebt. Sie gab Zeugnis von der außerordentlichen Popularität Blasels und es kann mit Recht behauptet werden, daß seine Vaterstadt mit ihm sein Doppel-Jubiläum feierte. (...) Schon in den ersten Vormittagsstunden fanden sich Schaulustige vor dem Wohnhaus Blasels im 4. Bezirk, Rainerplatz 8, ein und bildeten bald bis zum Naschmarkt hinunter und vor diesem selbst ein dichtes Spalier. So war es auch vor der Karlskirche und in dem Gotteshaus selbst. (...) Doch nicht nur in der Kirche drängte man sich, auch vor dem Gotteshaus auf den Stufen, der Rampe und auf dem weiten Karlsplatz herrschte ein lebensgefährliches Gedränge. Hier hatten sich Tausende eingefunden, um wenigstens Zeuge der Auffahrt der Jubilare zu sein. (...) Als die goldenen Hochzeiter im Tor sichtbar wurden, durchbrausten Hochrufe den Platz und so ging es fort bis zur Kirche. Eine separate Huldigung für Blasel und seine Gemahlin arrangierten unsere braven Frauen vom Naschmarkt. Dem Jubelpaar wurde lebhaft zugewinkt und die Rufe 'Hoch Blasel!' wollten schier kein Ende nehmen. (...) Nach einer erhabenen An-*

*sprache durch den Weihbischof erfolgte, wie bereits erwähnt, die Einsegnung. Blasel war freudig bewegt. Als sich die Gatten die Hände zur Zeremonie der Einsegnung reichten, legte Blasel seinen linken Arm um die Schultern seiner Gattin und drückte die treue Lebensgefährtin an sich. (...) Unter denselben Ovationen wie bei der Ankunft verließen die Hochzeiter sodann die Kirche."* (Neuigkeits Welt-Blatt Nr. 266. Wien, Sonntag, den 21. November 1909. 36. Jahrgang)

Carl Blasel ist eine Persönlichkeit, an deren Schicksal ganz Wien Anteil nimmt. Eine Zuneigung, die er sich in sechzig Jahren auf der Bühne hart erarbeitet hat – und die er zweifellos verdient. So ist es für ihn überhaupt keine Frage, dass er selbstverständlich auch am Abend seines goldenen Hochzeitstages in bekannter Disziplin auf der Bühne steht. Wenn auch ausgerechnet in dem Stück „Die geschiedene Frau". Ironische Fußnote: Schon zwei Tage vor der großen Kirchen-Feier erhält Carl Blasel von Bürgermeister Dr. Karl Lueger persönlich aus Anlass der Goldenen Hochzeit eine Ehrengabe von fünfzig Zwanzigkronen-Stücken in Gold. Bei der feierlichen

Correspondenzkarte: Johanna und Carl Blasel verlassen nach der Feier ihrer Goldenen Hochzeit die Karlskirche, Wien, 1909
Bildsammlung Erich Wirl, Wien

Überreichung sind alle möglichen Theaterleute anwesend, außerdem Sohn Leopold Maria und die Enkel. Gattin Johanna nicht. Umgerechnet in Gegenwartswährung entspricht das großzügige Angebinde einer Summe von über 6000 Euro. Warum Johanna ausgerechnet bei dieser Zeremonie fehlt und somit nur der Jubelbräutigam eine so splendide Gabe zur „Belohnung" für fünfzig Jahre Ehe erhält und nicht etwa seine Frau, die ihm sechs Kinder geboren hat und mit dem Tod von dreien davon zurechtkommen muss, wird in den Berichten der Zeit nicht näher erläutert.

Schon am nächsten Tag geht der Blasel-Feier-Marathon weiter. Schließlich liegen der Tag seiner Hochzeit und der Tag seines Bühnendebüts unmittelbar nebeneinander. Hochzeitstag und Schauspielerjubiläum lassen sich also immer gemeinsam begehen. So gibt es nur einen Tag nach der „goldenen" Hochzeitsfeier eine „diamantene" Schauspielerfeier. Carls 60. Bühnenjubiläum wird am Carl-Theater in ganz besonderer Weise zelebriert: Am Vormittag wird eine Sonder-Festvorstellung zu Ehren des Jubilars gegeben. Natürlich mit Carl Blasel in gleich mehreren Hauptrollen. Johanna darf das Geschehen entspannt aus einer Loge beobachten. Anwesend ist die gesamte Prominenz Wiens, alle Wiener Bühnen - vom Hofburgtheater bis zu den Varietés - schicken Abgesandte, die Reden halten und Ehrengaben für den Jubilar überbringen. Diejenigen, die draußen bleiben müssen, werden von der Presse detailliert über die Festlichkeit ins Bild gesetzt:

> *„Den Höhepunkt der Veranstaltungen zur Feier des 60jährigen Schauspielerjubiläums Karl Blasels bildete natürlich die Feier im Carl-Theater selbst. Volle Herzlichkeit, Humor, und nur ein ganz klein wenig Rührung, wie sie bei solchen Gelegenheiten auf keinen Fall zu vermeiden ist, waren die Kennzeichen dieser Feier, an der das Wiener Publikum und die gesamte Wiener Theaterwelt gleich warmen Anteil nahm. Zunächst gelangte der bekannte tolle Schwank 'Charleys Tante' zur Aufführung, in der Blasel die von ihm so oft gespielte Rolle des Lord Babberley gab. Er wurde mit einem Applaussturm empfangen und führte seinen Part unter dem Gelächter des Publikums zu Ende. Dann wurde die reizende Offenbachsche Operette 'Salon Pitzelberger'*

*gegeben, die bekanntlich eine Glanzrolle aus dem älteren Repertoire Blasels enthält. Den Schluß bildete eine Huldigungsfeier für den Jubilar. Die Bühne war in einen Blumenhain verwandelt, den eine festlich gekleidete Schar von Künstlern und Künstlerinnen aller Wiener Bühnen erfüllte. (...) Zuletzt kam Blasel zu Worte. Er bat um Nachsicht. 'Denn Sie sehen heute einen Anfänger vor sich stehen. Ich habe gestern erst meine goldene Hochzeit mit meiner Frau gefeiert, und aller Anfang ist schwer, sagt ein altes Sprichwort, und heute feiere ich die brillantene Hochzeit mit Frau Thalia, die hat schon so lange darauf gewartet. Und morgen beginnen die Flitterwochen mit zwei Frauen auf einmal, das ist eine etwas kritische Sache. (...) Blasel schloß mit den Worten Bäuerles: 'Es gibt nur a Kaiserstadt, es gibt nur a Wien, und das ist meine Vaterstadt, wo ich geboren bin!'* (Anm.: leicht abgewandeltes Zitat aus „Aline oder Wien in einem anderen Weltteile", Adolf Bäuerle, Wien, 1822) *Deshalb rufe ich freudig: 'Hoch Oesterreich! Hoch Wien!' Viele Male mußte der Vorhang noch in die Höhe gehen, ehe das Publikum Abschied nahm. (...)"* (Die Zeit, Abendblatt, Nr. 2573, Wien, Montag, den 22. November 1909, 8. Jahr.)

Neben der Jubelfeier-Matinée-Vorstellung findet am Carl-Theater selbstverständlich auch noch die ganz reguläre Abendvorstellung statt. Natürlich wieder mit dem unermüdlichen Carl Blasel in einer Hauptrolle. Die Presse berichtet:

„*(...) In der Abendvorstellung – man gab 'Die geschiedene Frau' – war Blasel Gegenstand neuerlicher Huldigungen, die ihren Höhepunkt erreichten, als der Jubilar mit Frau Zwerenz einen flotten Walzer tanzte. Und da der Beifall gar kein Ende nehmen wollte, tanzte er den anstrengenden Walzer ein zweitesmal. (...)"* (Die Zeit, Abendblatt, Nr. 2573, Wien, Montag, den 22. November 1909, 8. Jahr.)

Auch nach der regulären Aufführung von „Die geschiedene Frau" ist der Abend für Carl Blasel noch lange nicht zu Ende. Im Traditionsgasthof „Zum grünen Tor", nur wenige Minuten zu Fuß von seinem Geburtshaus in der Lederergasse entfernt, gibt eine bunte Gesellschaft aus Honoratioren und Theaterschaffenden dem Jubilar ein rauschendes Fest. Es wird rezitiert, es wird gesungen, es wird musiziert. Am Klavier sitzt Leo Fall, jener wichtige Vertreter der „Silbernen Operettenära", dessen Werke gerade so häufig am Carl-Theater aufgeführt werden. Außerdem der junge erste Kapellmeister des Theaters an der Wien – ein gewisser Robert Stolz. Der Operetten-Dirigent beginnt gerade, sich auch als Komponist zu etablieren. Was an diesem Abend noch niemand ahnt: Dieser Musiker wird bald die silberne Zeit der Operette in die Moderne überleiten. Mit zahllosen ebenso charmanten wie flotten, manchmal auch herzergreifenden Titeln wie „Die ganze Welt ist himmelblau", „Vor meinem Vaterhaus steht eine Linde", „Auf der Heide blüh'n die letzten Rosen" oder dem frivolen „Hallo, du süße Klingelfee" wird er „Ohrwürmer" schaffen, die auch noch im 21. Jahrhundert – und vermutlich noch darüber hinaus – präsent sind. Dank seines langen Lebens – Robert Stolz stirbt im Jahr 1975 im Alter von 95 Jahren in Berlin – kann er sich sogar das Operetten-Publikum des späten 20. Jahrhunderts durch zahllose Auftritte in Fernseh-Musiksendungen persönlich erobern. An jenem Abend des 22. November 1909 spielt er Klavier für den Bühnenjubilar Carl Blasel. Er wird die Gäste exzellent unterhalten haben.

## „Zigeunerliebe"

Das neue Jahr 1910 beginnt wieder mit einer Welturaufführung. Franz Lehár bringt sein neuestes Werk „Zigeunerliebe" auf die Bühne des Carl-Theaters. Der Komponist feiert zu jener Zeit eine einzigartige Erfolgsserie in Wien. Er komponiert im Jahresrhythmus neue Operetten, viele davon werden „Dauerbrenner". Gleich drei seiner neuen Werke laufen zu jener Zeit parallel an großen Wiener Theatern: Seine Operette „Fürstenkind" spielt am kurz zuvor erst neu gebauten Johann-Strauß-Theater in der Innenstadt, nicht weit hinter der Karlskirche; sein „Graf von Luxemburg" läuft – ebenfalls nahe der Karlskirche – am Theater an der Wien, das Carl-Theater in der Leopoldstadt, jenseits des Donaukanals, folgt mit seiner „Zigeunerliebe". Die Geschichte spielt in einer märchenhaft verklärten ungarischen Puszta in einem märchenhaft verklärten 19. Jahrhundert. Zorika, die Tochter des Großgrundbesitzers Peter Dragotin (Carl Blasel) steht vor der Hochzeit mit dem grundsoliden, aber etwas langweiligen Jonel. Kurz vor dem großen Ereignis erscheint plötzlich Jonels wilder, aufregender Halbbruder, der Zigeunergeiger Jószi. Die junge Braut gerät in Entscheidungsnöte, welcher der beiden nun eigentlich der Richtige für sie sei. Eine Traumvision, die den ganzen zweiten Akt füllt, zeigt ihr gerade noch rechtzeitig, in welches Unglück sie eine Verbindung mit Jószi führen würde. Im dritten Akt wird schließlich alles gut. Zorika heiratet Jonel - und Jószi verschwindet, wie er gekommen ist. Die Presse berichtet:

> *„Es ist in Wien und wohl auch anderswo noch nie vorgekommen, daß ein Bühnenautor in drei Theatern zu gleicher Zeit aufgeführt wird. Seit gestern ist dies Franz Lehar beschieden. (...) Dieses Werk, das gestern im Carl-Theater trotz einer unerträglichen Claque* (Anm.: bezahlte Applaudierer) *einen von Akt zu Akt sich steigernden glänzenden Erfolg erzielte, gibt Lehar so recht Gelegenheit, sich in seinem eigentlichen Fahrwasser aufzuhalten, dem merkwürdigen Melos Geltung zu verschaffen, das als slawisch-ungarische Mischung in den tiefsten Schächten seiner Musikerseele schwelgt und nach Ausdruck ringt. (...) Dann wurde der alte Blasel als Walzertänzer gefeiert. Man freute sich, den hohen Siebziger mit jugendlicher Verve tanzen zu sehen, und veranlasste ihn, ein Tanzduett mit Frau Zwerenz, die diesmal ganz in ihrem Element war, zweimal zu wiederholen. (...)"* (Neues Wiener Tagblatt. Nr. 8. Sonntag, den 9. Jänner 1910. 44. Jahrgang.)

241

Zwei Correspondenzkarten:
Mizzi Zwerenz und Carl Blasel in
„Zigeunerliebe", Wien, 1910
Privatbesitz C. Möderler

Bis November 1910, fast ein Jahr lang, hält sich die „Zigeunerliebe" en suite auf dem Spielplan. Danach, wie alle Erfolgsstücke des Carl-Theaters, bleibt sie fester Bestandteil des Repertoires und wird immer wieder als Einzelvorstellung gegeben. An jedem Abend spielt, singt und tanzt der fast 80-jährige Carl Blasel als Gutsbesitzer Peter Dragotin, umringt von schönen Frauen: An seiner Seite glänzen die Operetten-Diven Mizzi Zwerenz, Melitta Koppel und Grete Holm. (Anm.: *1884, Prag, †1941 Ghetto Modliborzyce bei Lublin) Letztere knüpft sogar Familienbande zwischen den Lehár-spielenden Theatern. Denn verheiratet ist Grete Holm zu jener Zeit mit Kapellmeister Robert Stolz vom Theater an der Wien, wo „Der Graf von Luxemburg" gegeben wird. Bald findet die „Zigeunerliebe" vom Carl-Theater auch ihren Weg auf die – damals – modernen Tonträger. Mehrere Schellackplatten mit ihren erfolgreichsten Musiknummern werden schon kurz nach der Premiere mit dem Ensemble der Uraufführung produziert. Eine Aufnahme mit Carl Blasel ist erhalten. Es ist das Terzett aus dem 3. Akt, „Aber Kinder, seid doch gescheit!" Zu hören sind Peter Dragotin, gesungen von Carl Blasel, seine Nichte Jolán, gesungen von Melitta – die Programmzettel nennen sie „Littl" – Koppel und deren Verehrer Kajetán, gesungen von Hubert Marischka. Diese Platte scheint die einzige auch in der Gegenwart noch vorhandene Aufzeichnung von Carl Blasels Stimme zu sein. Zu hören ist ein hoher Tenor, klar, fest, ohne Zittern, ohne Brüchigkeiten. Zwar ist seine Stimme nicht ansatzweise so opernhaft klangvoll wie die Stimme eines Alexander Girardi, dafür temperamentvoll gestaltet und gut verständlich. Carl Blasel ist eben ein singender Schauspieler. Niemand käme bei dieser spritzigen Aufnahme auf die Idee, dass der Interpret nach landläufiger Definition schon ein „Greis" ist. Gerade ist er sogar zum achten Mal Großvater geworden: Am 15. Dezember 1910 kommt in Laibach, der aktuellen Garnison des Vaters, das zweite Töchterchen seines Sohnes Johann „Hans" und dessen Gattin Elisabeth zur Welt. Es heißt Margarete Elfriede.

## Film-Versuche

Noch zwei weitere Ausflüge in die modernen Medien wird Carl Blasel unternehmen: Im Jahr 1911 dreht er mit der Wiener Filmgesellschaft „Wiener Kunstfilm-Industrie" den humoristischen Streifen „Karl Blasel als Zahnarzt". Leider lässt sich der Inhalt nicht mehr rekonstruieren – der Film gilt als verschollen – der Titel jedoch lässt zumindest gewisse Rückschlüsse zu. Offenbar ist Carls Darstellungskunst äußerst drastisch. Denn als der Film in Deutschland gezeigt wird, erteilt ihm die Polizei von München Jugendverbot.

Nur ein Jahr später spielt Carl Blasel für dieselbe Gesellschaft in dem Drama „Der Unbekannte". Hier gibt zumindest ein erhaltenes Programmheft Auskunft darüber, worum es in diesem Film geht: Es ist eine spannende Geschichte um Betrug, Verrat und wahre Liebe. Carl gibt einen Grafen Oppenheim, den silberhaarigen Liebhaber von Lilly, der ebenso schönen wie bösartigen Widersacherin der zauberhaften Hauptdarstellerin namens „Claire". In dieser Rolle zu sehen ist die bekannte Wiener Theaterschauspielerin Claire Wallentin, seit kurzem verheiratete Gräfin Wolff-Metternich. Besonders pikant: Während die Künstlerin diesen Film über einen bösen Betrug dreht, sitzt ihr hochadeliger, aber vollständig bankrotter Gatte wegen Betrugs und Falschspielerei im Gefängnis Berlin-Plötzensee. Der Skandal zieht Kreise in ganz Europa. Drama auf der Leinwand und im echten Leben – das Kinopublikum bekommt einiges geboten. (Anm.: Das Filmprogramm zu diesem Werk ist im Anhang des Buches reproduziert.)

Dass Carl Blasel – unbehelligt von den Dramen um ihn herum – mit über achtzig Jahren noch als Liebhaber besetzt wird, dürfte dem Künstler, der sein ganzes Leben lang immer auf seine Außenwirkung bedacht ist, gefallen haben. Leider sind diese Filme und mit ihnen die Möglichkeit, Carl Blasel einmal im Bewegtbild zu erleben, verloren gegangen.

Carl Blasel, Privatportrait
Correspondenzkarte mit Handunterschrift, Wien, 1912
Privatbesitz C. Möderler

# Abschiede

Die Zehnerjahre des 20. Jahrhunderts bringen für Carl Blasel unermüdliche, tägliche Arbeit auf der Bühne, große Erfolge, glanzvolle Jubiläen und die Bekanntschaft mit den neuen Medien Schallplatte und Film. Auf den ersten Blick Jahre voller Stolz und Glück. Doch sie bringen ihm auch tiefen Schmerz. In den Zehnerjahren gilt es Abschied zu nehmen von wichtigen Menschen seines Lebens. Die erste, die geht, ist eine Kollegin aus frühesten Tagen. Die einstige Kinderdarstellerin aus Laibach, die später eine hochberühmte Kollegin wird. Und sogar die Patin seines Sohnes Leopold Maria. Von der Bühne hat sich die „Königin der Operette" schon vor Jahren zurückgezogen. Nun stirbt am 29. September 1903 in ihrer Villa in Klagenfurt die große Marie Geistinger. Sie wird 67 Jahre alt. Drei Tage vor Weihnachten, am 21. Dezember 1909, geht eine nahe Verwandte Carl Blasels: An ihrem letzten Wohnsitz in Prag schließt seine Schwester Katharina für immer die Augen. Die Frau, die einst gemeinsam mit Schwester Helene den kleinen Bruder Carl mit dem Theater bekannt macht. Die Frau, die ihn, wieder zusammen mit Helene, in sein erstes Engagement als Schauspieler begleitet. Leider existieren keine Zeugnisse, die belegen könnten, wie eng die Verbindung der Geschwister tatsächlich war – betroffen hat Carl Blasel die Nachricht, die am 21. Dezember 1909 im „Salzburger Volksblatt" erscheint, jedoch zweifellos:

> *„In Prag ist heute im hohen Alter von 89 Jahren Frau Kath. Blasel, die Mutter des Herrn Direktors Paul Blasel, gestorben."* (Salzburger Volksblatt, Nr. 290. Dienstag den 21. Dezember 1909. 39. Jahrgang.)

Katharinas Sohn, Carls Neffe Paul Blasel, ist bereits seit dem Jahr 1899 Theaterdirektor in Salzburg. Vierzig Jahre zuvor ist Katharina selbst an diesem Haus im Engagement. Eine Salzburger Zeitung bringt als erste die Meldung vom Tod der Künstlerin. Die Erinnerung an sie ist an ihrer alten Wirkungsstätte offensichtlich auch nach dieser langen Zeit noch wach. Katharina Blasel kann daher zweifellos nur eines gewesen sein: eine außerordentliche Persönlichkeit.

Nur acht Wochen nach dem Tod seiner Schwester Katharina erleidet Carl den schwersten nur denkbaren Verlust: Nach fünfzig Jahren der Gemeinsamkeit verliert er seine Ehefrau Johanna. Am 28. Februar 1910 verstirbt die bereits Herzkranke im Sanatorium Dr. Löw, Wiens bekanntestem Privatspital, nach einer Operation wegen eines eingeklemmtem Darmbruchs. In der Karlskirche, dort, wo erst vor wenigen Wochen ihre Goldene Hochzeit zum Großereignis für ganz Wien geworden ist, findet nun ihre Trauerfeier statt. Die Anteilnahme der Wienerinnen und Wiener ist auch diesmal riesig. Die Presse berichtet:

*„Die große Beliebtheit, deren sich das Künstlerpaar Karl und Johanna Blasel in der gesamten Wiener Bevölkerung erfreut, hat sich beim gestrigen Leichenbegängnis der Frau Johanna Blasel gezeigt. Nach Hunderten und Aberhunderten zählte die Schar der Trauergäste, die sich vor 2 Uhr in und vor der Karlskirche drängten, um der feierlichen Einsegnung beizuwohnen. Einige Minuten nach 2 Uhr hielt der sechsspännige Galawagen vor dem schwarzverhängten Kirchenportale. Der Sarg wurde in die Kirche getragen und vor dem Hochaltar auf eine Bahre gestellt. In tiefstem Schmerze folgten der trauernde Gatte Karl Blasel und die übrigen Familienmitglieder dem Sarge. Gleich darauf nahm Pfarrer Kommandeur Pfob im Beisein des Herrn P. Martinek und unter Assistenz der Pfarrgeistlichkeit die feierliche Einsegnung der Leiche vor. Mit einem Choral schloß die kirchliche Feier. Die Leiche wurde zur Beisetzung im eigenen Grab auf den Zentralfriedhof gebracht."* (Illustrierte Kronen Zeitung, XI. Jahrgang Nr. 3653. Wien, Mittwoch den 2. März 1910)

Carls letzten Gruß an seine Gefährtin sehen die wenigen Auserwählten, die am Tag vor der Beisetzung die gemeinsame Wohnung des Ehepaares Blasel besuchen dürfen. Für einen Tag ist Johannas Sarg dort aufgebahrt. Freunde und Verwandte sollen Abschied nehmen können. Auch ein Reporter des „Neuen Wiener Journals" erhascht einen Blick. Er berichtet:

*„(...) Am Fuße des Sarges liegt ein Strauß Vergißmeinnichtblumen, dessen schwarze Bandschleifen in Goldlettern die Inschrift 'Meiner unvergeßlichen Hansi' tragen. Der Strauß wurde von Karl Blasel niedergelegt. (...)"* (Neues Wiener Journal, Nr. 5875, Wien, Dienstag, 1. März 1910, 18. Jahrgang.)

Die Tiefe der Gefühle zwischen Carl und Johanna kann die Öffentlichkeit nur erahnen. Die einzige Quelle, die dieses Geheimnis zuverlässig lüften könnte, ein Briefwechsel zwischen den beiden, ist nicht erhalten. Aufmerksame Betrachter der zahlreichen bekannten Fotografien Carl Blasels können jedoch eigene Schlüsse ziehen: Auf jedem Bild, egal ob in Privatgarderobe oder im Theaterkostüm, trägt Carl Blasel immer seinen Ehering. Obwohl privater Schmuck auf der Bühne grundsätzlich verboten ist. Damals wie heute. Dass Carl sich über dieses Verbot hinwegsetzt, dürfte beweisen, wie viel ihm dieser Ring und damit die Verbindung zu seiner Hansi bedeutet. Dennoch: „The Show Must Go On!" – der Leitspruch aller Bühnenschaffenden – behält für Carl Blasel auch in dieser traumatischen Zeit seine Gültigkeit. Am Carl-Theater läuft die en-suite-Serie der „Zigeunerliebe", er spielt eine Hauptrolle. Ein Gutteil des Publikums kommt nur ins Theater, um ihn zu sehen. Carl Blasel enttäuscht sein Publikum nicht. Sowohl am Tag des Todes seiner Gattin als auch am Tag ihrer Einsegnung steht er in altbekannter Disziplin auf der Bühne und singt von der Liebe. Eine seiner Textzeilen lautet: „Nur die Liebe hält uns jung, nur die Liebe gibt uns Schwung." Er wird für seine Hansi gesungen haben. Lediglich am Tag ihrer Beisetzung und noch zwei Tage danach bleibt Carl Blasel der Bühne fern. Sein Schauspieler-Kollege Julius Bartl vertritt ihn in seiner Rolle als Peter Dragotin. Ab dem 5. März 1910 steht Carl Blasel dann wieder als Dragotin auf der Bühne. Abend für Abend. Die „Zigeunerliebe" spielt mit stoischem Durchhaltevermögen jeden Tag – hin und wieder aufgelockert durch Nachmittagsvorstellungen der anderen Erfolgsoperetten „Der Rastelbinder" oder „Die geschiedene Frau" – an diesen Tagen spielt Carl Blasel sogar zwei Vorstellungen hintereinander. Schließlich ist er in all diesen

Stücken besetzt. Im November 1910 wird der Spielplan durch eine Uraufführung aus der Feder Leo Falls aufgelockert: „Das Puppenmädel" bringt für Carl Blasel eine Rolle namens „Buffon" und wiederum tägliche Aufführungen. Neue Stücke danach sind „Majestät Mimi" aus der Feder von Bruno Granichstaedten, „Die keusche Susanne" von Jean Gilbert – in dieser Operette wird Carl Blasel auch am 16. Oktober 1911, dem Abend seines 80. Geburtstags, auf der Bühne stehen – und „Die kleine Freundin" von Oscar Straus. Bis Ende November 1911 dann die nächste traurige Nachricht in der Zeitung steht:

> *„Therese Blasel gestorben. Die Nachricht wird nicht nur in allen dem Deutschen Landestheater nahestehenden Kreisen, sondern auch im Publikum lebhafte Teilnahme hervorrufen: Therese Blasel ist Montag nachmittags im Alter von 53 Jahren einem schweren Leiden erlegen, das die bis dahin rüstige Frau im April d. J. ergriffen hatte. Therese Blasel hat dem Prager Deutschen Landestheater 35 Jahre lang treu gedient. Sie entstammte einer Theaterfamilie; der berühmte Wiener Komiker Karl Blasel war ihr Oheim und ihr Bruder ist der Direktor des Salzburger Stadttheaters und des kgl. Freistädtischen Theaters in Preßburg Paul Blasel. Die Verstorbene zählte, wenn auch nicht zu den Stars, so doch zu den gewissenhaftesten und pflichteifrigsten Mitgliedern unseres Theaters. Sie war im Chor tätig, wurde aber auch für kleine Rollen in Schauspiel, Operette, Posse und Volksstück verwendet. Durch ihren Pflichteifer und ihren liebenswürdigen Charakter hat sie sich nicht nur die Wertschätzung der Direktion, sondern auch die Zuneigung der Kollegen erworben, die ihren Hingang aufrichtig betrauern. Das Leichenbegängnis findet morgen Donnerstag um 2 Uhr nachmittags von der Zentralleichenhalle auf dem Wolschaner Friedhof statt."* (Prager Tagblatt. XXXVI. Jahrgang. Mittwoch, 29. November 1911. Nr. 330.)

Auch nach dem überraschenden Tod seiner Nichte Therese in Prag geht Carl Blasels Arbeitspensum in unverändert umfangreicher Weise weiter. Er steht jeden Abend auf der Bühne. Gegeben wird das bekannte Repertoire. Erfolgreiche Neuerscheinungen im Oktober 1912 sind „Der liebe Augustin", wieder von Leo Fall, ferner eine heute vergessene, damals aber äußerst erfolgreiche Operette mit dem Titel „Susi!" aus der Feder des Komponisten Aladar Rénnyi. Dieses Stück hält sich en suite, mit Ausnahme der Sommerpause, vom 20. Dezember 1912 bis zum 11. September 1913. Jedesmal mit Carl Blasel in der Rolle des „Dr. Theophrastus Häring". Am 13. September 1913 übernimmt Carl Blasel zum letzten Mal eine Rolle in einer Uraufführung: Er gibt den „George Dickfeller" in der Operette „Fürst Casimir" von Carl Michael Ziehrer. Jeden Tag steht Blasel danach in „Fürst Casimir" auf der Bühne. Bis zum 22. Oktober 1913. Möglicherweise ist diese Vorstellung der größte aller Abschiede für Carl Blasel. Mit jener Vorstellung am 22. Oktober 1913 endet – strenggenommen – die inzwischen 64 Jahre währende, ununterbrochene Ausnahme-Karriere des mittlerweile 82-jährigen Schauspielers Carl Blasel. Zumindest die im Fest-Engagement. Ein leiser, unauffälliger Abschied. Weder Publikum noch Presse nehmen diese Vorstellung als besonderes Ereignis wahr. Carl Blasel hat das offizielle Ende seiner Vollzeit-Bühnenlaufbahn schlichtweg nicht bekannt gegeben. Ab jetzt ist er nur noch Gast. Als solcher gibt er am Carl-Theater in Zukunft nur noch Nachmittags-Vorstellungen mit seinen bekannten Repertoire-Stücken. Das allerdings fast jedes Wochenende. Ein Carl Blasel ganz ohne Bühne ist eben nicht denkbar.

Am 1. August 1914 füllt eine Meldung die Titelseiten der Zeitungen, die das Kulturleben erst einmal zum Erliegen bringt. Dass diese Meldung in ihrer Konsequenz das Ende des zu jener Zeit bekannten Europas verkündet, ahnt für den Moment jedoch noch niemand. Die Meldung lautet: „Allgemeine Mobilmachung in Europa!" Der Erste Weltkrieg hat begonnen. Zum Ende des Jahres bringt diese Katastrophe für Carl den schlimmsten Verlust, den eine solche Zeit überhaupt bedingen kann: Auf dem „Nördlichen Kriegsschauplatz" zwischen Warschau und Krakau im heutigen Polen, „an der Wegabzweigung westlich von Macierzysz östlich von Motkowice", wie es in den Militärunterlagen heißt, fällt am 21. Dezember 1914 – drei Tage vor Weihnachten – Carls jüngster Sohn, Hauptmann Johann „Hans" Blasel, in einer der frühen Schlachten des Ersten Weltkriegs. Er hinterlässt seine Ehefrau und mittlerweile drei kleine Kinder. Am 6. Dezember 1912 haben die beiden Töchter nochmals ein Geschwisterchen bekommen: In Esztergom in Ungarn, der letzten Garnison Johann „Hans" Blasels vor seinem Kriegseinsatz, erblickt noch der kleine Johann Junior das Licht der Welt. Carl Blasel spielt ahnungslos heitere Operetten in den Nachmittagsvorstellungen des Carl-Theaters. Die Familie erhält die Todesmitteilung erst Anfang Januar.

**Im Krieg und danach**

Über Carl Blasels Gefühle nach dem Verlust seines jüngsten Sohnes gibt es keine Aussage. Weder sind schriftliche Zeugnisse darüber in seinem Nachlass erhalten, noch hat er sich jemals der Presse gegenüber dazu geäußert. Auch lässt sich nicht eindeutig klären, wie oft er nach der Todesnachricht im Jahr 1915 noch auftritt. Zwar stehen fast an jedem Wochenende Nachmittagsvorstellungen mit Carl Blasels Repertoire-Operetten auf dem Spielplan des Carl-Theaters. Ob er selbst spielt oder inzwischen umbesetzt worden ist, ist jedoch nicht zu belegen, da Besetzungslisten dieser Vorstellungen fehlen. In den einschlägigen Theater-Almanachen für das Jahr 1915 ist Carl Blasel jedenfalls nicht mehr aufgeführt. Auch nicht mehr als Gast. Gesichert ist lediglich eine von ihm gegebene Nachmittagsvorstellung von „Alt-Wien" im Carl-Theater Ende Februar und ein „Rastelbinder" Anfang Mai. Dann verkünden die Zeitungen tatsächlich nochmals eine neue, längerfristige Gast-Verpflichtung Blasels in einer Posse mit Gesang von Victor Léon und Musik von Oscar Straus. In „Man steigt nach" soll er die Rolle des Kapitäns Ermete Vucich übernehmen. Diese Ankündigung besteht bis zur Premiere. In dieser – und allen Vorstellungen danach – spielt jedoch Carl Blasels Kollege Hans Rudolf die Rolle des Vucich. Ohne weitere Erklärungen. Möglicherweise stellt Carl während der Proben fest, dass unter den gegebenen Umständen eine lange en-suite-

Serie in einem völlig neuen Stück doch zu viel für ihn wäre. Immerhin gilt es für ihn neben dem Verlust des jüngsten Sohnes auch noch die Angst um die zwei älteren Söhne und einen Enkel zu verkraften. Sowohl Karl Junior als auch Leopold Maria haben sich als Reserve-Offiziere freiwillig gemeldet und stehen beide im Feld. Carl Blasels Enkel, Leopold Marias Sohn Leopold Karl Vincenz, inzwischen 21 Jahre alt, hat sich ebenfalls an die Front gemeldet. Diese drei bleiben Carl Blasel allerdings erhalten. Sie werden den Krieg überstehen.

Am 4. April 1915, mitten im Krieg, zu einer Zeit, in der die meisten Haushalte – nicht zuletzt wegen der sich ständig verschlechternden Versorgungslage – ganz andere Sorgen haben als die Suche nach Hauspersonal, erscheint im „Neuen Wiener Tagblatt" eine kleine Annonce:

*„Aeltere vorzügliche Köchin, gesund, wünscht Posten neben Bedienerin zu 1 oder 2 Personen. Lohn Nebensache. Nur gute Behandl. Auguste Blasel, 14. B., Schwendergasse 57, Trafik."* (Neues Wiener Tagblatt. Nr. 94. Sonntag, den 4. April 1915. 49. Jahrgang.)

Auguste Blasel ist 67 Jahre alt, als sie diese verzweifelte Stellenanzeige in die Zeitung setzt. Eine Frau, der der Lohn gleichgültig ist, wenn sie nur gut behandelt wird, muss Schlimmes hinter sich haben. Da sie als Adresse eine Trafik (Anm.: Kiosk, Geschäft für Presse-Erzeugnisse, Tabakwaren, Süßigkeiten, evtl. Fahrscheine) angibt, verfügt sie zu dem Zeitpunkt offenbar nicht einmal über eine eigene Wohnung, sondern hat irgendwo ein Zimmer zur Untermiete. Nur zwei Jahre später, am 9. April 1917, wird Auguste Blasel im Krankenhaus Wieden an einer Rippenfellentzündung versterben. Doch ihre letzte Wohnadresse, die auf dem Sterberegister-Eintrag vermerkt ist, gibt Auskunft über das Schicksal ihrer letzten Jahre: Es ist die Adresse „Rainerplatz 8, IV. Bezirk". Die Wohnung Carl Blasels. (Anm.: Nach 1918 mehrfach umbenannt, heute „Rilkeplatz") Der verwitwete Künstler liest möglicherweise die Anzeige seiner unglücklichen Nichte oder erfährt aus Familienkreisen von ihrer Bredouille. Jedenfalls hilft er ihr, indem er sie bei sich aufnimmt. Über den Lebenslauf dieser unehelichen Tochter von Carls ältester Schwester Maria Anna ist so gut wie nichts bekannt. Am 27. Februar 1848 kommt sie in Haus Nr. 5 in Breitenfeld, einem Teil des heutigen Bezirks Josefstadt, zur Welt. Ihre Mutter, Maria Anna Blasel, Carls Schwester, arbeitet ihrerzeit, gemäß einem Wiener Gewerbeverzeichnis der Biedermeierzeit, als „Ausspeiserin". Sie betreibt also eine Armenküche. Die Kochkünste, die Auguste in ihrer Anzeige anpreist, hat sie somit von ihrer Mutter gelernt. In den 1890er Jahren taucht eine Auguste Blasel zusammen mit Therese Blasel in den Besetzungslisten des Deutschen Theaters in Prag auf. Hat auch Auguste sich einmal zusammen mit ihrer Kusine auf der Bühne versucht? Ganz so, wie es sich für ein Mitglied der schillernden Künstlersippe Blasel gehört? Was auch immer sie getan hat, für einen geruhsamen Lebensabend reicht es nicht aus. Eine fast 70-jährige Frau würde sonst nicht mehr um jeden Preis nach einer Anstellung suchen. Ihr berühmter Onkel Carl Blasel fängt sie im letzten Moment auf. Keine vier Wochen nach Augustes Tod erzählt er der Journalistin Ida Foges von dieser Familien-Episode. Auch wenn er sich zuletzt seiner Nichte Auguste angenommen hat - ihr genaues Lebensalter und ihre genaue Todesursache sind ihm offensichtlich nicht bekannt:

*„(...) Denken Sie nur, ich bin ohne Wirtschafterin, vierunddreißig Jahre habe ich eine gehabt, die war noch da, wie meine Frau gelebt hat und hat sich in allem so gut ausgekannt, da mußte ich mich nicht kümmern. Als sie starb, riß ihr Tod eine große Lücke in meinen Haushalt. Ich nahm eine Nichte zu mir, die ins Malheur gekommen war, ein junges Mädchen von einigen siebzig Jahren, die hat aber plötzlich der Schlag getroffen und nun bin ich allein mit diesem jungen Ding da. Wenn die nicht wär' müßt ich und der 'Schnauzl' verhungern! (...)"*
*(Neues Wiener Journal, Nr. 8441, „Bei Karl Blasel" von Ida Foges. Wien, Dienstag, 1. Mai 1917, 25. Jahrgang.)*

Der „Schnauzl", von dem Carl Blasel spricht, ist ein Hund – Carl und Johanna halten schon in den 1860-er Jahren einen Pudel und Carl bleibt dieser Gewohnheit bis zu seinem Tod treu. Seiner häufig getätigten Aussage nach sind die morgendlichen Praterspaziergänge, die er bei jedem Wetter mit seinem jeweiligen tierischen Hausgenossen unternimmt, das Geheimnis seiner beneidenswerten Gesundheit und seines langen Lebens. „Dieses junge Ding da" ist hingegen die Haushaltshilfe, die Carl nach dem Tod seiner Nichte Auguste engagiert. Ihr Name ist Anna.

Im Laufe des Jahres 1916 gibt Carl Blasel mehrere Festvorstellungen für wohltätige Zwecke. So tritt er im März zugunsten notleidender Künstlerinnen und Künstler im Goldenen Saal des Wiener Musikvereins in der Jacques-Offenbach-Operette „Salon Pitzelberger" auf. Für die „Beckmann-Stiftung", ebenfalls ein Hilfs-Fonds für Schauspieler, gibt er im April eine Alt-Wiener-Posse auf der Bühne des Theaters an der Wien. An seiner Stamm-Bühne, dem Carl-Theater, erscheint er sogar mehrfach. Unter anderem spielt Carl Blasel hier, nur einen Tag vor seinem 85. Geburtstag, in einer Wohltätigkeits-Vorstellung zugunsten des Invalidenfonds für Witwen und Waisen des k. u. k. Infanterie-Regiments Nr. 76. Ob es Zufall ist oder gezielt so arrangiert – in diesem Regiment dient einst auch sein gefallener Sohn Hans. Das Erscheinen des unverwüstlichen Künstlers auf der Bühne des Carl-Theaters versetzt das Publikum in Ekstase. Das „Fremdenblatt" berichtet:

*„(Carl-Theater.) Einer Wohltätigkeitsvorstellung zugunsten des Invalidenfonds für Witwen und Waisen des k. u. k. Infanterie-Regiments Nr. 76 verdankte man das Wiederauftreten Altmeister Blasels als Baktensijl in der Fall-Leonschen Operette 'Die geschiedene Frau'. Minutenlanger Jubel durchbrauste das ausverkaufte Haus, als Karl Blasel zum ersten Male auf der Bühne erschien. Es war eine ergreifende, spontane Ovation, die dem Künstler und Liebling von Generationen galt. Blasel spielte, sang und tanzte mit bewundernswerter Verve und Frische. Man kam geradezu auf verwegene Gedanken und warf die Frage auf, ob dieser 'Jüngling' wirklich schon das Recht hat, sich vom Theaterleben zurückzuziehen. Welche Frage hiermit offiziell zur Diskussion gestellt sei. (...)"* (Fremden-Blatt, Nr. 287, Wien, Montag den 16. Oktober 1916, 70. Jahrg.)

Auch mit 85 Jahren und nach all den Schicksalsschlägen der jüngeren Zeit hat Carl Blasel nichts von seiner Energie, seiner Spielfreude und seiner Leistungsfähigkeit verloren. Im Gegenteil. Er übernimmt noch eine weitere Aufgabe – der Kriegszeit geschuldet:

> *„(...) 'Papa Blasel' ist da, der allmittaglich den feldgrauen Gästen im Hause seines Sohnes die Honneurs macht. Ganz wunderbar, wie frisch und aufrecht der alte Herr sich erhält. Auch ihm hat das Kriegsjahr manche bittere Qual gebracht, es hat ihn dort getroffen, wo er am verwundbarsten ist – in seinem weichen, unendlich guten Herzen, indem es ihm den Sohn nahm, der im Felde fiel. (...) In Feldgrau steht auch der Enkel neben ihm, der, gleich dem Vater, seit bald zwei Jahren als Kriegsfreiwilliger 'mit dabei' ist und nun zum drittenmal ins Feld geht. (...)"* (Neues Wiener Tagblatt. Nr. 160. Samstag, den 10. Juni 1916. 50. Jahrgang.)

Carl Blasels Sohn Leopold Maria betreibt seit 1908 im Wiener Prater eine Restauration, das „Niederösterreichische Winzerhaus". Obwohl inzwischen promovierter Naturwissenschaftler – nicht lange nach der Colosseum-Pleite nimmt Leopold Maria seinen allerersten Ausbildungsweg wieder auf und schließt ihn nach einigen Jahren erfolgreich ab – lässt ihn die Erfahrung, die er zusammen mit seinem Vater als Gastronom im Wiener Colosseum gemacht hat, nicht mehr los. Mit einem eigenen Gasthaus knüpft er an diesen Abschnitt seiner Biographie an. Das Winzerhaus im Prater betreibt er gemeinsam mit seiner Gattin Katharina „Tinka" mit Erfolg. Darüberhinaus ist Leopold Maria als Bezirksvorsteher der Leopoldstadt, jenem Wiener Bezirk, in dem sowohl das Carl-Theater als auch der Prater und das Winzerhaus liegen, auch noch mit viel Engagement als Lokalpolitiker tätig. Während des Krieges bieten die Blasels in ihrem Winzerhaus tägliche Soldatenspeisungen an, bei denen die ganze Familie mithilft. Sogar der hochberühmte und hochbetagte Carl Blasel findet eine altersgerechte Tätigkeit. Zum Entzücken der Gäste schneidet er das Brot, das zum Essen gereicht wird. Die Presse berichtet:

*„(...) In seiner sprichwörtlichen Bescheidenheit und seiner nie versiegenden Laune hat sich Blasel selbst einmal mit Rücksicht auf seine 'einschneidende' Tätigkeit im 'Winzerhaus' das Epitheton* (Anm.: Attribut, Beiname) *eines 'Brotschani' beigelegt. (...)"* (Tages-Post, Nr. 247. Linz, Samstag, 14. Oktober 1916, Sonntagsausgabe. 52. Jahrgang)

Am 21. November 1916 stirbt Kaiser Franz Joseph I. von Österreich im 87. Lebensjahr. 68 Jahre lang regiert er den habsburgischen Vielvölkerstaat. Der Monarch ist nur um ein Jahr älter als Carl Blasel. Sein Tod ist eine Zäsur. Ein Zeitalter geht zu Ende.

Im Frühjahr 1917 mehren sich die Auflösungserscheinungen. In Russland bricht die Revolution aus, Zar Nikolaus II. verzichtet auf den Thron und wird mit seiner Frau und den gemeinsamen Kindern in St. Petersburg unter Hausarrest gestellt. Ein Jahr später werden sie auf Befehl der Revolutions-Führung ermordet. In Mitteleuropa betritt ein neuer Akteur das Feld: Die USA treten gegen Österreich und Deutschland in den Ersten Weltkrieg ein. Damit gibt es keinen Zweifel mehr: Für die beiden Kaiserreiche wird der Kampf verloren gehen.

Wie Carl Blasels Lebenssituation in diesen Kriegsjahren tatsächlich ist, lässt sich nicht stichhaltig rekonstruieren. Persönliche Aussagen von ihm existieren nicht, lediglich die durch die Presse der Zeit festgehaltenen Ereignisse im Zusammenhang mit ihm, ferner die historische Dokumentation der generellen Lebenssituation im Wien jener Zeit lassen gewisse Rückschlüsse zu. Zweifellos ist Carl Blasel belastet durch den Tod des jüngsten Sohnes und die Sorge um seine zwei verbliebenen Söhne und den Enkel, die alle im Feld stehen. Zudem ist die Versorgungslage in Wien sehr schlecht. Die Lieferketten aus früheren Import-Regionen sind wegen des Krieges abgerissen. Die inländische Landwirtschaftsproduktion ist um die Hälfte geschrumpft. Im Laufe des Jahres 1917 kommt es wegen der desolaten Lage der hungernden Arbeiter immer wieder zu schweren Streiks. Der neue Kaiser Karl I., der Großneffe des verstorbenen Kaisers Franz Joseph I., ist in zweifacher Bredouille wegen der sich abzeichnenden militärischen Niederlage und wegen einer drohenden, durch die Not geschürten Revolution im Inland. Er versucht, die Versorgung der Zivilbevölkerung durch Lebensmittel-Rationierungen und Bezugsscheine zumindest auf Minimalniveau sicherzustellen. Mit wenig Erfolg. Der Mangel ist quälend und er ist überall. Da die Familie Blasel im Winzerhaus aufgrund der Soldaten-Speisungen in Sachen Lebensmittel-Versorgung Unterstützung durch die Stadtverwaltung erhält, ist die Situation für sie jedoch vermutlich um einiges besser als für den Rest der Bevölkerung.

Ungeachtet aller äußeren Umstände und ungeachtet seines hohen Alters tut Carl Blasel das, was er am besten kann. Er spielt Theater. Wenigstens hin und wieder. Für die Dauer einer Vorstellung lässt er sein Publikum das Elend vergessen. So gibt Carl Blasel im Carl-Theater Ende März 1918 eine Wohltätigkeits-Vorstellung für die Waisen des k. u. k. Schützenregiments Nr. 1. Wieder einmal spielt er den Spengler Glöppler in seinem alten Erfolgsstück „Der Rastelbinder" von Franz Lehár. Selbst an seinem 87. Geburtstag steht Carl Blasel auf der Bühne. Wenn auch unplanmäßig. Das Stück, das im Carl-Theater ursprünglich am Abend des 16. Oktober 1916 gegeben werden soll, muss wegen zahlreicher Krankheitsfälle abgesagt werden. Spontan wird der ewige Publikumsmagnet „Der Rastelbinder" angesetzt. Wieder mit Carl Blasel in seiner alten Rolle als Spengler Glöppler. Die „Ersatzvorstellung" ist so erfolgreich, dass der Rastelbinder gleich für eine ganze Woche am Stück auf dem Spielplan bleibt. Carl Blasel ist an jedem Abend mit dabei. Am letzten Tag der kleinen Serie, einem Samstag, spielt er sogar zweimal: am Nachmittag im Raimund-Theater eine Festvorstellung für das Rote Kreuz in einer alten Posse nach dem Französischen, am Abend wieder im Carl-Theater in „Der Rastelbinder".

Einen Monat später ist der Krieg vorbei. Es bleiben zehn Millionen tote Soldaten, nicht viel weniger tote Zivilisten, noch einmal so viele Verwundete, dazu eine zerstörte Staats- und Gesellschaftsordnung. Dazu folgt noch ein entsetzliches Nachspiel: Amerikanische Soldaten schleppen eine neue Variante einer altbekannten Krankheit nach Europa ein. Bis zu ihrem Abklingen im Jahr 1920 wird sie mehr Todesopfer fordern als der Krieg. Pessimistische Schätzungen sprechen von bis zu 100 Millionen Verstorbenen. Es ist die „Spanische Grippe". Carl Blasel, der Mann, der einst in Zeiten der Cholera zur Welt kommt, bleibt genau wie damals von der Seuche verschont. Er spielt Theater. So erscheint er im Mai 1919 im Wiener Bürgertheater zugunsten der Kunstfürsorge in einer Festaufführung der „Schönen Helena" von Jacques Offenbach. Natürlich in seiner altbekannten Rolle als Menelaus. Vierundfünfzig Jahre nach seinem ersten Auftritt in diesem ewig erfolgreichen Stück aus der Frühzeit der „Goldenen Operetten-Ära". Kaum melden die Zeitungen das Ereignis, sind die Karten auch schon vergriffen. Die Kultur, insbesondere das Theater, ist der Strohhalm, an den sich die geplagten Menschen klammern. Wenigstens für die Dauer einer Vorstellung bietet sie die Chance, das Elend zu vergessen. Und sie gibt die Hoffnung, dass es irgendwie weitergeht.

## 70. Bühnenjubiläum

Ende November 1919 feiert der mittlerweile 88-jährige Carl Blasel sein 70. Bühnenjubiläum. Natürlich auf der Bühne des Carl-Theaters. Einer der ausführlichen Presseberichte über dieses Ereignis widmet sich nicht nur der Festaufführung, sondern erhellt auch ein klein wenig, wie sich Carl Blasels Lebenssituation in der Nachkriegszeit darstellt: Ihm fehlt Heizmaterial.

> *„Karl Blasel der beliebteste Wiener Komiker, feierte im Oktober seinen 88. Geburtstag; am 22. November aber beging er feierlichst sein 70jähriges Bühnenjubiläum. Trotz seines hohen Alters hat Blasel in einer vom Journalisten- und Schriftstellerverein 'Concordia' veranstalteten Vorstellung eine seiner Glanzrollen, den Herrn von Ledig in Nestroys Posse 'Unverhofft' gespielt. Jedesmal, wenn Karl Blasel in den letzten Jahren die Bühne betrat, war das ein Jubiläum und ein Gedenktag; eine bei aller Heiterkeit wehmütige Erinnerung an längst*

> *verschwundene und nie mehr wieder kommende behagliche Wiener Tage, von der unsere Eltern und Großeltern gern erzählen, an die klassische Possenzeit Nestroys, Scholz' und Matras'. Das alles ist verschwunden, die Stadt und die Menschen, ihr Humor und ihre Manieren, und der einzige Ueberlebende ist Karl Blasel. Wenn er spielt, bedeutet das, viel mehr als das Auftreten eines beliebten Komikers; die unwahrscheinlichen Erzählungen unserer Eltern und Großeltern, die guten, alten Wiener Zeiten, an die wir nie recht glauben wollten, werden bei seinem Erscheinen plötzlich lebendig. Und nun sind es 70 Jahre, daß dieser letzte alte Wiener Theater spielt. (...) Die Erwartung, die ein Freund des so herzlich gefeierten Jubilars Blasel in einer Zuschrift an das 'Neue Wiener Tagblatt' ausgesprochen hat, daß gutherzige Verehrer dem jedweden Heizmaterials entbehrenden Künstler zu einer 'Wärmestube' verhelfen werden, ist tatsächlich eingetroffen. Einige Leser dieses Blattes haben am Jubiläumstage und der Sonntagsruhe spottend, sogar in die gemütliche Behausung am Rainerplatz 8 Holz und Kohle gesandt. (...) Blasel war zu Tränen gerührt über diese Beweise der Liebe und Verehrung der Wiener. Die Herzenswärme, die aus diesen Jubiläumsspenden sprach, tut Blasel nicht weniger wohl als die behagliche Wärme, die nun seinen Wohnraum erfüllt. (...)"* (Wiener Illustrierte Zeitung, XXIX. Jahrgang, Wien Sonntag, 30. November 1919 Heft 9.)

Auf sein Publikum kann sich Carl Blasel verlassen. Seine Fans halten ihm nicht nur als Schauspieler die Treue, sie versorgen ihn im Jahr 1919 offensichtlich auch mit Brennholz, wenn er welches braucht. Das Jahr 1920 bringt für den mittlerweile fast 90-jährigen Carl Blasel wieder ausgesprochen regelmäßige Theaterverpflichtungen. Zwar nicht mehr jeden Tag, so wie früher, aber immerhin alle drei Wochen. Den Auftakt macht Lehárs Erfolgsstück „Der Rastelbinder". Allein im Januar spielt Carl Blasel viermal seinen Spengler Glöppler. Dreimal am Deutschen Volkstheater und einmal am Carl-Theater. Im Februar veranstaltet der Kulturverein „Wiener Kammerkunst" eine kleine Serie mit fünf Vorstellungen von Johann Nestroys „Unverhofft". Carl Blasel gibt die Rolle des Herrn von Ledig. Aufführungsort ist der Kammersaal des Musikvereins. Presse und Publikum sind begeistert:

*"In einer von der 'Wiener Kammerkunst' im Kammersaale des Musikvereines veranstalteten Aufführung der Nestroyschen Posse 'Unverhofft' spielt Karl Blasel jetzt den Partikulier Herr von Ledig als Gast. (...) Herr Blasel, der Neunzigjährige, spielt ihn bald scharfkantig, bald mit breitem Humor, doch stets mit beinahe noch immer jugendlichem Uebermut. Das Publikum dankte Herrn Blasel und den Mitwirkenden (...) durch lebhaften Beifall."* (Neue Freie Presse. Morgenblatt. Nr. 19923. Wien, Samstag, den 14. Februar 1920)

Anscheinend unbeeinträchtigt durch Einschränkungen des Alters geht Carl Blasel unbeirrt seiner Bühnenarbeit nach. In einer Festaufführung von Johann Strauß' berühmtester Operette „Die Fledermaus" im März 1920 am Carl-Theater bekommt er sogar einen ganz besonderen Auftritt: In der großen Ballszene beim Prinzen Orlowsky im II. Akt erscheint Carl als Gast-Star und singt seine bekanntesten Couplets und Wienerlieder. Carl als bejubelter Höhepunkt eines großen Theater-Abends – er dürfte es genossen haben. Einen Rekord gilt es schließlich im Juni zu feiern: „Der Rastelbinder" erlebt auf der Bühne des Carl-Theaters seine 500. Aufführung. Natürlich – wie immer – mit Carl Blasel als Spengler Glöppler. Alles – ebenfalls wie immer – zur Freude von Presse und Publikum:

*"Im Carl-Theater erreichte Samstag nachmittag Lehars populäre Operette 'Der Rastelbinder' ihre 500. Aufführung. Der Komponist, der das Orchester persönlich leitete, hatte sich mit der Jubiläumsvorstellung, da das Reinerträgnis den Hinterbliebenen des kürzlich verstorbenen Operettensängers Julius Spielmann zugedacht war, in den Dienst der guten Sache gestellt und auch die Mitwirkenden traten in kollegialster Weise für diesen Zweck ein. Die Feststimmung des vollbesetzten Hauses setzte bereits beim Erscheinen Lehars am Dirigentenpult ein und hielt angesichts der vorzüglichen Leistungen sämtlicher auftretenden Künstler unvermindert bis zum Schlusse an. (...) Unter großem Beifall entledigten sich auch der unverwüstliche Karl Blasel sowie die Damen Dora Keplinger und Polly Koß ihrer Aufgaben. (...)"* (Neue Freie Presse. Morgenblatt. Nr. 20056. Wien, Dienstag, den 29. Juni 1920)

Bis zum Jahresende spielt der „unverwüstliche" Carl Blasel noch einige weitere Vorstellungen des „Rastelbinder". Sogar in der „Schützenliesel", in der er fünfzehn Jahre zuvor an der Seite seines Kollegen-Rivalen Alexander Girardi zum ersten Mal aufgetreten ist, steht er nochmals auf der Bühne. Der Partner ist jetzt allerdings ein anderer. Alexander Girardi, fast zwanzig Jahre jünger als Blasel, erliegt schon im Jahr 1918 den Folgen seiner schweren Zuckerkrankheit. Carl Blasel ist nunmehr endgültig der letzte Vertreter der „goldenen Wiener Theaterzeit".

## Rekordjubiläen: 90. Geburtstag, 80 Jahre auf der Bühne

Das Jahr 1921 bringt Vertrautes für Carl Blasel, aber auch Veränderungen. Das Vertraute: Er steht regelmäßig auf der Bühne. Einmal pro Monat. Die Veränderung: Er wechselt seinen Wohnsitz. Außerdem tritt er in ein neues Lebens-Jahrzehnt ein. Sein zehntes. Mit dem Jahr 1921 überlässt Carl Blasel seine Wohnung Rainerplatz 8, in unmittelbarer Nähe zur Karlskirche, seiner Enkelin Johanna „Hansi" Henrica Anna, der älteren Tochter seines Sohnes Leopold Maria. Sie möchte heiraten und ist vermutlich dankbar für die geräumige Innenstadt-Adresse als Ort für ihren ersten eigenen Hausstand. Carl Blasel selbst zieht zu Sohn und Schwiegertochter ins „Niederösterreichische Winzerhaus" im Prater. Von hier aus absolviert er seine Auftritte. Meistens sind es jetzt große bunte Abende für wohltätige Zwecke. So singt er im großen Konzerthaussaal in einer Veranstaltung für die Waisen des 8. und 9. Bezirks mit dem Titel „Wiener Lieblinge bei guter Laune" - die Überschrift könnte gut auf ihn persönlich zugeschnitten sein. Er spielt einen „Bunten Abend" im Carl-Theater zugunsten der Kinder der Kriegsopfer, für ein Kriegsblindenheim singt er im Carl-Theater in der Revue „Wien von einst und jetzt", außerdem noch in einer großen Operetten-Revue. Dazu gibt er, ganz wie früher, noch eine reguläre Nachmittagsvorstellung im „Walzertraum". Einige Vorstellungen im großen Konzerthaussaal tragen den Titel „Ein Abend im alten Paradeisgartl", eine Festvorstellung im Deutschen Schauspielhaus heißt „Die Journalisten". Eine phänomenale Energie- und Gedächtnisleistung für einen knapp 90-Jährigen. Einen ganz besonderen Auftritt organisiert ihm sein Sohn Leopold Maria noch im September, kurz vor seinem spektakulären runden Geburtstag. Ort des Geschehens ist das „Niederösterreichische Winzerhaus" im Prater. Die Presse schreibt:

Gegenüberliegende Seite:
Correspondenzkarte zum 90. Geburtstag Carl Blasels
(vermutlich mit Enkel Leopold Karl Vincenz)
Privatbesitz C. Möderler

> *"(...) Große, mit dem lebenstreuen Bilde des Altmeisters Wiener Humors Karl Blasel geschmückte Plakate laden die Wiener Messebesucher zu einem Altwiener Volksmusikabend ein, der am 15. d. M. im Prater Winzerhause, wo der Sohn Blasels ein Wirtsgeschäft innehat, stattfinden wird. Liest man das überaus reichhaltige Programm dieses Abends, dann taucht vor dem geistigen Auge das alte Wien auf, wie es einstens sang, musizierte, jodelte und trillierte. (...) Im Mittelpunkte dieses Bunten Abends aber wird der Wiener Altmeister Karl Blasel stehen, der im Oktober d. J. seinen neunzigsten Geburtstag feiern wird. Blasel, heute noch trotz dieses patriarchalischen Alters immer frisch und munter, geistig rege, körperlich fast ungebeugt, wird altösterreichische und sogenannte Mannsfeld-Lieder singen.* (Anm.: Wienerlieder aus der Feder von Ferdinand Mansfeld, in den 1860er Jahren vorgetragen von der Wiener Kult-Volkssängerin Antonie Mannsfeld) *(...)"* (Tages-Post, Nr. 202. Linz, Montag den 5. September 1921. 57. Jahrgang.)

All diese Auftritte sind natürlich nur ein Auftakt zu dem ganz großen Ereignis dieses Jahres: zu Carl Blasels 90. Geburtstag. Da die Medien seit jeher Superlative lieben, wird in der Berichterstattung gleich ein Doppeljubiläum daraus: der 90. Geburtstag und das 80. Bühnenjubiläum. Wobei der letzte Begriff sehr großzügig gefasst ist. Das 80. Bühnenjubiläum bezieht sich nicht auf Carls ersten Auftritt als professioneller Schauspieler in Laibach, der liegt ja „erst" 72 Jahre zurück, sondern auf seinen ersten Bühnenauftritt als Zehnjähriger im Kärntnertortheater. Damals gibt er ein von Prinz Tamino gezähmtes Äffchen in Mozarts Oper „Die Zauberflöte". Dieser Auftritt liegt tatsächlich stolze achtzig Jahre zurück. Carl Blasels runder Geburtstag ist am 16. Oktober. Aber bereits im Mai gibt es im Winzerhaus eine Art von Vorfeier, den „Blasel-Abend". Die gesamte Wiener Elite aus Politik, Wirtschaft und Kultur ist versammelt, der Universal-Theaterfachmann und Kulturphilosoph Dr. Egon Friedell hält eine Festrede voller Lob für die Leistungen des Jubilars. Die Presse beschreibt Carl Blasels Reaktion:

> *„(...) Blasel dankte voll Humor und Rührung und hieß die Anwesenden in seiner Rolle als Gastwirt herzlich willkommen. Eine Separatbegrüßung ließ er den anwesenden Vertreterinnen der Damenwelt zuteil werden, die sich stets seiner größten Sympathien erfreut habe. Er hoffe*

*in zehn Jahren – also bei seinem hundertsten Geburtstage – alle heute Anwesenden wieder hier zu sehen! Im Triumphzuge wurde dann der Jubilar durch alle Räume geleitet, wo ihm überall das Publikum mit Händedrücken, Tücherschwenken und Hochrufen begrüßte. In den beiden Sälen gab es während des ganzen Abends bis spät nach Mitternacht eine Fülle von künstlerischen Darbietungen. (...) Den lautesten Beifall hatten natürlich die Couplets, die Blasel selbst zum besten gab. Das Publikum bereitete ihm immer wieder neue Ovationen. Das Domansky-Orchester, das auch Gastdirigenten, darunter Lehar leiteten, sorgte den ganzen Abend über für Musik und spielte dann sogar zu einem regelrechten Ball im Freien auf. Erst in den frühen Morgenstunden verließ die Gesellschaft das Fest."* (Neues Wiener Tagblatt. Nr. 146, Montag, den 30. Mai 1921, 55. Jahrgang)

Vergleichbare Veröffentlichungen über Carl Blasel und seine Ehrentage sind zu jener Zeit keineswegs nur auf Wien beschränkt. Vielmehr übertreffen sich alle österreichischen Zeitungen buchstäblich gegenseitig in der Berichterstattung über den Rekord-Jubilar. Ganz besonders, je näher sein 90. Geburtstag am 16. Oktober 1921 rückt. Keine Postille, die nicht eine ausführliche Biographie Carl Blasels bringt; viele davon mit Bildern von ihm in seinen berühmtesten Rollen. Zudem wird überall die von ihm selbst verbreitete Geschichte seiner Kindheit und Jugend wiederholt – mit allen bekannten Ungenauigkeiten. Carl Blasel selbst erzählt diese Lieblings-Version seiner Lebensgeschichte kurz vor seinem Geburtstag noch einmal einem Reporter des „Neuen Wiener Tagblatts", der daraus eine druckreifen Fassung in „Ich-Form" formuliert:

*„Wie wird man 90 Jahre? Von Karl Blasel. Diese Frage wurde mir in den letzten Tagen von zahlreichen Bekannten und Freunden aus dem Publikum gestellt, die von der Festvorstellung gehört haben, die heute anläßlich meines morgigen neunzigsten Geburtstages stattfindet. Durch diese Fragen bin ich erst aufmerksam geworden, daß es wirklich bald 100 Jahre sind, seit der Storch meiner Mutter das zweifelhafte Glück bescherte und zu den zehn vorhandenen Kindern noch ein elftes brachte. Hier in meiner Kinderstube lernte ich das Rezept, wie man 90 Jahre wird. Hunger und Not regierten im Hause, und meine vielgeplagte Mutter war selten bei guter Laune, was natürlich der Jüngste*

*am meisten auszukosten bekam. Desto mehr gute Laune entwickelte ich, alles nahm ich von der humoristischen Seite, auch wenn es sechsmal in der Woche gelbe Rüben gab, denn Fleisch war etwas Unerschwingliches geworden, nur mehr für Millionäre, 7 Kreuzer das Pfund, das Schöpserne* (Anm.: Hammelfleisch, Schaffleisch) *5 Kreuzer. Neben dem Humor entwickelte sich unter den traurigen Verhältnissen in mir ein Gedanke: Du mußt etwas werden, heraus aus diesen elenden Zuständen, stell' dich auf eigene Füße. So ging ich, beinahe noch ein Kind, nach Laibach ins Engagement, mit 14 Gulden Gage im Monat. Ein Rock, eine Hose und ein Hemd waren mein Besitz, aber das hat mich nicht geniert, alle Nacht habe ich das Hemd in der Laibach gewaschen, in der Früh mit einem Scheidereisen gebügelt, und zur Probe erschien ich wieder stolz mit blütenweißem Hemd. Sechs Gulden hat damals das Zimmer mit Frühstück bei einem Schneidermeister gekostet, blieben noch 8 Gulden für das ganze Leben, da haben der Jahn und ich Brot g'fressen, daß uns der Staub bei den Ohren herausgeflogen ist, und wenn ich im Billardspiel einmal einen Zwanziger gewonnen hatte, gab es einen Berg Krainer Würste mit Kraut.*

*Im zweiten Engagement war ich schon frech, ich schrieb alle jugendlichen Liebhaber und Naturburschen auf mein Repertoire und wurde als solcher engagiert. Der Direktor teilte mir dann die Rollen laut Repertoire zu, und nun hieß es zeigen, was man leisten kann, denn ich wollte etwas werden. Die Nächte durch lernte ich die Rollen, vormittags Probe, abends Vorstellung. Je mehr Rollen ich bekam, je mehr Arbeit ich zu leisten hatte, desto wohler fühlte ich mich. Mein Kollege Jahn, der spätere Operndirektor, zwang mich sogar, weil er nachmittags das Kaffeehaus nicht aufgeben wollte – selbst das Klavierspielen zu lernen, um die Gesangpartien durchzunehmen. Unermüdlicher Fleiß, unverwüstlicher Humor und ernstes Streben haben mich weitergebracht. Sie sind die drei Stützen, die mich niemals verlassen haben, auch nicht in den Zeiten schwerer Verluste.*

*Im Jahre 73 habe ich mein Vermögen zum erstenmal verloren. Ich spielte damals abwechselnd einen Tag in Wien und einen Tag in Budapest, leider auch auf der Börse, verleitet durch einen guten Freund aus der Bankwelt. Es war damals so ähnlich wie jetzt. Eines Tages war alles weg. Von vorn anfangen. Wieder erarbeitete ich etwas, indem ich Europa, so weit die deutsche Zunge reicht, bereiste, sogar bis Saraje-*

vo kam ich; da machte mein Ehrgeiz, etwas zu werden, einen Galoppsprung, und trieb mich an, eine Direktion zu übernehmen, die Josefstadt. Gut is gangen, aber mehr mußt du werden, das Carltheater mußt du bekommen Da habe ich den zweiten Dämpfer vom Schicksal bekommen und alles verloren. Macht nix, von vorn anfangen. Das drittemal opferte ich im Jahre 1900 meine erarbeiteten Ersparnisse im Kolosseum, wo ich wirtschaftlich abgeschlachtet wurde. Die Urheber dieser Tat leben nicht mehr, ich bin ihnen nicht gram, meine drei Gefährten konnten sie mir nicht nehmen, also nochmals von vorn anfangen. Ich war ja damals noch ein junger Mann von siebzig Jahren, den so etwas nichts anhaben kann.

*So habe ich seit 1900 weiter gearbeitet bis heute. Sehen Sie, da hab' ich gar keinen Augenblick Zeit gehabt, nachzudenken, wie man neunzig Jahre alt wird, aber allen lieben Freunden und besonders Freundinnen will ich das Rezept sagen: streben nach dem Höchsten, arbeiten am stärksten, Humor den besten, dann werden auch die heutigen Zeiten überwunden, denn das Couplet von O. F. Berg, das ich vor fünfzig Jahren gesungen habe, bleibt ja doch wahr:*

*'An ord'ntlichen Wiener geniert so was nicht, an ord'ntlichen Wiener geniert so was nicht.'"*

*(Neues Wiener Tagblatt, Nr. 283, Samstag, den 15. Oktober 1921, 55. Jahrgang)*

Es ist immer dieselbe Geschichte, die Carl Blasel über seine Jugendjahre verbreitet. Obwohl vieles, angefangen bei der tatsächlichen Anzahl der Blasel-Kinder bis hin zur großen Not im elterlichen Haushalt, einer sachlichen Überprüfung nicht wirklich standhält. Ebenso wenig wie Carl Blasels immer betonte Dürftigkeit seiner ersten Gage: 14 Gulden erhält er nach eigener Aussage damals im Monat. Das heißt, pro Woche 3,5 Gulden. Das wirkt fatal gering. Ein Blick auf Statistiken der Zeit relativiert jedoch den Mangel: Ein Leineweber verdient zur damaligen Zeit 3,65 Gulden. (Anm.: GenWiki, Geld und Kaufkraft ab 1803) Das heißt, der noch minderjährige Bühneneleve Carl Blasel bekommt als Einstandsgehalt fast so viel wie ein erwachsener Arbeiter. Das mag damals das Existenzminimum sein.

Aber weniger auch nicht. Dass Carl nicht allein ist in Laibach, sondern zusammen mit seinen erwachsenen und bereits bühnenerfahrenen Schwestern, die ihn sicherlich unterstützen, verschweigt er ebenfalls. So wird auch der „Kollege Jahn", der in Carl Blasels Aufsatz mehrfach Erwähnung findet, im Rückblick des Erzählers auf Plätze geschoben, auf die er nicht gehört. Hinter dem „Kollegen Jahn" verbirgt sich der Opernsänger und Dirigent Wilhelm Jahn. Er wird tatsächlich in späteren Jahren eine Oper leiten: Sechzehn Jahre lang, länger als jeder andere vor ihm und jeder andere nach ihm, amtiert er dereinst als Direktor der Wiener Hofoper. Danach übernimmt Gustav Mahler. Seine ersten Gehversuche macht Wilhelm Jahn jedoch keineswegs, wie in Carl Blasels Aufsatz angedeutet, mit diesem zusammen anno 1849 in Laibach. Jahn wäre damals auch erst vierzehn Jahre alt gewesen. Laut Aussage der Theater-Almanache betritt Jahn die Bühne zum ersten Mal im Jahr 1853 als Opernsänger im rumänischen Temesvar. Ganz „blaselfrei" ist die Bühne von Temesvar damals allerdings auch nicht: Carls Schwester Helene ist zur selben Zeit dort als „Local-Sängerin" engagiert. Vielleicht haben sich Erzählungen Helenes in Carl Blasels eigenen Rückblick geschlichen. Die Wege der Herren Jahn und Blasel kreuzen sich jedenfalls erst zwei Jahre später. Anno 1855 sind beide am Theater in Klagenfurt engagiert. Wilhelm Jahn ist da bereits Kapellmeister, Carl Blasel ist zuständig für die ersten komischen Gesangsrollen. Sollte Wilhelm Jahn Carl Blasel damals zum Klavierlernen gezwungen haben, wie dieser es in seiner Erzählung behauptet, dann hätte der Komödiant damit eine andere Geschichte widerlegt, die er ebenfalls selbst in die Welt gesetzt hat: Nämlich die, dass er bereits als Kind, zum Missvergnügen der Nachbarn, zuhause **Klavier üben musste** (cf. Aussage von Carl Blasel, zitiert im Aufsatz „Carl Blasel" von Ludwig Klinenberger, Bühne und Welt, XII. Jahrgang, I. Halbjahr, Oktober 1909 – März 1910, Band XXIII der gesamten Reihe, Berlin, Leipzig, Wien, 1909, S. 207 ff, Kapitel „Auftritt in Zeiten der Cholera"). Zurechtrücken kann Wilhelm Jahn diese kleinen Ungenauigkeiten nicht mehr. Als Carl Blasels Geschichte in den Zeitungen erscheint, ist der Ausnahme-Dirigent bereits seit über zwanzig Jahren tot. Dass Blasels Aussage, er habe seine Ersparnisse bei seinem

Abenteuer mit dem Wiener Colosseum geopfert, so nicht zutrifft, wurde bereits ausführlich erläutert. Und noch ein Detail am Rande: Das Couplet mit dem Zitat '*An ord'ntlichen Wiener geniert so was nicht*' stammt keineswegs aus der Feder von O. F. Berg. Der Text ist vielmehr von Anton Langer.

Carl Blasel erzählt seine Geschichte eben als Tausendsassa, als Energiebündel, als unermüdlicher Kämpfer, als Stehaufmännchen. Als Beseelter, der alle Widrigkeiten überwindet, stürzt, aufsteht und weitermacht. Auch wenn die nüchternen Tatsachen dabei der ein- oder anderen Verschönerung unterzogen werden. Er ist eben ein Komödiant mit jeder Faser seines Wesens. So wie seine Arbeit auf der Bühne, so soll auch seine selbsterzählte Lebensgeschichte nur eines tun: Das Publikum so gut wie möglich unterhalten.

Am Vorabend seines 90. Geburtstags, am 15. Oktober 1921, veranstaltet das Carl-Theater zu Ehren Carl Blasels eine opulente Festvorstellung. Noch einmal spielt er eine große Rolle in einem kompletten Theaterstück. Er wählt „Tannhäuser - Zukunftsposse mit vergangener Musik und gegenwärtigen Gruppierungen", eine Parodie auf Richard Wagners Oper „Tannhäuser", zusammengestellt von Johann Nestroy nach einer Vorlage von Hermann Wollheim. Die Musik ist von Carl Binder. 42 Jahre ist es her, dass Carl Blasel die Rolle des Landgrafen Purzel – in Wagners Oper ist es Landgraf Hermann von Thüringen – am Carl-Theater zum ersten Mal gibt. Bei der Uraufführung des lustigen Stückes anno 1857, ebenfalls am Carl-Theater, spielt Johann Nestroy noch persönlich diese Partie. Warum sich Carl Blasel ausgerechnet dieses Werk für seinen Geburtstag aussucht, bleibt sein Geheimnis – all seine Operetten der vergangenen Jahre wären weit populärer, auch unter den anderen Stücken Nestroys gäbe es wesentlich publikumswirksamere. Vielleicht reicht die Tatsache, dass der Rekord-Jubilar bereits unglaubliche sechzig Jahre zuvor in diesem Stück aufgetreten ist, damals noch in Linz und in der Hauptrolle des Heinrich Tannhäuser, um eine sentimentale Beziehung zu diesem lustigen Werk zu haben.

Immerhin kommt er bereits damals außerordentlich gut an. Umso mehr in seiner großen Festvorstellung zum 90. Geburtstag. Die Presse berichtet:

> *„Ein so lustiges Jubiläum, wie das Karl Blasels, das gestern nachmittags mit einer überaus gelungenen Aufführung der berühmten Nestroy-Binderschen 'Tannhäuser'-Parodie im Carltheater begangen wurde, haben die Wiener schon lange nicht gefeiert. Ein großes Lachen ging durch das dichtbesetzte Haus, das schon seit Tagen ausverkauft war. Die Besetzung bot ganz besondere Anziehungen. (...) Aber Karl Blasel, der Neunziger, der zugleich sein achtzigjähriges Bühnenjubiläum feierte, ließ sich von den Jungen an Spaßhaftigkeit nicht übertreffen Sein Landgraf Purzel stand im Mittelpunkt aller Heiterkeit. Im großen Zwischenakt gab es dann die feierliche Beglückwünschung des Jubilars – bei offener Szene natürlich – wie dies alter Operettenbrauch ist. (...) Nun kam Karl Blasel zum Wort. Selbstverständlich mit einer lustigen Rede. Er sprach sie ohne Souffleur, ganz aus der Laune der Stunde heraus. Zunächst dankte der Künstler seiner lieben 'Frau Presse', mit der er durch all die 80 Jahre seines Wirkens nie einen Streit gehabt habe. Dann den Damen und Herren, jenen ausgezeichneten Kollegen, die der 'Tannhäuser'-Vorstellung durch ihre Mitwirkung so viel Glanz verliehen, und schließlich dem Wiener Publikum, daß ihn all die Jahrzehnte her mit der reichsten und kräftigsten Kost versehen habe, die ihn eben so lang frisch erhalte, mit Beifall. Diese Speise habe er durch Jahre täglich genossen, sie habe ihn jung erhalten. Er sei so frech, sagte Blasel zum Schlusse, nicht Abschied nehmen zu wollen, sondern wieder zu sagen, vielen, vielen Dank und – auf Wiedersehen! Blasels Ansprache löste Jubel aus. In diesem Zeichen ging die Vorstellung zu Ende. (...)"* (Kleine Volks-Zeitung, Nr. 284, Wien, Sonntag, 16. Oktober 1921, 67. Jahrgang)

Das erhoffte Wiedersehen mit dem Publikum findet schneller statt, als Carl Blasel selbst es vielleicht für möglich hält. Die Geburtstags-Aufführung des ewigen Sonntagskinds – sein 90. Wiegenfest fällt tatsächlich ebenso wie der Tag seiner Geburt auf einen Sonntag – ist so außerordentlich erfolgreich, dass das Carl-Theater noch zwei Wiederholungen anbieten muss, um all jene Interessierten zufrieden zu stellen, die beim ersten Mal keine Karte ergattern können. Natürlich spielt Carl Blasel auch in seiner zweiten und in seiner dritten Ehren-Vorstellung den Landgrafen Purzel. Eine Zeitung beschreibt mit viel Empathie das Geheimnis seiner ungebrochenen Anziehungskraft, die weit über die reine Darstellungskunst hinausgeht:

> *„Karl Blasels Ehrentag. Karl Blasel neunzig Jahre alt, davon achtzig auf der Bühne! Kein Wunder, wenn die Jubiläumsvorstellung, die die Direktion des Carl-Theaters ihm zu Ehren Samstag nachmittag veranstaltet hat, bis zum letzten Plätzchen ausverkauft war und viele keinen Einlaß mehr finden konnten. Denn obgleich es nur noch sehr wenige geben mag, die die Zeiten miterlebt haben, da er im Höhepunkt seines Wirkens stand, Blasel hat sich eigentlich nie überlebt. Er ist ein Stück Wien, ein Stück 'Alt-Wien' vielleicht, aber ein Stück jenes Alt-Wien, das wir zwar nicht mehr besitzen, das aber in unseren romantischen Träumen fortlebt. (...)" (Morgenblatt. Arbeiter-Zeitung, Nr. 284. Wien, Sonntag, 16. Oktober 1921. XXXIII. Jahrgang.)*

Fotografie: Carl Blasel vor dem Niederösterreichischen Winzerhaus
im Wiener Prater, 6. April 1922, mit Handsignatur
Bildsammlung Erich Wirl, Wien

## Der Vorhang fällt

Auch nach seinen großen Jubiläums-Auftritten steht Carl Blasel bis zum Jahresende 1921 noch zweimal auf der Bühne. Diesmal jedoch nicht mehr in einem kompletten Stück, sondern wieder als Gast in bunten Abenden. Im Frühjahr des Jahres 1922 vermeldet die Presse, der Verein „Alt-Wiener-Gemeinde" habe den Schauspieler Carl Blasel zu seinem Ehrenmitglied ernannt. Ob Blasel der Ernennungs-Veranstaltung am 19. Mai noch persönlich beiwohnt, wird jedoch nicht berichtet. Kurz darauf erzählt das „Neue Wiener Tagblatt", am 4. Juni 1922, dem Pfingstsonntag, sei Carl Blasel wohlauf und bei bester Laune unter den Gästen des Winzerhauses im Prater erschienen. Die „Neue Freie Presse" vermeldet sogar, er habe an diesem Tag noch voller Lebendigkeit Geschichten aus seinem Leben erzählt und höchstpersönlich Bier an die Tische der Gäste gebracht. Doch diese heiteren Informationen sind nur Rückblicke innerhalb einer größeren Nachricht - und diese ist sehr ernst:

> *„Karl Blasel, der im Oktober des vorigen Jahres zur Feier seines 90. Geburtstages noch in der 'Tannhäuser'-Parodie auftreten und eine wohlgesetzte Dankrede an das Publikum halten konnte, hat leider seit einigen Tagen Schwächeanfälle. Bei dem hohen Alter des populären Künstlers ist, wie uns mitgeteilt wird, zu den ernstesten Besorgnissen Anlaß. Der Altmeister des Wiener Theaters steht in Behandlung des Dr. Hersch. Konsiliarius ist Hofrat Professor Dr. Chvostek. Karl Blasel, der noch am letzten Sonntag mit der gewohnten Munterkeit die Gäste des Winzerhauses im Prater begrüßte, wo er bei seinem Sohne Dr. Leopold M. Blasel liebevolle Aufnahme gefunden hat, mußte sich bald nach dem Sonntag zu Bette begeben, ohne daß eine eigentliche Krankheit diagnostiziert werden konnte. Die Krankheit des populären Künstlers ist das hohe Alter, und die Verfallserscheinungen machten sich plötzlich so alarmierend geltend, daß ärztliche Hilfe herbeigerufen und seither alles vorgekehrt werden muß, um den Schwächezuständen zu begegnen, die sich immer wieder geltend machen. Karl Blasel*

*wird von seinem Sohne und dessen Familie betreut und gepflegt. Im Laufe der Nacht blieb der Zustand des greisen Patienten andauernd kritisch."* (Neues Wiener Tagblatt, Nr. 158, Sonntag, den 11. Juni 1922. 56. Jahrgang)

Carl Blasel wird sich nicht mehr erholen. Doch dem unverwüstlichen, unbeugsamen, unbesiegbaren, grenzenlosen Optimisten ist sein finaler Zustand nicht bewusst. Er ist ohne jede Angst, ohne Leid und ohne Vorahnung:

*„(...) Blasel selbst hatte keine Ahnung von seinem Zustande und sagte immer wieder: 'Die kleine Krankheit wird bald vorübergehen.' Er war die ganze Zeit über bei vollem Bewußtsein, sang Couplets aus seinen Rollen und rezitierte sogar einen Monolog aus 'Talisman', um zu zeigen, daß sein Gedächtnis nicht versage. (...) In der Nacht auf heute trat ein rapider Kräfteverfall ein. Um das Sterbelager des Künstlers versammelten sich die Familienmitglieder und heute vormittag wurde Blasel mit den Sterbesakramenten versehen. Er war bei Bewußtsein und konnte noch die Gebete dem Priester nachsprechen. Einige Zeit darauf verfiel er in einen somnolenten* (Anm.: benommen, krankhaft schläfrig) *Zustand, aus dem er nicht mehr aufwachte. Nachmittags, halb 5 Uhr, verschied er."* (Neue Freie Presse. Morgenblatt. Nr. 20760, Wien, Samstag, den 17. Juni 1922.)

Der Tod des Zwei-Jahrhundert-Schauspielers Carl Blasel ist für mehr als eine Woche das beherrschende Thema der österreichischen Tagespresse und der Theater-Zeitschriften des gesamten deutschsprachigen Raumes. Wie noch kurz zuvor bei seinem 90. Geburtstag veröffentlichen die Zeitungen seitenlange Würdigungen, Biographien, Bilder und Erinnerungen von Kolleginnen und Kollegen. Eines haben all diese Texte gemeinsam: Jeder Nachruf würdigt Carl Blasel nicht nur als großen Künstler, sondern mindestens ebenso prominent als großen Wiener. Carl Blasel ist im Laufe seines Lebens buchstäblich zum Inbegriff Wiens geworden. Genauer, zum Inbegriff des „alten Wien" - eines Ortes, den es vielleicht in Wirklichkeit nie gegeben hat, dessen Vorstellung aber in den Herzen der Menschen ein sehnsuchtsvolles Gefühl von Heimweh erweckt.

Ein Zuschauer, der den Ausnahmeschauspieler bei einem seiner letzten Auftritte erlebt, der Publizist Karl Marilaun, schreibt einen einfühlsamen Text über seine Gedanken bei dieser außergewöhnlichen Vorstellung. Ohne es zu wissen und ohne es zu wollen verfasst er damit den vielleicht schönsten Nachruf auf Carl Blasel.

> *„(...) Aber außerdem stand dort unten auf der Vorstadtbühne ein alter Mann, der einen jungen Operetthaddädl zu spielen hatte. Der alte Komiker war auf dem Zettel als Gast angekündigt, und wahrhaftig war er Gast. Nicht nur auf diesen Theaterbrettern, sondern überhaupt. Er ist einer der letzten alten Komödianten eines besseren, lustigeren Wiens, viel älter als Girardi, der doch schon tot ist. Dieser neunzigjährige Herr Karl Blasel, der ab und zu immer noch spielt, hat noch Nestroy gekannt, und so oft er aus den bunten Kulissen trat, sah er aus, als ob Ferdinand Raimund aus rosenfarbenen Wolkenhöhen seine Geisterhand schützend über dies greise Haupt seines allerletzten Nachfahren hielte. Gibt es noch ein Wien? Dieser Mann mit dem raunzend verzogenen weißhaarigen, von unzähligen Falten durchfurchten und immer noch genießerischen, hinter verknitterten Vatermördern listig versteckten Gesicht ist Wien. Backhendeldüfte umwittern seine Urgroßvaterwangen. (...) Aber er spielt noch immer, unbekümmert um ein neues Publikum, unbekümmert um die Mitspieler, nicht einmal um das Stück und seine Rolle kümmert er sich viel. Er hat anderes zu tun, er spielt sich selbst, er jauchzt mit zittriger Greisenstimme das phäakische* (Anm.: sorglos) *'Es kann uns nix gschehn' – er enthüllt denen, die sich immer noch Wiener nennen, das Bildnis des Wienerischen. (...) Wie ein freundliches, fröhliches und gar nicht unheimliches Gespenst stand der alte Komödiant auf der Bühne und hatte alle Taschen seines Samtrockes voller Adelsbriefe des Wienerischen, das es nicht mehr gibt. Das sagenhaft gewordene 'goldene' Wiener Herz, ihm schlägt es wohl noch in der Brust, es beflügelt seine Zunge, und als der alte Mann irgendein wahrscheinlich höchst blödsinniges Couplet von der 'guten alten Zeit' sang, hielt er dieses wahrhaft goldene Wiener Herz mit den beiden runzligen Greisenhänden mitten ins Publikum hinaus. (...) Und als dieses Bildnis des Wienerischen entschwand und durch die zweite Kulisse links endgültig abging, war es auf der Bühne dunkler geworden, obwohl sie eben jetzt zum großen Aktfinale die ganze Rampen- und Soffitenbeleuchtung aufgedreht hatten."* (Tages-Post, Nr. 39. Linz, Freitag den 18. Februar 1921. 57. Jahrgang)

Carl Blasel, Altersbild
Correspondenzkarte, ca. 1911
Privatbesitz C. Möderler

## Was blieb

Carl Blasel, der Zwei-Jahrhundert-Schauspieler, ist tot. Und wieder einmal, nach all den zahlreichen „Blasel-Jubiläen" der vergangenen zwei Jahrzehnte, steht ein Großereignis an. Und wieder einmal nimmt ganz Wien daran Anteil. Es ist die letzte, ganz große Vorstellung für den Ausnahme-Künstler: Am Montag, den 19. Juni 1922, um vier Uhr nachmittags, wird Carl Blasel auf dem Wiener Zentralfriedhof beigesetzt. Die Zeremonie ähnelt einem Staatsbegräbnis. Alles, was in Wien Rang und Namen hat, ist anwesend. Die Presse berichtet wie immer detailfreudig:

> *„Karl Blasels Leichenbegängnis. Die Popularität des Altmeisters des Wiener Theaters, der zwei Generationen von Wienern lachen gemacht hat, kam bei dem gestrigen Leichenbegängnisse auf dem Zentralfriedhofe durch außerordentlich zahlreiche Beteiligung zum Ausdrucke. Die Einsegnung der Leiche erfolgte in feierlichster Weise in der Kirche des Zentralfriedhofes. Unter den Trauergästen sah man den Präsidenten des Nationalrates Seitz, Bürgermeister Reumann mit Vizebürgermeister Hoß, Stadtrat Körber, Bezirksvorsteher Berdiczover und Magistratsrat Gmeiner, Polizeibezirksleiter Hofrat Dr. Heimer in Vertretung des Polizeipräsidenten Schober, Direktor Steininger vom Theater an der Wien, Frau Direktor Eibenschütz vom Carltheater, viele Mitglieder der Wiener Theater, insbesondere der Operettenbühnen. Den Sarg schmückten viele schöne Kränze, darunter von der Direktion und vom darstellenden Personal des Theaters an der Wien, vom Carltheater, vom Wiener Theaterdirektorenverband, vom Verein der Praterhüttenbesitzer, den Händlern und Händlerinnen des Naschmarktes und viele andern. Nach der Einsegnungszeremonie wurde der Sarg zu dem von der Gemeinde Wien gewidmeten Ehrengrabe getragen* (Anm.: Gruppe 32 A, Nr. 47), *das sich neben der letzten Ruhestätte von Matras befindet."* (Neues Wiener Tagblatt, Nr. 167, Dienstag, den 20. Juni 1922. 56. Jahrgang.)

Um auch all jenen, die nicht persönlich dabeisein können, einen Eindruck des feierlichen Abschieds von Wiens einzigartigem Traditions-Schauspieler zu geben, wird Carl Blasel eine Ehre zuteil, die bisher erst zwei Persönlichkeiten der Donaumetropole für sich verbuchen können: der Wiener Bürgermeister Dr. Karl Lueger und Kaiser Franz Joseph I. von Österreich. Genau wie bei diesen beiden anno 1910 und 1916, wird am 19. Juni 1922 auch die Beisetzung Carl Blasels im Film festgehalten. Im Park-Kino, ganz in der Nähe von Schloss Schönbrunn, läuft „Carl Blasels Begräbnis" bereits am 28. Juni, im Hetzendorfer Lichtspiel-Theater und noch einigen anderen Kinos dann am 30. Juni. Leider ist nach derzeitigem Kenntnisstand keine Kopie dieses historischen Bilddokuments erhalten. Eine – ausgesprochen zweifelhafte – Fotografie ist hingegen archiviert. Sie erscheint auf der Titelseite des Magazins „Das interessante Blatt" vom 22. Juni 1922: eine Aufnahme des gerade dahingeschiedenen Carl Blasel auf dem Totenbett. Mit entblößter Brust, wirrem Haar und ohne Zähne. Der Mann, der sein ganzes Leben lang peinlich auf seine Außenwirkung als attraktiver Mann und vitaler, energiestrotzender Bühnenstar bedacht ist, wäre vermutlich wenig angetan von dieser voyeuristischen Bloßstellung. Was die Hinterbliebenen im Winzerhaus veranlasst, die Erlaubnis für diese Indiskretion zu erteilen, lässt sich nicht mehr nachvollziehen.

Sein Testament schreibt Carl Blasel im Frühsommer 1921, kurz nach der großen Blasel-Feier zum Auftakt seines 90. Geburtstags. Es scheint, als habe dieses anstehende Jubiläum dem Immer-Vitalen, Immer-Gesunden zum ersten Mal die Endlichkeit des Daseins ins Bewusstsein geführt. Erhalten ist eine notariell beglaubigte, maschinenschriftlich ausgefertigte Abschrift des Dokuments, die getreulich die bekannten orthographischen Eigenheiten – Kritiker würden sagen: Unzulänglichkeiten – einer typischen Carl-Blasel-Handschrift wiedergibt.

> *„Testament. Meine Universal Erben sind meine Sohn Dr. Leopold und seine Frau Katharina Tinka, beide haben mich zu sich ins Winzerhaus genommen, haben mir eine eigene Wohnung bauen lassen und mich mit Allem auf das glänzendste Versorgt, dafür danke ich noch Extra. Und nun kommt noch ein Wunsch. Ich wünsche eine einfache Leiche womöglich ein Holz Sarg dann meine toden Toilette besteht aus mei-*

*nem weissen Schlafrock aus Unverhaft Nachthemd Socken. Das ist genug für den ewigen Schlaf. Und nun danke ich meine lieben für euere Liebe und Sorge und Gott möge euch glücklich und gesund erhalten Euer Grossvater Karl Blasel m p* (Anm.: manu propria, eigenhändig)

*Wien am 23, Juni 1921"*
*(Notariell beglaubigte Abschrift Testament Carl Blasel, Wiener Stadt- und Landesarchiv, WStLA, Hauptarchiv – Akten – Persönlichkeiten, A1: B33.1)*

Ein rührendes Detail verbirgt sich hinter der auf den ersten Blick unverständlichen Formulierung vom „weissen Schlafrock aus Unverhaft". Gemeint ist der weiße Schlafrock aus „Unverhofft", Carl Blasels Kostüm im gleichnamigen Stück von Johann Nestroy. In diesem Stück – somit auch in diesem Schlafrock – begeht Carl einst sein 70. Bühnenjubiläum. Noch als 90-Jähriger spielt er in Wohltätigkeitsaufführungen dieses Werkes. Er muss eine ganz außerordentliche Verbindung zu diesem Kostüm gehabt haben. Ein Pressebericht aus Anlass des Bühnenjubiläums eines Kollegen nur wenige Jahre zuvor vermeldet, dass sich sogar der „Original-Schlafrock" von Johann Nestroy persönlich einmal in Carl Blasels Besitz befunden hat:

*„(...) Anläßlich seines vor einigen Tagen stattgehabten 40jährigen Bühnenjubiläums erhielt der Komiker Herr Alexander Herrnfeld nebst vielen praktischen und sinnigen Ehrengaben auch vom Nestor der wiener Komiker Carl Blasel ein sehr wertvolles Geschenk, (...) der Altmeister Blasel überließ dem strebsamen Kollegen die bisher in seinem Besitze befindlichen Originalkostüme Nestroys als Landgraf ('Tannhäuser'-Parodie) und den weißen Schlafrock ('Unverhofft'), sowie sein eigenes Kostüm als Lambertuccio ('Boccaccio')."* (Der Humorist. Nr. 16. Wien, am 1. Juni 1917. XXXVII. Jahrgang)

Wahrscheinlich hat sich Carl Blasel seinen eigenen „Unverhofft-Schlafrock" nach jenem Original von Johann Nestroy anfertigen lassen. Und offenbar ist dieses Bühnen-Kostüm für ihn bedeutsam genug, um darin beigesetzt werden zu wollen.

Wenig sentimental gegenüber den Theater-Erinnerungen Carl Blasels erweist sich seine Heimatstadt Wien. Die Hinterbliebenen bieten der Gemeinde die in fast achtzig Jahren auf der Bühne angesammelten Bilddokumente des Verstorbenen – Fotografien ebenso wie Zeichnungen – zur Archivierung an. Kaum auszudenken, welche einzigartigen Schätze darunter sein müssen. Hätte Carl von jeder Inszenierung, in der er auftritt, seit das Medium „Photographie" Marktreife hat, also seit Ende der 1850er Jahre, auch nur ein einziges Bild besessen, hätte seine Sammlung einen vollkommen einzigartigen Spiegel der Theatergeschichte einer ganzen Epoche dargestellt. Alle Archiv-Verantwortlichen mit auch nur einem Minimum an Weitblick hätten bei einem solchen Angebot sofort zugreifen müssen. Doch im Falle der Blasel-Sammlung fühlt sich der zuständige Sachbearbeiter überfordert und winkt ab. Die Presse berichtet:

*„(...) Im Nachlasse Blasel fanden sich viele Bilder und Photographien, von Bedeutung und Interesse für die Theatergeschichte Wiens in den letzten fünfzig Jahren. Gewissermaßen eine Galerie von Theaterberühmtheiten und von Kulissensternen mit geringerer Leuchtkraft. Diese Sammlung wurde der Gemeinde Wien angeboten, gegen mäßiges Entgelt. Ein Beamter der Kommune nahm die Bilder in Augenschein, fand Gefallen an den Konterfeis, meinte aber, die Stadt Wien, die über keinen ausreichenden Platz für ihre bereits erworbenen Sammlungen verfüge, werde kaum imstande sein, einen passenden Raum für diese Photographien, Bleistiftzeichnungen usw. zur Verfügung zu stellen. Seither hat man nichts weiter von den Absichten der Gemeinde auf den Blasel-Nachlaß gehört."* (Der Morgen, Wiener Montagsblatt. 13. Jahrg. Nr. 42. Montag, den 23. Oktober 1922.)

Da die Stadt Wien die Bildersammlung Carl Blasels ablehnt, ist anzunehmen, dass sie an seinem letzten Wohnsitz, dem Winzerhaus im Prater, bei der Familie seines Sohnes Leopold Maria bleibt. Da das Winzerhaus im Zweiten Weltkrieg vollständig zerstört wird, ist die Sammlung und mit ihr die Erinnerung an unzählige Künstlerinnen und Künstler, die über achtzig Jahre Wiener Theatergeschichte geschrieben haben, vermutlich unwiederbringlich verloren.

Das Grabdenkmal Carl Blasels wird nach langer Vorbereitung schließlich im Jahr 1930 feierlich auf seinem Ehrengrab enthüllt. Gestaltung und Finanzierung des Ensembles übernimmt ein Komitee aus Prominenten. Die Kunstwelt ist dort ebenso vertreten wie die Politik. Das Monument zeigt eine lebensgroße Bronzebüste des Schauspielers, eingefügt in die Mitte eines glatten, mannshohen, hellgrauen Grabsteins, der die auf einem rechteckigen Steinsockel stehende Büste wie eine Wand von hinten schützt. Die Bronzeplastik ist ein ganz besonderes Stück. Gefertigt hat sie der Star-Bildhauer Professor Viktor Tilgner noch im Auftrag Carl Blasels persönlich. Damals natürlich nicht als Grabschmuck, sondern als Zierde der Wohnung des Schauspielers. Seinen Portraitisten sucht sich Carl keineswegs zufällig aus: Viktor Tilgner fertigt zu jener Zeit bevorzugt Plastiken von großen Berühmtheiten - so zum Beispiel auch ein imposantes Denkmal Wolfgang Amadeus Mozarts für einen Platz in der Nähe der Hof- und späteren Staatsoper. Seit den 1950er Jahren befindet sich das Monument im Wiener Burggarten. Tilgner gilt als der Größte seiner Zunft. Zu Lebzeiten Carl Blasels ist die Tilgner-Büste in Familienbesitz. Nach Carls Tod beschließen die Hinterbliebenen, sie als Teil seines Grabdenkmals zur Verfügung zu stellen und damit der Öffentlichkeit zu übergeben. Auf der rechten Seite der steinernen Wand hinter dem Bronze-Portrait – von vorne betrachtet – steht das Geburts- und das Sterbejahr des Künstlers, auf der linken Seite sein Name. Will das Grabdenkmals-Komitee beim Namenszug ganz besonders modern sein? Carl Blasel selbst wäre vermutlich entsetzt gewesen – ausgerechnet auf seinem Grabstein, gemacht für die Ewigkeit, steht sein Vorname falsch geschrieben. Anders, als im Taufregister eingetragen und anders, als er selbst seinen Namen sein ganzes Leben lang schreibt. Auf seinem Grabstein steht nicht „Carl Blasel", sondern „Karl Blasel".

Sehr diplomatisch in Sachen Schreibweise verhält sich die Stadt Wien, als sie im Jahr 1925 eine Straße nach ihrem großen Sohn benennt. Ob Zufall oder Absicht – nur wenige Minuten zu Fuß vom Wohnsitz seines Sohnes Karl Junior entfernt, wird im 18. Gemeindebezirk Währing in jenem Jahr ein Sträßchen auf den Namen des Zwei-Jahrhundert-Schauspielers getauft. Um jede Irritation über die Schreibweise des Vornamens zu vermeiden, heißt das Sträßchen einfach „Blaselgasse".

Ehrengrab Carl Basels auf dem Wiener Zentralfriedhof
Foto: Catrin Möderler, September 2020

**Die Nachfahren**

Carl Blasels ältester Sohn, Karl Junior, ist zum Zeitpunkt des Todes seines Vaters bereits 62 Jahre alt. Als Prokurist der Länderbank ist er hochrangiger Staatsbeamter. Sollten die Angaben in den Wiener Adressbüchern zutreffen, wäre er als solcher noch bis zu seinem 81 Lebensjahr aktiv gewesen. Als Pensionär wird er erst ab dem Jahr 1941 gelistet. Möglicherweise hat Karl Junior tatsächlich die enorme berufliche Energie seines Vaters geerbt. Am 20. Februar 1943 stirbt Karl Blasel Junior im Alter von 83 Jahren an seiner Privatadresse Bastiengasse 54, Wien-Währing. Seine Gattin Johanna Mellin ist ihm bereits im Jahr 1941 vorausgegangen. Sie erreicht ein Alter von 85 Jahren. Das zu der Zeit noch lebende Kind der beiden, die Tochter Ludovica Franziska Johanna „Wicki" Blasel, erreicht nicht nur ein ähnlich hohes Alter wie ihr Großvater, sondern sie besitzt auch eine ähnliche Begeisterung für die Bühne. Im Theaterverein „Harmonie", den der mittlerweile im Ruhestand befindliche ehemalige Carl-Theater-Regisseur und Volkstheater-Direktor Carl Wallner für begabte Amateure gegründet hat, versucht sie sich für kurze Zeit als Operetten-Soubrette. Mit Erfolg. Die Theaterzeitschrift „Die Bühne" berichtet:

> *„(...) Josef Strauß' 'Frühlingsluft' weckte den sorglos-heiteren Zauber Alt-Wiens und die süßen Walzerweisen wiegten den Saal. Direktor Wallner hatte die Regie, Kapellmeister Blaschke die musikalische Leitung des Abends – es klappte alles vorzüglich. Die Darsteller: Fräulein Wiki Blasel, die kleine Soubrette 'kommt grad vom Land, ist hier ganz unbekannt' – aber ihr Temperament kam, sah, usw. Wenn Sie zum Theater gehen, Fräulein Blasel, unseren Glückwunsch auf den Weg: Sie haben etwas von dem Blut Ihres unsterblichen Großvaters. (...)"*
> (Die Bühne, 2. Jahrgang, 5. Februar 1925, Heft Nr. 13, Wien)

Trotz der guten Wünsche der Presse entscheidet sich Ludovica „Wicki" Blasel offenbar gegen eine Künstlerlaufbahn. Weitere Spuren von ihr auf den Bühnen Wiens oder anderswo sind nicht auszumachen. Im Alter von 89 Jahren stirbt sie anno 1981, ebenfalls in Wien. Sie bleibt unverheiratet. Zusammen mit dem bereits im Jahr 1892 im Alter von nur sieben Jahren verstorbenen Sohn Carl Ludwig Johann ruht die Familie Karl Blasel Junior in einer gemeinsamen Grabstätte auf dem Wiener Zentralfriedhof. (Anm.: Gruppe 46 B, Reihe 6, Nr.2)

Carl Blasels mittlerer Sohn, Leopold Maria, hat beim Tod seines Vaters eine schillernde Karriere hinter sich. Nach dem zugunsten der Künste abgebrochenen naturwissenschaftlichen Studium und den Schauspieler- und Vize-Theaterdirektoren-Jahren an der Seite seines Vaters versucht er sich im Jahr 1901 zunächst einmal als Autor. Möglicherweise noch unter dem Eindruck der konfliktreichen Pleite mit dem Wiener Colosseum veröffentlicht er ein Büchlein unter dem Titel „Die Regeln des Zweikampfes". Eine detaillierte Anleitung für das formvollendete Duell. Glücklicherweise scheint er selbst davon nie Gebrauch gemacht zu haben. Im Jahr 1918, unmittelbar nach Ende des Ersten Weltkriegs, verfasst Leopold Maria eine politische Schrift mit dem dystopischen Titel „Wien zum Tode verurteilt". Inzwischen seit mehreren Jahren Lokalpolitiker, warnt Leopold Maria in diesem Text eindringlich vor den deutschnationalen Strömungen in der Wiener Politik und ihren möglichen Auswirkungen. Er endet mit dem pessimistischen Satz „(...) Auswandern werden dann die Wiener müssen, um sich eine neue, vernünftiger regierte Heimat zu suchen, um nicht ihre Kinder in der zum Tode verurteilten Stadt verkommen zu lassen." (Wien zum Tode verurteilt. Eine aktuelle Studie zu den Wahlen in die Konstituante. Von Bezirksvorsteher Dr. Blasel. Wien, 1918) Sein vorzeitiger Tod in Folge eines Unfalls verhindert, dass Leopold Maria seine düstere Prophezeiung durch die Herrschaft des Nationalsozialismus noch in Erfüllung gehen sieht.

Bereits im Jahr 1908 kauft sein Vater ihm und seiner Gattin Katharina „Tinka" Doninger die Restauration „Niederösterreichisches Winzerhaus" im Prater. Möglicherweise eine Kompensation für die verlorene Kaution, die Katharina zusammen mit ihren Geschwistern einst für Carl Blasel stellt, um ihm die Übernahme des Colosseums zu ermöglichen. Im „Winzerhaus" knüpft Leopold Maria – diesmal erfolgreich – an die Erfahrungen als Gastronom an, die er im Wiener Colosseum bereits gemacht hat. Im Jahr 1924 baut Leopold Maria das alte Winzerhaus vollständig um. Der ländlich anmutende, einstöckige Fachwerkbau wird durch ein neues, wesentlich größeres Gebäude ersetzt. Die Hauptattraktion dort ist ein Rundhorizont mit einem gemalten Panorama des Dolomiten-Bergmassivs „Rosengarten". Außerdem gibt es einen „Blasel-Saal", in dem diverse Devotionalien an Carl Blasel erinnern. Ab diesem Zeitpunkt heißt die Lokalität „Alpendorf – Blasel'sWinzerhaus". Was Leopold Maria nicht mehr miterleben muss: In den letzten Kämpfen des Zweiten Weltkriegs, im April 1945, geht der gesamte Volksprater, das Areal mit den Restaurationen und Vergnügungsstätten, in Flammen auf. Zusammen mit allen anderen Prater-Lokalitäten wird das „Alpendorf" und mit ihm vermutlich der gesamte verbleibende Nachlass Carl Blasels vollständig zerstört.

Zu seiner Zeit lockt Leopold Maria neben der Gastronomie noch die Politik: Im Jahr 1912 wird er als Vertreter der Demokratischen Partei zum Bezirksvorsteher der Leopoldstadt gewählt. Jenem Wiener Bezirk, in dem sowohl das Carl-Theater als auch der Prater mit dem Winzerhaus liegen. Außerdem nimmt er sein für Jahrzehnte unterbrochenes Studium wieder auf. Wie sehr Leopold Maria um die naturwissenschaftliche Materie ringt, belegt eine Postkarte, die seine Gattin Tinka an ihre Schwägerin Johanna „Jenny", die Gattin Karl Juniors, schickt:

*„Familie Blasel, Pension Irenea in Voloska bei Abazzia*

*Liebe Jenny,*

*danke herzlichst Euer zwei Karten u. freue mich dass Ihr so herrlich schöne Tage, wenn schon nur so kurze Zeit der Erholung so doch herrliches Wetter. Bei uns ist es seit drei Tagen sehr kühl morgens 9 Grade. Poldi sen arbeitet den ganzen Tag, es kommt nun auf 8-9 Stunden Rechnen differenzieren integrieren wirbeln den ganzen Tag ist furcht-*

*bar abgespannt – bin selber froh wenn dies vorbei, denn es müdet kollosal ab – alle andere gesund – Ich wünsche Euch die paar Tage noch recht schönes Wetter und freue mich auf's Wiedersehen! Bring mir ein Stück Strand mit. Mit herzlichen Grüßen von allen an Dich Karl und Wicki: Eure Tinka"* (Correspondenz-Karte von Katharina Blasel, Gattin des Leopold Maria Blasel, an ihre Schwägerin Johanna Blasel, Gattin des Karl Blasel jun., ca. 1912. Umseitig Bild des Niederösterreichischen Winzerhauses. Privatbesitz C. Möderler)

Die Mühe lohnt sich. Im Frühjahr 1914, nach 60 Semestern Studium, wie eine Wiener Zeitung so spitzzüngig bemerkt, wird Leopold Maria zum Doktor der technischen Wissenschaften promoviert. Die hohen Auszeichnungen, die er als Reserve-Offizier der Ulanen während des Ersten Weltkriegs verliehen bekommt, verblassen vermutlich hinter dieser Eigenleistung. Im Sommer 1931 stürzt der hyperaktive Leopold Maria unglücklich in seiner eigenen Wohnung und bricht sich einen Oberschenkel. Wie die zeitgenössische Presse vermeldet, erleidet er nach der Versorgung des Bruchs einen Herzanfall. Am 2. August 1931, im Alter von nur 65 Jahren, verstirbt Carls Lieblingssohn. Als Todesursache in seinem Sterberegister-Eintrag steht „Knochenmarksentartung". Vielleicht hat ihm das überraschende Herzversagen ein langes Leiden an dieser Krankheit erspart. Bereits im Jahr 1939 folgt ihm sein eigener Sohn, Carls Enkel Leopold Karl Vincenz. Er wird nur 46 Jahre alt. Kinder hinterlässt er keine. Seine Mutter, Leopold Marias Gattin Katharina „Tinka" Doninger, führt das Alpendorf-Winzerhaus noch fünf Jahre lang alleine weiter. Im Jahr 1944 stirbt auch sie im Alter von 77 Jahren. Die neue und letzte Leiterin des Etablissements wird Tochter Karoline „Carla" Blasel, inzwischen verheiratete Schürgers. Ihre Zeit als Alpendorf-Wirtin währt jedoch nur kurz. Der Zweite Weltkrieg setzt ihrer Laufbahn ein Ende. Blasel's Alpendorf wird im April 1945 vollständig zerstört und danach nicht wieder aufgebaut. Vielmehr wird die Parzelle aufgeteilt und von anderen Betreibern übernommen. Karoline Blasel-Schürgers übernimmt stattdessen die Liegenschaft der ebenfalls kriegszerstörten ehemaligen Prater-Restauration „Zum weißen Ochsen". Dort errichtet sie einen Gastronomiebetrieb, den sie unter dem altvertrauten Namen „Alpendorf" noch bis zum Anfang der 1970-er Jahre betreibt. Karoline führt die direkte Familien-Linie Carl Blasels bis weit in die zweite Hälfte des 20. Jahrhunderts: Im Jahr 1984 wird sie, das letzte Familien-Mitglied, das zu dem großen Carl Blasel noch eine enge Verbindung hatte, im Alter von 83 Jahren in Wien versterben. Ihre ältere Schwester Johanna Henrica Anna „Hansi" Blasel, seit dem 17. Februar 1921 verheiratet mit dem Güterinspektor Paul Sprung, stirbt bereits im Jahr 1970, 76-jährig, ebenfalls in Wien. Mit ihrem Mann und der gemeinsamen Tochter Johanna ist sie in einer eigenen Grabstätte auf dem Wiener Zentralfriedhof beigesetzt. (Anm.: Gruppe 66. Reihe 29, Nr. 93) Alle anderen Mitglieder der Familie Leopold Maria Blasel, auch das im Säuglingsalter verstorbene Söhnchen Vinzenz de Paula Emanuel Maria „Censerl", ferner der Gatte von Karoline „Carla", Karl Wilhelm Schürgers, ruhen im Grab von Leopold Marias Mutter Johanna Blasel auf dem Wiener Zentralfriedhof. (Anm.: Gruppe 0, Reihe 0, Nr. 28)

Familie Blasels Winzerhaus im Prater
Correspondenzkarte von 1912,
rückseitig beschrieben von Katharina Blasel
Privatbesitz C. Möderler

Das Grabdenkmal, das Carl Blasel seiner Johanna nach ihrem Tod im Jahr 1910 errichten lässt und auf dessen Namenstafel nach und nach die Mitglieder der Familie von Leopold Maria aufscheinen, ist sehr besonders. Es ist eine überlebensgroße Plastik, die einen stilisierten Berggipfel darstellt. Gekrönt wird dieser von einem kleinen Marterl mit einem ewigen Licht. Am Fuße des Marterls knien die Kinder Leopold Marias, alle in Trachtenkleidung, und bekränzen Johannas Namenszug mit Blütenranken. Carl Blasel gibt dieses Kunstwerk nach Johannas Tod bei dem Wiener Bildhauer Professor Albrecht Meißner in Auftrag, dem Kunstlehrer der Eliteschule Theresianum in Wien. Die Figurengruppe bildet Meißner einer Fotografie nach, die kurz vor Johannas Tod entsteht. Sie zeigt sie zusammen mit ihren Enkeln – allesamt in Tracht. Leider ist dieses Bild nicht erhalten. Die steinerne Reproduktion, Johannas Grabdenkmal, hat überdauert.

Grabstätte Johanna Blasels und ihres Sohnes Leopold Maria Blasel mit Familie
Wiener Zentralfriedhof
Foto: Catrin Möderler, September 2020

Johann „Hans" Blasel, Carls jüngster Sohn, fällt im Ersten Weltkrieg bei Motkovice im heutigen Polen und wird an Ort und Stelle bestattet. Die einzige Veröffentlichung, die einen ausführlichen Nachruf auf dieses wenig beachtete Mitglied der Künstlerfamilie bringt, ist die Monatsschrift für Kakteenkunde von 1916:

> *„Wieder muss die Deutsche Kakteen-Gesellschaft die Trauerfahnen entfalten. Am 21. Dezember 1914 ist der k. u. k. Hauptmann und Bataillonsführer im Infanterie-Regiment Nr. 93 in Krakau, Johann Blasel, im Gefecht bei Motkowice auf dem Felde der Ehre gefallen. Er wurde am 14. Oktober 1868 in Wien als Sohn des Schauspielers Carl Blasel geboren und besuchte die Volksschule und die Realschule im III. Bezirk bis zum 1. Mai 1885. Besondere Neigung für die Offizierslaufbahn veranlasste ihn, sich dieser zu widmen; er trat nach vollendetem 17. Lebensjahre in die Kavallerie-Kadettenschule ein und wurde im September 1890 zum Kadetten, im April 1894 zum Leutnant, im April 1897 zum Oberleutnant im im April 1908 zum Hauptmann befördert. Schon seit seiner Jugend hegte er eine besondere Vorliebe für Blumen, besonders für Kakteen, von denen er über 100 Arten in einem eigenen Gewächshause kultivierte; am Morgen war sein erstes die Besichtigung und Pflege seiner Lieblinge, der Kakteen. Bei Ausbruch des Weltkrieges zog auch Hauptmann Blasel voll Begeisterung mit seinem Regiment aus, um für seinen Kaiser und für sein Vaterland zu kämpfen; gleich in den ersten Schlachten bei Lublin, Krasnik usw. erhielt er die Feuertaufe, Ende November kam er zu den Seinen auf Urlaub und ging am 10. Dezember abermals ins Feld. Nachdem er wieder an schweren Schlachten teilgenommen und mit dem Leben davongekommen war, ereilte ihn am 21. Dezember der unerbittliche Tod; er bekam einen Schrapnellschuss an die linke Kopfseite und sank tot zu Boden. Hauptmann Blasel stand kurz vor seiner Beförderung zum Major. Eine Witwe und drei kleine Kinder betrauern in ihm den zärtlichen Gatten und treusorgenden Vater. Die Deutsche Kakteen-Gesellschaft wird dem für sein Vaterland Gefallenen ein treues Andenken bewahren. A. Schwarzbach."* (Monatsschrift für Kakteenkunde. Herausgegeben von Dr. F. Vaupel, Dahlem bei Steglitz-Berlin. Sechsundzwanzigster Band. 1916. No. 3 ausgegeben im März 1916.)

In den Nachruf eingefügt ist ein Bild des Verstorbenen. Es zeigt einen Offizier im Waffenrock, mit zwei Sternen am Rand des hohen Stehkragens, einem Orden an der Brust, streng nach hinten gekämmten, im Nacken und über den Ohren kurzrasierten dunklen Haaren und einem das gesamte Gesicht dominierenden schwarzen Schnurrbart. Ganz im Stile Kaiser Wilhelms II. von Deutschland wie die Hörner eines Büffels nach oben gezwirbelt. Der martialische Bart verdeckt nur unzulänglich einen schmalen, fast wie zum Weinen nach unten verzogenen Mund. Die dunklen Augen blicken zur Seite - vorbei am Betrachter - ins Leere. Das Bild mag die Momentaufnahme eines Sekundenbruchteils sein. Dennoch – ein glücklicher Mensch sieht anders aus.

Hans Blasels junge Witwe Elisabeth „Else" Leopolder-Blasel heiratet um 1924 herum ein zweites Mal. Ihr neuer Ehemann ist der Bundesbahn-Oberrevident Artur von Wallpach zu Schwanenfeld. Da in Österreich nach dem Ersten Weltkrieg sämtliche Adelsprädikate kassiert sind, heißt dieser zweite Gatte im Wiener Adressbuch nur noch „Artur Wallpach-Schwanenfeld". Dieses späte und indirekte Mitglied der Familie Blasel ist im Übrigen nicht zu verwechseln mit dem gleichnamigen Tiroler Nationaldichter Artur von Wallpach zu Schwanenfeld. Die Herren sind höchstwahrscheinlich in irgendeiner Art und Weise miteinander verwandt – identisch sind sie jedoch nicht. Die Ehe Blasel-Wallpach ist nur von kurzer Dauer – ab 1932 wohnt Elisabeth „Else" Leopolder-Blasel-von Wallpach zu Schwanenfeld wieder alleine an ihrer angestammten Adresse Bendlgasse 4, Wien-Meidling. Mit nur 54 Jahren verstirbt die Witwe Johann „Hans" Blasels schließlich am 20. März 1940. Ihr zweiter Ehemann überlebt sie um Jahre. Die Verbindung zu den Blasels – sollte sie jemals bestanden haben – ist abgerissen. Elisabeth wird weit entfernt von jenen im Grab der Familie Leopolder, ihrer Eltern und deren Vorfahren, auf dem Wiener Zentralfriedhof beigesetzt. (Anm.: Gruppe 56 B, Reihe G1, Nr. 4) Ihre älteste Tochter, Elisabeth Johanna Blasel, heiratet im Jahr 1939 und trägt danach den Nachnamen „Swistelnicki". Sie verstirbt mit 82 Jahren am 28. Januar 1990 und wird bei ihrer Mutter im Grab der Familie Leopolder beigesetzt. Die jüngere Tochter Margarete Elfriede heiratet im Jahr 1932 den Techniker Leopold Gugg. Sie hat das Langlebigkeits-Gen ihres Großvaters Carl Blasel geerbt: Anno 2011 verstirbt sie im 101. Lebensjahr in Wien. Ihr Gatte ist ihr bereits im Jahr 1953 vorausgegangen. Margarete wird bei ihm und seiner Familie in einer Doppelgrabstelle auf dem Wiener Zentralfriedhof beigesetzt. (Anm.: Gruppe 42 C, Reihe 8, Nr. 1/2) Ihr Bruder Johann, der jüngste Enkel Carl Blasels, stirbt 76-jährig anno 1988. Er ruht im Grab der Familie seiner Gattin Gertrude Leopoldine Emilie Schustek auf dem Wiener Zentralfriedhof. (Anm.: Gruppe 80, Reihe 11, Nr. 6) Er ist es, der durch seine Söhne und Enkelsöhne den Namen „Blasel" vom großen Familien-Oberhaupt Carl Blasel bis in die Gegenwart weiterreicht.

Der letzte Vertreter der Theater-Dynastie Carl Blasel, Carls Neffe Paul Blasel, ist seit 1899 Direktor des Stadttheaters – später „Landestheater" – von Salzburg. Seine und die Wege seiner Gattin Leopoldine Blasel-Korner trennen sich offenbar bereits Ende der 1890-er Jahre. Ab dieser Zeit leben die beiden dauerhaft in verschiedenen Städten. Leopoldine „Poldi" Blasel-Korner ist bis in die Zehnerjahre des 20. Jahrhunderts in den einschlägigen Registern als gastierende Schauspielerin und Theaterdirektorin mit Wohnsitz in Klosterneuburg bei Wien gelistet, danach als „Tabakhauptverlegerin" in Wien. In ihren letzten Jahren hat sie sich somit von den Künsten abgewandt und verkauft stattdessen Zigarren und Zigaretten. Im Juni 1926, mit 68 Jahren, verstirbt Poldi Blasel. Ihr Urnengrab bei der Feuerhalle Simmering wird im Jahr 2015 aufgelöst. Nur zwei Monate nach ihrem Tod, im August 1926, heiratet der inzwischen 72-jährige Paul Blasel in Salzburg die 36-jährige Schauspielerin Anna Schleich, Künstlername „Anny Hoheneck", ein Mitglied seines Theater-Ensembles. Das Ehepaar verbringt den Rest des gemeinsamen Lebens in Salzburg; Paul verstirbt dort bereits im Jahr 1940, Anny dann im Jahr 1972. Beigesetzt werden beide auf dem Salzburger Kommunal-Friedhof; im Jahr 1991 wird die Grabstelle aufgelöst.

Auch wenn die Theater-Dynastie Blasel nicht mehr existiert – dank der Enkelkinder und der zahlreichen Geschwister Carl Blasels sowie deren noch zahlreicherer Nachkommenschaft ist das ein oder andere Blasel-Gen auch in der Gegenwart noch sehr lebendig.

**Die verschwundenen Theater**

Fünf Theater spielen in der Wiener Schauspieler-Biographie Carl Blasels eine herausgehobene Rolle: Das Theater in der Josefstadt, das Theater an der Wien, das Wiener Colosseum, das Jantsch-Theater und – allen voran – das Carl-Theater. Die beiden ersten, das Theater in der Josefstadt und das Theater an der Wien, existieren an ihren ursprünglichen Adressen auch noch in der Gegenwart. Wenn auch während ihres jeweils über 200-jährigen Bestehens immer wieder renoviert und teilweise umgestaltet. Beide gehören unverändert zu den bedeutenden Bühnen des deutschen Sprachraumes. Den anderen drei Häusern ist das Schicksal weniger gewogen. Vom „Wiener Colosseum" bleiben wenige Spuren, das Jantsch-Theater und das Carl-Theater verschwinden vollständig.

Das „Wiener Colosseum" an der Nussdorfer Straße Nummer 4-9 im 9. Wiener Gemeindebezirk Alsergrund bleibt nach dem Ausscheiden Carl Blasels im Februar 1901 noch einige Jahre lang Varieté-Theater. Geführt wird es zunächst von Arthur Brill, dem ehemaligen Buchhalter des umtriebigen Financiers Lucian Brunner. Jenem Mann, der Carl Blasel einst die Kaution für die Übernahme des Colosseums auslegt, sich dafür allerdings die Anteile am Elternhaus von Carls Schwiegertochter Katharina und ihrer Geschwister überschreiben lässt. Bis zum Jahr 1904 hält Brill durch, danach übernimmt Direktor Louis Mittler. Er betreibt das Varieté-Theater immerhin zehn Jahre am Stück. Um sich danach um das darbende Etablissement Ronacher kümmern zu können, übergibt Mittler die Leitung des Colosseums anno 1914 an seinen Co-Direktor Paul Goldberg. Nur wenig später verändert der Ausbruch des Ersten Weltkriegs die Theaterwelt grundlegend. Im Dezember 1916 übergibt Paul Goldberg das Haus an Direktor Arthur Rundt. Dieser benennt das Colosseum um in „Volksbühne". Mit dieser kehrt er zurück zum Konzept eines Kunsttheaters mit klassischem Repertoire. Auch diese Episode währt nur kurz. Im Jahr 1918 übernimmt der Kaiserliche Rat Georg Höllering das Theater als Direktor und gibt ihm wieder einen neuen Namen: „Wiener Komödienhaus". Als solches hat es Bestand bis 1927, allerdings beherbergt es in seinen Mauern bereits ab 1925 das Colosseum-Kino. Dieses Kino besteht bis zum Jahr 2002, danach wird es geschlossen. Die Gründerzeit-Fassade des großen Gebäudekomplexes hat bis in die Gegenwart überdauert. In ihr ist, trotz allfälliger Renovierungen über die Jahrzehnte hinweg, das „Wiener Colosseum" der Carl-Blasel-Zeit noch zu erkennen. Zumindest seine Außenhaut. Der Name ist ebenfalls noch sichtbar: Unter dem Schriftzug „Colosseum" befindet sich in der Gegenwart der Eingang zum „Buffet Colosseum – Wiener Sandwichbuffet". Dieser Gastronomiebetrieb geht auf den einstigen Imbiss des Colosseum-Kinos zurück.

Wiener Colosseum, Außenansicht, um 1900
Correspondenzkarte, Privatbesitz C. Möderler

Jantsch-Theater im Wiener Prater mit Riesenrad
Correspondenzkarte, ca. 1897, Privatbesitz C. Möderler

Das Jantsch-Theater im Wiener Prater geht nach dem Direktorat Adolf Ranzenhofers, der einst den Gast-Star Carl Blasel auf seiner Bühne präsentieren darf, im April 1905 in die Hand des Theaterleiters Josef Jarno über. Der lässt das Gebäude gründlich renovieren und gibt dem Haus einen neuen Namen: „Lustspieltheater". Jarno betreibt das ehemalige Jantsch-Theater quasi „nebenbei". Hauptamtlich ist er seit 1899 Direktor des Theaters in der Josefstadt. Mit dem Lustspieltheater versucht Jarno eine Zweifach-Lösung: Er füllt den Spielplan sowohl mit klassischem ernsten Theater-Repertoire als auch mit Possen und Operetten. Auf der Bühne kann er, dank seines Josefstädter Ensembles, mit großen Stars aufwarten. Seine Gattin Hansi Niese, eine umschwärmte Meisterin des heiteren Fachs, die mit Carl Blasel einst in seiner Festvorstellung zum 90. Geburtstag als Elsa in Nestroys Tannhäuser-Parodie auf der Bühne steht, tritt im Lustspieltheater ebenso auf wie Max Pallenberg, ein junger Gesangskomiker, der wenig später bei Max Reinhardt in Berlin seinen ganz großen Durchbruch erlebt und danach von Hugo von Hofmannsthal die Titelrolle in der Komödie „Der Unbestechliche" auf den Leib geschrieben bekommt. Jarno führt das Lustspieltheater bis zum Jahr 1915, danach wird es unter wechselnden Leitungen betrieben; in den Theater-Almanachen ist das Haus während der Kriegsjahre allerdings nicht gelistet. Ab 1920 übernimmt Josef Jarno die Direktion des Lustspieltheaters ein weiteres Mal. Im Sommer 1927 gibt er die Bühne dann endgültig auf. Noch im selben Jahr wird das ehemalige Jantsch-Theater als Lichtspielhaus unter dem Namen „Kino Lustspiel-Theater" wiedereröffnet. Das Gebäude übersteht als einziges den verheerenden Praterbrand im April 1945. Bis zum Jahr 1981 wird es als Kino weiterbetrieben, die aufwendige Gründerzeit-Fassade ist inzwischen zwar deutlich schlichter gestaltet, der Umriss des alten Jantsch-Theaters ist allerdings nach wie vor erhalten. Dann brennt das Gebäude vollständig aus und wird nicht wieder errichtet. In der Gegenwart ist jenes Areal unmittelbar hinter dem Eingang zum Volksprater, in dem sich das Jantsch-Theater einst befunden hat, vollständig neu gestaltet und anderweitig überbaut, zum Beispiel mit dem Betrieb „Madame Tussauds – Das Wachsfigurenkabinett im Prater" und anderen mehr.

Das Carl-Theater, jenes Haus, in dem fast die Hälfte der nahezu achtzig Jahre währenden Künstler-Karriere des Carl Blasel stattfindet, übersteht den Zweiten Weltkrieg. Stark beschädigt, aber die Fassade ist erhalten – eine Wiederherstellung wäre möglich. Doch im Jahr 1951 fällt die Entscheidung gegen das traditionsreiche Haus: Die Abrissbirne beendet 230 Jahre Wiener Theatergeschichte. Einst im Jahr 1781 als „Theater in der Leopoldstadt" gegründet, wird die Bühne ab dem Jahr 1838 von dem rührigen Theaterleiter Carl Andreas von Bernbrunn, in Prag geboren und in München bereits zum „Königl. Bairischen Hofschauspiel-Director" aufgestiegen, zur großen Blüte geführt. Der neue Direktor benutzt den Künstlernamen „Carl Carl". Als er anno 1847 von den Star-Architekten Eduard van der Nüll und August Sicard von Sicardsburg –

dem Baumeister-Duo, das später auch die bis in die Gegenwart bestehende Wiener Hofoper erschaffen wird – an der alten Adresse ein neues, prachtvolles Theater im Neo-Renaissance-Stil errichten läßt, gibt er dem Neubau gleich seinen eigenen Namen: „Carl-Theater". Als Carl Blasel im Jahr 1901 zum dritten Mal ans Carl-Theater zurückkehrt, um dort die letzten Jahre seiner glanzvollen Bühnenlaufbahn zu absolvieren, führt Direktor Andreas August Amann das Haus. Im Jahr 1909 übergibt er die Leitung an seinen Co-Direktor, den Dirigenten Sigmund Eibenschütz. Eibenschütz verstirbt im selben Jahr wie Carl Blasel. Die Verantwortung für das Carl-Theater geht danach an seine Gattin über, die bekannte Operetten-Soubrette Dora Keplinger-Eibenschütz. Allerdings kann die Direktorin nicht mehr an die großen Erfolge des Alt-Wiener-Volkstheaters oder der goldenen und silbernen Operetten-Ära anknüpfen. Im Jahr 1929 muss sie das Haus schließen. Anno 1940, mitten im Krieg, wird es noch einmal als Filmkulisse verwendet. Der Regisseur Willi Forst dreht am Originalschauplatz eine romantisch verklärte Filmbiografie des ehemaligen Direktors Franz Jauner. Ihr Titel: „Operette". Ein letztes Aufglühen der einstigen Größe. Danach dämmert das Carl-Theater seinem Ende entgegen. In der Gegenwart steht an seiner Stelle eine moderne Glas-Beton-Stahl-Konstruktion, das Büro-Hochhaus „Galaxy". Die Gedenktafel, die einmal an die große künstlerische Vergangenheit des Platzes erinnerte, ist – genauso wie das Carl-Theater – verschwunden.

Carl-Theater, CdV um 1870 (Ausschnitt)
Privatbesitz C. Möderler

Diese Häuser bestehen auch
noch in der Gegenwart:

Oben li.: Theater an der Wien
Correspondenzkarte, ca. 1900
Unten re.: Theater in der Josefstadt
Correspondenzkarte, ca. 1900
Beide Privatbesitz C. Möderler

## Der Hamur – Carl Blasel in der Anekdote

So bemerkenswert sie auch waren - die künstlerischen Leistungen Carl Blasels sind heute weitgehend vergessen. Es sind ausgerechnet Anekdoten über den Ausnahme-Schauspieler, die sich bis in die Gegenwart erhalten haben. Doch kaum eine dieser Geschichten hält einem Abgleich mit den verifizierbaren Tatsachen über den Künstler stand. Somit ist dieses Phänomen einer eigenen Betrachtung wert. Nur wenige humorige Kleinigkeiten sind tatsächlich aus Carl Blasels aktiver Bühnenzeit überliefert. So zum Beispiel eine Auflistung seiner „lustigen" Rätselfragen, die er als König Menelaus in der Operette „Die schöne Helena" in großer Runde stellt. In einer der Szenen wird bei einem Fest zu Ehren des Adonis, des Gottes der Schönheit, ein Wettstreit abgehalten. Die Rätselfragen sind für die Kandidaten dabei die intellektuelle Aufgabe nach dem sportlichen Wettbewerb. Eine Zeitung von 1869 listet Carl Blasels Fragen auf. Hier zwei Beispiele:

*„(...) Warum bläst man die Suppe, wenn sie heiß ist? (Weil man nicht warten will, bis sie kalt wird.)"*

*„(...) Wie kann man bei einem vierten Stockfenster hinaussehen und zugleich im Keller sein? (Man hängt das Fenster aus, geht damit in den Keller und sieht durch.) (...)"* (Beide aus: Der Pferdefreund. VII. Jahrgang. Nr. 9. - 1869. März.)

Scherze wie diese lesen sich ausgesprochen harmlos, niemand wird daran Anstoß genommen haben. Komplett wider die Vorstellungen von politischer Korrektheit, die in der Gegenwart gelten, läuft dafür eine Improvisation Carl Blasels, die aus seiner Zeit am Theater an der Wien überliefert ist. Zu jener Zeit, zu der er dort mit Gattin Johanna in der Endlos-Aufführungsserie des Gesangsmärchens „Prinzessin Hirschkuh" auftritt, führt das Land Österreich zwei Kriege: den später so genannten „Zweiten Einigungskrieg" gegen Preußen, ferner einen Krieg gegen Italien, das nach nationaler

Einheit strebt und unter habsburgischer Herrschaft stehende italienische Territorien zurückhaben will. Am Ende bleibt das umkämpfte Trentino zwar unter österreichisch-ungarischer Herrschaft, dafür bekommt Italien das kleine Königtum Lombardo-Venetien zurück. Eine Schlacht in diesem sogenannten „Dritten Italienischen Unabhängigkeitskrieg" geht für Italien dabei verloren. Die Schlacht bei Custozza am 24. Juni 1866. Aus der Vorstellung vom 25. Juni 1866 am Theater an der Wien vermeldet die Presse einen bösen Seitenhieb, den sich Carl Blasel in seiner Rolle als Diener „Pagatl" gegen die unterlegenen Italiener gönnt:

> *„(...) Im Theater an der Wien wird fortwährend und ohne Unterbrechung 'Prinzessin Hirschkuh' gegeben. Ein gelungenes Extempore des Herrn Blasel am Tage nach der Schlacht bei Custozza erregte vielen und demonstrativen Beifall und wir wollen es unseren freundlichen Lesern nicht vorenthalten. 'Was steht in der Zeitung?' wird der König, der ein Abendblatt liest gefragt. Herr Blasel gibt statt des Königs die Antwort: 'Die Pomeranzen wurden gezwiebelt' Der Effekt dieser Worte ist begreiflich, bei einem Publikum, das kurz zuvor die Siegesnachricht von Custozza gelesen. (...)"* (Wiener Familien-Journal. Nr. 24. - 1866. Donnerstag, 5. Juli.)

Improvisationen, die tagesaktuelle Ereignisse auf der Bühne aufgreifen, „Extempores" genannt, sind außerordentlich beliebt beim Publikum. Mit Spannung wird erwartet, welche Schlagfertigkeiten sich die Darstellerinnen und Darsteller zum Tagesgeschehen einfallen lassen. Allerdings hat die allmächtige Zensur ein strenges Auge auf „Umtriebe" dieser Art - keineswegs dürfen die Herrschenden durch allzu freche Ausfälle herabgesetzt werden. Eine ständige Gratwanderung für scharfzüngige Bühnenkünstler wie Carl Blasel. Die ein- oder andere Strafzahlung wird zugunsten einer gelungenen Pointe dabei durchaus in Kauf genommen. So berichten die Zeitungen über eine Episode während eines Gastspiels in Prag anno 1875:

> *„Wer extemporirt, wird zu Gericht zitirt. Wie das 'Welt-Blatt' an anderer Stelle mittheilt, wurde der bekannte Wiener Komiker Blasel eines während seines Gastspieles in Prag von der Bühne herab gemachten*

*Extempores halber zu zehn Gulden Strafe verurtheilt. Herr Blasel erschien im Polizeibureau mit folgenden Worten: Sie waren so liebenswürdig mich einzuladen. Mein Name ist Blasel. – Kommissär. Karl Blasel. - Blasel. Akkurat so. - Kommissär. Sie sind nach Wien zuständig? - Blasel. Vollblut. Echte Wiener Race. - Kommissär. Noch ledig? - Blasel. Nein, sehr verheiratet. Meine Buben sollten Sie sehen, Herr Kommissär! Hier sind ihre Fotografien. - Kommissär. In der That, herrliche Burschen! Doch zur Sache. Sie sind noch unbeanstandet? - Blasel. Das könnt' ich nicht sagen. Es kommt oft vor, daß sie Arrest haben, insbesondere der mittlere, weil er die Schule schwänzt. - Kommissär. Ich meine Sie, nicht Ihre Söhne. - Blasel. Mir hat die hohe Behörde schon manchen Verdruß gemacht. In Innsbruck wurde ich wegen eines Extempores über die Jesuiten eingesperrt just an einem Christabend und in Lemberg mußte ich einmal 5. fl. wegen eines gleichen Verbrechens Strafe zahlen. (...) - Kommissär. Sie kennen demnach das Theatergesetz, welches kein Extempore gestattet? - Blasel. Allerdings, sonst hätte ich vorgestern nicht extemporirt: 'Wer auf der Bühn' extemporirt, wird arretirt.' - Kommissär. (...) Ich muss Sie nach dem Gesetze zu 10 fl. Geldstrafe, eventuell 48 Stunden Arrest verurtheilen. (...) Wollen Sie das Geld erlegen oder absitzen? - Blasel. Ich leiste Verzicht darauf, in Prag seßhaft zu werden, sonst könnte ich nicht mehr als Gast auftreten. Das Geld erleg' ich hier bei Gericht, ein' ordentlichen Wiener genirt so was nicht."* (Neuigkeits Welt-Blatt. Nr. 185. Wien, Freitag den 13. August Jahrgang 1875)

Carl Blasel ist frech und Carl Blasel ist unerschrocken. Mehr allerdings ist nicht zu finden in den zeitgenössischen – und somit primär glaubhaften – Berichten über lustige Begebenheiten aus seiner Schauspieler-Tätigkeit. Vor allem von den ihm lange nach seinem Tod genussvoll angedichteten Textunsicherheiten gibt keine belastbaren zeitgenössischen Spuren außer einer einzigen Zeitungskritik, die vermerkt, der Künstler habe Textschwächen gezeigt, die „wohl dem Frohgefühl" geschuldet seien. Es handelt sich damals um die Festaufführung aus Anlass des 100. Geburtstags des Theaters in der Josefstadt, bei der sowohl der Kaiser als auch der Kronprinz anwesend sind. Bei genauerem Studium der Kritik stellt sich dann heraus, dass die „Textschwächen" und die Antworten aus dem Souffleurkasten ein Teil der Inszenierung sind. Ob Carl Blasel jemals wirklich ernsthaft auf der Bühne „gehangen" ist, berichtet die zeitgenössische Presse jedenfalls nicht.

Ein Bonmot über das Komiker-Trifolium des Carl-Theaters, Josef Matras, Wilhelm Knaack und Carl Blasel, kursiert wohl bereits in den 1870er Jahren in Wien. Es wird bis lange nach dem Tod Carl Blasels immer wieder in leichten Abwandlungen zitiert: „Der Matras hat am Knaack ein Blasel". Dieser Kalauer entsteht tatsächlich schon während Carl Blasels aktiver Theaterzeit und ist ihm selbst zweifellos bekannt. Denn bereits anno 1884 wird der Spruch in der „Wiener Theater-Zeitung" zitiert. Ein wichtiges Blatt in der Branche, Carl Blasel wird es wahrscheinlich auch studieren. Hier lautet der Satz allerdings:

> „(...) 'Wann erreicht die Komik im Carl-Theater ihren Culminationspunkt?' Die Antwort: 'Wenn der Matras am Knaack ein Blasel bekömmt!'" *(Wiener Theater-Zeitung. Nr. 12. - VII. Jahrgang. 1. December 1884.)*

Die klassische Blasel-Anekdote kommt erst fast zwei Jahrzehnte nach dem Tod des Künstlers auf die Welt. Ihr maßgeblicher Geburtshelfer damals ist der Operettendarsteller Ernst Tautenhayn. Den Altmeister Carl Blasel persönlich erlebt dieser als frisch engagierter 22-jähriger Nachwuchskünstler anno 1895 und 1896 am Carl-Theater. In den Stücken „Das Modell" und „Eine tolle Nacht" gibt Blasel damals jeweils die männliche Hauptrolle, Tautenhayn taucht – ganz am Ende des Programmzettels – unter den Nebendarstellern auf. Weitere gemeinsame Auftritte gibt es nicht. Für Tautenhayn reichen diese Begegnungen jedoch aus, um Ende der 1930er Jahre, auf dem Höhepunkt der nationalsozialistischen Herrschaft, immer wieder Blasel-Geschichten in den gleichgeschalteten Medien zu veröffentlichen. Tautenhayns Name hat einen guten Klang zu jener Zeit. Beim Publikum wie bei den Machthabern. Nicht nur ist er längst vom Nebendarsteller zum beliebten Operetten-Star gereift – auch politisch versteht er zu gefallen: Im Vorfeld der Volksabstimmung zum Anschluss Österreichs an das nationalsozialistische Deutsche Reich im Frühjahr 1938 lässt er sich im Propagandamaterial des Gauleiters Eduard Frauenfeld mit den Worten zitieren: „Für mich ist dieses 'Ja' das schönste 'Ja' meines Lebens!" (Anm.: Klee, Ernst „Das Kulturleben des Dritten Reiches", Zitat bestätigt durch das Dokumentationsarchiv des österreichischen Widerstandes, Wien) Im Jahr 1940 erhält er dank seines „treuen Bekenntnisses zum Nationalsozialismus" die Leitung der neu gegründeten Fachklasse „Operette" an der Musikschule der Stadt Wien. (Anm.: Gauakt vom 18. Feb. 1942 zur Einstellung an die Musikschule, zitiert in: 'Die Musikschule der Stadt Wien im Nationalsozialismus', Hollitzer, Wien, 2020) Anfang 1939 schreibt Tautenhayn in der „Kleinen Volks-Zeitung" einen langen Aufsatz über seine frühen Theater-Erinnerungen. Ob echt oder erfunden, weiß niemand. Die meisten Personen, von denen er erzählt, sind tot. Carl Blasel, der begnadete Komödiant, muss ohne sein Zutun als Pointen-Lieferant herhalten:

*„Ernst Tautenhayn*

*Als Blasel im 'Opernball' spielte*

*Die Rolle, die ich jetzt spiele, hat in Wien der Blasel kreiert. (...) Dem Blasel ist in einer Vorstellung da folgendes passiert: Er hatte ein Lied zu singen, und wie er einsam und verlassen vor den Rampenlichtern steht und den Dirigenten anblinzelt, entfällt ihm plötzlich der Text des Liedes. Wie das so oft kommt, auf einmal ist alles ausgelöscht, was man sich eingetrichtert hat, man steht vor einem Loch, das so tief ist, daß es nicht einmal mehr gähnt, und man hat nicht die leiseste Ahnung, wo das rettende Ufer liegt. Blasel hat nun in dieser Situation den Text durch ein schmetterndes 'lalalalalala' ersetzt. Als er dann abging, flüsterte er einem Kollegen zu: 'Meine Geistesgegenwart! Wenn mir jetzt net das lalalalalala einfällt, wär ich sicher stecken blieben.'"
(Kleine Volks-Zeitung, Nr 1 des 85. Jahrg. Der V.-Z. Wien, Sonntag, 1. Jänner 1939 Laufende Nummer 30068)*

Exklusiv hat Tautenhayn seine „persönliche Erinnerung" an Carl Blasel nicht. Karl Daumer, der Feuilletonist des „Neuen Wiener Tagblatts," erzählt sie ebenfalls. Und verlegt sie von Wien nach Ischl:

*„Unsichtbare Galerie*
*Von Karl Daumer*

*III.*
*(...) Um diesen Schauspieler herum gab es eine Hochflut von Legenden, schon als er noch lebte. 'Schau'n S', i bin jetzt schon so an alter Herr', sage er als Achtziger einmal zu einem Bekannten, 'und i hab' auf der ganzen Welt kan einzigen Feind.' - 'Ja aber, wie ist denn das möglich, Herr Direktor?' - 'San alle g'sturb'n.' Oder bei einem Gastspiel in Ischl (in der Rolle, singend): 'Der Mann, der bleibt Z' Haus, die Frau, die geht aus (abtanzend) lalalala, lalalalala' (hinter der Kulisse angelangt): 'Mein Gott, wann i jetzt net die Geistesgegenwart g'habt hätt', daß mir lala einfällt, waar i hängen blieb'n.' (...)" (Neues Wiener Tagblatt Nr. 304 Wien, Dienstag, 3. November 1942 76. Jahrgang)*

Selbst erlebt ist Tautenhayns Geschichte somit ganz offensichtlich nicht. Wenn auch – zugegebenermaßen – gut erzählt. Endgültig als Märchenerzähler decouvriert sich Tautenhayn schließlich in einem langen Aufsatz über seine Anfängerzeit als Schauspieler im Theatermagazin „Die Wiener Bühne". Diverse Angaben, die er dort macht, sind nachweislich falsch. Doch die Einlassungen des politisch genehmen Künstlers werden offensichtlich keiner weiteren Prüfung unterzogen. Als sein Text veröffentlicht wird, tobt der Zweite Weltkrieg. Auf dem Titelblatt der bewussten Ausgabe vom November 1940 prangt das ganzseitig gedruckte, lachende Gesicht des Joseph Goebbels.

*„Ernst Tautenhayn*
*Operettenlehrbub bei Jauner*
*(...) Mit Blasel, der damals Direktor des Josefstädter Theaters nebenbei war, hatten wir unsere liebe Not. Er war nämlich einer der vergeßlichsten Schauspieler, die mir jemals untergekommen sind, und er spielte ja dann auch am besten, wenn er keine Ahnung von der Rolle hatte. Wenn er zum Beispiel durch seine frei erfundenen Worte die ganze Szene geschmissen hatte, Liebespaare, die zueinander gehörten, auseinandergebracht, Erbneffen enterbt und Schwiegermütter rasend gemacht hatte, wenn der Souffleur mit Tränen des Kummers in den Au-*

*gen das Rollenbuch zuklappte und seinen Blick von den Schrecknissen der Bühne abwandte, dann sagte Blasel: 'Grüß euch Gott alle miteinander, machts es gut!' und ging fröhlich hinter die Bühne. Als er einmal in einem Couplet nicht weiterwußte, sagte er entschuldigend zum Publikum: 'Der Text ist wirklich sehr schwer!' und als ich ihm während unseres Dialogs zuflüsterte: 'Sie müssen gehen, Herr Blasel!' ging er auch prompt ab, obwohl er noch eine Szene zu spielen hatte. Viele Jahre später traf ich Blasel zufällig auf der Straße, als ich eben kurz vorher vom Tode Girardis gehört hatte. Ich berichtete die Trauerbotschaft ergriffen dem ehemaligen Kollegen. Blasel nickte langsam, und dann sagte er, der bedeutend älter als Girardi war: 'Na ja, der war ja auch schon ganz schön alt!' (...)"* (Die Wiener Bühne XVII. Jahrgang Heft 22 1. November 1940)

Tautenhayns Fehler sind beachtlich: Zunächst ist Carl Blasel niemals „nebenbei" Direktor des Josefstädter Theaters, sondern hauptamtlich von 1885 bis 1888. Ernst Tautenhayn hat zu der Zeit ganz sicher noch nichts mit ihm zu tun. Er ist damals gerade 12 Jahre alt. Tautenhayn kommt erst 1895, mit 22 Jahren – und nicht, wie er selbst an anderer Stelle behauptet, mit knapp 20 – ans Carl-Theater. In den zwei Stücken mit Carl Blasel, in denen Tautenhayn auftritt, gibt letzterer nur kleinste Nebenrollen. In der Operette „Das Modell" anno 1895 spielt er einen von sechs Offizieren auf einer Hochzeitsgesellschaft. Eine bessere Chorpartie. Carl Blasel hingegen gibt als Tommaso Stirio die männliche Hauptrolle. In der Ausstattungsposse „Eine tolle Nacht" ein Jahr später spielt Carl Blasel wiederum die männliche Hauptrolle, einen Insektenpulver-Fabrikanten namens Florian Grundl. Ernst Tautenhayn taucht in einer einzigen Szene des Stückes auf. In einem kunterbunten Zirkus-Gewimmel gibt er einen von zwei Clowns des Zirkus Renz. Einen Dialog mit Carl Blasel hat Tautenhayn mit Sicherheit nirgendwo. Trotzdem reichen diese zwei Produktionen bereits aus, um Ernst Tautenhayn zu seinen phantasievollen Blasel-Geschichten zu inspirieren. Denn zu weiteren gemeinsamen Auftritten kommt es nicht mehr. „Eine tolle Nacht" ist immerhin jenes berüchtigte Stück, das

Carl Blasel wegen der lebensgefährlichen Nummer mit dem Kanonenschuss seinerzeit zum Verlassen des Carl-Theaters bewegt und ans Theater an der Wien führt.

Vermutlich ist es Ernst Tautenhayn mit seinen großen Aufsätzen über seine „Theater-Erinnerungen", der den Siegeszug der Blasel-Anekdote auslöst. Denn plötzlich veröffentlichen alle möglichen Zeitungsschreiber „lustige" Geschichten rund um den längst verstorbenen Komiker. Hier ein paar Beispiele:

> *„Der Wiener Komiker Karl Blasel wurde einmal in einer Gesellschaft von einer Dame gefragt, ob er nicht ein unschädliches Mittel gegen Schlafwandel wüßte. Blasel bejahte dies und machte sich erbötig, es aufzuschreiben. Dann reichte er ihr den Zettel und die Dame las: 'Drei Eßlöffel Reißnägel vor dem Schlafengehen rund um das Bett streuen!'"*
> (Die Wiener Bühne, Wien, 19. Jahrg. / Heft 9 1. September 1942)

> *„Karl Blasel, der verstorbene Altmeister der Wiener Komiker, spielte täglich seine gewohnte Billardpartie. Eines Tages während des Weltkrieges betrat ein anderer Wiener Komiker, der keineswegs die Sympathie Blasels besaß, in Feldadjustierung das Kaffeehaus und begrüßte den Altmeister. 'Servus!' erwiderte Blasel und musterte den Kollegen. 'Bist wieder da? Können dich draußen net mehr brauchen?' Gekränkt erklärte der andere: 'Oho! Ich habe gekämpft wie ein Löwe!' Da schüttelte Blasel sein weißes Haupt und sagte: 'Daß du a Viech bist, dös hab' i allerweil g'wußt, aber dass du a Löwe bist, dös is mir was Neues!"* (Alpenländische Rundschau, Klagenfurt, 20. Jahrgang, Samstag, den 15. Mai 1943, Folge 20)

> *„Karl Blasel hatte die Gewohnheit, fast jeden Tag bis in sein höchstes Alter hinein morgens vor der Probe einen Spaziergang in den Wiener Prater zu machen. Eines Tages sprengte ein Reiter durch die Hauptallee, der scheinbar die Herrschaft über sein Pferd verloren hatte. Es war ein bekannter Hofschauspieler. 'Wohin reiten S' denn, Herr Kollega?' rief ihm Blasel schadenfroh nach. Da tönte es zurück: 'Das weiß ich nicht! Fragen Sie mein Pferd!"* (Alpenländische Rundschau, Klagenfurt, 20. Jahrgang, Samstag, den 15. Mai 1943, Folge 20)

Die „Blasel-Anekdote" entwickelt in der Zeit des Nationalsozialismus eine Eigendynamik. Sie passt offenbar gut zum Lebensbild, mit dem die politische Führung zu jener Zeit ihr Volk von den realen, verheerenden Geschehnissen abzulenken versucht: Eine nostalgische Betulichkeit, garniert mit einem erfundenen, romantisierenden, großväterlichen Wienertum. Alles projiziert in den längst verstorbenen – und somit zu Dementis nicht mehr fähigen – Carl Blasel. Ganz isoliert ist das Phänomen jedoch nicht. Selbst in der Gegenwart kursieren Star-Anekdoten, die komplett erfunden, aber dennoch sehr lustig sind. Zudem lassen sie sich ständig ergänzen. Eine beliebte Projektionsfläche ist zum Beispiel der Hollywood-Action-Darsteller Chuck Norris. Über ihn existieren zahlreiche Bonmots, die sogenannten „Chuck-Norris-Facts". Dort heißt es zum Beispiel: „Ein Chuck Norris isst keinen Honig. Ein Chuck Norris kaut Bienen!" Der zum Zeitpunkt der Drucklegung dieses Buches bereits über 80-jährige Schauspieler und Kampfsportler Norris hat zu diesen Kalauern – ähnlich wie Carl Blasel in seinem Fach – nichts anderes beigetragen, als durch die Auswahl seiner Filmrollen sorgfältig ein Image als knallharter „Hau-Drauf" zu kultivieren. So wie Carl Blasel zu seiner Zeit eben die Verkörperung des verschmitzten, heiter-liebenswerten Ur-Wieners darstellt.

Ein Gutes haben die Blasel-Anekdoten allerdings: Egal ob wahr, nicht wahr oder nur ein bisschen wahr - solange sie erzählt werden, bleibt Carl Blasel in Erinnerung.

# Nachwort

Unmittelbar nach Carl Blasels Dahinscheiden taucht in seinen zahllosen Nachrufen immer wieder die Vorhersage auf, bald schon würden große Biographien dieses außerordentliche Künstlerleben nacherzählen. Doch dazu kommt es nie. Wie kann es sein, dass einem Ausnahmekünstler wie Carl Blasel niemals eine Biographie gewidmet wird? Weder zu seinen Lebzeiten noch nach seinem Tod? Einem Prominenten, der nicht nur über Jahrzehnte hinweg das Theater Wiens prägt, sondern der sogar als idealtypischer Repräsentant seiner Heimatstadt gilt - buchstäblich als der Inbegriff vom „schönen alten Wien"?

Dass Carl Blasel selbst niemals seine Memoiren veröffentlicht, ist wenig verwunderlich. Die Briefe von seiner eigenen Hand, die in seinem Teilnachlass archiviert sind, zeugen von so großen Schwierigkeiten mit Grammatik und Rechtschreibung, dass die Idee, gleich ein ganzes Buch zu verfassen, selbst wenn es ausschließlich von ihm handelt, für Carl Blasel wohl kaum verlockend gewesen wäre. So virtuos der Gesangskomiker mit der gesprochenen Sprache umgeht - während seiner Karriere dichtet er unzählige Male ellenlange Couplets auf tagesaktuelle Ereignisse, um sie in seiner jeweiligen Abendvorstellung aus dem Stand vorzutragen - so große Mühe hat er mit der Schrift. Die umfangreicheren – und fehlerfreien – Geschäftskorrespondenzen, die in seinem Nachlass erhalten sind, sind allesamt in fremden Handschriften abgefasst und lediglich von ihm persönlich unterzeichnet. In solchen „offiziellen" Fällen bedient sich Carl Blasel anscheinend der Hilfe einer Sekretärin oder eines Sekretärs.

Wenn Carl Blasel schon nicht über sich selbst schreibt, warum nehmen sich dann nicht wenigstens die großen Feuilletonisten der Zeit der Sache an? Felix Salten, Alfred Deutsch-German und Theodor Herzl schreiben allesamt sehr gefühlvoll über Carl Blasel, aber sie widmen dem Künstler immer nur wenige Seiten innerhalb größerer Aufsatz- oder Biographien-Sammlungen. Eine kühne Spekulation drängt sich auf: War Carl Blasel bei seinem Tod möglicherweise *zu* berühmt für eine Biographie? Schreckt potenzielle Autoren der Gedanke ab, die Öffentlichkeit könne glauben, schon alles über Carl Blasel zu wissen? Tatsächlich sind die Jahre von 1899 bis 1922 buchstäblich ein einziger Carl-Blasel-Feier-Marathon. In dichter Folge vollziehen sich große Ereignisse im Leben des Künstlers, die allesamt mit überbordender Berichterstattung in den Zeitungen einhergehen. Die endlose Wiederholung des ewig gleichen, selbstverfassten und niemals hinterfragten Lebenslaufes inbegriffen. Es beginnt anno 1899 mit Carls 50. Bühnenjubiläum, 1901 folgt sein 70. Geburtstag, 1909 das 60. Bühnenjubiläum und die Goldene Hochzeit, 1910 der Tod seiner Gattin Johanna mit pompöser Beisetzungszeremonie, 1911 sein 80. Geburtstag, 1919 sein 70. Bühnenjubiläum und schließlich im Jahr 1921 sein 90. Geburtstag mit dem – etwas großzügig ausgelegten – 80. Bühnenjubiläum. Natürlich gehört Carl Blasels Dahinscheiden im Rekordalter anno 1922 samt Begräbnis, wie es sonst nur Staatsoberhäupter erhalten – Filmdokumentation inbegriffen – ebenfalls in diese Aufzählung. Sozusagen eine zwei Jahrzehnte währende, permanente Blasel-Huldigung mit Dauer-Berichterstattung. Fürchten potenzielle Biographen und ihre Verlage, ob der jahrelangen, umfangreichen Mitteilungen über Carl Blasel würde niemand mehr ein Buch über ihn kaufen, da ohnehin schon alles Relevante in den Zeitungen stand? Weil jede Wienerin und jeder Wiener längst glaubt, alles über den „alten Blasel" zu wissen? Vielleicht sind es tatsächlich Überlegungen dieser Art, die eine zeitnahe Biographie nach Carl Blasels Tod verhindern. Zehn Jahre später entdeckt dann der Nationalsozialismus den Künstler und macht ihn zum unfreiwilligen Hauptdarsteller in einer Flut von betulich-pseudo-gemütlichen Altväter-Anekdoten. Möglicherweise hält die Nachkriegs-Generation den Namen Carl Blasel deshalb für belastet und bringt einer Biographie kein Interesse mehr entgegen. Bis irgendwann tatsächlich zu viel Zeit ins Land geht und die Erinnerung an diese große Persönlichkeit endgültig verblasst.

Im Jahr 2022 jährt sich der Todestag Carl Blasels zum 100. Mal. Ein guter Zeitpunkt für die längst überfällige Carl-Blasel-Biographie. Ein guter Zeitpunkt, um diese außerordentliche Künstler-Persönlichkeit und ihr gesamtes Umfeld aus gebührendem Abstand gänzlich neu zu entdecken. Ein guter Zeitpunkt nicht zuletzt, weil die Umstände für ein derartiges Vorhaben so günstig sind wie vielleicht niemals zuvor: Die Digitalisierung von historischen Druckwerken, von Personenstands-Dokumenten und anderen informativen – teilweise gut versteckten – Archivalien ist inzwischen in einer Weise perfektioniert, die es möglich macht, eine solche Fülle von Informationen über Carl Blasel, seine Familie, sein zeitgeschichtliches Umfeld und – nicht zuletzt – über seine exzeptionell lange Künstler-Laufbahn zusammenzutragen, wie es zuvor, wenn überhaupt, nur in langen Gesprächen mit dem Künstler selbst möglich gewesen wäre. Dank der digital verfügbaren Originalquellen kann nahezu jeder Tag in der Karriere Carl Blasels rekonstruiert werden. Seine Auftritte sind zu verfolgen, die Besetzungslisten seiner Stücke einzusehen, die Pressestimmen zu seinen Auftritten zu studieren, in anderen Worten – Carl Blasels Bühnenleben lässt sich fast lückenlos nacherzählen. Zahllose im Internet einsehbare Kirchenbücher machten es möglich, eine umfassende Genealogie der Familie Blasel zu erstellen und dadurch einen Eindruck von Carls persönlichem Lebensumfeld zu gewinnen.

Zustande gekommen ist das Bild eines bienenfleißigen Künstlers, eines „Bühnen-Arbeiters" im wahrsten Sinne des Wortes. Für Carl Blasel ist die Arbeit gleichsam die Luft zum Atmen. Ohne sie zu sein, ist schlicht undenkbar. All diese Arbeit, die in ihrem titanischen Umfang, in ihren maximalen körperlichen und geistigen Anforderungen heute kaum noch fassbar ist, nimmt Carl Blasel völlig selbstverständlich auf sich. Er hat den Beruf des Schauspielers gewählt und was dieser Beruf von ihm fordert, leistet er. Ohne

Wenn und Aber. Allerdings fällt auf, dass die dramatischen emotionalen Achterbahnfahrten, die manch andere Künstler-Biographie auszeichnen, in Carl Blasels Leben nicht vorkommen. Offenbar versteht er es, diese so kräftezehrenden Achterbahnfahrten ganz gezielt zu umgehen. Im Leben und in der Karriere Carl Blasels gibt es weder das große, schmerzvolle Ringen um die persönliche oder künstlerische Identität, noch die Wechselbäder aus kometenhaften Triumphen und lebensbedrohlichen Niederlagen. Was Carl Blasel tut, funktioniert, manchmal funktioniert es auch nicht, dann geht es eben anders weiter. Bei ihm gibt es keine Skandale, keine Exzesse, keine Affären. Das große Drama gehört nicht zu seinem Repertoire. Auf der Bühne nicht und nicht im Leben. Carl Blasel besitzt ganz offenbar eine Grundausgeglichenheit, die ihn vor inneren und äußeren Stürmen schützt. Eine Grundausgeglichenheit, die ihm vielleicht die exaltiertesten Facetten des Schauspieler-Berufes verwehrt. Die ihm aber genau jene einzigartig liebenswerte Ausstrahlung verleiht, die das Publikum fast acht Jahrzehnte lang Abend für Abend ins Theater zieht. Zu ihm. Weil er eben „Der Blasel" ist. Ein namentlich nicht genannter Feuilletonist fasst dieses Geheimnis nach dem Tod des Zwei-Jahrhundert-Schauspielers in nur wenigen Sätzen zusammen:

> *„(...) Wenn es darauf ankommt, so war Blasel kein großer Komiker, ja vielleicht überhaupt kein Komiker im strengsten Sinne des Wortes, sondern nur ein innerlich vergnügter Mensch, der so vergnügt war, daß er von seiner überschüssigen Vergnügtheit jederzeit einiges an seine Mitmenschen abgeben konnte. Er war heiter wie ein Glas Wein."*
> (Neue Freie Presse. Morgenblatt. Nr. 20761, Wien, Sonntag, den 18. Juni 1922.)

Gegenüberliegende Seite:
„Mit Vergnügen Carl Blasel"
Handschriftliche Widmung auf
einer Autogrammkarte, 11. Dez. 1909
Privatbesitz C. Möderler

*Elis to Henry Morgan*

*Earl Bland*

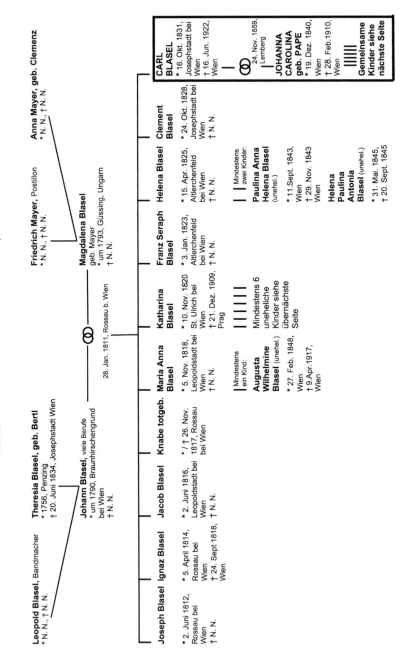

# GENEALOGIE DER FAMILIE CARL BLASEL, Teil 2

**CARL BLASEL**
\* 16. Okt. 1831, Josephstadt bei Wien
† 16. Jun. 1922, Wien

∞ 24. Nov. 1859, Lemberg (Galizien)

**JOHANNA CAROLINA, geb. PAPE**
\* 19. Dez. 1840, Wien
† 28. Feb. 1910, Wien

---

**Karl Blasel Junior**
\* 17. Dez. 1859, Lemberg, Galizien
† 20. Feb. 1943, Wien

∞ 07. Sept. 1884, Wien

**Johanna, geb. Mellin**
\* 25. Okt. 1855, Wien
† 27. Jan. 1941, Wien

|| Zwei Kinder:

**Carl Ludwig Johann Blasel**
\* 18. Sept. 1885, Wien
† 09. Okt. 1892, Wien

**Ludovica Franziska Johanna Blasel „Wicki"**
(unverh., kinderlos)
\* 21. Mär. 1892, Wien
† 22. Okt. 1981, Wien

---

**Knabe totgeb.**
\* / † 05. Jun. 1862, Wien

**Joseph Karl Blasel**
\* / † 04. Dez. 1863, Wien
(9 Stunden alt)

---

**Leopold Maria Blasel**
\* 18. Mai 1866, Wien
† 02. Aug. 1931, Wien

∞ 23. Jan. 1892, Wien

**Katharina Josepha Margarethe, geb. Doninger**
\* 25. Sept. 1866, Wien
† 30. Apr. 1940, Wien

||| Vier Kinder:

**Leopold Karl Vincenz Blasel** (unverh., kinderlos)
\* 13. Mai 1893, Wien
† 20. Okt. 1939, Wien

**Johanna „Hansi" Henrica Anna Blasel,** verh. Sprung
\* 15. Okt. 1894, Wien
† 22. Okt. 1970, Wien

**Vinzenz de Paula Emanuel Maria Blasel „Censerl"**
\* 11. Jun. 1898, Wien
† 22. Mai 1899, Wien

Das vierte Kind von Leopold M. Blasel u. Katharina Doninger aus Platzgründen hier eingefügt:

**Karoline „Carla" Katharina Maria Blasel,** verh. Schürgers
\* 05. Jun. 1900, Wien
† 28. Mär. 1984, Wien

---

**Mädchen totgeb.**
\* / † 24. Aug. 1867, Wien

---

**Johann „Hans" Blasel**
\* 14. Okt. 1868, Wien
† 21. Dez. 1914, (gefallen) bei Motkowice, Polen

∞ 08. Mai 1909, Wien

**Elisabeth Margarethe, geb. Leopolder**
\* 08. Apr. 1885, Wien
† 20. März 1940, Wien
(ab 1924 verh. mit Artur von Wallpach zu Schwanenfeld)

|||| Drei Kinder:

**Elisabeth Johanna Blasel,** verh. Swistelnicki
\* 27. Okt. 1907, St. Pölten
† 28. Jan 1990, Wien

**Margarete Elfriede Blasel,** verh. Gugg
\* 15. Dez. 1910, Lemberg
† 13. Jan. 2011, Wien

**Johann Blasel**
\* 06. Dez. 1912, Esztergom
† Apr. 1988, Wien

Johanns Söhne und Enkelsöhne setzen den Namen „Blasel" bis in die Gegenwart fort.

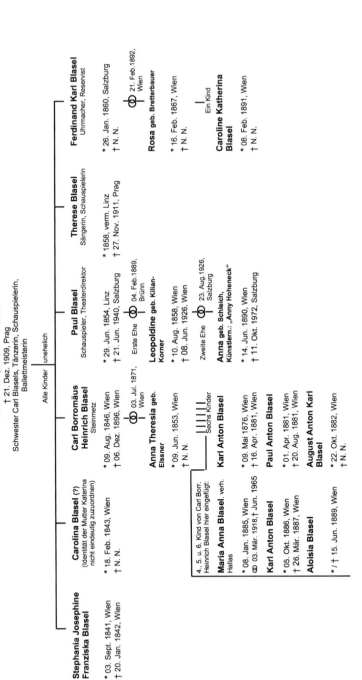

# Literaturverzeichnis

| | |
|---|---|
| Angeli, Moriz Edler von | Wien nach 1848. Wien und Leipzig, 1905 |
| Aretz, Gertrude | Die elegante Frau. Eine Sittenschilderung vom Rokoko bis zur Gegenwart. Leipzig, Zürich, o. J. |
| Autengruber, Peter | Lexikon der Wiener Straßennamen. Bedeutung, Herkunft, Frühere Bezeichnungen. Wien, Graz, Klagenfurt, 2007 |
| Bauer, Anton | Das Theater in der Josefstadt zu Wien, Wien und München, 1957 |
| Bearbeitung nach Ludvig Holberg | Der politische Schuster. Ein Lustspiel mit Gesang in fünf Aufzügen. Wien, 1808. |
| Bechstein, Ludwig, Kleinknecht, V. (Hrsg.) | Album der Haupt- und Residenzstädte Europa's, I. Section. III. Lieferung. Wien. Schweinfurt, 1843. |
| Bezirksmuseum Alsergrund (Hrsg.) | Das Heimatmuseum Alsergrund. Mitteilungsblatt, Nr. 77, Wien, Dezember 1978 |
| Bing, Anton | Rückblicke auf die Geschichte des Frankfurter Stadttheaters von dessen Selbstständigkeit (1792) bis zur Gegenwart. Frankfurt a. M., 1892. |

Bittner, Anton — Eine leichte Person. Posse mit Gesang in drei Abtheilungen und sieben Bildern. Wien, 1863.

Blasel, Leopold Maria — Die Regeln des Zweikampfes. Wien, 1901

Blasel, Leopold Maria Dr. — Wien zum Tode verurteilt. Eine aktuelle Studie zu den Wahlen in die Konstituante. Wien, 1918

Blasel, Carl (Hrsg.), — Blasel-Album. Zum 50 jährigen Schauspieler Jubiläum des Künstler's Carl Blasel 1849-1899, Wien, 1899

Blasel, Carl (Hrsg.), — Fest-Schrift. Zum 50 jährigen Schauspieler Jubiläum von Carl Blasel 1849-1899, Wien, 1899

Deutsch-German, Alfred — Wiener Portraits. Wien, 1903

Drost, W. — Carlotta Patti. Schwank mit Gesang in einem Akt und zwei Bildern, Berlin, 1865

Fest-Comité, Verein deutscher Eisenbahnverwaltungen (Hrsg.) — Führer durch Wien. Aus Anlass der Generalversammlung. Wien 1869

Franke, Rainer (Hrsg.) — Offenbach und die Schauplätze seines Musiktheaters, Laaber 1999

Fray, Franz B. — Allgemeiner Handlungs-Gremial. Almanach für den oesterreichischen Kaiserstaat. Jahrgang 1835. Wien, 1835

| | |
|---|---|
| Genossenschaft deutscher Bühnenangehöriger (Hrsg.) | Deutsches Bühnenjahrbuch, Berlin, alle Jahrgänge, 1891-1922 |
| Grafl, Franz | Praterbude und Filmpalast. Wiener Kino-Lesebuch. Wien, 1993 |
| Grieser, Dietmar | Verborgener Ruhm. Österreichs heimliche Genies, Wien, 2004 |
| Hadamowsky, Franz | Wien Theater Geschichte. Von den Anfängen bis zum Ende des Ersten Weltkriegs. Wien 1988 /1994 |
| Hadamowsky, Franz Dr. (Hrsg.) | Jahrbuch der Gesellschaft für Wiener Theaterforschung XI, Wien 1959 |
| Haffner, Karl | Scholz und Nestroy. Roman aus dem Künstlerleben. Wien, 1866. |
| Hamann, Brigitte | Rudolf, Kronprinz und Rebell. München, 1989 |
| Heinrich, A. | Almanach für Freunde der Schauspielkunst, Berlin, Alle Ausgaben, 1846-1853 |
| Heinrich, A. und Nachfolger | Deutscher Bühnenalmanach, Berlin, Alle Ausgaben, 1854-1884 |
| Hellbach, Raphael Dr. | Josefine Gallmeyer, die letzte Priesterin der heiteren Wiener-Muse. Eine kurze Beleuchtung des Lebens und Wirkens dieser gefeierten Künstlerin. Wien, 1884 |

| | |
|---|---|
| Herzl, Theodor | Feuilletons, Band I<br>Berlin, Wien, 1911 |
| Jürgens, Uli | Louise, Licht und Schatten. Die Filmpionierin<br>Louise Kolm-Fleck<br>Wien, Berlin, 2019 |
| Kaiser, Friedrich | Theater-Director Carl. Sein Leben und Wirken – in München und Wien, mit einer entwickelten Schilderung seines Charakters und seiner Stellung zur Volksbühne.<br>Wien, 1854. |
| Kinsky-Wilczek, Elisabeth (Hrsg.) | Hans Wilczek erzählt seinen Enkeln Erinnerungen aus seinem Leben,<br>Graz, 1933 |
| Klee, Ernst | Das Kulturlexikon zum Dritten Reich<br>Frankfurt a. M., 2007 |
| Knolz, Joseph Johann | Darstellung der Brechruhr-Epidemie in der k. k. Haupt- und Residenzstadt Wien, wie auch auf dem flachen Lande in Oesterreich unter der Enns, in den Jahren 1831 und 1832, nebst den dagegen getroffenen Sanitäts-polizeylichen Vorkehrungen.<br>Wien, 1834 |
| Kohut, Adolf Dr. | Das Dresdner Hoftheater in der Gegenwart.<br>Dresden und Leipzig, 1888 |
| Kohut, Adolf Dr. | Die größten und berühmtesten deutschen Soubretten des neunzehnten Jahrhunderts,<br>Düsseldorf, 1899 |
| Koller, Dagmar | Anekdoten nach Noten. Ein vergnüglicher Streifzug durch Musical und Operette<br>Lied der Zeit Musikverlag Berlin, 1986 |

| | |
|---|---|
| Kracauer, Siegfried | Pariser Leben. Jacques Offenbach und seine Zeit. München, 1962 |
| La Speranza, Marcello | Prater-Kaleidoskop. Eine fotohistorische Berg- und Talfahrt durch den Wiener Wurstelprater. Wien, 1997 |
| Lange, Joseph | Biographie des Joseph Lange K. K. Hofschauspielers. Wien, 1808 |
| Langer, Anton | Wiener Volks-Bühne, 1. Band. Wien, 1859 |
| Larisch-Wallersee, Maria v. | Meine Vergangenheit. Berlin, 1919 |
| Laube, Heinrich | Böse Zungen. Schauspiel in fünf Acten. Leipzig, 1872. |
| Lehmann, Adolph (Hrsg.) | Adolph Lehmann's allgemeiner Wohnungs-Anzeiger : nebst Handels- u. Gewerbe-Adressbuch für d. k. k. Reichshaupt- u. Residenzstadt Wien u. Umgebung, alle Jahrgänge von 1859-1941 |
| Loewy, Siegfried | Deutsche Theater-Kunst von Goethe bis Reinhardt. Wien, 1922 |
| Loewy, Siegfried | Aus Wiens großer Theaterzeit. Monographien und persönliche Erinnerungen. Wien, 1921 |
| Löwy, Siegfried | Altwiener Familien, Wien, 1923 |

| | |
|---|---|
| Mayer, Friedrich Arnold (Hrsg.) | Leopold Rosner. Aus den Papieren eines Wiener Verlegers 1858-1897. Persönliches, Literarisches, Theatralisches. Wien und Leipzig, 1908 |
| Möderler, Catrin | Ferdinand Röder – Ein Leben dem Theater Hamburg, 2020 |
| Möderler, Catrin | Mila Röder – Ein bühnenreifes Leben Hamburg, 2019 |
| Müller, Peter | Karl Blasel, der letzte Wiener Komiker Prehauser'schen Geistes. Dissertation. Philosophische Fakultät der Universität Wien, 1948 |
| Müller-Guttenbrunn, Adam | Gegen den Strom. Flugschriften einer literarisch-künstlerischen Gesellschaft. II. Wien war eine Theaterstadt. Wien, 1885 |
| Müller-Guttenbrunn, Adam | Das Wiener Theaterleben Leipzig und Wien, 1890 |
| Pemmer, Hans, Lackner, Nini, Düriegl, Günter, Sackmauer, Ludwig, | Wiener Heimatkunde. Der Prater. Wien, München, 1974 |
| Pirchan, Emil | Marie Geistinger - Die Königin der Operette, Wien, 1947 |
| Prawy, Marcel | Johann Strauss Wien, 1991 |

| | |
|---|---|
| Radics, P. von | Die Entwickelung des deutschen Bühnenwesens in Laibach. Kulturbilder anläßlich der Eröffnung des Kaiser Franz Joseph Jubiläumstheaters, Laibach 1912 |
| Rieger, Eva | Minna und Richard Wagner, Stationen einer Liebe, Düsseldorf und Zürich, 2003 |
| Röder, Ferdinand (Hrsg.) | Ferdinand Roeder's Theater-Kalender auf das Jahr ......., alle Jahrgänge von 1858 - 1879 Berlin, 1858 - 1879 |
| Rosner, Leopold | Fünfzig Jahr Carl-Theater (1847-1897). Ein Rückblick. Wien 1897 |
| Rotter, Hans | Die Josefstadt. Geschichte des 8. Wiener Gemeindebezirks. Wien, 1918 |
| Salten, Felix | Geister der Zeit. Erlebnisse. Berlin, Wien, Leipzig, 1924 |
| Schnitzler, Arthur | Freiwild Berlin 1902 |
| Sonnleithner, Ignaz von | Idioticon austriacum, das ist: Mundart der Oesterreicher, oder Kern ächt österreichischer Phrasen und Redensarten. Von A bis Z. Wien, 1824. |
| Tolar, Günter | So ein Theater! Die Geschichte des Theaters an der Wien. Wien, 1991 |

Vasquez, Carl Graf (Hrsg.) Hand-Atlas der k. k. Haupt und Residenzstadt Wien und ihren Vorstädten und nächsten Umgebungen
Wien, 1830

Vaupel, F. Dr. (Hrsg.) Monatsschrift für Kakteenkunde. Zeitschrift der Liebhaber von Kakteen und anderen Fettpflanzen. Sechsundzwanzigster Band
Neudamm, 1916.

Willner, A. M., Bodanzky, Robert Zigeunerliebe. Romantische Operette in drei Akten, Textbuch der Gesänge,
Wien, 1908/1938

Wurzbach, Dr. Constant von Biographisches Lexikon des Kaiserthums Oesterreich, enthaltend die Lebensskizzen der denkwürdigen Personen, welche seit 1750 in den oesterreichischen Kronländern geboren wurden oder darin gelebt und gewirkt haben.
Wien, 1856-1891

Zapke, Susana / Rathkolb, Oliver / Raminger, Kathrin
Friehs, Julia Teresa / Wladika, Michael, (Hrsg.)
Musikschule der Stadt Wien im Nationalsozialismus. Eine „ideologische Lehr- und Lerngemeinschaft".
Wien, 2020

## Digitale Archive / Datenbanken
(Alle URL-Adressen zum letzten Mal abgerufen am 01. Juli 2021)

alo Austrian Literature Online
http://www.literature.at/default.alo

ANNO Historische Zeitungen und Zeitschriften,
Österreichische Nationalbibliothek
https://anno.onb.ac.at/

Biodiversity Heritage Library
https://www.biodiversitylibrary.org/item/110037#page/9/mode/1up

DFF - Deutsches Filminstitut & Filmmuseum e.V.
https://www.dff.film/

Digitales Historisches Archiv Prag
http://katalog.ahmp.cz/pragapublica/

Digitales Mährisches Landesarchiv Brünn
Moravský zemský archiv Brno
http://actapublica.eu/matriky/brno/?pg=36

Familia Austria - Österreichische Gesellschaft für Genealogie und Geschichte
https://www.familia-austria.at/

filmportal.de (Links zu den Tonbildern aus „Walzertraum")
https://www.filmportal.de/video/ein-walzertraum-walzertraum-nr-92-1908
https://www.filmportal.de/video/ein-walzertraum-piccolo-1908
https://www.filmportal.de/video/ein-walzertraum-o-du-lieber-o-du-gscheiter-o-du-ganz-gehauter-fratz-nr-95-1908

Friedhöfe Wien GmbH, Verstorbenensuche
https://www.friedhoefewien.at/verstorbenensuche

GenTeam – Die genealogische Datenbank
https://www.genteam.at/

Google Books
https://books.google.de/

HathiTrust Digital Library
https://www.hathitrust.org/

Hungarian Cultural Heritage Portal HUNGARICANA
u. a. mit dem jährlichen Nachschlagewerk „Schematismus für das k. u. k. Heer und für die k. u. k. Kriegs-Marine"
https://library.hungaricana.hu/en/collection/austrian_state_archives_MilitarAlmanachSchematismus/

Internet-Archiv
https://archive.org/

Landeskundliches Informationssystem Baden-Württemberg
(Zugang zur Digitalen Sammlung der Badischen Landesbibliothek Karlsruhe)
https://www.leo-bw.de/web/guest/home

Matriken Österreich
https://data.matricula-online.eu/de/oesterreich/

MDZ Münchener DigitalisierungsZentrum
Digitale Bibliothek
https://www.digitale-sammlungen.de/de/

Österreichische Nationalbank Historischer Währungsrechner
https://www.eurologisch.at/docroot/waehrungsrechner/#/

Österreichische Nationalbibliothek digital
https://onb.digital/

Polnisches Staatsarchiv, Warschau
ARCHIWA PAŃSTWOWE ARCHIWUM GŁÓWNE
dort:
Matriken des ehemaligen Kronlandes Galizien
http://www.agad.gov.pl/inwentarze/KLwo301new.xml

Staatsarchiv Hamburg, Digitalisate
https://www.hamburg.de/bkm/digitalisate/13867162/best332-2-generalregister/

Theatermuseum Wien Onlinesammlung
https://www.theatermuseum.at/onlinesammlung/

The European Library / europeana collections
http://www.theeuropeanlibrary.org

Tschechische Matriken
http://actapublica.eu/item/?lang=de

Tschechische Nationalbibliothek digital
http://www.digitalniknihovna.cz/

Volksbund Deutsche Kriegsgräberfürsorge e. V.
https://www.volksbund.de/graebersuche.html

Wien Geschichte Wiki. Die digitale Wissensplattform der Stadt Wien
https://www.geschichtewiki.wien.gv.at/Wien_Geschichte_Wiki

Wien Museum Onlinesammlung
https://sammlung.wienmuseum.at/

Wikimedia Commons
https://commons.wikimedia.org/wiki/Hauptseite

WWU Münster ulb Münster Westfälische Wilhelms-Universität Münster
https://sammlungen.ulb.uni-muenster.de/um/content/structure/1857537

# Analoge Archive

Bildsammlung Erich Wirl
Wien

Diözesanarchiv St. Pölten

Dokumentationsarchiv des österreichischen Widerstandes
Wien

FilmArchivAustria
Wien

Freie und Hansestadt Hamburg,
Behörde für Kultur und Medien – Amt Staatsarchiv

Kriegsarchiv – Österreichisches Staatsarchiv
Wien

Magistrat der Stadt Wien, Magistratsabteilung
Wiener Stadt- und Landesarchiv

Österreichische Nationalbibliothek
Wien

Presse- und Informationsdienst, Stadt Wien MA 53
Wien

Standesamt Wien Zentrum MA 63
Wien

Standesamt Wien-Brigittenau MA 63
Wien

Standesamt Wien-Landstraße MA 63
Wien

Standesamt Wien-Währing MA 63
Wien

Universität Innsbruck,
Forschungsinstitut Brenner-Archiv
Innsbruck

Volksbund Deutsche Kriegsgräberfürsorge
Niestetal

Werkkatalog der Zeichnungen von Gustav Klimt,
ALBERTINA, Wien

Wienbibliothek im Rathaus
Wien

Wien Museum
Wien

*****


Besonderer Dank gilt Herrn Robert Blasel (Urenkel Carl Blasels), Wien, und Herrn Christian Blasel (Ur-Urenkel Carl Blasels), Eisenstadt, mit seiner Gattin Caroline für wichtige Informationen zur Familiengeschichte.

# Namensregister

Albert, Professor, Arzt 137

Albrecht, Erzherzog 79, 109

Alexander, Peter 72, 176

Amann, Andreas August 219, 222, 231, 294

Angeli, Moritz Edler v. Major 141

Anna, Haushaltshilfe 253

Antony, Friedrich Theaterdichter 161, 214

Ascher, Anton 80, 96, 100ff, 116, 118f 185

Aulnoy, Marie-Catherine de 76

Aziz, Abdul Sultan 87ff

Bartl, Julius 247

Bassermann, Albert 191

Bauer, Herr 220

Bauer, Wilhelm 186

Beethoven, Ludwig van 14

Bell, Graham 234

Benatzky, Ralph 72

Benedix, Hugo 120

Benedix, Roderich 121

Berdiczover, Bezirksvorsteher 275

Berg, O. F. 80, 265, 267

Berla, Alois 71

Bernbrunn, Carl Andreas von, siehe Carl Carl

Bernhardt, Sarah 169f

Bernstein, Bruno 172ff

Bertl, Theresia, siehe Blasel, Theresia

Biedermann, Frau 220

Binder, Carl 51, 267

Bismarck, Otto von 107

Bittner, Anton 55f, 58, 84

Blaschke, Kapellmeister 281

Blasel-Korner, Leopoldine 160f, 187, 289

Blasel, Auguste 251f

Blasel, Carl Borromäus Heinrich 24

Blasel, Carl Ludwig Johann 148, 171, 282

Blasel, Carolina 24

Blasel, Clement 11

Blasel, Elisabeth 233f, 288

Blasel, Elisabeth Johanna 233, 288f

Blasel, Ferdinand Karl 25

Blasel, Franz-Seraph 11

Blasel, Helena Pauline Antonia 23f

Blasel, Helene 11, 21ff, 27f, 30, 144, 245, 266

Blasel, Ignaz 11, 13
Blasel, Jacob 11
Blasel, Johann „Hans" (Sohn Carl Blasels) 98, 140, 233ff, 242, 249f, 253, 287f
Blasel, Johann (Vater Carl Blasels) 10ff, 13, 15f, 23, 34, 76
Blasel, Johann Junior (Enkel Carl Blasels) 250, 289
Blasel, Johanna 16, 36ff, 44f, 47ff, 49, 53ff, 60f, , 65, 75, 78ff, 87f, 91, 94, 97, 117, 120f, 136ff, 148f, 160, 162, 164f, 181, 188, 204f, 234ff, 246f, 252, 285f, 296, 306
Blasel, Johanna Henrica Anna „Hansi" 180, 261, 285
Blasel, Joseph 11
Blasel, Joseph Karl 54, 58
Blasel, Karl Junior 40, 54, 78, 91, 140f, 148f, 170f, 187, 203, 234, 251, 279ff
Blasel, Karoline „Carla" 204, 284f
Blasel, Katharina „Tinka" (Schwiegertochter Carl Blasels) 170f, 180, 197, 204, 254, 276, 282, 284f 290
Blasel, Katharina (Schwester Carl Blasels) 11, 21ff, 27f, 30, 73, 133, 144, 160, 245f

Blasel, Leopold (Großvater Carl Blasels) 10
Blasel, Leopold Karl Vincenz (Enkel Carl Blasels) 171, 251, 284
Blasel, Leopold Maria (Sohn Carl Blasels) 15, 28, 75f, 78, 91, 140, 155f, 161, 170ff, 180, 187, 201ff, 209, 234f, 237, 245, 251, 254, 261, 271, 276, 278, 282ff, 286
Blasel, Ludovica Franziska Johanna „Wicki" 171, 281f
Blasel, Magdalena 12
Blasel, Margarete Elfriede 242, 289
Blasel, Maria Anna 11, 252
Blasel, Paul 24, 30, 73, 133, 160, 187, 245, 248, 289
Blasel, Paulina Anna Helena 23
Blasel, Stephania Josephine Franziska 23
Blasel, Therese 25, 30, 73, 133, 248, 252
Blasel, Theresia 10, 13
Blasel, Vinzenz de Paula Emanuel Maria „Censerl" 197, 285
Bleibtreu, Hedwig 173f
Blum, Herr 148
Bondi, Benjamin, siehe Tieber, Ben

Bondy, Frau 60
Bosco, Bartolomeo Giovanni 120
Brill, Arthur 290
Bruch, Max 222
Brunner, Lucian 290
Buchbinder, Bernhard 196
Buel, Joseph 21
Burg, Frl. 162
Canaletto 140
Caprivi, Graf v. 175
Carl, Carl 66, 184, 293f
Chaplin, Charles Spencer „Charlie" 176
Chaplin, Sydney 176
Chiavacci, Vinzenz 136
Chvostek, Herr Prof. Dr. 271
Cogniard, Gebrüder 60
Conradi, August 56, 70
Costa, Karl 144ff
Cremieux, Hector 60
Czasta, Herr 173
Daumer, Karl 300f
Degenfeld-Schomburg, Graf 145ff
Desfours-Walderode, Johanna von 38f
Desloges, Franz Ritter von 122
Doldenburg, Franz Told Edler von 23
Doninger, Emanuel 204, 210

Doninger, Katharina Josepha Margarethe, siehe Blasel, Katharina „Tinka"
Doninger, Vinzenz 170
Dörmann, Felix 226
Dora, Frau 153
Dorn, Herr 61
Douglaß, Mr. 167f
Drexel, Ruth 113
Drost, Wilhelm Elias 70
Dumas, Alexandre d. Ä. 87
Duse, Eleonora 170
Ebersberg, Ottokar Franz, siehe Berg, O. F.
Eibenschütz, Dora geb. Keplinger 259, 275, 294
Eibenschütz, Sigmund 294
Elisabeth, Kaiserin v. Österreich 108, 196f
Elsler, Johann 152f
Elßler, Fanny 153
Eppich, Franz 161
Erhardt, Heinz 197
Erl, Joseph 42
Esterhazy, Nikolaus Graf v. 170f
Eysler, Edmund 223f, 232
Fall, Leo 232, 238, 248

Faustus, Doktor 134f
Ferdinand I., Kaiser v. Österreich 63
Findeisen, Herr 95
Flamm, Theodor, 46
Foges, Ida 252
Forst, Willi 294
Franker, Herr 173
Franz I. von Österreich 14
Franz II., siehe Franz I.
Franz Joseph I., Kaiser v. Österreich 63, 108, 119, 157ff, 185, 196, 207, 255, 276, 298
Frauenfeld, Eduard 300
Friedell, Egon Dr. 262
Friese, Carl A. 60, 72, 79, 83f, 91, 94
Fritsch, Willy 227
Fuad Pascha 88
Fuchs, Theaterdichter 178
Fürst, Johann 213
Gallmeyer, Josefine 25, 40, 48, 53ff, 61ff, 80, 84, 98f, 106f, 121ff, 128, 130f, 136ff
Gallmeyer, Ludwig „Lajos" 55
Geistinger, Marie, 28, 61ff, 74f, 80, 84ff, 94, 105ff, 121f, 245
Genée, Richard 231
Gilbert, Jean 248

Giesrau, Theodor 120, 145, 159
Girardi, Alexander 191ff, 206, 223f, 242, 260, 273, 302
Glöggl, Josef 36
Gmeiner, Magistratsrat 275
Goebbels, Joseph 301
Godai, Herr 173
Goethe, Johann Wolfgang von 14, 27, 134
Goethe, Ottilie von 27
Goldberg, Paul 290
Gottsleben, Ludwig 148
Granichstaedten, Bruno 248
Graselli, Herr 148
Greene, Graham 174
Greisnegger, Herr 220
Grillparzer, Franz 14
Grimm, Gebrüder 76
Grois, Alois „Louis" 100, 109
Groß, Frau 126
Grün, Johann 49
Gugg, Leopold 289
Gugg, Margarete Elfriede, siehe Blasel, Margarete Elfriede
Günther, Mizzi 220
Haag, Carl 46f
Haas, Waltraud 72

Haberler, Herr Dr. v. 50
Halévy, Jacques Fromental 65
Hammer, Freiherr v. 88
Hansen, Theophil 106
Hanslik, Eduard 68
Harden, Maximilian 175ff
Hardy, Oliver 176
Hauslab, Baron 88
Haydn, Joseph 152
Heimer, Dr. Polizeibezirksleiter 275
Heinze, Thomas 177
Hermann, Henry 173
Herrnfeld, Alexander 277
Hersch, Herr Dr. 271
Hervé (Louis Auguste Florimond Ronger) 94
Herzl, Theodor 211
Herzog, Frl. 83, 94
Heuberger, Richard 197f, 218
Himmel, Emil 49
Hoffmann, Johann 48
Hofmannsthal, Hugo v. 293
Hoheneck, Anny 289
Höllering, Georg 291
Hörrich, Herr 28
Holm, Grete 242
Hopp, Julius 56, 71, 74, 79, 90, 99

Hoß, Herr Vizebürgermeister 275
Huepfel, Herr 17ff, 102
Jacobson, Leopold 226
Jager, Herr 51
Jäger, Herr 72, 79
Jahn, Wilhelm 264, 266
Jantsch, Heinrich, 60, 213
Jarno, Josef 159, 292f
Jauner, Franz (Ritter von) 105f, 118f, 130, 185ff, 189ff, 219
Jones, Henry A. 173
Kallinger, Johann Baptist 11f
Karczag, Wilhelm 217f
Karl I., letzter Kaiser Österreichs 255
Kastner, Anton 48f
Kemp, Paul 176
Keplinger-Eibenschütz, Dora, siehe Keplinger, Dora 259
Kilian-Korner, Leopoldine, siehe Blasel-Korner, Leopoldine
Klame, R. E. 70
Klang, Frau 60
Kleiber, Carl 156
Kleiber, Frau 148
Klimt, Gustav 198
Klischnigg, Eduard 42

Knaack, Wilhelm 17, 83, 100, 103, 126ff, 133, 180, 183f, 299
Knolz, Joseph Johann 10, 16
Kopacsi-Karczag, Julie 178, 183, 186, 189, 195, 217f
Koppel, Melitta „Littl" 242
Körber, Herr Stadtrat 275
Korn, Herr 123
Koß, Polly 259
Kowa, Viktor de 227
Kraus, Peter 227
Kreibing, Eduard 47f
Kreutzer, Konradin 33
Kronau, Friederike 118
Kroy, Franz 11
Kühle, Herr 173
Kumpa, Herr 223
Kunz, Herr 51
Kurz, Frau 118
Landsberg, Alexander „Schnüfferl" 183
Lang, Adolf 70
Lang, Georg 218
Langer, Anton 267
Lanner, Josef 14, 135
Larisch-Wallersee, Marie Gräfin 159
Laube, Heinrich 95
Lechner, Herr 148, 173
Lecoq, Charles 120
Lehár, Franz 221, 232, 239f, 256, 258f, 263
Leitermayer, Michael 18
Léon, Victor 250
Leopolder, Elisabeth, siehe Blasel, Elisabeth
Leopolder, Lambert 234
Leopolder, Leopold 233f
Lingen, Theo 183
Loewy, Siegfried 127
Löwe, Frau 223
Löwe, Ludwig 39
Lueger, Karl Dr. 207, 236, 276
Mader, Raoul 224
Mahler, Gustav 266
Mannsfeld, Antonie 262
Mansfeld, Ferdinand 262
Marilaun, Karl 273
Marischka, Hubert 242
Marschall, Rudolf 202
Martinek, Herr P. 246
Matras, Josef 17, 99f, 102ff, 120f, 125ff, 133, 153ff, 180, 183, 258, 275, 299
Mautner, Eduard 128

Mayer, Dlle. 22
Mayer, Friedrich 12
Mayer, Frl. 94
Meier, Frl. 51
Meilhac, Henri 65
Meißner, Albrecht Prof. 286
Mellin, Franziska Ludovica „Fanny" 141, 149, 164, 173, 187
Mellin, Friedrich Adolph Eduard 141
Mellin, Johanna 141, 148, 281, 283
Menken, Adah Isaacs 86f
Merviola, Helene 223
Metternich, Clemens von 14
Meyer, Frau 79
Millöcker, Carl 195, 198
Minichmayr, Birgit 113
Mittler, Louis 290
Mödlinger, Anton 156, 164
Müller-Kormann, August 121
Müller, Adolf 84
Natzler, Herr 180
Neidhardt, August 214
Nestroy, Johann 31, 34f, 45, 65f, 74, 77, 83, 99, 101, 103, 124ff, 133, 144, 148, 165, 183, 198, 208, 216f, 257ff, 267f, 273, 277, 292
Niedt, Herr 173

Niese, Hansi 292
Nikolaus II., Zar v. Russland 255
Norini, Herr 173
Norris, Chuck 304
Nowak, Gastwirt 17
Nüll, Eduard van der 293
Offenbach, Jacques 15, 62ff, 74, 79, 82f, 85, 94, 96, 115ff, 130, 137, 198, 208, 218, 237, 253, 257
Oliva, Pepita de 32f
Osten, E. v. d. 173
Oswald, Herr 28
Pagin, Herr 220
Pallenberg, Max 292f
Palmay, Ilka 178
Pape, Antonia 38
Pape, Johanna, siehe Blasel, Johanna
Patti, Adelina 67f
Patti, Amelia 67f
Patti, Carlotta 66ff, 129
Paulmann, Frl. 53
Pauly, Herr 156
Pauser, Herr 148
Pfob, Pfarrer 246
Pohl, Emil 56
Pohl, Kapellmeister 182

Pollandt, Frau 148
Preising, Herr 34
Purkholzer, Frau 137
Putlitz, Theaterdichter 30
Radler, Friedrich Johann v. 146, 152f
Raimund, Ferdinand 33f, 91, 208, 273
Rainoldi, Herr 22
Ramesch, Franz 18
Ranzenhofer, Adolf 148,158,213ff, 292
Reed, Carol 174
Reimann, Eduard 47
Reimann, Frau 173
Reinhardt, Heinrich 219, 221
Reinhardt, Max 159f, 293
Rénnyi, Aladar 249
Reumann, Jakob 275
Röder, Annette Schilling-Dubenowsky 115
Röder, Ferdinand 115ff
Röder, Mila 115ff
Roger, Gustave Hippolyte 116
Rohr, Herr 223
Romani, Gustav 97
Rosen, Herr 118
Rosner, Leopold 47f, 50f
Roth, Herr Dr. 129
Roth, Leopold 202

Rott-Lutz, Frau 60
Rott, Carl 34, 58, 72, 79, 83, 91, 94, 96
Rötzer, Herr 51
Rudolf, Hans 250
Rudolf, Kronprinz 157ff, 298
Rühmann, Heinz 176
Rundt, Arthur 291
Sachse, Carl Albert 41
Sardou, Victorien 169
Schäfer, Dlle. 22
Schäfer, Sekretär 180
Schenk, Otto 149
Schickh, Joseph Kilian 29
Schleich, Anna, siehe Anny Hoheneck
Schlesinger, Sigmund 155
Schmiedl, Herr 173
Schmitz, Frau 60
Schober, Herr Polizeipräsident 275
Scholz, Wenzel 35, 66, 98, 101, 103, 124f, 127, 133, 148, 258
Schönerer, Alexandrine v. 193
Schubert, Franz 14
Schulhof, Friedmann 120
Schupp, Frau 220
Schürgers, Karl Wilhelm 285
Schürgers, Karoline, siehe Blasel, Karoline

Schustek, Gertrude Leopoldine E. 289
Schwender, Karl 202
Seitz, Präsident d. Nationalrats 275
Sicard v. Sicardsburg, Karl Andreas 293
Singer, Frau 126
Sitol, Hans 140
Sonnenthal, Adolf Ritter von 128
Spielmann, Herr 189
Spielmann, Julius 259
Spitzeder, Adele 111ff
Sprung, Paul 285
Stauber, Frl. 79, 83
Staufenberg, Graf, 119
Steiner, Franz 143
Steiner, Maximilian 88, 106
Steininger, Emil 275
Stephan, Carl 202
Stern, Julius Bernhard 183
Stettith, Olive 166f
Stindl, J. 173
Stoeckel, Anna, siehe Walter, Anna
Stojan, Frau 189
Stolz, Robert 239, 242
Strampfer, Friedrich 27f, 44, 46f, 50ff, 56, 61ff, 76, 79, 82ff, 88f, 93ff, 97, 105ff, 131ff, 143,

Straus, Oscar 222, 225f, 232, 248, 250
Strauß, Eduard 181f
Strauß, Johann 28, 134, 180ff, 195f, 198, 208, 222, 259
Strauß, Johann d. Ä. 134ff
Strauß, Joseph 182, 281
Suppé, Franz v. 29, 49, 115, 152f, 189, 198, 231
Swistelniki, Elisabeth Johanna, siehe Blasel, Elisabeth Johanna
Swoboda, Albin 71, 74f, 91, 94,98, 129
Sziegmann, Anna Margaretha 122
Sziegmann, Franz Seraf Julius Caesar (Franz Siegmann) 122f, 138
Szika, Jani 95
Tatartzy, Carl 143
Taube, Theaterdichter 178
Taund, Eugen v. 185
Tautenhayn, Ernst 190, 299ff
Telek, Herr 83
Tewele, Franz 105, 123ff, 130ff, 136f, 143, 231
Thalboth, Theaterdichter 161
Thaller, Herr 123
Thomas, Brandon 174ff
Thomé, Theaterdirektor 29
Tieber, Ben 202f

Tilgner, Viktor 279
Tomaselli, Carlo 25
Tomaselli, Josepha Johanna Ernestine Anna (Josefine Gallmeyer) 122
Tomaselli, Mathilde 25
Trebitsch, Advokat Dr. 129
Treumann, Carl 35f, 66, 101, 103, 124, 127, 133
Treumann, Louis 220
Udvarnoky, Geyza von 23
Ullmann, Bernard 68f
Vetsera, Mary 159
Vitz, Herr 28
Wachtel, Theodor 110
Wagner, Franz 214
Waldemar, Richard 223
Wallentin, Claire 243
Wallner, Carl 281
Wallpach zu Schwanenfeld, Artur v. 288
Walter, Anna 48f
Weber, Carl Maria v. 90
Weckes, Amalie 122
Weinberger, Charles 194
Weinkopf, Franz 18
Weinkopf, Johann Michael 17f
Weiß, Herr Dr. 50

Weiß, Josephine 17f
Wellen, Johanna, siehe Blasel, Johanna
Wild, Ignaz 159
Wilhelm II., Kaiser v. Deutschland 175, 288
Wilhelm, Erzherzog 79
Willner, A. M. 196
Wimmer, Josef 156
Wirsing, Theaterdirektor 109
Wladimir, Großfürst 175
Wolff-Metternich, Claire, siehe Wallentin, Claire
Wollheim, Hermann 267
Wolzogen, Ernst v. 222
Worth, Frau 223
Wortmann, Sönke 177
Wrany, Herr Dr. 172
Zell, Friedrich 71, 182f, 231
Zeller, Carl 198
Zemlinsky, Alexander 221f
Ziehrer, Carl Michael 249
Ziemaier, Frau 189
Ztekim, Paul 23
Zwerenz, Mizzi 223, 232, 238, 240, 242

Diese und die folgenden sieben Seiten: Filmprogramm zu „Der Unbekannte", Wien, 1912
Filmarchiv Austria, Wien

# Der Unbekannte

Mimodrama in 2 Abteilungen (52 Bilder) von
Oskar Bendiener, Musik von Erich Hiller.

□ □ □

PERSONEN:

| | |
|---|---|
| Reimann, Bankkassier | Herr Kutschera*) |
| Claire Reimann, seine Frau | Frau **Gräfin Metternich** |
| Alma, beider Kind | Kl. Gold*) |
| 1. Stubenmädchen ⎫ | Frl. Hermanotti*) |
| 2.   „   ⎬ bei Reimann | „ Pongratz*) |
| Gouvernante ⎭ | „ Köry*) |
| Der Bankdirektor | Herr Leyrer*) |
| Lilli, Claires Freundin | Frl. Bernay (ehem. Mitglied d. Johann Strauß-Theaters in Wien) |
| Ein Banknotenfälscher (Der Unbekannte), später: Der Strolch | Herr Lackner*) |
| Graf Oppenheim | Karl Blasel (Mitglied des k. k. priv. Karl-Theaters in Wien) |
| Stubenmädchen bei Lilli | Frl. Walla*) |
| 1. Polizeikommissär | Herr Strahl*) |
| 2.   „ | „ Pren*) |
| 1. Detektiv | Dr. Czempin*) |
| 2.   „ | „ Höller*) |
| 3.   „ | „ Pongratz*) |
| 1. Strolch | „ Böhm*) |
| 2.   „ | „ Ehmann*) |

Ballgäste, Kellner, Portier, Bankbeamte etc.
Zwischen der 1. und 2. Abteilung liegt ein Zeitraum von 6 Jahren.

**Alle mit \*) bezeichneten Künstler sind Mitglieder des Deutschen Volkstheaters in Wien.**

□ □ □

::: Sämtliche Kunstmöbel wurden von dem Etablissement :::
Arth. & Sig. Soffer & Co., Wien, I. Singerstraße 4, geliefert.

## I. Abteilung.

Der Bankkassier Reimann verabschiedet sich vor Antritt einer Geschäftsreise herzlichst von seiner Frau und seinem kleinen Kinde. Die alleingebliebene Claire wird von ihrer Jugendfreundin

Lilly besucht, an die sie sich nur mühsam erinnert und die einen etwas zweideutigen Eindruck macht. Lilly versteht es aber, durch Schmeichelworte die Bedenken Claires zu zerstreuen. Frau Claire erwidert bald den Besuch ihrer Freundin. Lilly hat eben einen ihrer zahlreichen Verehrer, den alten, geckenhaften Grafen Oppenheim, hinausexpediert und erwartet ihren Geliebten und Komplizen, einen Banknotenfälscher, der in eingeweihten Kreisen den Spitznamen »Der Unbekannte« führt. So trifft es sich, daß Claire den Unbekannten kennen lernt. Er gefällt ihr sogleich außerordentlich. Lilly bemerkt diese Sympathie und beschließt, sie nach Möglichkeit auszunützen. Claire wird von dem sauberen Paare zu einer Soiree eingeladen. Nach langem, inneren Schwanken erscheint Claire im Ballsaale. Während der Tanzunterhaltung gewinnt der Unbekannte rasch ihre volle Neigung Er bemerkt es und küßt die nur schwach

Widerstrebende. Das bringt sie zur Besinnung. Sie flüchtet vor ihm und vor sich selbst und fährt nach Hause. Allein der Unbekannte folgt ihr, weiß sich unbemerkt in ihre Villa und in ihr Boudoir zu schleichen und betört sie, deren Gewissen von der Stimme der Leidenschaft betäubt wird. Nach genossenem Liebesglück will sich der Unbekannte, dem schon die Häscher auf den Fersen sind, eiligst entfernen. Er schenkt der unglücklichen Claire sein Bild und bietet ihr überdies eine größere Banknote an. Empört weist sie diese zurück und läßt, plötzlich ernüchtert, den Unbekannten allein. Dieser stutzt, ist gerührt, und tauscht die

Carl Blasel in seiner Rolle als „Graf Oppenheim" mit Eugenie Bernay als „Lilly"

Banknote gegen eine andere um, placiert sie unauffällig auf Claires Schreibtisch und verläßt das Zimmer auf demselben Wege, auf dem er gekommen war. Kaum hat er das Haus verlassen, so lassen sich zwei Detektives melden. Die aufs Höchste erschrockene Claire leugnet, den Unbekannten empfangen zu haben. Aber die Note und das Bild verraten die Wahrheit. Man hält sie für eine Komplizin des Verbrechers, der, wie sich jetzt zu ihrem Schrecken ergibt, ein langgesuchter Banknotenfälscher ist. Der eine Detektiv nimmt die Note an sich und geht aufs Amt, um sie dort prüfen zu lassen, der andere bleibt zur Bewachung Claires zurück. Auf dem Amte stellt es sich aber heraus, daß die Note, die der Unbekannte der schwergeprüften Claire übergeben hatte, ausnahmsweise echt war. Das rettet sie für den Augenblick. Die Polizisten entfernen sich unter vielen Entschuldigungen und der eintretende Gatte, der schon während der vorangegangenen Szenen durch ein Telegramm seine Ankunft angezeigt hat, schließt seine unbegreiflich erregte, aber von dem Alpdruck der Enthüllung erlöste Frau in seine Arme. Der Unbekannte ist indes in das Quartier geeilt, das er mit Lilly bewohnt, verändert rasch sein Aeußeres und ergreift mit Blitzesschnelle die Flucht. Die Freundin will ihm folgen, wird aber von den Polizisten überrascht, das falsche Geld wird, in einem Schuh versteckt, bei ihr gefunden, sie selbst wird abgeführt. Der Unbekannte, dem die Polizei bereits auf den Fersen ist, flüchtet im Auto, der Detektiv verfolgt ihn. Seine letzte Rettung suchend, verbirgt sich der Verbrecher im Walde, aber auch hier wird er von seinem Verfolger erspäht, ein heftiger Kampf entspinnt sich, und von einem Revolverschuß verletzt, sinkt der Unbekannte zu Boden und wird verhaftet.

**II. Abteilung.** (6 Jahre später.)

Das Verbrecherpaar verläßt nach verbüßter Strafe das Gefängnis. Es geht ihnen elend. Der Mann sinkt vom eleganten Banknotenfälscher zum gewöhnlichen Einbrecher herab. Lilly trifft Claire auf der Straße und kommt auf die Idee, ihre Kenntnis von deren Fehltritt zu einer Erpressung auszunützen. Der teuflische Plan gelingt. Aus Furcht vor der Enthüllung ihres Fehltrittes gibt Claire der Tiefgesunkenen eine Summe Geldes. Damit aber reizt sie nur weitere Begehrlichkeiten. Des wüsten Lebens müde, beschließt die Erpresserin, einen großen Coup auszuführen. Unter neuen Drohungen, dem Bankkassier das Geheimnis seiner Frau zu verraten, entreißt Lilly der unglücklichen Claire die Schlüssel

zur Bankkassa und übergibt sie ihrem Gefährten. Der Einbruch wird ausgeführt und ergibt reichliche Beute. Von Gewissensbissen gefoltert, stürzt Claire der Erpresserin nach, um die Tat noch rückgängig zu machen, allein sie kommt zu spät. Der Einbruch ist bereits geschehen. Höhnisch wirft Lilly die Schlüssel der gequälten Claire vor die Füße und die unglückliche Frau praktiziert sie wieder heimlich in die Tasche des ahnungslosen Gatten. Am nächsten Morgen wird die Tat entdeckt. Der Direktor verdächtigt den Kassier, der vergebens im Gefühle seiner Unschuld

leugnet. Die Polizei nimmt ihn in Haft. Ein Bankdiener überbringt Claire die traurige Botschaft. Claire, von so viel Unheil niedergebrochen, geht daran, ihrem Leben durch Gift ein Ende zu machen. — —

Indeß ist aber zwischen dem Unbekannten und seiner Genossin ein blutiger Streit entbrannt. Der Verbrecher tötet die allzubegehrliche Helferin, aber auch ihm naht schon die Vergeltung. Ein Detektiv dringt kurz nach verübter Untat in den Schlupfwinkel des Verbrechers. Der Unbekannte setzt der Verhaftung Widerstand entgegen und stirbt, von einer Revolverkugel getroffen.

Alsbald erscheint die Kommission am Schauplatz des Mordes. An den am Boden liegenden Wertpapieren erkennt die Polizei, daß sie von dem Einbruch in der Bankkasse herrühren. Nun ist die Unschuld Reimanns erwiesen, er wird aus der Haft entlassen und fährt in Begleitung des Bankdirektors heim. — Claire hat bereits den Abschiedsbrief geschrieben, der den ganzen Zusammenhang der Begebenheiten enthüllt und ist eben im Begriffe, nach zärtlichem Abschiede von ihrem Kinde das Glas mit dem Gifte zu leeren. Bankdirektor und Gatte kommen gerade im letzten Augenblicke zurecht, um das Unheil zu verhüten. Claire erfährt das Geschehene, erkennt freudestrahlend, daß sie nun frei aufatmen darf, da alle Mitwisser ihrer Schuld nicht mehr unter den Lebenden weilen, wirft, von ihrem Gatten unbemerkt, den Geständnisbrief ins Feuer und eine innige Umarmung vereinigt die so hart Geprüften diesmal zu neuem und fürderhin ungetrübten Glück.

Druck von Friedrich Kaiser, Wien VI.